中亚与丝路文明研究丛书

刘进宝　主编

唐宋于阗史探研

荣新江——著

读者出版传媒股份有限公司
甘　肃　教　育　出　版　社

图书在版编目（CIP）数据

唐宋于阗史探研 / 荣新江著. --兰州：甘肃教育出版社，2023.3
（中亚与丝路文明研究丛书 / 刘进宝主编）
ISBN 978-7-5423-5581-2

Ⅰ. ①唐… Ⅱ. ①荣… Ⅲ. ①于阗-地方史-唐宋时期 Ⅳ. ①K294.52

中国国家版本馆 CIP 数据核字(2023)第 037132 号

唐宋于阗史探研
荣新江 著

策　　划　马永强　薛英昭　孙宝岩
项目负责　伏文东
责任编辑　董宏强　石璞
封面设计　MM 末末美书

出　版　甘肃教育出版社
社　址　兰州市读者大道 568 号　730030
电　话　0931-8436489(编辑部)　0931-8773056(发行部)
传　真　0931-8435009
淘宝官方旗舰店　http://shop111038270.taobao.com

发　行　甘肃教育出版社　印　刷　山东新华印务有限公司
开　本　787 毫米×1092 毫米　1/16　印　张　26.25　插　页　2　字　数　350 千
版　次　2023 年 3 月第 1 版
印　次　2023 年 3 月第 1 次印刷
书　号　ISBN 978-7-5423-5581-2　定　价　98.00 元

总 序

浙江是我国名闻遐迩的丝绸故乡，敦煌则是丝绸之路的“咽喉之地”。自唐代开始，浙江又因丝绸经海上运输日本，成为海上丝路的起点之一。1900 年，敦煌学兴起后，中国学者首先“预流”者，即是浙江籍的学者罗振玉与王国维，随后几代浙江学人奋随其后，为敦煌学的发展与丝路文化的发扬光大做出了巨大贡献。

浙江大学关于中亚等丝绸之路沿线区域的研究起步较早。1939 年初，向达先生受聘为浙江大学史地系教授，从事西域历史文化与丝绸之路研究；1942 年 8 月，方豪先生受聘为浙江大学史地系教授，主讲“中西交通史”和“元史”课程，后来出版的史学名著《中西交通史》，就是在浙江大学历年讲义的基础上增补修订而成的。20 世纪 80 年代，黄时鉴先生在历史系带领团队成员从事中西关系史研究，出版了大量学术论著，培养了一批中外关系史方向的研究生。

2013 年，国家提出“一带一路”倡议后，浙江大学充分发挥自身在敦煌学与丝绸之路研究方面的优势，于 2015 年发起成立“一带一路”合作与发展协同创新中心，主编出版了《“一带一路”读本》和《“一带一路”一百问》。经过几年的建设，形成了丝路文明研究的核心学术团队，于 2016 年组建成立了浙江大学人文学院丝路文明研究中心。丝路文明研究团队的成员承担了一批国家社科基金重大、重点项目和一般项目、青年项目，发表了一批有影响的学术[illegible]、团队的集体成果“敦煌学与丝路文明”还入选浙江大学“十大学[illegible]”

此外，丝路文明研究团队编辑出版的《浙江学者丝路敦煌学术书系》，全套计划出版40种，目前已经出版25种，且有多种重印。其中5种入选国家社科基金中华学术外译项目（将以11个语种出版），1种入选“经典中国国际出版工程”，并整体向台湾万卷楼图书股份有限公司输出了繁体字版权，已在台湾出版中文繁体字版13种。实现了社会效益和经济效益的双丰收。从2016年开始创办《丝路文明》学刊，每年一辑，已经出版7辑，得到了国内外学术界的高度赞扬和好评。同时还以学术研究反哺教学，主持承担“敦煌学与‘一带一路’”通识核心课程群，在全校开设通识核心课程和专业课程。

正是在这种良好的基础上，2020年8月，浙江大学中亚与丝路文明研究中心成功入选国家民委“一带一路”国别和区域研究中心名单。

中亚与丝路文明研究中心成立后，我们在继续编辑出版《丝路文明》学刊和《浙江学者丝路敦煌学术书系》的基础上，还主办了“敦煌学与丝路文明”系列讲座，邀请海内外著名学者前来切磋学术，加强本团队成员对国内外学术前沿动态的把握。

《丝路文明》学刊的编辑出版和“敦煌学与丝路文明”系列讲座的开办，得到了海内外学者的大力支持，也进一步加强了我们与国内外学界的联系与交流。为了感谢海内外学者对我们的信任与支持，我们编辑了《中亚与丝路文明研究》丛书。

本套丛书的作者，既有浙江大学中亚与丝路文明研究中心成员的成果，如冯培红《鱼国之谜——从葱岭东西到黄河两岸》、余欣《西域文献与中古中国知识-信仰世界》、罗帅《丝绸之路南道的历史变迁——塔里木盆地南缘绿洲史地考索》、刘进宝《西北史地与丝路文明》，更有海内外知名学者的论著，如南京大学刘迎胜教授的《古代中国与亚洲文明》、中国人民大学王子今教授的《汉代丝绸之路文化史》、北京大学荣新江教授的《唐宋于阗史探研》、日本大阪大学荒川正晴教授的《欧亚交通、贸易与唐帝国》。刘迎胜先生、王子今先生、荣新江先生和荒川正晴先生，都是海内外最著名的丝绸之路研究专家，浙江大学的诸位中青年学者，也在国内外学术界有较好的影响和地位，从而保证了丛书的质量。

《中亚与丝路文明研究》丛书，研究的内容涉及历史、地理、政治、经济、文化等各个方面，较为系统地反映了中亚与丝绸之路的历史变迁，多元文化的交流碰撞，多民族、多文明的交汇融合和共同繁荣，为读者进一步了解、认识中亚与丝绸之路的历史地理、民族文化、社会生态及其在东西方文明交流过程中的历史面貌和历史地位提供了全新的视角。

丛书既有对国内新成果、新资料的继承和利用，又有对国际学术界相关研究成果、研究方法的吸收和借鉴；既注意将中亚与丝绸之路研究置于中西政治、经济、文化交流的研究视角之下，对各种考古发现和文献文本材料进行精细解读、微观探讨，又注意将其置于国际学术视野中，从更长更大的时空维度来探讨“丝路文明”的价值和意义。

在本丛书即将出版之际，对各位作者表示衷心的感谢！尤其感谢刘迎胜先生、王子今先生、荣新江先生和荒川正晴先生对我们的信任，同意将其大著收入本丛书出版！感谢浙江大学亚洲文明研究院和社会科学研究院的大力支持！感谢甘肃教育出版社一如既往的倾力支持。

刘进宝

2022 年 12 月 18 日

序

这是我本人研究于阗史的论文和书评合集，此前出版的《于阗史丛考》和《于阗与敦煌》分别是与业师张广达先生及博士后朱丽双女史合著的。这本收录了从1987年以来历时三十多年的文章合集即将出版，回顾这些文章的撰写历程，不禁感慨系之。

大概从1980年我就在张广达先生指导下研究于阗史，1982年完成与张师合撰的《关于唐末宋初于阗国的国号年号及其王家世系问题》一文，开启我于阗研究的里程。因为自己学养不足，所以最早的一组重头文章都是和张师合撰的，1993年编为《于阗史丛考》，由上海书店出版社出版；以后又增补三篇新作，2008年编为《于阗史丛考》（增订本），由中国人民大学出版社出版。在上世纪八九十年代，在张师的鼓励下，我也单独撰写了一些文章，如《九、十世纪于阗族属考辨》《从敦煌的五台山绘画和文献看五代宋初中原与河西、于阗间的文化交往》《新出吐鲁番文书所见西域史事二题》《于阗在唐朝安西四镇中的地位》《关于唐宋时期中原文化对于阗影响的几个问题》《于阗王国与瓜沙曹氏》等，但研究中心已经转到敦煌的归义军史和以粟特中心的中外关系史方面了。

从2004年以来，一批批和田出土的汉文、于阗文、粟特文、梵文、希伯来文等写本通过有偿捐赠的形式进入中国国家图书馆、和田地区博物馆、新疆维吾尔自治区博物馆、中国人民大学博物馆等收藏单位，我在西方探险队所获大量和田出土文书一百年后，得以看到如此丰富的资料，自然激动不已。我承乏担任中国国家图书馆和中国人民大学博物馆所藏汉语文书的整理工作，除完成初步释录外，也和我的硕士生文欣合撰《和田新出汉语-于阗语双语木简考释》，又和我的博士后庆昭蓉女史合撰《和田出土大历建中年间税粮相关文书考释》《和田出土唐贞元年间杰谢税粮及相关文书考释》《唐代碛西“税粮”制度钩沉》，作为整理工作的一部分发表（这些合撰文均未收入本书），但因为后来他们都不在国内，这样的合作也很难持续下去。与此同时，我也独立发表了一些以新出文书为主的研究论文，如《和田出土文献刊布与研究的新进展》《唐代于阗史新探——和田新发现的汉文文书研究概说》《汉语-于阗语双语文书的历史学考察》《新见唐代于阗地方军镇的官文书》等，但已经无法集中精力对这些文书反映的唐代于阗史的一些重要问题深入研究，现在把这些文章结集于本书出版，也是想表明后续的工作只能寄希望于更加年轻的学者了。

于阗研究看似是一个涉及西域一隅的小题目，但因为涉及考古、美术、宗教、各种语言文字等题目，却是有一批高手一直不离不弃的领域。我主要是历史和文献研究者，但同时关注其他领域的研究进展，努力以综述和书评的形式来追踪其他于阗研究的进步，本书收入的相关文章就是这些努力的结果。

在编辑《于阗史丛考》（增订本）时，正值广中智之君从我治于阗佛教史，与我合作编纂了《于阗研究论著目录》，大体上截止到增订本出版的 2008 年。这次编辑本书，我又邀约曾从我攻读博士学位、现在南开大学任教的沈琛君，请他在我历年收集的目录基础上加以增补。他不负使命，对 2008 年以后的研究论著做了大量增补，形成本书最后的《于阗研究论著目录补编（2008—2022 年）》。此外，他又帮助我反复校对本书样稿，提出不少修订意见，为本书出版立了头等功。

最后，感谢刘进宝教授将这本很专门的书收入《中亚与丝路文明研究丛书》，感谢沈琛的各种帮助，感谢责任编辑董宏强先生的细心工作。

荣新江

2023 年 1 月 10 日

目　录

下编　考古与出土文献

附　录

Contents

Part II Cultural Relations

Part III Archaeology and Unearthed Documents

Appendix

上编　于阗历史

唐宋时代于阗史概说

从公元前2世纪开始，位于今天新疆和田地区范围内的于阗，就是西域独立的绿洲王国之一，其主体居民应是塞种（Saka）的一支，操印欧语系伊朗语族的东伊朗语，现定名为于阗语（Khotanese），或称于阗塞语（Khotan Saka）[①]。于阗位于塔里木盆地南沿，居民城郭而居，以农耕为业。虽然于阗在西域诸王国之中势力较强，但在不同的历史时期，常常被周围更强大的政治势力所控制，从公元前1世纪以来，匈奴、汉朝、贵霜、曹魏、西晋、柔然、嚈哒、西突厥等不同文化系统的强大政治集团，都曾先后直接或间接统治过于阗，其结果之一，是使于阗的文化变成东西南北各种文化的混血儿，甚至于失掉了自身文化的某些本色。

一、唐代前期于阗政治史进程

公元7世纪初，西突厥统叶护可汗势力强盛，霸有西域，于阗也臣属于西突厥[②]。统叶护对西域的统治方式，是授予西域各国国王以突厥官号颉利发（Iltäbär），并派一名突厥吐屯（Tudun）驻守该国，以监督

---

① 参看张广达、荣新江《上古于阗的塞种居民》，《西北民族研究》1989年第1期，172–183页；收入作者《于阗史丛考》，上海：上海书店出版社，1993年，191–211页。

② 《旧唐书》卷一四八《西戎传》于阗条，北京：中华书局，1975年；《新唐书》卷二二一《西域传》于阗条，北京：中华书局，1975年。

统治，征收赋税[①]。贞观二年（628），统叶护被杀，汗国内部各派势力连年相互攻战，势力衰落，对西域的控制力也逐渐削弱。同时，在中原刚刚登上皇位的唐太宗，正在锐意向外扩张。贞观六年（632），于阗王尉迟屋密首次遣使至唐，献玉带，受到太宗款待[②]。贞观十四年（640），唐灭吐鲁番盆地的高昌王国，势力开始进入西域。贞观十三年（639），于阗遣子入侍唐廷，有的侍子如尉迟乐（智严）留居长安不返。贞观十八年（644），从印度取经回国的玄奘，途经于阗，受到热诚的招待，并被护送至唐境[③]。贞观二十年（646），新立的西突厥乙毗射匮可汗遣使向唐请婚，太宗令其割让龟兹、于阗等西域五国为聘礼[④]，反映了唐朝希求占领西域的意向。贞观二十二年（648），唐攻破龟兹，于阗王伏阇信惧，派其子驱驼慰劳唐军。唐行军长史薛万备率五十骑至于阗，伏阇信随万备入朝，被唐朝拜为右骁卫大将军，数月后返国，留子弟宿卫[⑤]。

唐高宗永徽元年（650），西突厥阿史那贺鲁乘太宗去世之机反叛唐朝，控制了整个西域。经过几番攻战，唐朝终于在显庆二年（657）消灭了贺鲁的势力，西突厥各部及其所控制的西域各国全都归唐朝所有，唐朝正式掌握了包括于阗在内的西域各国的宗主权。翌年，唐朝把安西都护府自吐鲁番盆地的交河城迁到龟兹国都（今库车），下设龟兹、于阗、焉耆、疏勒四镇[⑥]，把唐朝的军事镇防系统推行到塔里木盆地，以期牢固掌握西域的腹心，并切断南北游牧民族势力的联系。

---

① 《旧唐书》卷一九四《突厥传》下。

② 《旧唐书·西戎传》于阗条，《新唐书·西域传》于阗条。

③ 慧立、彦悰《大慈恩寺三藏法师传》卷五，孙毓棠、谢方校点本，北京：中华书局，1983 年。

④ 《资治通鉴》卷一九八，北京：中华书局，1956 年。

⑤ 《旧唐书·西戎传》于阗条，《新唐书·西域传》于阗条。

⑥ 关于安西府初迁龟兹及四镇设立年代，据张广达《唐灭高昌国后的西州形势》，《东洋文化》第 68 号，1988 年，87-89 页。

唐朝在西域建立的统治秩序并没有因此而稳定下来。显庆四年（659），活动于碎叶、怛逻斯之间的西突厥余部阿悉结阙俟斤都曼，率疏勒、朱俱波、喝槃陀三国叛，击破于阗，旋即被唐将苏定方平定[①]。龙朔二年（663），唐朝又派安西都护高贤率军出击弓月以救于阗[②]。麟德二年（665），弓月、疏勒引吐蕃再攻于阗，唐派西州都督崔知辩等率军救援，并取得了胜利[③]。阿悉结、弓月等西突厥余部的反叛活动，和兴起于青藏高原的吐蕃王国开始向西域扩张有关。吐蕃进入西域，最初是走从藏北高原，越于阗南山（昆仑山和喀喇昆仑山），直下于阗或朱俱波（今叶城）的道路[④]。因此，于阗首当其冲，连年战火不息，《旧唐书·音乐志》记龙朔元年（661）在东都洛城门随唐高宗观乐的于阗王（伏阇信），大概就是避乱而暂居中原的。

咸亨元年（670），吐蕃大军进攻西域，先占于阗，继而攻陷龟兹拨换城（今阿克苏），唐罢安西四镇，吐蕃取得了全面胜利。唐朝先派阿史那忠安抚西域，收拾残局，继派萧嗣业于咸亨四年（673）率兵进攻弓月、疏勒，迫使二国王入朝请降[⑤]。翌年十二月，于阗王伏阇雄击走吐蕃，亲自入朝。于是，唐朝以于阗为毗沙都督府，分境内为十个羁縻州，伏阇雄因击吐蕃之功受封为毗沙都督[⑥]。同时，唐朝又增设了疏勒、焉耆二都督府，安西四镇得以恢复。此后，唐蕃争夺西域的斗争主

---

① 《资治通鉴》卷二〇〇。详见华涛《唐代西突厥都曼起兵史事考》，《新疆社会科学》1989 年第 3 期，105–114 页。

② 《资治通鉴》卷二〇一。

③ 《资治通鉴》卷二〇一。关于此役，详见荣新江《新出吐鲁番文书所见西域史事二题》，《敦煌吐鲁番文献研究论集》第 5 辑，北京大学出版社，1990 年，345–351 页。

④ 参看王小甫《唐、吐蕃、大食政治关系史》，北京：北京大学出版社，1992 年，20–55 页。

⑤ 《资治通鉴》卷二〇二。关于此役，详见荣新江《吐鲁番文书〈唐某人自书历官状〉所记西域史事钩沉》，《西北史地》1987 年第 4 期，53–54 页。

⑥ 《旧唐书》卷五《高宗本纪》；《新唐书·西域传》于阗条。

要在碎叶、疏勒一带展开，于阗稍得安定。西突厥阿史那都支、李遮匐的势力与吐蕃联合，对安西四镇形成包围之势，仪凤初（676—677），再次攻占四镇。唐派裴行俭出兵碎叶，一举擒获都支与遮匐。调露元年（679），再立四镇，并以碎叶代焉耆，以加强对西突厥余部的控制。

武周初年，东突厥复兴，与唐对敌，吐蕃乘机大举进攻西域。同年（垂拱二年，686）十一月，唐朝被迫再次放弃四镇。至天授三年（692）初，于阗又归属唐朝。伏阇雄死，唐册封其子璥（一作瑕）为于阗王。长寿元年（692），唐将王孝杰率军收复安西四镇，并采取了一项重要的措施，即征发汉兵三万人镇守四镇地区[①]，汉军由镇守使统领，由此大大增强了四镇抵御外敌的能力，使唐朝有效地控制了西域。在此后的将近一百年内，虽然个别地区不同程度地受到过侵袭，但安西四镇的建置和各个镇守中心，始终没有动摇，于阗也在唐朝的统治下发挥着它的作用。

开元十三年（725），于阗王尉迟眺曾引突厥谋叛唐，但很快被安西副大都护杜暹派兵擒杀，更立新王。此后，尉迟伏师战、伏阇达、尉迟珪、尉迟胜相继为王。天宝中（749 年前后），尉迟胜入唐献名玉、良马，唐玄宗李隆基嫁以宗室之女，并授予右威卫将军、毗沙府都督。归国后，尉迟胜与安西节度使高仙芝合力击破播仙（今且末）、萨毗（今若羌一带）界内的吐蕃势力。

前述长寿元年唐朝调发三万汉军戍守安西四镇，每镇至少在五千人以上，这也是唐朝军事体制由行军向镇军转化的结果。敦煌写本《沙州图经》卷三（P.2005）记开元二年（714）前后的于阗镇守使，是“游击将军、守右玉钤卫西州蒲昌府折冲都尉、摄本卫中郎将、敦煌郡开国公张怀福”[②]，说明其时只以折冲都尉兼任镇守使。开元六年（718），

---

① 《旧唐书》卷一四八《西戎传》龟兹条。

② 池田温《沙州图经略考》，《榎博士还暦记念东洋史论丛》，东京：山川出版社，1975 年，370 页；菊池英夫《西域出土文書を通じて見たる唐玄宗時代における府兵制の運用》（上），《東洋學報》第 52 卷第 3 号，1969 年，37-38 页注 10。

唐朝设四镇节度使[①]（其后或称安西节度、安西四镇节度），进一步完善了西域地区的防戍体制，于阗等四镇实际已从“镇”上升为“军”，但仍合称四镇。

天宝中（750年左右），唐将杨和“自武卫将军、四镇经略副使，加云麾将军兼于阗军大使”[②]，由四镇经略副使来兼于阗军镇守大使，说明了于阗在安西四镇中具有重要的地位。杨和后来又迁“金吾大将军、四镇节度副使”[③]，其驻地应在于阗。另外，天宝二年（743），四镇节度副使夫蒙灵詧（察）在于阗监护三藏沙门达摩战涅罗葬仪[④]。和田出土的M. T. c. iii号文书《唐建中七年（786）十一月十九日榜牒》和Hedin 24号《唐贞元十四年（798）闰四月四日典史怀□牒》，均由节度副使签发[⑤]。乾元三年（760），唐朝曾任命滞留中原的于阗王尉迟胜之弟、在于阗执政的尉迟曜“同四镇节度副使，权知国事”[⑥]。证明四镇节度副使一直驻扎在于阗，有时由唐朝将领充任，有时由于阗王兼领，是于阗地区最高的军事长官。据此可知，于阗在安西四镇中的军事战略地位，仅次于安西都护府的首府或四镇节度使所在的龟兹。于阗军及其下属的兰城、坎城、胡弩、固城、吉良、皮山、杰谢等镇[⑦]，构成完整的军事镇防体系，使于阗成为唐朝在塔里木盆地南沿的一个坚固堡垒。

---

① 《唐会要》卷七八。

② 杨炎《四镇节度副使右金吾大将军杨公神道碑》，《文苑英华》卷九一七。

③ 同上。

④ 《贞元释教录》卷一四，《大正新修大藏经》卷五五，878-879页。

⑤ 前者见E. Chavannes，*Les documents chinois découverts par Aurel Stein dans les sables du Turkestan oriental*，Oxford 1913，p. 217，pl. XXXVI；后者张广达、荣新江《八世纪下半至九世纪初的于阗》，《唐研究》第3卷，北京：北京大学出版社，1997年，340页。

⑥ 《资治通鉴》卷二二一。

⑦ 《新唐书·地理志》。参看张广达、荣新江《唐大历三年三月典成铣牒跋》，《新疆社会科学》1988年第1期，61-62页。

二、王统世系与制度建制

唐朝派镇守使率汉军在于阗驻扎，但并没有取消于阗王对其臣民原有的统治权力，于阗尉迟氏的王统绵延未断，他们身兼于阗国王和毗沙都督府都督的双重身份，与汉军镇守使一起，共同实施唐朝羁縻州形式下的胡汉双重管理体制。

有关于阗的汉文史籍中保存了十位于阗王的名字，现将他们的世系次序列出，并括注他们出现的年代[①]：

尉迟屋密（632）

伏阇信（648—649）

伏阇雄（674—691）

尉迟瑕（璥）（692）

尉迟朓（眺）（725）

尉迟伏师战（728）

伏阇达（736）

尉迟珪（740）

尉迟胜（746？—755）

尉迟曜（755—787）

尉迟、伏阇都是于阗文 Viśa'的音译，梵文作 Vijaya。藏文典籍和于阗文文书也记录了一些于阗王名，但多数还无法与汉文所记比定[②]，只有一

① 据两《唐书》、《通鉴》、《册府元龟》、《悟空行记》等资料。

② 前人对此做过一些比定工作，但都不成定论。参看井ノ口泰淳《ウテン語資料によるViśa 王家の系譜と年代》，《龙谷大学论集》第 364 号，1960 年，27-43 页；林梅村《藏文古籍所述于阗王谱系迄始年代研究》，《新疆社会科学》1985 年第 5 期，83-90 页；John E. Hill，“Notes on the Dating of Khotanese History”，*Indo-Iranian Journal*，XXXI. 3，1988，1991 pp. 179-190；P. O. Skjærvø，“Kings of Khotan in the Eighth Century”，*Histoire et cultes de l'Asie centrale préislamique*，*sources écrites et documents archéologiques. Actes du colloque international de CNRS*（*Paris*，*22-28 novembre 1988*），eds. P. Bernard & F. Grenet，Paris，1991，pp. 255-278。

点是肯定的，即于阗王位始终由尉迟氏传承。

于阗王国内部的行政官员，也按唐朝的规定，由当地胡人担任。现藏英国图书馆（The British Library）的 M.9 号汉文文书，系 20 世纪初出土于丹丹乌里克遗址，内容为《唐大历三年（768）三月二十三日六城质逻典成铣牒》，后署“六城质逻刺史阿摩支尉迟信（?）”名[①]；又同馆藏编号为 Balaw.0160 的汉文文书《唐大历七年（772）纳布条记》第 2 行，有“刺史阿摩支尉迟□□”的署名[②]，表明各羁縻州刺史一职也例由王族尉迟氏世袭担任，这正是唐朝所规定的“以其首领为都督、刺史，皆得世袭”的制度[③]。至于“阿摩支”，是于阗语文 āmāca 的对音，来源于佛教梵文的 āmātya- 或 amātya-，原意为国王的亲信顾问，在于阗用为一种荣誉称号。羁縻州的刺史及其下属长史，因为有不少是由于阗人担任，所以这两种官称也被直接借入于阗文，分别写作 tsīṣī 和 cāṃṣṣī[④]。此外，和田出土汉文和于阗文文书中，还见有萨波（spāta、首领）、破沙（pharṣa、法官）[⑤]、叱半（村坊小吏）[⑥] 等于阗固有的官职。

与羁縻州的官僚体制相应，于阗国的州县之下，也有同内地一样形式的乡里村坊建制。和田出土汉文文书中见有“西河勃宁野乡”“厥弥拱村”“政声坊”“安仁坊”“镇海坊”“补仁里”“薛拉村”“桑拱野

---

① 图版见 A. F. R. Hoernle, “A Report on the British Collection of Antiquities from Central Asia, part II”, *JASB* LXX. 1 (1901), Extra No. 1, pl. III；录文及考释，见张广达、荣新江《〈唐大历三年三月典成铣牒〉跋》，60-69 页。

② H. Maspero, *Les documents chinois de la troisième expédition de Sir Aurel Stein en Asie Centrale*, London, 1953, p. 186, pl. XXXVII. 按马伯乐氏仅录作“史□释支尉□”。

③ 《新唐书》卷四三《地理志》。

④ H. W. Bailey, *Khotanese Texts*, IV, Cambridge 1980, pp. 54, 118.

⑤ 同上书，pp. 55-56。

⑥ M. T. b.009 号文书《于阗某寺支出簿》，池田温《中国古代籍帐研究》，东京大学东洋文化研究所，1979 年，348-350 页。

村”“善政坊”“□货坊”等名，乡村名称用当地语言，而坊里名称则取汉义[1]。这种胡汉糅合的行政体制，还贯穿在于阗王国的财政、兵役等许多方面，并且在文化上也有所体现。

这种胡汉糅合的行政体制，还贯穿在于阗王国的财政、兵役等许多方面，并且在文化上也有所体现。

三、民俗与佛教文化

于阗是西域佛教文化中心之一，特别是弘扬大乘佛教的中心。贞观十八年（644），唐朝取经僧玄奘从印度回国途中，在于阗住了七八个月，他对于阗的环境、物产、人民、风俗、文化各方面作了简明的叙述。《大唐西域记》卷十二云：

> 瞿萨旦那国，周四千余里，沙碛太半，壤土隘狭，宜谷稼，多众果。出氍毹细毡，工纺绩絁紬，又产白玉、黳玉。气序和畅，飘风飞埃。俗知礼义，人性温恭，好学典艺，博达技能。众庶富乐，编户安业，国尚乐音，人好歌儛。少服毛褐毡裘，多衣絁紬白氎。仪形有礼，风则有纪。文字宪章，聿遵印度，微改体势，粗有沿革。语异诸国，崇尚佛法。伽蓝百有余所，僧徒五千余人，并多习学大乘法教。[2]

“瞿萨旦那”是于阗的梵文化名称。玄奘详细描述了赞摩寺、牛角山、地迦婆缚那伽蓝、娑摩若僧伽蓝、麻射僧伽蓝等佛教圣地及其带有的佛教传说[3]。

近代在和田地区古寺遗址中，发现了一大批于阗文、梵文、汉文、

---

① 张广达《唐灭高昌国后的西州形势》，98 页。

② 季羡林等《大唐西域记校注》，北京：中华书局，1985 年，1001-1002 页。

③ 同上。详见张广达、荣新江《于阗佛寺志》，《世界宗教研究》1986 年第 3 期，140-149 页；收入作者《于阗史丛考》，280-297 页。

藏文佛教文献，如于阗文写本《理趣般若经》（*Adhyardhaśatikā-prajñāpāramitā-sūtra*）[①]、《药师如来本愿功德经》（*Bhaisajyaguru-vaidūryaprabharāja-tathāgata-sūtra*）[②]、《法身经》（*Dharmaśarira-sūtra*）[③]、《僧伽吒经》（*Sanghāta-sūtra*）[④]、《首楞严三昧经》（*Śūraṅgamasamādhi-sūtra*）[⑤]、《金光明经》（*Suvarṇabhāsottama-sūtra*）[⑥]、《维摩诘所说经》（*Vimalakīrtinirdeśa-sūtra*）[⑦]，等等[⑧]；梵文写本《首楞严三昧经》（*Śūraṅgamasamādhi-sūtra*）[⑨]、《妙法莲华经》（*Saddharmapuṇḍarīka-*

---

① 渡邊照宏《理趣經于闐义业に語彙》，《智山学報》新7/8号，1935a年，174-204页；收入《渡邊照宏佛教学論集》，东京：筑摩书房，1982年，331-354页。

② R. E. Emmerick, "A Khotanese Version of the *Sūtra of the Lord of Healing*", *Buddhism and Its Relation to Other Religions. Essays in Honour of Dr. Shozen Kumoi on His Seventieth Birthday*（《云井昭善博士古稀记念：佛教と异文化》）, Kyoto 1985, pp. 225-232.

③ G. M. Bongard-Levin & E. N. Tyomkin, "Fragment of Saka Version of the *Dharma śarirasūtra* from the N. F. Petrovsky Collection", *IIJ* XI. 4, 1969, pp. 269-280.

④ G. Canevascini, *The Khotanese Sanghātasūtra. A Critical Edition* (= *Beiträge zur Iranistik 14*), Wiesbaden 1993.

⑤ R. E. Emmerick, *The Khotanese Śūrangamasamādhisūtra* (= *London Oriental Series 23*), London 1970.

⑥ P. O. Skjærvø, *The Most Excellent Shine on Gold, King of Kings of Sutras. The Khotanese Suvar ṇabhāsottamasūtra. Vol. I: The Khotanese text with English translation and the complete Sanskrit text; Vol II: Manuscripts, commentary, glossary, indexes* (Central Asian Sources V-VI), Cambridge (Mass.), Harvard University. The Department of Near Eastern Languages and Civilizations, 2004; 段晴《新发现的于阗语〈金光明最胜王经〉》，《敦煌吐鲁番研究》第9卷，北京：中华书局，2006年，7-22页。

⑦ P. O. Skjærvø, "Khotanese Fragments of the *Vimalakīrtinirdeśasūtra*", *Kalyāṇamitrārāgaṇam. Essays in Honour of Nils Simonsson*, ed. E. Kahrs, Oslo 1986, pp. 229-260+pls.

⑧ 其他文献，参看 R. E. Emmerick, *A Guide to the Literature of Khotan* (Studia Philologica Buddhica, Occasional Paper Series III), Tokyo 1979。

⑨ 松田和信《中央アジア出土〈首楞严三昧经〉梵文写本残叶——インド省图书馆の知られざるヘルンレ・コレクション》，《佛教学セミナー》第46号，1987年，34-48页。

sūtra)①、《大般涅槃经》(*Mahāparinirvāṇa-sūtra*)②、《大般若波罗蜜多经》(*Pañcavimśatisāhasrikā-prajñāpāramitā-sūtra*)③、《佛说大迦叶问大宝积正法经》(*Kāśyapaparivarta-sūtra*)④、《善门陀罗尼》(*Sumukha*-

---

① *Sanskrit Manuscripts of Saddharmapuṇḍarīka-sūtra, Collected from Nepal, Kashmir and Central Asia.* compiled by Institute for the Comprehensive Study of Lotus Sutra, Rissyo University, 12 vols., Tokyo 1977-82; K. Wille, *Fragments of a Manuscript of the Saddharmapuṇḍarīkasūtra from Khādalik* (=*Lotus Sutra Manuscript Series 3*), Tokyo: Soka Gakkai 2000. 有关梵本《法华经》的研究文献极多，参看 A. Yuyama, *A Bibliography of the Sanskrit Texts of the Saddharmapuṇḍarīkasūtra* (=*Faculty of Asian Studies Oriental Monograph Series 5*), Canberra 1970，但1970年以后的成果没有这样方便的指南性目录。

② 松田和信《インド省图书馆所藏中央アジア出土大乘涅槃经梵文断简集——スタイン・ヘルンレ・コレクション》，东洋文库，1988年；G. M. Bongard-Levin, *New Sanskrit Fragments of the Mahāyāna Mahāparinirvāṇasūtra* (*Central Asian Manuscript Collection at Leningrad*) (=*Studia Philologia Buddhica, Occasional Paper Series VI*), Tokyo 1986。

③ G. M. Bongard-Levin, "A Fragment of the *Pañcavimśatisāhasrikā Prajñāpāramitā-sūtra* from Eastern Turkestan", *JAOS* 114: 3, 1994, pp. 383-385; G. M. Bongard-Levin & T. Kimura, "New Fragments of the *Pañcavimśatisāhasrikā Prajñāpāramitā* from Eastern Turkestan", *EW* 45: 1-4, 1995, pp. 355-358; S. Karashima, "Two Sanskrit Fragments of the *Pañcavimśatisāhasrikā Prajñāpāramitā* in the Mannerheim Collection", *Annual Report of the International Research Institute for Advanced Buddhology, Soka University* (=*ARIRIAB*) 8, 2005, pp. 81-104; N. Kudo, "A Sanskrit Fragment of the Larger *Prajñāpāramitā* in the Stein Collection"; K. Suzuki, "A Sanskrit Fragment of the *Prajñāpāramitāstotra* in the Stein Collection", S. Karashima, & K. Wille (eds. -in-chief). *Buddhist Manuscripts from Central Asia. The British Library Sanskrit Fragments*, Vol. I, Tokyo: IRIAB, 2006, pp. 255-259, 261-262.

④ M. I. Vorobyova-Desyatovskaya, *The Kāśyapaparivarta. Romanized Text and Facsimiles* (= *Bibliotheca Philologica et Philosophica Buddhica V*), in collaboration with S. Karashima & N. Kudoū, Tokyo 2002; S. Karashima, "Sanskrit Fragments of the *Kāśyapaparivarta* and the *Pañcapāramitānirdeśa* in the Mannerheim Collection", *ARIRIAB* 7, 2004, pp. 105-118+ 3 pl; idem., "Four Sanskrit Fragments of the *Ratnaketuparivarta* in the Stein Collection", *Buddhist Manuscripts from Central Asia. The British Library Sanskrit Fragments*, *I*, pp. 177-189.

dhāraṇī)[①]、《佛说佛名经》(*Buddhanama-sūtra*)[②]等等，又有汉文写本《大般若波罗蜜多经》等[③]，还有于阗人自己编集的《赞巴斯塔书》(*Book of Zambasta*)[④]，反映了大乘佛教在于阗的兴盛景象。于阗的佛教对西域一些地区和中原的佛教文化发展都产生了程度不同的影响。武则天时，于阗国高僧实叉难陀(Sikshānanda，学喜)、提云般若(Devaprajña，天智)来中原翻译《华严》圣典[⑤]，弘扬大乘佛教，是更为突出的事例。贞元初(785—790)，于阗大法师尸罗达摩(戒法)曾在北庭主持译场，将悟空从印度带回的梵本《十地经》《回向轮经》译成汉文[⑥]。敦煌发现的安西(龟兹)刘和尚(昙倩)译《金刚坛广大清净陀罗尼经》(P.3918)，所据即于阗佛藏中的梵文写本[⑦]。

---

① G. M. Bongard-Levin, M. I. Vorob'eva-Desjatovskaja & E. N. Tomkin, "A Fragment of the Sanskrit *Sumukhadhāraṇī*", *IIJ* 10:2/3, 1967, pp. 150-159; G. M. Bongard-Levin, "A New Fragment of the Sanskrit *Sumukhadhāranṇī*", *Tibetan and Buddhist Studies. Commemorating the 200th Anniversary of the Birth of Alexander Csoma de Körös I* (= *Bibliotheca Orientalis Hungarica XXIX. 1*), ed. L. Ligeti, Budapest 1984, pp. 125-130; R. E. Emmerick, "Another Fragment of the Sanskrit *Sumukhadhāraṇī*", *Deyadharma. Studies in Memory of Dr. D. C. Sircar*, ed. G. Bhattacharya, Delhi 1986, pp. 165-167+ pls. 1-2.

② G. M. Bongard-Levin, "Unknown Dhāraṇs from Eastern Turkestan", *Amṛtadhārā. Professor R. N. Dandekar Felicitation Volume*, ed. S. D. Joshi, Delhi 1984, pp. 485-492; O. von Hinüber, "Dhāraṇīs aus Zentralasien", *IT* XIV (1987-88), pp. 231-249.

③ E. Chavannes, *Les documents chinois découverts par Aurel Stein dans les sables du Turkestan oriental*, pp. 202-203.

④ R. E. Emmerick, *The Book of Zambasta. A Khotanese Poem on Buddhism* (=*London Oriental Series 21*), London 1968.

⑤ 《宋高僧传》卷二《唐洛京大遍空寺实叉难陀传》《周洛京魏国东寺天智传》。

⑥ 《宋高僧传》卷三《唐北庭龙兴寺戒法传》。

⑦ 上山大峻《昙倩译〈金刚坛广大清净陀罗尼经〉》，《龙谷大学论集》第399号，1972年，60-82页；同作者《敦煌佛教の研究》，京都：法藏馆，1990年，640-641页。

从武周至开元这一段唐朝盛期，西域地区曾经奉唐朝敕令而建立了汉化佛寺系统，它们统属于住在龟兹的四镇都统，这些唐朝官寺中的重要僧官，很可能是从京师或中原内地直接派到安西地区来的。有关于阗的汉寺，开元十五年（727）时经过安西（龟兹）的新罗僧人慧超，在其所著《往五天竺国传》有记载："于阗有一汉寺，名龙兴寺。有一汉僧，名□□，是彼寺主，大好住持，彼僧是河北冀州人士。"[①] 除了慧超的记载外，我们从其他史料中，还可以找到一些西域地区汉寺的记载。敦煌文书 P.2899 号汉文《须摩提长者经》卷端题"于阗开元寺一切经"，卷背书于阗语医药文献[②]，可知这个卷子原本为于阗人所有，正面的汉文佛经应当也出自于阗，原是于阗开元寺的藏经。藏文于阗佛教史《于阗国授记》（*Li-yul lung-bstan-pa*）一书中记载：

尔后，尉迟僧伽罗摩（Vijiya Sangrama）王之子尉迟毗讫罗摩（Vijiya Vikram）返归于阗国，为其善友尊者大阿罗汉提云般若（Devendra）建毗沙罗摩（Byi-zha-gre-rma）寺。今，难胜天子（Aparājita）与摩尼跋陀罗天王（Manibhadra）守护之。

尔后，唐朝大臣谢大使（Ser the-shi）与尉迟达摩（Vijiya Dharma）王一起，为他们的善友瞿摩帝（'Gum-tir）的上座阇那斯纳（Jinasena），于上城建弥勒寺（Byams-pa Maitri）。今，毗沙门天王（Vaiśravana）守护此寺。

尔后，王之大臣盖大使（Ka the-shi）与尉迟散跋婆（Vijiya Sambhava）王一起，为他们的善友乌丹陀罗若希（Udrendra Rod-ci）与达磨难陀（Dharmānanda）二人，共建开元寺（Khe-gan-rtsi）。今，毗沙门天王守护此寺。[③]

---

① 桑山正进编《慧超往五天竺国传研究》，京都大学人文科学研究所，1992 年，25-26 页。

② H. W. Bailey, *Khotanese Texts*, III, Cambridge University Press, 1969, p. 78.

③ 此据 R. E. Emmerick, *Tibetan Texts concerning Khotan* (London 1967) pp. 58-61 校勘并英译本译出，专名乃笔者据相关史实译出，后括注原文或梵文的拉丁转写。

第二段中的 Ser the-shi 应即开元十六年（728）十一月乙酉以前任“右羽林军大将军兼安西副大都护、四镇节度等副大使谢知信”，第三段的 Ka the-shi 应即开元二十六年安西都护盖嘉运，因此译作“谢大使”和“盖大使”[①]。据《唐会要》卷五〇“杂记”条：“〔开元〕二十六年（738）六月一日，敕每州各以郭下定形胜观、寺，改以‘开元’为额。”盖大使任职安西的时间恰恰是唐朝敕建开元寺的那一年，因此可以把藏文的 khe-gan-rtsi 比定为“开元寺”的不规则拼写。此藏文名称又见于麻札塔格出土的 M. T. b. i.0045 号藏文木简文书中，文曰：lha-gang ke'u-gan-tshe rgya Sam-du“开元寺之汉人孙度（音）。”[②]

唐代于阗的佛教文化，既有来自印度、中亚系统的佛教，也有本地发展起来的大乘为特色的宗教，还有从汉地去的汉地佛教系统。汉寺的建立，必然将唐朝寺院管理体制带入于阗。《大唐六典》卷四祠部郎中员外郎条规定：“每寺上座一人，寺主一人，都维那一人，共纲统众事。”麻札塔格出土《开元年间于阗某寺支出簿》（M. T. b.009）记每日支出帐目后，均有都维那、寺主、上座依次署名[③]。与此同时，汉译佛典也必然流传到于阗地区。除了上面提到的《大般若波罗密多经》，还有佛教信徒所写的发愿文（M. T.0634(3)），甚至还有汉地禅僧神会写的《语录》（M. T. b.001）[④]，表明汉地佛教对于阗深远的影响。

---

① 关于 *Ser-the-shi* and *Ka the-shi*，E. G. Pulleyblank 建议比定为“薛”和“贾”姓，而 the-she 为“太使”，意为“great envoy；ambassador”，见 Pulleyblank notes，载 Emmerick 上引书，pp. 93，106。

② F. W. Thomas，*Tibetan Literary Texts and Documents concerning Chinese Turkestan*，II. London，1951，p. 183，n. 1.

③ 《中国古代籍帐研究》，348—350 页。

④ 此残片，E. Chavannes，*Les documents chinois découverts par Aurel Stein dans les sables du Turkestan oriental*，p. 203，No. 958，pl. XXXII 刊布；P. Demiéville，“Deux documents de Touen-houang sur le Dhyana chinois”，*Essays on the History of Buddhism presented to Professor Zenryu Tsukamoto*，Kyoto 1961，p. 6 比定；参看荣新江《唐代禅宗的西域流传》，《禅学研究の诸相：田中良昭博士古稀记念论集》，大东出版社，2003 年，63 页。

于阗对唐朝文化的贡献不仅仅表现在佛教的传播上，也反映在尉迟跋质那与乙僧父子入唐所传于阗绘画技法上[①]。

四、从安史之乱到吐蕃统治

天宝十四载（755），安禄山起兵叛乱，尉迟胜闻讯后，以其弟曜摄国事，自率兵五千赴中原之难[②]。敦煌市博物馆藏敦煌写本《天宝十道录》（拟）记于阗有“户四千四百八十七”[③]，新、旧《唐书》称于阗“胜兵四千人”。尉迟胜所率应当包括驻于阗的汉军和出自本地的番兵，显然于阗的精锐部队至此已随之而去。乱平后，尉迟胜没有回国，终老长安。唐肃宗乾元三年（760）正月“丙戌，以于阗王胜之弟曜同四镇节度副使，权知本国事”[④]。他率领当地民众与唐镇守军一起戍守于阗。到了广德二年（764），代宗遣尉迟胜还国，胜固请留卫宿，以国授其弟尉迟曜[⑤]。

吐蕃乘唐朝忙于平定安史之乱，而河西陇右兵内调之机，大片蚕食唐朝领地。据唐朝史料记载，吐蕃由东向西，于广德二年（764）攻占河西重镇凉州，永泰二年（766）占甘州、肃州[⑥]。因此，广德二年（764）唐朝任命于阗王的使臣不容易西行，直到大历二年（于阗地区仍用永泰三年，767）才抵达于阗，尉迟曜正式即位为王。建中二年（781），吐蕃与唐朝会盟没有成功，开始进攻河西的最后堡垒沙州，陷

---

① 庄申《隋唐时代于阗祖籍之父子画家》，《历史语言研究所集刊》外编第4种上册，台北，1960年，403-454页。

② 《资治通鉴》卷二一九。

③ 唐耕耦等编《敦煌社会经济文献真迹释录》一，北京：书目文献出版社，1986年，57页。

④ 《资治通鉴》卷二二一乾元三年（760）正月条。

⑤ 《旧唐书》卷一四四和《新唐书》卷一一一《尉迟胜传》均记为“广德中”，《通鉴》卷二二三系在“广德二年”。

⑥ 《元和郡县图志》卷四〇。

寿昌城[①]。此后吐蕃并没有立即进军西域，从和田当地出土的唐朝官私文书和贞元五年（789）前后经于阗、安西（龟兹）、北庭回朝的僧悟空所留下来的《行记》来看[②]，贞元六年以前于阗地区的日常生活还是很正常的。

唐朝史料均记北庭于贞元六年陷蕃[③]，《元和郡县图志》卷四〇记西州贞元七年陷蕃，敦煌文书P.3918写经题记则记西州陷蕃年代在贞元八年[④]，而过去所见于阗汉文文书的最晚年份是贞元六年，因此大多数学者都认为安西四镇的陷蕃也是在贞元六年或七年[⑤]。但史籍记载北庭没蕃后，"自是安西阻绝，莫知存否"[⑥]，说明唐朝并不知晓安西四镇的陷落时间。实际上，唐军在北庭安西已经坚守数十年，不会轻而易举地交给吐蕃。据森安孝夫氏考证，吐蕃与回鹘在北庭曾经有过一段拉锯战[⑦]。

---

① 《元和郡县图志》卷四〇记建中二年沙州没蕃，实则本年吐蕃只攻占寿昌，沙州州治敦煌仍为唐守。详见陈国灿《唐朝吐蕃陷落沙州城的时间问题》，《敦煌学辑刊》1985年第1期，1-7页。

② 《悟空入竺记》，《大正新修大藏经》第51卷，No.2089，980页c栏；S. Lévi et E. Chavannes，"L'itineraire d'Ou-k'ong（751-790）"，*Journal Asiatique*，9e serie，tome VI，No.2，Set.-Oct. 1989，pp.362-363。

③ 《旧唐书》卷一四五，《唐会要》卷七四，《资治通鉴》卷二三三。

④ 《元和郡县图志》卷四〇；陈国灿《八、九世纪间唐朝西州统治权的转移》，《魏晋南北朝隋唐史资料》第8期，1986年，15-17页。

⑤ A. Stein，*Serindia*，Oxford 1928，p.207；C. I. Beckwith，*The Tibetan Empire in Central Asia*，Princeton 1987，p.155；张广达、荣新江《关于和田出土于阗文献的年代及其相关问题》，69-79页；《于阗史丛考》，86-89页；孟凡人《隋唐时期于阗王统考》，《西域研究》1994年第2期，45-47页；H. Kumamoto，"The Khotanese Documents from the Khotan Area"，*Memoirs of the Research Department of the Toyo Bunko*，54，1996，p.39。按林梅村《新疆和田出土汉文于阗文双语文书》，《考古学報》1993年第1期，103页；《西域文明》，东方出版社，1996年，230页认为藏文史籍《于阗国授记》绝笔的戌年，即794年，也即于阗陷蕃的年代。但他对相关文字的理解有误，Kumamoto上引文，p.57，n.38已指出其误。

⑥ 《旧唐书》卷一九六《吐蕃传》。《资治通鉴》卷二三三所记同，7522页。

⑦ 森安孝夫《増补：ウィグルと吐蕃の北庭争夺战及びその后の西域情势について》，流沙海西奖学会编《亚洲文化史论丛》3，东京：山川出版社，1979年，226-299页；T. Moriyasu，"Qui des Ouigours ou des Tibétains ont gagné en 789-792 à Beš-balïq？"，*Journal Asiatique*，269，1981，pp.193-205。

至于西州，虽然在贞元八年一度被吐蕃攻占，但据静嘉堂文库所藏吐鲁番出土“贞元十一年（795）正月”的官文书[①]，这里很快恢复了唐朝的统治。又据敦煌文书 P.2132 保存的西州僧义琳自建中四年（783）至贞元十九年（803）的写经题记，唐朝势力退出吐鲁番盆地而转归回鹘汗国所有的时间当在 803 年[②]。至于安西地区，龟兹范围的克孜尔千佛洞，曾出土过“贞元七年”的文书[③]；其中第 222 窟中有“贞元十年”题记[④]，表明龟兹的陷蕃当在 794 年以后。目前所见和田地区出土的官文书是前面提到过的 Hedin 24 号《唐贞元十四年（798）闰四月四日典史怀□牒》，该牒系汉文于阗文双语书写，贞元十四年相当于尉迟曜在位的第 32 年。这件文书证明于阗王尉迟曜率领军民一直为唐朝坚守，于阗镇无疑应当是安西四镇中最晚陷蕃的唐朝堡垒。

和田出土 Hedin 16、Hedin 15、Dumaqu C、Dumaqu D 等汉文于阗文双语文书上，都有与 Hedin 24 上相同的“判官富惟谨”名，年代相距不远，其汉文纪年为“巳年”和“午年”，于阗王（尉迟曜）纪年为第 35 年和 36 年，应相当于贞元十七年辛巳（801）和十八年壬午（802）。文书不用唐朝年号，与敦煌吐蕃统治时期纪年方式相同，表明于阗已经进入吐蕃统治时期。而文书内容是六城地区征收进奉绝紬的帐历，这里的绝紬可能就是要进奉给吐蕃赞普的，以表示于阗对吐蕃王国的归顺。如此，则吐蕃占领于阗的时间当在 798—801 年之间。

根据于阗王尉迟曜第 36 年的纪年来看，他并没有马上退位，而文书中富惟谨等官吏也都未变，正说明了吐蕃是使于阗降服而不是强行攻

① 荣新江《海外敦煌吐鲁番文书知见录》，南昌：江西人民出版社，1996 年，189 页。

② 荣新江《摩尼教在高昌的初传》，刘东编《中国学术》第 1 辑，北京：商务印书馆，2000 年，166-170 页。

③ 黄文弼《塔里木盆地考古记》，北京：科学出版社，1958 年，36 页。

④ 阎文儒《新疆天山以南的石窟》，原载《文物》1962 年第 4 期；此据《新疆考古三十年》，乌鲁木齐，1983 年，564 页。

占的，因为占领一事发生不久，所以原来的社会组织和人员都还没有变动[①]。

吐蕃同唐朝一样，在于阗采取羁縻性质的统治方式。和田出土的一件于阗文写本（M. T. b. ii.0065）是对于阗王尉迟诘（Viśa' Kīrti）的颂词，其中称："自最优秀的藏人守卫于阗国，其统治已进入第六个年头。"[②] 表明于阗尉迟氏王统并未断绝。属于同一国王时期的另一件文书（M. T. c.0018）称："于阗王尉迟诘四年十二月十八日。此年间，刺史、阿摩支、守（？）尉迟拉呵（Viśa' Raka）……"[③] 可见于阗尉迟氏王族在地方的统治体制也没有被打破。但吐蕃曾先后将十余个分属吐蕃本地各翼的千户部落调驻于阗，并且也曾把当地居民编成部落，其名称见于和田麻札塔格出土的藏文文书中[④]。吐蕃驻军大概把于阗组成一个军镇（Khrom），其首脑为军镇将军（dmag-pon）[⑤]，驻地在于阗国都北、和田河中游的神山堡（藏文 Shing/Shin-shan，今麻札塔格）。其下有专统一城的节儿（rtse-rje）等军政官吏[⑥]。敦煌藏文文书 P.t.1089 有如下记载：

> 也可以奏上这样一个例子，即于阗国主的情形：因为〔他的〕称臣纳贡，受到恩诏，被赐予王号，允许其有王者的威仪，但其地

---

① 以上从尉迟曜即位到于阗陷蕃的详细考证，见张广达、荣新江《八世纪下半至九世纪初的于阗》，《唐研究》第 3 卷，339-361 页。

② H. W. Bailey, *Saka Documents*, *Text Volume*, London 1968, pp. 90-91, 79.

③ 同上，pp. 90-91，79。

④ F. W. Thomas, *Tibetan Literary Texts and Documents concerning Chinese Turkestan*, *Part II*: *Documents* (Oriental Translation Fund, New Series XXXVII), London 1951, pp. 455-470.

⑤ G. Uray, "Khrom: Administrative Units of the Tibetan Empire in the 7th-9th Centuries", *Tibetan Studies in Honour of Hugh Richardson* (*Proceedings of the International Seminar on Tibetan Studies*, *Oxford 1979*), eds., M. Aris & Aung San Sun Kyi, Westminster 1979, p. 314.

⑥ 参看杨铭《唐代吐蕃统治于阗的若干问题》，《敦煌学研究》（《西北师院学报》增刊），1986 年，41 页。

> 位在〔统治〕于阗的、银字告身〔吐蕃人的〕论（大臣）之下。于阗的阿摩支（大臣）被允许授予金字告身（绿松石告身）的位阶，但地位却在〔吐蕃方面任命的〕赤铜字告身的节儿之下。[①]

于阗国王虽然保有王的威仪，但地位在只有银字告身的吐蕃军镇将军之下；于阗拥有“阿摩支”称号的大臣，虽然可以得到吐蕃金字告身的阶位，但实际地位却在只有赤铜告身的吐蕃节儿之下，这充分说明了吐蕃占领者与于阗旧统治阶层的关系。

吐蕃对于阗的统治的另一面，是使于阗和藏族的文化交往更加紧密。敦煌发现的于阗文医药文献巨著《悉昙娑罗》（*Siddhasāra*），其序言明确说到是从藏文译成于阗文的[②]，这对于增进于阗的药物学知识起到了不可估量的作用。藏文大藏经或敦煌藏文写本中保存的《于阗国授记》《于阗国阿罗汉授记》《于阗国教法史》等，是从于阗文译成藏文或用藏文编成的著作[③]，它们代表了于阗对藏族佛教文库的贡献。

五、晚唐五代宋初的于阗

842年，吐蕃赞普郎达磨（Glang-dar-ma，836—842年在位）被刺

---

① 山口瑞凤《沙州汉人による吐蕃二军团の成立とmkhar tsan军团の位置》，《东京大学文学部文化交流研究施设研究纪要》第4号，1980年，16页。

② R. E. Emmerick，“Some Remarks on Translation Techniques of the Khotanese”，*Sprachen des Buddhismus in Zentralasien. Vorträge des Hamburger Symposions vom 2. Juli bis 5. Juli 1981*（Veröffentlichungen der Societas Uralo-Altaica 16），eds. K. Röhrborn & W. Veenker，Wiesbaden，1983，pp. 17-28. 关于该医典，参看陈明《印度梵文医典〈医理精华〉研究》，中华书局，2002年。

③ F. W. Thomas，*Tibetan Literary Texts and Documents concerning Chinese Turkestan*，*Part I*：*Literary Texts*（Oriental Translation Fund，New Series XXXII），London 1935；R. E. Emmerick，*Tibetan Texts concerning Khotan*（London Oriental Series 19），London 1967. Cf. G. Uray，“The Old Tibetan Sources of the History of Central Asia up to 751 A. D.：A Survey”，*Prolegomena to the Sources on the History of Pre-Islamic Central Asia*，ed. J. Harmatta，Budapest，1979，pp. 275-304.

身亡，统一王国迅速崩溃，其在西域的统治也随之瓦解。目前由于史料的缺乏，关于9世纪后半叶于阗王国的情况尚不得而知，据敦煌发现的属于10世纪的于阗文和汉文文书以及中原五代、北宋王朝的一些记载，可以推测吐蕃势力退出于阗以后，于阗获得了完全的独立，尉迟氏王族掌握了实权。现将已经确知的10世纪于阗王的在位年代及其年号表列于下[①]：

李圣天 Viśa' Saṃbhava	同庆	912—949
	天兴	950—963
	天寿	963—966
尉迟输罗 Viśa' Sūra	天尊	967—977
尉迟达磨 Viśa' Dharma	中兴	978—982

此外，还有个别王（如 Viśa' Saṃgrāma）的年代不明。大概从901年开始，于阗王国与敦煌的沙州归义军政权建立了联系，于阗王李圣天曾娶归义军节度使曹议金女为皇后，两地交往更为密切[②]。938年，李圣天

① 这个年表是经过相当长时间的讨论才最后得出的，参看 Ed. G. Pulleyblank, "The Date of the Staël-Holstein Roll", *AM* ns. IV. 1, 1954, pp. 90-97；井ノ口泰淳《ウテン語資料によるViśa王家の系譜と年代》，27-43頁；J. Hamilton, "Les règnes khotanais entre 851 et 1001", *Contributions aux études sur Touen-houang* (Hautes études orientales 10), ed. M. Soymié, Genève-Paris 1979, pp. 49-54；idem., "Sur la chronologie khotanaise au IXe-Xe siècle", *Contributions aux études de Touen-houang III* (Publications de l'École française d'Extrême-Orient v. 135), ed. M. Soymié, Paris 1984, pp. 47-53；张广达、荣新江《关于唐末宋初于阗国的国号、年号及其王家世系问题》，《敦煌吐鲁番文献研究论集》，中华书局，1982年，197-209页；收入《于阗史丛考》，32-58页；又《关于敦煌出土于阗文献的年代及其相关问题》，北京大学中国中古史研究中心编《纪念陈寅恪先生诞辰百年学术论文集》，北京大学出版社，1989年，284-306页；收入《于阗史丛考》，98-139页；又《十世纪于阗国的天寿年号及其相关问题》，《欧亚学刊》第1辑，中华书局，1999年，181-192页；H. Kumamoto, "Some Problems of the Khotanese Documents", *Studia Grammatica Iranica. Festschrift für Helmut Humbach*, eds. R. Schmitt & P. O. Skjærvø, München 1986, pp. 227-244；P. O. Skjærvø, "Kings of Khotan in the Eighth Century", pp. 255-278。

② 张广达、荣新江《关于敦煌出土于阗文献的年代及其相关问题》，284-306页。

又遣使后晋，晋高祖册封李圣天为大宝于阗国王[①]。李圣天与曹氏所生之子从德，曾长期在敦煌居住，967 年即位为王后，仍与中原、沙州保持密切的交往。由于此时疏勒已被信奉伊斯兰教的黑韩王朝占领，并向东方伸张势力，自 970 年开始，于阗佛教王国与疏勒的穆斯林展开了旷日持久的战争。最初，于阗攻入疏勒境内，取得了胜利，并俘获一头“舞象”，准备进贡给宋朝[②]。但于阗孤立无援，敌不过西方穆斯林的强大攻势，大约在 1006 年前后，于阗佛教王国终于被黑韩王朝消灭[③]。此后，于阗的人种和语言逐渐突厥化。

10 世纪的于阗，佛教仍是最主要的宗教信仰。晚期于阗佛教的特征之一，是密宗思想的发展，敦煌保存有几种于阗文《金刚乘文献》，当地崇拜的许多佛像都被绘成“瑞像”，反映了于阗民众期望借助神灵来保护受到威胁的佛法[④]。另一特征是汉地佛教的影响，如 P.3513 于阗文《金光明最胜王经 · 忏悔品》，可能是译自义净的汉译本。同号写本《般若心经疏》则是对汉译大本《心经》的译注。此外，在晚期于阗文佛教文献中，有一大批佛教文学作品，如《佛本生赞》《善财童子譬喻经》《阿育王故事》《难陀故事》等等，有些是用韵文写成的[⑤]，反映了于阗讲唱叙事文学作品的盛行[⑥]。这些传到敦煌的于阗文佛典，必然

---

① 《新五代史》卷七四《四夷附录》于阗条。

② 此据 P.5538 于阗文文书，H. W. Bailey，“Śrī Viśa Śūra and the Ta-uang”，*AM* ns. XI. 1，pp. 1-26；idem.，*Saka Documents*，*Text Volume*，pp. 58-60；《宋史》卷四九〇《外国传》于阗条。

③ 参看华涛《喀喇汗朝王室族属问题研究》，《元史及北方民族史研究集刊》第 12-13 期，1989 年，107-116 页；又《萨图克布格拉汗与天山地区伊斯兰化的开始》，《世界宗教研究》1991 年第 3 期，10-23 页。

④ 参看张广达、荣新江《敦煌瑞像记、瑞像图及其反映的于阗》，《敦煌吐鲁番文献研究论集》第 3 辑，北京：北京大学出版社，1983 年，64-147 页。

⑤ R. E. Emmerick，*A Guide to the Literature of Khotan*，pp. 15ff.

⑥ H. W. Bailey，“The Story-telling in Buddhist Central Asia”，*Acta Asiatica*，XXIII，1972，pp. 63-77.

对敦煌佛教的发展产生影响。作为丝绸之路上的贸易王国之一，于阗特产的白玉，一直是重要的输出品，为东西方各族民众所喜爱。

总之，唐代的于阗是于阗史上最辉煌的时代，其所创造的佛教文化更是多姿多彩，影响深远。

（此文最早为以日文发表，题“唐宋时代于阗史概说”，木田知生译，载《龙谷史坛》第 97 号，京都，1991 年，28-38 页。后于 2007 年 7 月 23 日增订而成《唐代于阗史概说》，作为中国新疆文物考古研究所、日本佛教大学尼雅遗址学术研究机构编著《丹丹乌里克遗址——中日共同考察研究报告》第一章第二节，文物出版社，2009 年 11 月，5-31 页。今改回原名。）

新出吐鲁番文书所见西域史事二题

唐代西域史是历史、考古等学科的重要研究课题。但是，传统史料有一定的局限性，往往对于许多重大的历史事件仅轻描淡写地一笔带过，甚至语焉不详，使人难窥全貌。中华人民共和国成立后出土的吐鲁番文书虽然多已残碎，但仍在许多方面弥补了传统史料的不足。本文从已经刊布的文书中钩稽拾遗，就安西都护府初迁龟兹的年代和麟德二年西域道行军救援于阗两个西域史上的重要问题详做探讨，以就教于治西域史和吐鲁番写本的专家。

一、安西都护府初迁龟兹年代补考

唐太宗贞观十四年（640）八月八日，侯君集率军灭高昌国。随即以其地为西州，下辖五县，推行与内地一样的州县乡里之制。同时，于九月二十二日置安西都护府，治交河城，留兵镇守高昌，并经营西域。安西都护府的设立，是唐朝向西域推进的一个重要里程碑，弄清它的历史真相，是唐代西域史研究的一项重要课题。然而，安西地处边陲，与都城往来不便，正史所记安西史事多有未备。仅就安西都护一职来说，在高宗永徽二年（651）十一月丁丑旧高昌王弟麹智湛就任之前，正史所记仅郭孝恪一人。郭孝恪，两《唐书》有传。据《资治通鉴》卷一九六《唐纪》十二载，太宗贞观十六年（642）九月，“癸酉，以凉州都督郭孝恪行安西都护、西州刺史”①。至贞观二十二年，孝恪以安西都护率军西征，战死于龟兹城西门。因此，在郭孝恪于贞观十六至二十二年（642—648）任职的前后，至少应有两任安西都护未见正史记载。

郭孝恪的前任应是乔师望，学者们根据《文馆词林》所收《贞观年中巡抚高昌诏》的记载，结合新出吐鲁番文献资料，已经得出比较完满的结论②。至于郭孝恪的继任，1979年1月出土于吐鲁番五星公社建设大队八十队村东北古墓道中的《唐永徽五年（654）令狐氏墓志》为我们提供了一条重要的材料，现转录如下③：

1　大唐永徽伍年十月廿九日，董□

2　隆母令狐，年八十有余。

3　安西都护府　天山县南平乡

4　右授魏州顿丘县达安乡君。

5　牒奉　诏版授官如右。

---

① 《资治通鉴》卷一九六，北京：中华书局，1956年，6177页。《旧唐书》卷八三《郭孝恪传》，北京：中华书局，1975年，2774页略同。

② 池田温《书评：〈西域文化研究〉第二〈敦煌吐鲁番社会经济资料〉》（上），《史学杂志》第69编第8号，1960年，74页，又85-86页注〔6〕；土肥义和《贞观十四年九月西州安苦咖延手实について——その特征と历史的背景》，《铃木俊先生古稀记念东洋史论丛》，东京：山川出版社，1975年，305页，又313-314页注〔36〕；西村元佑《东トルキスタン（西州）における唐の直辖支配と均田制——贞观一四年九月安苦咖延手实と贞观年中巡抚高昌诏の意义を中心として》，《隋唐帝国と东アジア世界》，东京：汲古书院，1979年，210页；吴玉贵《唐代第一任安西都护是谁》，《文史》第24辑，1985年，329-332页；柳洪亮《安西都护府治西州境内时期的都护及年代考》，《新疆社会科学》1986年第2期，123-124页；程喜霖《唐付宋赟等物帐跋》，《西北史地》1986年第2期，76页。

③ 柳洪亮《唐天山县南平乡令狐氏墓志考释》，《文物》1984年第5期，78-79页；又《安西都护府初期的几任都护》，《新疆历史研究》1985年第3期，40页。

6　右牒　贞观廿三年九月

7　七日，典王仵牒。朝散郎行

8　户曹参军判使事姬孝敏。

9　敕使使持节西、伊、庭三州诸军事

10　兼安〔西〕都护、西州刺史上柱国谯国公柴哲威。

柳洪亮先生在最近发表的论文中指出，柴哲威很可能就是继郭孝恪之后于贞观二十三年二月补任安西都护的人。他又根据墓志上贞观廿三年九月七日的纪年和柴哲威属衔中的西州刺史，认为当时安西都护府置在西州境内，而《旧唐书·龟兹传》所记“太宗既破龟兹，移置安西都护府于其国城”应有舛误。显庆三年（658）五月才是安西都护府初徙龟兹的年代。

柳洪亮同志根据《令狐氏墓志》保存的官文书，不仅补了一任安西都护的阙，更重要的是他推测显庆三年是安西都护府初徙龟兹的年代。但是，由于贞观二十二年平龟兹后安西都护府移置于其国都城是于史有征并得到大多数学者接受的成说①，仅凭一两件孤证似乎还很难推翻这种说法，故此说至今还未受到学界的重视。本节利用新出吐鲁番文书详做考订，并对有关史料做一番全新的解说，以期对上述问题做出比较肯定的结论。

《旧唐书·龟兹传》记载：“先是，太宗既破龟兹，移置安西都护府于其国城，以郭孝恪为都护，兼统于阗、疏勒、碎叶，谓之‘四镇’。高宗嗣立，不欲广地劳人，复命有司弃龟兹等四镇，移安西依旧于西州。”② 这条材料是使一些学者认为贞观二十三年以后安西都护府

---

① 例如伊濑仙太郎《西域经营史の研究》，东京：日本学术振兴会，1955 年，185-206 页；森安孝夫《吐蕃の中央アジア进出》，《金泽大学文学部论集·史学科篇》第 4 号，1984 年，2 页。

② 《旧唐书》卷一九八《西戎传》龟兹条，5304 页。《册府元龟》卷九六四《外臣部》封册条，南京：凤凰出版社，2006 年，11169 页。《新唐书》卷二二一《西域传》龟兹条，北京：中华书局，1975 年，6231-6232 页。

移至龟兹，永徽初年又迁回西州的主要依据[①]。然而，《令狐氏墓志》所载《贞观二十三年典王仵牒》中柴哲威的属衔是“使持节西、伊、庭三州诸军事兼安西都护、西州刺史”，明确表明至少在贞观二十三年九月七日以前，安西都护府仍在西州。关于这一点，还可以用一些出土文书材料来补充说明。《吐鲁番出土文书》第6册刊布了阿斯塔那210号墓出土文书19件，此墓虽经后世盗扰，但仍然可以区分出其中属于安西都护府的一组文书，其编号、题目和有关内容如下[②]：

二、《唐贞观二十三年安西都护府户曹关为车脚价练事》（73TAM210：136/5），其上残存“安西都护府之印”钤记，内容是关于西州柳中县人纳车脚价练事，纪年残存“贞观廿三年正月”。

三、《唐贞观二十三年残牒为纸笔价钱事》（73TAM210：136/9），纪年有“贞观廿三年三月　日”，又有“卅曰”。

四、《唐贞观二十三年杜崇礼等辩辞为绫价钱事》（73TAM210：136/8），纪年残存“贞观廿三年三月廿”。

五、《唐史王公□牒为杜崇礼等绫价钱事》（73TAM210：136/10-3），纪日为“四月一日”，提到“译语人”。

六、《唐君安辩辞为领军资练事》（73TAM210：136/10-1a）。

七、《唐西州高昌县译语人康某辩辞为领军资练事》（73TAM210：136/10-2）。

一〇、《唐安西都护府残牒》（73TAM210：136/3-1a；3-2；3-3a），残存“安西都护府之印”钤记二方，其中有“此已牒伊[州]”，纪年残存“年十二月廿”。

一一、《唐总计练残文书》（73TAM210：136/4-1；4-2；4-3），

① 例如伊濑仙太郎《西域经营史の研究》，185-206页；森安孝夫《吐蕃の中央アジア进出》，2页。

② 国家文物局古文献研究室、新疆博物馆、武汉大学历史系编《吐鲁番出土文书》第6册，北京：文物出版社，1985年，66-84页。

有“奏伊州三卫”，“二月九日”，“录申省，十四日白”等语。

一二、《唐安西都护府运粮残文书》（73TAM210：136/2-1；2-2），上钤“安西都护府之印”数方，提及“凉州以西诸州”。

从以上简单描述可以得知：（一）这些文书内容相关联，应当属于同一组文书。据二、一〇、一二件文书所钤之“安西都护府之印”，可以断定是一组安西都护府的官文书，其涉及的地域包括伊州乃至“凉州以西诸州”，也非西州所能包含；（二）从文书中提到的柳中县、高昌县等纪事看，安西都护府时在西州境内；（三）其确切纪年是从贞观二十三年正月至同年三月三十日。另外，第五件文书的“四月一日”亦应属贞观二十三年，至于第一〇件文书的“年十二月廿”，则尚难断定，总之，这组文书证明，贞观二十三年四月以前，安西都护府仍在西州，这对于《贞观二十三年九月典王仵牒》是一个重要的补充。

另一条重要材料是哈拉和卓 48 号墓出土的《唐永徽元年（650）后付宋赟等物帐》（69TKM48：10，9，16/5，16/3），原文如下[①]：

（前缺）

1　以前总计得贰□肆佰肆拾贰尺

2　　一千二百尺[　　　　　]积向龟兹□

（中略）

10　　一百五尺王仵从谯公行回[

11　　九尺见在已后付宋赟讫

12　]捌具六具已付宋赟讫　一具付官奴[
已陈牒讫　一具元年付官厨[

13　]见在付宋赟讫

（后缺）

柳洪亮先生已经注意到这件文书，并正确地指出文书第 10 行的王仵即

① 《吐鲁番出土文书》第 4 册，北京：文物出版社，1983 年，294-295 页。

《令狐氏墓志》中的典王仵，谯公即柴哲威[1]。程喜霖同志对此文书也作了详尽的解说[2]。正如《吐鲁番出土文书》的编者所理解的那样，文书第12行的"元年"应指永徽元年。这样，本文书的重要性在于，"王仵从谯公行回"所用织物的记帐表明，永徽元年前后安西都护府应驻西州境内，故有"行回"的说法，而同一文书第2行提到龟兹时，则称"积向龟兹"，且不用安西一名代替龟兹，都表明文书写于西州境内。

更能说明问题的是阿斯塔那221号墓出土文书。据墓志，墓主人张团儿生前任"交河县尉"，卒于永徽四年[3]。本墓出土文书大部分与交河县或岸头府有关，或许是张团儿任交河县尉时处理的官文书后又用为废纸的一部分。其中第2件是《唐贞观廿二年安西都护府承敕下交河县符为处分三卫犯私罪纳课违番事》（73TAM221：55a，56a，57a，58a），其第39-40行有明确纪年和主管官的判署："贞观廿二年七月五日史张守洛牒。付司。景弘示。"[4] 表明是安西都护府治西州交河城时所写文书无疑。与此形制完全相同的另一件文书是第11件《唐永徽元年安西都护府承敕下交河县符》（73TAM221：59，60，61a），现摘录有关部分如下[5]：

（前略）

11　都护府

12　交河县主者，被符奉　　敕［旨连写如右，县宜准］

13　敕，符到奉行。

14　　　　　　　　　　　　　府

---

① 《新疆历史研究》1985年第3期，40-41页。

② 程喜霖《唐付宋赟等物帐跋》。

③ 《吐鲁番出土文书》第7册，北京：文物出版社，1986年，第1页阿斯塔那221号墓说明。

④ 《吐鲁番出土文书》第7册，3-7页。

⑤ 《吐鲁番出土文书》第7册，19-22页。

15 兵曹参军事大智

16 史王威文

17 永徽元年二月四日下

18 二月九日辰前录[

19 丞阙

20 牒件录 敕白如前，已从正 [敕行下讫][ ][牒]

21 永徽元年二月[九日，史张守洛牒]

22 付司。景弘示

23 九日

24 二月九日录事张到□□[受]

25 丞阙

（中缺）

26 既从正

27 敕行下讫记，景

28 弘示。

29 九日

30 永徽元年二月九日

31 佐

32 史张洛

33 二月九日受，即日行判无稽。

本文书中的景弘和史张洛（张守洛）见于上引同墓所出《贞观廿二年安西都护府符》。两者形制相同，牒报人和判案者没变，又都是承敕下交河县符，因此可以比较肯定地说，永徽元年二月初，安西都护府的治所仍在西州交河城。结合上面的考证，可以认为，在高宗嗣位、阿史那贺鲁于永徽元年叛乱前后，安西都护府并没有移置于龟兹国都城。如果我们回过头来仔细审查一下上引《旧唐书·龟兹传》的有关记载，就会发现它的自相矛盾处。“先是，太宗既破龟兹，移置安西都护府于其国城，以郭孝恪为都护。”事实上，郭孝恪在破龟兹之前就已战死沙场，又如何在破龟兹后任都护呢！此其一。“兼统于阗、疏勒、碎叶，谓之‘四镇’。”学者们现在逐渐一致认为，贞观二十二年时，唐朝的势力还未到达伊塞克湖以西的碎叶地区，此时的四镇应有焉耆而无碎叶，此其二。显然，这条孤立的史料错谬丛出，其所记安西都护府的移置经过也难以凭信。

此外，还有一条史料需要在此加以辩明。《册府元龟》卷九九一《外臣部》记：“高宗永徽二年十一月丁丑，以高昌故地置安西都护府，以尚舍奉御天山县公麴智湛为左骁卫大将军兼安西都护、府（西之讹）州刺史，往镇抚焉。”① 初看上去，这条史料似乎可以为高宗初年安西都护府迁回高昌故地的说法提供一条佐证。其实，这里只字未提迁徙之事，而且，据上引吐鲁番出土文书，从贞观末到永徽初，安西都护府并未废置，故此处的“以高昌故地置安西都护府”一句显然有误，此时安西都护府应当就在西州交河城，以高昌故主麴智盛弟智湛为安西都护兼西州刺史，是为了对付阿史那贺鲁叛乱、西域形势动荡不安而采取的措施。显庆二年（657）贺鲁平，唐朝势力也随之伸展到天山以北、葱岭以西，为了控制这一广阔领域，“至〔显庆〕三年五（四之误）月二日，移安西都护府于龟兹国。旧安西复为西州都督〔府〕，以麴智湛为之，以统高昌故地”②。据此，显庆三年四月二日，才是安西都护府初徙龟兹的年代。

二、麟德二年西域道行军救援于阗史事钩沉

高宗显庆三年（658），唐朝基本平定了西突厥阿史那贺鲁的叛乱，

① 《册府元龟》卷九九一《外臣部》备御条，11478页。案：“府”殆“西”之讹。参看《旧唐书》卷四《高宗本纪》，69页。

② 《唐会要》卷七三，北京：中华书局，1991年，1568页。参看岑仲勉《西突厥史料补阙及考证》，北京：中华书局，1958年，49-50页。

移安西都护府于龟兹，统龟兹、于阗、焉耆、疏勒四镇。于是，天山南北，葱岭东西，旧日役属西突厥的部落和绿洲王国，皆置羁縻州府，西尽波斯，均隶安西都护府。但不久，唐朝在西域的统治秩序就受到来自青藏高原的吐蕃人的挑战。

吐蕃王国兴起于 6 世纪下半叶，在其英主松赞干布（约 581—649 年）统治时期，势力得到迅速发展，首先统一了高原地区的诸部族，然后即向外扩张。松赞干布死后，“其孙继位，复号赞普，时年幼，国事皆委禄东赞”①。宰臣禄东赞家族执掌朝政达三十年，在此期间，吐蕃东侵吐谷浑，西击勃律、护蜜，势力进一步膨胀，而且很快就登上西域历史的舞台。《册府元龟》卷四四九《将帅部》专杀条记载：“苏海政为𩙪海道总管检校右武卫将军，高宗龙朔二年十二月受诏讨龟兹及疏勒。……海政军回至疏勒之南，弓月又引吐蕃之众来拒官军。海政以师老不敢战，遂以军资略（赂之讹）吐蕃，约和而还。”② 这是现在所能见到的关于吐蕃进入西域的最早记载。显然，吐蕃的军队是走帕米尔道进入安西四镇辖地，他们主要活跃在碎叶水流域和疏勒一带。对于这种挑战，唐军因无准备，不敢应战，而是以“军资赂吐蕃，约和而还”。

然而，吐蕃在这一带的活动，显然对唐朝构成威胁。《册府元龟》卷九九五《外臣部》交侵条记载：“麟德二年闰三月，疏勒、弓月两国共引吐蕃之兵，以侵于阗。诏西川（州之讹）都督崔知辩及左武卫将军曹继叔率兵救之。”③ 这条材料表明，从龙朔二年（662）就在疏勒、弓月一带活动的吐蕃军队，到了麟德二年（665）进一步向于阗进击。这次，唐朝作出积极的反应，遣西州都督崔知辩及左武卫将军曹继叔率兵救援。对于这样一项重要的历史事件，流传下来的文献仅仅保存了上

① 《旧唐书》卷一九六上《吐蕃传》上，5222 页。

② 《册府元龟》卷四四九《将帅部》专杀条，5058 页。参看《资治通鉴》卷二〇一，6332-6333 页。

③ 《册府元龟》卷九九五《外臣部》交侵条，11522 页。参看《资治通鉴》卷二〇一及本条《考异》，6344 页。

引简要的记述，而于这次救援的具体行动及其成败如何，却没有明确的说明。

首先是敦煌藏经洞出土的文书，补充了史籍的不足。P.2754 号写本中，有《唐安西都护府判集》，具第四道判原文如下（标点为原有，朱点）[①]：

52　奉判伊州镇人侯莫陈等请安西效力事

53　弓月未平、人皆奋臂[②]、吐蕃侵境、士悉冲冠[③]、竟愿展效贼庭、用

54　表诚心报国、伊州兵募、一百余人、楼望乡间　一时回驾、神礼（?）流类、

55　索荡雄图、负戟从戎、每怀壮志、遂抑思归之引、冀成定

56　远之功、语事论心、故难违拒、安西都护、邻接寇场、兵马久屯、交绥

57　未决、昨是军谋不及、良由兵力尚微、目下待人、必知饥渴[④]、方获

58　图灭、急若断弦、崔使今春、定应电击、于阗经略、亦拟风行、

59　彼此俱藉雄儿、东西各资骁勇、得人即是济要、添众更益

60　兵强、幸已装束遵途、无义迟疑不遣、况京畿劲[⑤]卒、倍胜

61　河西、虽言廿九人、终敌瓜沙二百、于国利益、事合机宜、忝日奉公、

---

① 山本达郎、池田温、冈野诚合编：*Tunhuang and Turfan Documents concerning Social and Economic History*, I Legal Texts,（A）, Tokyo 1980, p. 57;（B）, Tokyo 1978, pl. XXX（1-2）。

② 奋臂，原文误作夺臂。

③ 冲冠，原文误作卫冠。

④ 饥渴，原文误作饥谒。

⑤ 劲，原文讹作径。

62 何容留碍。

文中的“崔使”，池田温教授比定为麟德二年率兵救援于阗的西州都督崔知辩[1]。所以，判文所述应是关于麟德二年西域行军的准备情况无疑。据此可知，唐朝这次动员了相当的兵力来进攻吐蕃，除了崔知辩所率西州府兵外，还有伊州兵募一百余人和京畿劲卒二十九人准备负戟从戎。更重要的是判文告诉我们，除崔知辩率军西征外，“于阗经略，亦拟风行”，说明唐朝为了对付吐蕃的侵袭，还命令于阗的唐朝驻军兴师北上，这也表明崔知辩出行前，吐蕃并未在于阗得手。

此外，新出吐鲁番文书也为我们提供了更为详细的情况。1964 年发掘的阿斯塔那 4 号墓是葬于咸亨四年（673）的左憧憙墓，其中出土了十余件契约文书，学者们已就其中涉及的租佃、借贷关系等问题做了深入的探讨[2]，其中两件无息借契颇为引人注意。我们感兴趣的不是借贷本身，而是这两件麟德二年（665）契约中透露出的与本论题有关的某些记事。其一为《赵丑胡贷练契》（64TAM4：36），全文如下[3]：

1 麟德二年八月十五日，西域道征人赵丑

2 胡于同行人左憧憙边贷取帛练

3 叁匹。其练回还到西州拾日内，还

4 练使了。到过其月不还，月别依

5 乡法酬生利。延引不还，听拽家财

6 杂物，平为本练直。若身东西不在，

7 一仰妻儿还偿本练。其练到安西

8 得赐物，只还练两匹；若不得赐，始

---

① 池田温《敦煌本判集三种》，末松保和博士古稀记念会编《古代东アジア史论集》下，东京：吉川弘文馆，1978 年，450 页，又 460 页注 20。

② 参看池田温《吐鲁番、敦煌契券概观》，《汉学研究》第 4 卷第 2 期，1986 年，第 15 页所引研究文章。

③ 《吐鲁番出土文书》第 6 册，412–413 页。

9　还练叁匹。两知立契，获指为验。

10　　　　　　练主左

11　　　　　　贷练人赵丑胡（画指）

12　　　　　　保人白秃子（画指）

13　　　　　　知见人张轨端（画指）

14　　　　　　知见人竹秃子（画指）

其二为《张海欢、白怀洛贷银钱契》（64TAM4：53），全文如下[①]：

1　麟德二年十一月廿四日，前庭府卫士张海欢于左憧

2　熹边贷取银钱肆拾捌文，限至西州十日内还本

3　钱使了。如违限不偿钱，月别拾钱后生利钱壹

4　文入左。若延引注托不还钱，任左牵掣张家资

5　杂物口分田桃（萄），用充钱直取。若张身东西没洛（落）者，一

6　仰妻儿及收后保人替偿。两和立契，画指为信。

7　同日，白怀洛贷取银钱贰拾肆文，还日、别部依

8　上券同。　　　　　　钱主　左

9　　　　　　　　　　贷钱人张海欢（画指）

10　　　　　　　　　　贷钱人白怀洛（画指）

11　　　　　　　　　　保人张欢相（画指）

12　　　　　　　　　　保人张欢德（画指）

海欢母替男酬练，若不上，依月生利。大女李台明（画指）

　　　　　　　　　　保人欢妻郭如连（画指）

13　　　　　　　　　　保人阴欢德（画指）

首先，《赵丑胡贷练契》告诉我们，麟德二年八月十五日前后，唐朝在西域曾有过一次以“西域道”为名的军事行动。史籍所记麟德二

① 《吐鲁番出土文书》第6册，414-415页，图见《新疆考古三十年》，乌鲁木齐：新疆人民出版社，1983年，图版205。

年唐朝在西域的行动，只有上述闰三月诏西州都督崔知辩等救援于阗一条，因此可以推测，西域道行军正是崔知辩所率救援于阗的征行部队。

其次，史载这次西域道行军是以闰三月受诏进发，据《赵丑胡契》，到八月十五中秋佳节时还在征行途中。《张海欢、白怀洛贷银钱契》立于同年十一月二十四日，从“限至西州十日内还本钱使了”等用语看，这件契约也应是在行军途中订立，故而上两件契约恰好是区别于其他契约的无息贷借。但是，后一契约第 12-13 行间有张海欢母亲和妻子的小字担保语，因而使人们觉得这件契约似乎是在行前于西州所立。从图版和录文可以看出，海欢母李台明和妻郭如连的担保语及签名画押不是像同墓所出《唐总章三年（670）张善憙举钱契》（64TAM4：41）那样，作为贷钱人的亲属，接书于贷钱者之后[①]，而是以小字夹写在保人张欢德和阴欢德的署名之间，且顶格书写，异于常式。因此，我们同意堀敏一氏的看法[②]，认为这两行小字是后来补写的。这样，《张海欢、白怀洛贷银钱契》表明，麟德二年十一月底，西域道行军仍未结束，可见唐朝这次军事行动的规模还是相当可观的。此外，同墓出土的《唐乾封元年（666）郑海石举银钱契》（64TAM4：39）立于乾封元年四月二十六日，从内容看，是左憧憙征行回到西州后举放高利贷的文书，其中除钱主左憧憙外，记有“保人宁大乡张海欢、保人崇化乡张欢相、知见人张欢德”[③]，都是《张海欢、白怀洛贷银钱契》中所记的西域道征行人，说明至迟在翌年四月底以前，西域道行军已经返回西州境内。

第三，关于这次西域道行军的组成，上述两件契约也提供了详细的内容。第二件契文记张海欢是以前庭府（西州折冲府之一）卫士的身

---

① 《吐鲁番出土文书》第 6 册，430-431 页。

② 堀敏一《唐宋间消费贷借文书私见》，《铃木俊先生古稀记念东洋史论丛》，379-381 页。

③ 《吐鲁番出土文书》第 6 册，417-418 页。

份从军征行的。据同墓所出《唐龙朔元年（661）左憧憙买奴契》（64TAM4：44），左憧憙也是前庭府卫士[1]，说明这次行军的主力是西州折冲府的府兵。契约中提到的另外几个人，没有明确地标明身份，其中贷钱人之一白怀洛又见于同墓出土的《唐总章三年（670）白怀洛举钱契》（64TAM4：37）[2]，称他是西州高昌县顺义乡人；保人张欢相见于日本书道博物馆藏《唐咸亨二年（671）四月杨隆海领物抄》中[3]，未标身份。其名又见左憧憙墓出土的《唐乾封元年（666）郑海石举钱银契》，为崇化乡人[4]。保人张欢德也见于这件契约，然未标地名身份[5]。《赵丑胡契》中的保人张轨端亦见于《唐乾封三年（668）张善熹举钱契》（64TAM4：40）、《总章三年白怀洛举钱契》和《唐咸亨四年（673）西州前庭府杜队正买驼契》（64TAM35：21）中，均为知见人[6]。从目前所见的文书还很难肯定白怀洛、张欢相、张欢德和张轨端四人是以府兵还是白丁身份应征充行，其中或许有府兵在内。但从伊州募人要求从军征行来看，西域道行军中也应当有西州的募人在内，唐朝继承周隋的府兵制度，企图“举关中之众，以临四方”。随着唐朝势力的进一步发展，“且比年国家卫士，不堪攻战”[7]，于是唐朝采取了兵募的措施：“凡天下诸州差兵募，取户殷丁多，人材骁勇。选前资官、勋官部分强明堪统摄者，节级权（旧志作擢）补主帅以领之。”[8] 麟德二年西域道行军应是由折冲府卫士和白丁共同组成的，这既不同于唐初更多地依赖于府兵的原则，也不同于武则天垂拱初年（685—686）金牙道行

---

① 《吐鲁番出土文书》第 6 册，410 页。

② 《吐鲁番出土文书》第 6 册，432 页。

③ 金祖同《流沙遗珍》图版 21。

④ 《吐鲁番出土文书》第 6 册，418 页。

⑤ 《吐鲁番出土文书》第 6 册。

⑥ 《吐鲁番出土文书》第 6 册，423，433 页；《吐鲁番出土文书》第 7 册，390 页。

⑦ 《贞观政要集校》卷二《纳谏篇》，北京：中华书局，2009 年，117 页。

⑧ 《唐六典》卷五，北京：中华书局，1992 年，157 页。

军时唯取白丁、杂任、甚至兼及三卫的作法[①]，代表了唐朝行军制发展的一个阶段。从这批卫士和白丁的籍贯来看，西域道行军主要是由西州地区的府兵和百姓组成，这也可以说明让西州都督崔知辩统领的原因所在。

最后还应提到的是，前一契约中的保人白秃子又见于大谷3016号《唐征镇名籍》，为“廿一人崑丘道行”中的一员；知见人竹秃子也见于大谷3021号《唐征镇名籍》中，为“廿七人救援龟兹”中的一位。后一契约中的贷钱人张海欢也见于阿斯塔那501号墓出土的《唐征镇名籍》中，为“〔六〕人金山道行未还”中的一个。这三份内容相近的名籍所记诸事已经比较圆满地考订在垂拱年间[②]。因此，不论两处所见白秃子、竹秃子和张海欢是否是同一人，《征镇名籍》所记史实和麟德二年西域道行军没有关系。

上面，我们根据麟德二年的两件契约，结合同墓出土的其他契约文书，已经对这次西域道行军有了初步的认识。同墓还出土了两件《唐支用钱练帐》，从其中提到的地名来看，应是在龟兹以西的西域境内行军所用钱帛破历，它们出自曾从崔知辩西域道行的左憧憙的墓，似可推定就是麟德二年西域道行军时所用的帐历。这两份残历是同一帐本的不同抄本，现转录第一断片（64TAM4：46/1），并用第二断片补充如下[③]：

1　　]三将去五匹，校尉买去二匹，用买何增马。练[

2　□职城下。用练一匹，籴马踖。更钱八文，亦用籴胡乍城。更用练一匹

3　]用钱拾文，憧[　　]籴麦。用麦造粮据史德城。用钱

① 金祖同《流沙遗珍》图版1；唐长孺《唐西州差兵文书跋》，《敦煌吐鲁番文书初探》，武汉：武汉大学出版社，1983年，439-454页。

② 黄惠贤《从西州高昌县征镇名籍看垂拱年间西域政局之变化》，《敦煌吐鲁番文书初探》，396-438页。

③ 《吐鲁番出土文书》第6册，434-437页。

[（四文与索）

4　□文，校尉用四文，籴醋。用钱二文，买弦。更练一匹，曹师边用籴醋。[

5　□浑。用练一匹，籴麨回来河头。用一匹，曹愿住处买羊。更用钱[

6　□□住内（买肉）拨换城。用练半匹，籴米。买婢，阙练一匹。更用钱[

7　□□买肉。更用〔练〕一匹，买白氈。用练半匹，尾乳处买氈。用钱三文[（便斋。更）

8　□（到）安西，用钱三文，籴醋。更用钱一文，买草。更用同（铜）钱贰拾二文，〔买〕麨。[（用铜钱）

9　（六文，买苜）]蓿。更用同钱六文，籴麨。更用同钱十四文，籴[

10　]钱一十八文，籴麨。更用同钱[

11　]醋，用银钱二文买一脚肉。更用钱廿一文，买麨[

12　]练[

（后略）

这里最可贵的是其中保留了这次行军所经地点的名称：

□职城——→胡乍城——→据史德城——→河头——→拨换城——→安西（龟兹）

其中，从据史德城到安西的路程，《新唐书·地理志》保存的贾躭《皇华四达记》有较详细的记述："安西西出柘厥关，渡白马河，百八十里西入俱毗罗碛。经苦井，百二十里至俱毗罗城。又六十里至阿悉言城。又六十里至拨换城，一曰威戎城，曰姑墨州，南临思浑河。""自拨换碎叶（此二字衍）西南渡〔思〕浑河，百八十里有济浊馆，故和平铺也。又经故达干城，百二十里至谒者馆。又六十里至据史德城，龟兹境也，一曰郁头州，在赤河北岸孤石山。"[①] 显然，文书反映的这次行军的回程，至少在据史德城至安西之间，走的就是《皇华四达记》所述的通衢大道。残帐使我们了解到这次西域道行军的部分具体路线，可惜的是前面已残，□职、胡乍两城又于史无征，其行军的目的地已无从查考。从救援于阗来讲，应沿于阗河南下，进军于阗。但从于阗经略亦拟风行来看，也有可能西向疏勒，以攻击吐蕃在西域的基地。此均属推测，还有待新史料的证明。

最后，关于这次西域道行军的结果，新出文书也提供了信息。阿斯塔那4号墓所出残帐是西域道行军回程中的破历，从选用据史德至安西的大道来看，不像是垂拱二年（686）拔四镇时那样，要"导以泉井"，才能使"全军得生还之路"[②]，说明麟德二年唐西域道行军出征的结果是圆满的，左憧憙、张海欢等人得以生还西州也证明了这一点。阿斯塔那61号墓出土有《唐西州高昌县上安西都护府牒稿为录上讯问曹禄山诉李绍谨两造辩辞事》[③]，内容是曹禄山向高昌县官府告京师人李绍谨去年在弓月城向其兄曹炎延借绢二百匹不还事。据黄惠贤先生考证，曹禄山申诉、高昌县审理此案及《牒稿》撰写时间，都在咸亨元年（670）四月之后，年底以前，而李绍谨向曹炎延借绢事则发生在总章二年（669）[④]。据《牒稿》，曹炎延是四年前（即乾封元年/665）与李绍谨、曹毕娑等同行从内地到弓月城经商。"去年"（总章二年），李绍谨借曹炎延二百匹绢后，从弓月向龟兹进发，途中遇见了从安西来的四函使。绍谨走后，借贷时的知见人曹毕娑等也从弓月城"向已西去"。

① 《新唐书》卷四三《地理志》"安西入西域道"条，1149-1150页。

② 《大唐故忠武将军行左领军卫郎将裴府君（沙）墓志并序》，《千唐志斋藏志》下，北京：文物出版社，1984年，图版647。

③ 《吐鲁番出土文书》第6册，470-479页。

④ 黄惠贤《〈唐西州高昌县上安西都护府牒稿为录上讯问曹禄山诉李绍谨两造辩辞事〉释》，《敦煌吐鲁番文书初探》，344-357页。

这件文书表明，从乾封元年到总章二年，西州、安西、弓月及其西部地区之间的往来畅通无阻，来自唐朝都城长安的汉族行客和粟特胡商贩易其间，反映了麟德二年西域道行军结束以后西域形势的稳定。

以上谨就唐代西域史的两个问题略作探讨，我们相信，随着吐鲁番文书研究的进步，还将有更多的新材料，来大大丰富西域历史的内容。

（1986 年 10 月初稿，1987 年 3 月修订。原载《敦煌吐鲁番文献研究论集》第 5 辑，1990 年，339-354 页。）

吐鲁番文书《唐某人自书历官状》所记西域史事钩沉

1975 年，吐鲁番哈拉和卓 103 号墓出土《唐某人自书历官状》（75TKM103：1）文书一件，残存文字四行[①]：

— 从咸亨三年简点蒙补旅帅已来，至四年中，从果毅薛逖入疏勒，经余三年以上。

— 至仪凤三年差从［　　］行护密［

该墓无墓志铭和随葬衣物疏，仅此文书一件，推测应是墓主人所书生前履历。文书虽残，但仍然保存了不可多得的唐代西域史料，现分别考述如下。

《资治通鉴》卷二〇一记载，唐高宗咸亨元年（670），“夏四月，吐蕃陷西域十八州。又与于阗袭龟兹拨换城，陷之。罢龟兹、于阗、焉耆、疏勒四镇”[②]。这是唐朝自显庆三年（658）全面控制塔里木盆地以来受到的首次重创。从吐蕃方面讲，也是其自龙朔二年（662）进入安西四镇地区以来的初次全面胜利。但这种形势没有维持多久，《旧唐书》卷五《高宗本纪》记载，咸亨四年（673），“十二月丙午，弓月、

---

① 国家文物局古文献研究室、新疆博物馆、武汉大学历史系合编《吐鲁番出土文书》第 6 册，北京：文物出版社，1985 年，596 页。

② 《资治通鉴》卷二〇一《唐纪》一七，北京：中华书局，1956 年，6363 页。

疏勒二国王入朝请降”[①]。翌年十二月，“戊子，于阗王伏阇雄来朝”[②]。于是，上元二年（675）正月，“丙寅，以于阗为毗沙都督府。以伏阇雄为毗沙都督，分其境内为十州。以伏阇雄有击吐蕃功故也。庚午，龟兹王白素稽献银颇罗”[③]。与此同时，唐又设置疏勒都督府和焉耆都督府[④]；改典合城为石城镇，改且末城为播仙镇，隶属沙州[⑤]。这表明，唐朝不仅恢复了在安西四镇的统治，而且加强了对丝路南道从蒲昌海到且末河一线的控制。然而，为什么在唐朝全面失败后仅仅二三年，弓月、疏勒二国王就来朝请降呢？对于这次安西四镇的失而复得，两《唐书》记载不详，根据《历官状》第一条记事以及近年出土的《阿史那忠墓志铭》和《通鉴》的有关记载，可以基本理清这一历史事件的前因后果。

《墓志》记阿史那忠在总章元年（668）为青海道行军大总管讨吐蕃后，接着又说：

> 而有弓月扇动，吐蕃侵逼，延寿莫制，会宗告窘。以公为西域道安抚大使兼行军大总管。公问望著于遐迩，信义行乎夷狄，饷士丹丘之上，饮马瑶池之滨。夸父惊其已远，章亥推其不逮。范文后入，情不论功，冯异却坐，事非饰让。奉跸东京，承颜北阙。[⑥]

---

① 《旧唐书》卷五《高宗本纪》，北京：中华书局，1975 年，98 页。

② 《旧唐书》卷五《高宗本纪》，99 页。

③ 《旧唐书》卷五《高宗本纪》，99-100 页。

④ 《旧唐书》卷四〇《地理志》，1648-1649 页。

⑤ 《新唐书》四三《地理志》安西入西域道条，北京：中华书局，1975 年，1150-1151 页；羽田亨《唐光启元年书写沙州伊州地志残卷について》，《羽田博士史学论文集》上，京都，1957 年，587-588 页；向达《记敦煌石室出晋天福十年写本寿昌县地境》，《唐代长安与西域文明》，北京：三联书店，1957 年，441-442 页；池田温《沙州图经略考》，《榎博士还历记念东洋史论丛》，东京：山川出版社，1975 年，45-46，91，97 页。

⑥ 周绍良主编《唐代墓志汇编》，上海：上海古籍出版社，1992 年，602 页。

不久，阿史那忠即“以上元二年五月二十四日薨于洛阳尚善里之私第”[①]。在总章元年至上元二年间“奉跸东京”，只能是从咸亨二年正月到三年十月唐高宗东幸洛阳期间[②]。考虑到咸亨元年吐蕃攻占安西四镇的历史背景，可以认为唐朝在诏罢四镇后，曾在咸亨二、三年间，以阿史那忠为西域道安抚大使兼行军大总管，收拾残局，故称“安抚”云。《阿史那忠墓志铭》虽然不无饰美之词，但这次西域道行军可以深入敌境，奏功而还，应属事实，说明唐朝妥善安排了唐军的撤离工作。因此可以推测，唐朝这次失四镇，兵力并没有蒙受很大损失。因而不久以后，唐朝就能派萧嗣业攻打勾引吐蕃侵扰西域的弓月了。《通鉴》卷二〇二记咸亨四年十二月丙午弓月、疏勒王来降后追述说：“西突厥兴昔亡可汗之世，诸部离散，弓月及阿悉吉皆叛。苏定方之西讨也，擒阿悉吉以归。弓月南结吐蕃，北招咽面，共攻疏勒，降之。上遣鸿胪卿萧嗣业发兵讨之。嗣业兵未至，弓月惧，与疏勒皆入朝；上赦其罪，遣归国。”[③] 这显然是在阿史那忠安抚西域后，对占领西域的吐蕃及与之联盟的势力的主动进攻，《历官状》所记果毅薛逖和旅帅状主本人，应即随萧嗣业西征的西州折冲府兵将。《历官状》还补充了以下几点情况：一、萧嗣业西征弓月、反击吐蕃的确切时间是咸亨四年年中；二、在萧嗣业所率西征军中，西州折冲府的府兵应是举足轻重的力量；三、攻击的目标之一，是吐蕃的西域活动的基地——疏勒地区；四、唐军确实进入了疏勒，并取得了胜利。其结果应当就是咸亨四年末弓月、疏勒二国王的入朝和上元年间安西四镇的重新恢复。

《历官状》第二条是说此人曾在仪凤二年（677）被差从某人到护

---

① 陕西省文物管理委员会、礼泉县昭陵文管所《唐阿史那忠墓发掘简报》，《考古》1977 年第 2 期，136 页，图六。

② 参看郭平梁《阿史那忠在西域》，《新疆历史论文续集》，乌鲁木齐：新疆人民出版社，1982 年，189 页。

③ 《资治通鉴》卷二〇二《唐纪》一八，6371–6372 页。

密如何如何。护密即护蜜，是位于乌浒河南岸的中亚王国。《新唐书·西域传》称：

> 护蜜者，或曰达摩悉铁帝，曰镬侃。元魏所谓钵和者，亦吐火罗故地。东南直京师九千里而赢。横千六百里，纵狭才四、五里。王居塞迦审城，北临乌浒河。……显庆时，以〔其〕地为鸟飞州，王沙钵罗颉利发为刺史。地当四镇入吐火罗道，故役属吐蕃。[①]

就目前所知，仪凤二年唐朝在包括护蜜的西域地区从事的军事行动，唯有裴行俭所率波斯道行军于仪凤二年至永隆二年（677—681）间送波斯王还国一事[②]，因而可以认为，《历官状》第二条极可能是状主差从裴行俭波斯道征行的记事。最近，姜伯勤先生在《吐鲁番文书所见的“波斯军”》一文中[③]，对这次波斯道行军（即波斯军）始末作了详细的探讨，创获甚多，然未注意到这件《历官状》。此状及相关文书至少可以补充二事。

第一，《旧唐书·裴行俭传》记其行前曾在西州募兵，姜先生文中列举吐鲁番所出《唐西州高昌县下太平乡符为检兵孙海藏患状事》（64TAM35:19a），并引证《流沙遗珍》所载唐差兵文书和《唐永淳元年（682）汜德达飞骑尉告身》（68TAM100:4,5），强调波斯军自成立之日起就广泛存在着差兵。这一看法无疑是正确的。但从另一方面看，《历官状》的主人至少是以折冲府的旅帅身份差从波斯军行的。因此，波斯军中除了兵募外，西州的府兵也应在征行之内，这也可以在阿斯塔那191号墓出土文书《唐永隆元年（680）军团牒为记注所属卫士征镇样人及勋官签符诸色事》（编号略）[④] 中得到证明。正如标题所示，文

① 《新唐书》卷二二一《西域传》护蜜条，1255页。

② 《旧唐书》卷八四《裴行俭传》，2802页；《新唐书》卷二二一下《西域传》波斯条，6064页。

③ 《中国史研究》1986年第3期，128-135页。

④ 《吐鲁番出土文书》第3册，546-558页。

书中所记包括送波斯王者在内的诸征镇人，都是属于某军团的卫士，推测应是西州某折冲府所属军团的卫士。因此可以说，波斯军是由西州的募人和府兵共同组成的，正是因为波斯军中有唐折冲府卫士，所以史载裴行俭“假为畋游，教试部伍”[①]，以掩蔽进军。

第二，波斯道行军名义上是送波斯王泥涅师还国，实际目的是袭击西突厥十姓可汗阿史那都支和别将李遮匐[②]，同时还兼有“安抚大食”的使命[③]。调露元年（679），裴行俭行至碎叶，擒获都支和遮匐，于是立碑碎叶，纪功而还。《新唐书·波斯传》仅记：“行俭还，泥涅师因客吐火罗二十年。”[④] 姜伯勤先生据上面提到的《永隆元年军团牒》，考订泥涅师是在调露元年九月至永隆元年由波斯军部分士兵护送到吐火罗的。《历官状》的主人应当就是护送波斯王前往吐火罗的成员之一，而且，状文还为我们提供了进一步的情况，即这组波斯军士兵是经护蜜前往吐火罗的。《新唐书·西域传》称护蜜“地当四镇入吐火罗道，故役属吐蕃”。上文指出，西域自咸亨元年（670）为吐蕃攻占，唐罢安西四镇。上元年间（674—676），疏勒、弓月、于阗诸国渐次归唐。至波斯军西征，擒获都支和遮匐，断绝了吐蕃与西突厥余部的联系。调露元年，唐朝再次设立安西四镇，并以碎叶代焉耆[⑤]，势力进一步向西扩展。同年“十月，康国、拔汗那、护蜜国各遣使朝贡”[⑥]。正是在这种形势下，波斯军才能沿四镇入吐火罗的大道，经护蜜进入吐火罗地区。

---

① 《旧唐书》卷八四本传，2803 页。

② 《张说集校注》卷一六《王方翼碑》，熊飞校注，北京：中华书局，2013 年，773-776 页。

③ 《张说集校注》卷一四《裴行俭碑》，701-703 页。

④ 《新唐书》卷二二一《西域·波斯》，6259 页。

⑤ 《册府元龟》卷九六七《外臣部》继袭条，南京：凤凰出版社，2006 年，11200 页。

⑥ 《册府元龟》卷九七〇《外臣部》朝贡条，11233 页。

总之，《唐某人自书历官状》对文献记载和前人研究的结论作了重要的补充。我们相信，随着吐鲁番文书研究的进步，将大大丰富西域历史的内容。

（原载《西北史地》1987 年第 4 期，53–55 页。）

于阗在唐朝安西四镇中的地位

历来有关唐代西域史的研究，大多围绕着安西四镇的设置、焉耆与碎叶的交替等问题展开论述，对与此有关的历史事件及其前因后果的解释日趋合理[①]。然而，四镇所在的西域地区，境界回远，不论是最先设置的龟兹、于阗、焉耆、疏勒，还是后来代焉耆备四镇的碎叶，在安西四镇中均各有其独特的战略地位，值得一一做个案研究。迄今为止，除了碎叶因为某些特殊的原因有许多研究成果问世外，其他四镇却很少有人做过深入细致的专题探讨。正如有关碎叶的优秀研究成果所展示的那样[②]，安西四镇的个案研究不仅可以加深人们对唐代西域政治史的认识，而且有助于人们了解西域地区的文化史，特别是唐朝文化的影响问题。

本文仅就于阗在安西四镇中的地位问题，略陈管见，错误之处，敬希方家指正。

一、从于阗镇到于阗军

唐太宗贞观四年（630）灭东突厥，伊吾七城来降，唐于此地置西

① 参看张广达《唐灭高昌国后的西州形势》，《东洋文化》第 68 号，1988 年，69–107 页；王小甫《论安西四镇焉耆与碎叶的交替》，《北京大学学报》1991 年第 6 期，95–104 页。

② 参看张广达《碎叶城今地考》，《北京大学学报》1979 年第 5 期，70–82 页。

伊州，六年改为伊州，标志着经营西域的开始。贞观十四年（640）灭高昌王国，设西、庭二州，又置安西都护府于交河城。十八年讨焉耆，二十二年征龟兹，到显庆二年（657）平定阿史那贺鲁之乱，唐朝终于从西突厥手中，取得了西域各国的宗主权。于是，唐朝将安西都护府移至龟兹都城，下设龟兹、于阗、焉耆、疏勒四镇，并且在西域地区广泛设立羁縻府州。虽然于阗王在贞观二十三年唐平龟兹以后就入朝内附[①]，但实际上至此时方才正式归属唐朝。

唐朝在塔里木盆地周边所设安西四镇，最初大概只是为了以四个较大的地方王国为中心而镇守一方，其等级似应是《唐六典》卷二〇都护府条后所记之镇，而非同书卷五节度使下之军镇。据《新唐书》卷四九下《百官志》："防人五百人为上镇，三百人为中镇，不及者为下镇。"[②] 即使安西四镇均为上镇，每镇亦只有五百防人[③]，总共也就两千人。而且，"蕃汉相兼，以之制边"[④]，其防御能力不会太强，因此在唐蕃争夺中数次易手。

龙朔二年（662），唐军首次在疏勒南遇到西突厥弓月部引来的吐蕃军[⑤]。翌年十二月，安西都护高贤将兵击弓月以救于阗[⑥]。麟德二年（665）闰三月，弓月又与疏勒一起引吐蕃侵于阗，唐朝敕令西州都督

---

① 《旧唐书》卷一九八《西戎传》于阗条，北京：中华书局，1975 年，5303 页。

② 《新唐书》卷四九下《百官志》，北京：中华书局，1975 年，1320 页。

③ 参看王小甫《论安西四镇焉耆与碎叶的交替》，97 页。

④ 《全唐文》卷四〇《赐郭虔瓘等玺书》，北京：中华书局，1983 年，439 页下栏。按唐发府兵镇戍安西四镇，见《唐高宗某年西州高昌县左君定等征镇及诸色人等名籍》第 13 行"二人安西镇"，《吐鲁番出土文书》第 7 册，北京：文物出版社，1986 年，173–174 页。

⑤ 《册府元龟》卷四四九将帅部专杀门，北京：中华书局，1960 年，5324 页下栏。

⑥ 《资治通鉴》卷二〇一龙朔三年十二月壬寅条，北京：中华书局，1956 年，6339 页。

崔知辩等将兵救之[①]。可见吐蕃最初进入西域，争夺的重点就是于阗，而于阗本镇防人显然无力抵抗，每次均需唐朝派兵救援。但终于在咸亨元年（670），“吐蕃陷西域十八州，又与于阗袭龟兹拨换城，陷之”[②]。唐朝只好罢四镇，将安西都护府撤回西州。四年，唐朝派萧嗣业率军讨伏弓月、疏勒。上元元年（674），于阗王伏阇雄击走吐蕃，入朝长安。唐高宗以于阗为毗沙都督府，授伏阇雄为毗沙都督[③]。同时，唐朝把于阗东面的且末城和典合城改名为播仙镇和石城镇，划归沙州管辖[④]，以增强南道的防御能力。但这似乎并未奏效，仪凤中（677—678），吐蕃再次攻占安西四镇。至调露元年（679），唐朝收复，并以碎叶代焉耆[⑤]，力图抑制吐蕃与西突厥余部的联兵。然而，由于东突厥复兴，侵扰西突厥余部，又招引回鹘九姓叛离。吐蕃乘机进攻安西四镇。敦煌发现的古藏文《吐蕃王朝编年史》记载：狗年（686）夏，“〔大〕论〔噶尔〕钦陵赞婆率军远征突厥之境，故此停留在境外”。[⑥] 唐朝于同年十一月三十日下敕，拔于阗、安西、疏勒、碎叶四镇[⑦]。同上《吐蕃编年史》又记：猪年（687）夏，“论钦陵率军前往突厥固城（Gu-zan）

---

① 参看拙稿《新出吐鲁番文书所见西域史事二题》，《敦煌吐鲁番文献研究论集》第 5 辑，北京：北京大学出版社，1990 年，345-351 页。

② 《资治通鉴》卷二〇一咸亨元年四月条，6363 页。

③ 同上，6375 页；《旧唐书》卷五《高宗本纪》下，99-100 页。

④ 《新唐书》卷四三《地理志》，1151 页；敦煌写本《沙州伊州地志》残卷，见《羽田博士史学论文集》上，京都，1957 年，587-588 页。

⑤ 《册府元龟》卷九六七外臣部继袭门，11372 页上栏。

⑥ J. Bacot, F. W. Thomas, & Ch. Toussaint, *Documents de Touen-houang relatifs a l'histoire du Tibet*, Paris 1940, pp. 16, 36; G. Uray, "The Old Tibetan Sources of the History of Central Asia up to 751 A. D. : A Survey", *Prolegomena to the Sources on the History of Pre-Islamic Central Asia*. ed. by J. Harmatta, Budapest 1979, p. 281；拙译乌瑞《有关公元 751 年以前中亚史的藏文史料概述》，《国外藏学研究译文集》第 5 辑，拉萨：西藏人民出版社，1989 年，43 页。按这里的突厥之境，据乌瑞上文考订系指天山以北十姓故地以及塔里木盆地乃至吐火罗斯坦。

⑦ 《武周延载元年（694）汜德达轻车都尉告身》，《吐鲁番出土文书》第 7 册，224 页。

之境”。Gu-zan 或许即《新唐书》卷四三下《地理志》所记于阗西二百里之固城[①]。可知于阗此时再次被吐蕃占领。从钦陵弟勃论赞刃（Mgar blon btsan nyen gung ston）曾驻节于阗并修建寺院来看[②]，当时吐蕃统治西域的中心就在于阗[③]。

长寿元年（692），王孝杰率武威道行军击败吐蕃，收复四镇，安西都护府移于龟兹。鉴于此前四镇防不胜防、救不胜救的局面，唐朝采取了一项重要的措施，即发汉兵三万人镇守四镇[④]。这一决策虽然受到一些大臣的反对，但它的施行无疑取得了预期的效果，安西四镇抵御外敌的能力大大增强，此后直到约贞元六年（790）唐朝势力最终退出西域，除个别地区曾经受到一些部族的侵扰外，安西四镇的建置始终没有动摇。

值得注意的是，汉兵三万人之出镇安西四镇，每镇至少在五千人以上[⑤]，因此，原来四镇的级别显然要随之变动。《唐六典》卷五兵部郎中条下记八节度使后云：“凡镇皆有使一人，副使一人，万人已上置司马、仓曹·兵曹参军各一人；五千人已上，减司马。”[⑥] 下文又记凡诸

---

① 按藏文 gu-zan，佐藤长与 J. Harmatta 分别比定为龟兹和犍陀罗/乌苌地区的贵霜后裔各国，见 Uray 上引文 281 页。然而，对比有关于阗的藏文佛教文献中的 ku-sheng/ko-sheng（即固城）一词，gu-zan 很能就是固城，参见张广达、荣新江《敦煌瑞像记、瑞像图及其反映的于阗》，《敦煌吐鲁番文献研究论集》第 3 辑，1986 年，109-110 页；拙译乌瑞《有关公元 751 年以前中亚史的藏文史料概述》，43 页。

② 此系森安孝夫据藏文《于阗国授记》所作的考证结果，见所著《吐蕃の中央アジア进出》，《金泽大学文学部论集史学科篇》第 4 号，1984 年，20-21 页。

③ 王小甫《唐初安西四镇的弃置》，《历史研究》1991 年第 4 期，126 页。

④ 《新唐书》卷二一六上《吐蕃传》，6078 页；《旧唐书》卷一九八《西戎传》龟兹条，5304 页。

⑤ 《旧唐书》卷一四四《尉迟胜传》（3924 页）、《新唐书》卷一一〇《尉迟胜传》（4127 页）均记于阗王尉迟胜闻安禄山反，“率兵五千赴难”。因为此后于阗仍有唐军驻守，因此可知天宝末于阗镇兵当在五千以上。

⑥ 《唐六典》卷五，北京：中华书局，1992 年，158-159 页。

军镇大使、副使已上（应作下）皆有傔人，这种军镇与都护府下之镇以镇将、镇副掌之截然不同，其兵数正与长寿元年以后四镇平均兵数合，使人怀疑安西四镇自此时起升格为军镇。按军镇应直属于节度使，《唐会要》卷七八节度使条：“安西四镇节度使，开元六年（718）三月，杨（汤）嘉惠除四镇节度使、经略使，自此始有节度之号。十二年以后，或称碛西节度，或称四镇节度。至二十一年十二月，王斛斯除安西四镇节度，遂为定额。”[①] 然而，日本宁乐美术馆所藏10甲号《唐开元二年西州蒲昌府文书》中，已有“四镇节度使”名，而且，《全唐文》卷二二二所收张说《兵部试沉谋秘算举人策问三道》第二称：“安西回途，碛北多寇。自开四镇，于兹十年，及瓜戍人，白首无代；分阃节使，丹旐方归。”[②] 据张说长安初（710）迁右史内供奉兼知考功贡举事的时间，知文中所说开四镇是指长寿元年复四镇，当时似已有节度之设[③]。这对我们上述推论提供了强有力的补证。节度使下的军镇，简称镇或军，其长官称镇使、镇守使、军镇大使、军大使等，或简称使。敦煌写本《沙州图经》卷三张芝墨池条记，开元二年（714）九月前后，张怀福任“游击将军、守右玉钤卫西州蒲昌府折冲都尉、摄本卫中郎将，充于阗录（镇之讹）守使、敦煌郡开国公”[④]。又《旧唐书》卷一〇四《高仙芝传》记其在开天之际的官职迁转为：于阗使→焉耆镇守使→安西副都护使→安西都知兵马使→四镇节度使[⑤]。又杨炎撰《四镇节度副使右金吾大将军杨公神道碑》记杨和天宝中“自武卫将军、四

① 《唐会要》卷七八，上海：上海古籍出版社，1991年，1690页。《新唐书》卷六七《方镇表》四同。

② 《全唐文》卷二二二，北京：中华书局，1983年，2240页下栏。

③ 菊池英夫《从西域出土文书看唐玄宗时代府兵制的运用》（上），《东洋学报》第52卷第3号，1969年，83-91页。

④ 池田温《沙州图经略考》，《榎博士还历记念东洋史论丛》，东京：山川出版社，1975年，370页。按“录”字之误，系据菊池英夫上引文37-38页注10。

⑤ 《旧唐书》卷一〇四《高仙芝传》，3205页。

镇经略副使，加云麾将军，兼于阗军大使。……又迁金吾大将军，四镇节度副使”。① 直到贞元初年，从印度取经回国的悟空，还在于阗遇见镇守使郑据②。可见，自长寿元年于阗等四镇升为军镇以后③，实力剧增。史籍中有关于阗镇的资料多于其他各镇，除了偶然的因素外，恐怕和于阗在四镇中的地位和作用有关。

二、于阗军镇的镇防体制

唐朝大规模用兵西域的高宗、武后到玄宗时期，正是唐朝军制从行军到镇军的转化阶段，边防体制逐渐由府兵番上镇戍转变为节度使控制下的军镇驻防。长寿元年以后，随着四镇兵力的增强，军以下的守捉、城、镇、戍、堡等各级防御设施得到了更新和加强。试检《新唐书》卷四三下《地理志》中保存的贾耽《皇华四达记》佚文④，就可以对安西各地军事设施的情形有所认识。以下仅将见于史籍和出土文书的于阗各级镇防机构勾稽如下（城的概念较宽泛，故此未列）。

兰城守捉：据《皇华四达记》，在播仙镇西五百里于阗东界。又见

① 《文苑英华》卷九一七，北京：中华书局，1966 年，4829 页下栏；《全唐文》卷四二二，4308 页上栏。

② 《大正新修大藏经》卷五一，980 页。

③ 安西地区的其他军镇史料有：《新唐书》卷四〇《地理志》：“保大军，屯碎叶城。”（1048 页）《资治通鉴》卷二〇五延载元年（694）二月条记有碎叶镇守使韩思忠（6493 页）。《册府元龟》卷三五八将帅部立功门记有疏勒副使张思礼，当指疏勒军副使（4244 页下栏）。《资治通鉴》卷二一四开元二十七年（739）八月条记有疏勒镇守使夫蒙灵詧（6838 页）。上举《旧唐书·高仙芝传》记有焉耆镇守使（3205 页）。《新唐书》卷二二一下《西域传》小勃律：“开元初，以其地为绥远军。天宝六载，置归仁军。”（6251-6252 页）又《悟空入竺记》记贞元初疏勒、于阗、钵浣（拨换）、握瑟得（据史德）、焉耆均有镇守使（《大正新修大藏经》卷五一，980 页）。可见安西军镇，至此时已不仅四镇而已。

④ 《新唐书》卷四三《地理志》“安西入西域道”条，1149-1151 页。

于《新唐书》卷五〇《兵志》[1]。

坎城守捉：据《皇华四达记》，在兰城守捉西，又西至于阗王城三百里。

坎城镇：据《皇华四达记》，在于阗东三百里。坎城又见于 Hedin 24 号汉语于阗语双语文书，其于阗文的对应词是 Phema “媲摩”[2]。

兰城镇：据《皇华四达记》，在于阗东六百里。

胡弩镇：据《皇华四达记》，在于阗南六百里。

固城镇：据《皇华四达记》，在于阗西二百里。

吉良镇：据《皇华四达记》，在于阗西三百九十里。

皮山镇：据《新唐书》卷四〇《地理志》安西大都护府条，在于阗西南[3]。

杰谢镇：见今和田东北丹丹乌里克遗址出土汉文文书《杰谢镇知镇官将军杨晋卿帖》[4]，知此镇位于丹丹乌里克[5]。

彭怀堡：据《皇华四达记》，在兰城守捉和坎城守捉之间。

移杜堡：据《皇华四达记》，在兰城守捉和坎城守捉之间，兰城一侧。

神山堡：见同上引 Hedin 24 号文书。按此名又见于《皇华四达记》，在拨换沿于阗玉河南下至于阗的路上，现已考订在麻札塔格古遗址[6]。

---

① 《新唐书》卷五〇《兵志》，1328 页。

② H. W. Bailey, *Khotanese Texts*, IV, Cambridge, 1979, pp. 37, 136-137.

③ 《新唐书》卷四〇《地理志》，1048 页。

④ Ed. Chavannes, “Chinese Documents from the Sites of Dandan-Uiliq, Niya and Endere”, *Ancient Khotan*, by A. Stein, Oxford, 1907, p. 524.

⑤ 参看张广达、荣新江《〈唐大历三年三月典成铣牒〉跋》，《新疆社会科学》1988 年第 1 期，61-62 页。

⑥ 侯灿《麻札塔格古戍堡及其在丝绸之路上的重要位置》，《文物》1987 年第 3 期，63-75 页；殷晴《丝绸之路和古代于阗》，《西域史论丛》第 3 辑，乌鲁木齐：新疆人民出版社，1990 年，77 页。

睢阳〔堡〕

咸泊〔堡〕

疏树〔堡〕：按《皇华四达记》云："自拨换南而东，经昆岗，渡赤河，又西南经神山、睢阳、咸泊，又南经疏树，九百三十里至于阗镇城。"准前神山例，以上三地可能亦置堡。

除了上述军事系统的建置外，唐朝还把报警、通讯性的烽铺、馆驿、关津之制推广到安西地区。以下所列亦仅限于于阗军镇范围。

铺：目前尚未发现于阗铺的具体铺名称，但从上举 Hedin 24 号文书提到"二铺人"来看，于阗之设有铺是无疑的。

草泽馆

欣衡馆

连衡馆

谋常馆

神山〔馆〕：1991 年 1 月东京、大阪等地举行的"吐鲁番古写本展"上，首次公布了一件现藏德国柏林印度艺术博物馆的和田出土汉文文书，可拟题为《唐于阗诸馆人马给粮历》（图 1），其中除提到草泽馆、欣衡馆、谋常馆名外，还总名之为"神山已北四馆"[①]，据此可知神山也是馆名，而且从文书属于于阗官府并且出土于和田地区来看，以上四馆都应是属于于阗的馆。谋常馆又见于麻札塔格出土的 M. T.0628 号文书："谋常监馆二人粮（下残）"[②]。又，和田地区还出土有《永泰三年（767）正月五日于阗百姓纳馆家草条记》[③]、《贞元六年（790）

① 原编号 MIK III-7587，见《吐鲁番古写本展图录》，朝日新闻社，1991 年，图版 7 及解说（池田温执笔）。

② H. Maspero, *Les documents chinois de la troisieme expedition de Sir Aurel Stein en Asie Centrale*, London, 1953, pl. XXXV.

③ 此系笔者 1985 年在瑞典人种学博物馆"Hedin Collection"中找到的，应出土于和田东北老达玛沟一带遗址，参看张广达、荣新江《关于和田出土于阗文献的年代及其相关问题》，《东洋学报》第 69 卷第 1.2 号，1988 年，69-79 页。

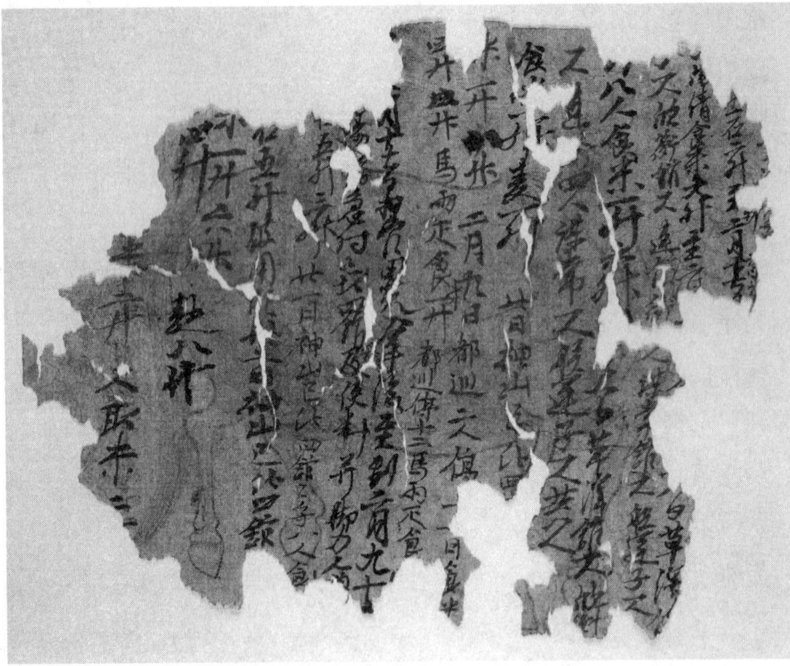

图 1 《唐于阗诸馆人马给粮历》

十月四日馆子王作□抄于阗善政等坊百姓纳租税条记》(M. T.0634 号)[①]。说明馆在于阗的普遍存在。唐制，非通途大路则曰馆。西域地区路途艰险，所以馆多驿少[②]。

苇关：据《皇华四达记》，在于阗西五十里。

由此可见，唐朝镇防体制中的军镇、守捉、镇、堡以及烽铺、馆驿、关津等各级建置及其制度，都推行到了于阗等安西四镇，“大军万

① Maspero, *Les documents chinois de la troisieme expedition de Sir Aurel Stein en Asie Centrale*, p. 87.

② 安西地区的其他馆，《皇华四达记》记有吕光、新城、济浊、谒者、葭芦、羯饭馆。岑参有《银山碛西馆》《宿铁关西馆》等诗。大谷库车文书 1508 号有“大井馆”名，见小田义久编《大谷文书集成》一，京都：法藏馆，1984 年，73 页。而驿名尚未见到，目前所知唯一一条有关驿的材料见《资治通鉴》卷二〇九，景龙二年（708）突骑施娑葛攻四镇，“擒吕守素于僻城，缚于驿柱而杀之”（6628 页）。

人，小军千人，烽戍逻卒，万里相继，以却于强敌”[①]，这一镇防体系的形成，大大增强了四镇的御敌能力。于阗北与安西都护或四镇节度使所在的龟兹镇相接，经由和田河而连结两地的交通线上，戍堡、驿馆比栉而立，以保障这条军事要道的畅通。针对吐蕃越南山多次与弓月、疏勒等部进攻于阗的情况，唐朝在于阗镇城的东南西三方，设置了两守捉、七个镇，严密防范吐蕃的入侵。于阗的这一北通龟兹、南拒吐蕃的镇防体制，使它成为开元天宝时期唐军向外进击的重要基地，一改此前备受攻击的局面。

三、于阗在安西四镇中的地位和作用

长寿元年以后，镇防体制健全的于阗军镇，不仅在唐朝经营西域的活动中起到了重要的作用，而且从安西都护、副都护、四镇节度副使等在于阗地区的活动来看，它在安西四镇中具有着独特的地位。

《旧唐书》卷一〇四《哥舒翰传》记：“哥舒翰，突骑施首领哥舒部落之裔也。……祖沮，左清道率。父道元，安西副都护，世居安西。……〔翰〕年四十，遭父丧，三年客居京师，为长安尉不礼，慨然发愤折节，仗剑之河西。初事节度使王倕……后节度使王忠嗣补为衙将。……翰母尉迟氏，于阗之族也。”[②]《新唐书》卷一三五《哥舒翰传》略同，唯作“翰母，于阗王女也”。[③]据《唐方镇年表》，王倕任河西节度使在开元二十九年到天宝二年（741—743）[④]，哥舒翰时年四十三，其出生当在698—700年前后，这也就是哥舒道元娶于阗王女为妻的时间，或许也是他任职安西的时间。道元又见《宋高僧传》卷二

① 《旧唐书》卷一九六上《吐蕃传》，5236页。

② 《旧唐书》卷一〇四《哥舒翰传》，3211-3213页。

③ 《新唐书》卷一三五《哥舒翰传》，4569、4571页。

④ 吴廷燮《唐方镇年表》，北京：中华书局，1980年，1221页。

《实叉难陀传》:“〔实叉难陀〕以景云元年(710)十月十二日,右胁累足而终,春秋五十九岁。……十二月二十三日,门人悲志。敕使哥舒道元送其余骸及斯灵舌还归于阗,起塔供养。”[①] 哥舒道元既娶于阗王女,又送于阗高僧骨灰归国,其与于阗的密切关系颇使人怀疑他任安西副都护的驻地就在于阗。其所谓“世居安西”的安西,应当是包括于阗在内的广义的安西。

《册府元龟》卷二四帝王部符瑞门三记:“天宝元年正月戊申,安西都护田仁畹于于阗东王(玉)河,获瑞玉龟一,画以献。”[②] 可见安西都护时而亦来此地。此点还可以从藏文《于阗国授记》(*Li-yul Lung-bstan-pa*)一书中得到印证,现将有关部分译出[③]:

> 尔后,尉迟僧伽罗摩(Vijiya Sangrama)王之子尉迟毗讫罗摩(Vijiya Vikram)返归于阗国,为其善友尊者大阿罗汉提云般若(Devendra)建毗沙罗摩(Byi-zha-gre-rma)寺。至今,阿婆罗质多天王与摩尼跋陀罗神守护之。
>
> 尔后,唐朝大臣谢大使(Ser The-shi)与尉迟达摩(Vijiya Dharma)王一起,为他们的善友瞿摩帝('Gum-tir)的上座阇那斯纳(Jinasena),于东城建弥勒寺(Byams-pa Maitri)。至今,毗沙门天王守护此寺。
>
> 尔后,王之大臣盖大使(Ka The-shi)与尉迟散跋婆(Vijiya Sambhava)王一起,为他们的善友乌丹陀罗若希(Udrendra Rod-ci)与达磨难陀(Dharmananda)二人,共建开元寺(Khe-gan-rt-si)。至今,毗沙门天王守护此寺。

据文中提云般若的年代并结合对音和史实,我们将 Ser The-shi 和 Ka

---

① 《宋高僧传》卷二《实叉难陀传》,北京:中华书局,1987 年,32 页。

② 《册府元龟》卷二四帝王部符瑞门三,263 页上栏。

③ R. E. Emmerick, *Tibetan Texts concerning Khotan*. London 1967, pp. 58-61. 关于提云般若的比定,见 J. E. Hill, “Notes on the Dating of Khotanese History”, *Indo-Iranian Journal*, XXXI. 3, 1988, pp. 181-182.

The-shi 分别译作“谢大使”和“盖大使”，并比定为开元十六年（728）十一月乙酉以前任“右羽林军大将军兼安西副大都护、四镇节度等副大使”的谢知信[①]和开元二十六年任安西都护的盖嘉运[②]。安西都护在于阗监护葬仪和建立寺院，一方面反映了于阗佛教的兴盛，另一方面也反映了安西四镇最高首脑人物在这里的频繁活动。

《贞元释教录》卷一四《普遍智藏般若波罗蜜多心经》条记：“三藏沙门达摩战涅罗，唐言法月……至于阗国，住金轮寺。时因病疹，渐染缠绵，药石无征，奄从迁化，春秋九十一，法夏七十二，以天宝二年岁次癸未十一月二十三日卒于此寺矣。时本道节度副使夫蒙零（灵）詧监护葬仪。”[③] 这是四镇节度副使驻节于阗的明证。上举《四镇节度副使右金吾大将军杨公神道碑》记杨和天宝中“自武卫将军、四镇经略副使，加云麾将军，兼于阗军大使。又迁金吾大将军，四镇节度副使”，驻地一直在于阗。此外，《资治通鉴》卷二二一乾元三年（760）正月条记：“丙戌，以于阗王胜之弟曜同四镇节度副使，权知本国事。”[④] 四镇节度副使由于阗王兼任，其驻地在于阗更无疑议。这一点还可以从当地出土文书得到证明。上文提到的 Hedin 24 号双语文书《乾元三年（?）闰四月四日典史环仆牒》末署：“节度副使都督王（下残，推测应是毗沙都督于阗王尉迟曜署名）。”又麻札塔格出土的 M.T.c.iii《建中七年（786）十一月十九日牒》后署：“使节度副使开府太常卿苏。”[⑤] 这些文书正是四镇节度副使在于阗处理日常军政事务的

---

① 《册府元龟》卷九七五外臣部褒异门二，11452 页上栏。

② 《旧唐书》卷一九四下《突厥传》下，5192 页。以上对证，详见拙稿《唐宋时期中原文化对于阗的影响》，北京大学中国传统文化研究中心编《国学研究》第 1 卷，北京：北京大学出版社，1993 年，413 页。

③ 《大正新修大藏经》卷五五，878-79 页。

④ 《资治通鉴》卷二二一上元元年正月条，7090 页。

⑤ Ed. Chavannes, *Les documents chinois decouverts par Aurel Stein dans les sables Turkestan oriental*, Oxford, 1913, p. 217, pl. XXXVI.

档案。

四镇节度副使驻节于阗的事实表明，于阗在整个唐朝西域镇防体系中，地位仅次于安西都护、四镇节度使所在的龟兹。

于阗在安西四镇中所处的这种地位，还可以从史籍中所见大多数四镇名表中看出，现将我们收集到的有代表性的材料罗列于下：

A. 上文提及的《延载元年氾德达轻车都尉告身》："准垂拱二年十一月三十日敕，金牙军拔于阗、安西、疏勒、碎叶等四镇。"

B.《唐会要》卷七三安西都护府条引苏氏记曰："咸亨元年四月罢四镇，是龟兹、于阗、焉耆、疏勒。至长寿二年十一月复四镇，是龟兹、于阗、疏勒、碎叶。"① 他书略同。

C. 敦煌写本慧超《往五天竺国传》："此即安西四镇名数：一安西、二于阗、三疏勒、四焉耆。"②

D.《册府元龟》卷九六七外臣部继袭门："调露元年，以碎叶、龟兹、于阗、疏勒为四镇。"③

E.《旧唐书》卷四〇《地理志》："安西都护所统四镇：龟兹都督府……毗沙都督府……疏勒都督府……焉耆都督府。"④《新唐书》卷四三下《地理志》同⑤。

F.《旧唐书》卷一九八《西戎传》龟兹条："先是，太宗既破龟兹，移置安西都护府于其国城……兼统于阗、疏勒、碎叶，谓之'四镇'。"⑥《新唐书》卷二二一上《西域传》龟兹条同⑦。按此条史料年代有误。

---

① 《唐会要》卷七三，1571 页。

② 录文见羽田亨《羽田博士史学论文集》上，京都，1957 年，627 页。

③ 《册府元龟》卷九六七外臣部继袭门二，11372 页上栏。

④ 《旧唐书》卷四〇《地理志》，1648 页。

⑤ 《新唐书》卷四三下《地理志》，1134-1137 页。

⑥ 《旧唐书》卷四〇《地理志》，5304 页。

⑦ 《新唐书》卷二二一上《西域传》，6232 页。

G.《新唐书》卷二二一上《西域传》焉耆条："开元七年……安西节度使汤嘉惠表以焉耆备四镇，诏焉耆、龟兹、疏勒、于阗征西域贾，各食其征。"[①]

H.《资治通鉴》卷二一五天宝元年正月条："安西节度抚宁西域，统龟兹、焉耆、于阗、疏勒四镇。"[②]

以上A、D、G三条因为有所侧重，所以不具有代表性，其他除《通鉴》外，均以龟兹为首，于阗为次，慧超的记载甚至编有序号，当是闻自安西驻守军将。《会要》及两唐书《地理志》应本自原始档案，其所反映的应是实际情况。从四镇名表的排列上，也可以看出于阗在安西四镇中的地位。

于阗的这一地位的确定，有助于其作用的发挥。《旧唐书》卷一四四《尉迟胜传》记："尉迟胜，本于阗王珪之长子，少嗣位。天宝中来朝，献名马、美玉，玄宗嘉之，妻以宗室女，授右威卫将军、毗沙府都督。还国，与安西节度使高仙芝同击萨毗、播仙，以功加银青光禄大夫、鸿胪卿，皆同正。"[③] 按高仙芝以天宝六载（747）征小勃律功授安西四镇节度使[④]。《册府元龟》卷九七一外臣部朝贡门四记："天宝七载三月，于阗、焉耆、龟兹、牂牁并遣使贺正，且献方物。"[⑤] 这或许就是指尉迟胜天宝中来朝一事，考虑到高仙芝天宝九载破朅师、石国及九国胡并背叛突骑施等战事[⑥]，二人合击萨毗、播仙当在天宝八载。四镇节度使与于阗王合击入侵鄯善、且末地区的吐蕃军，充分证明了于阗不

---

① 《新唐书》卷二二一上《西域传》，6230页。

② 《资治通鉴》卷二一五天宝元年正月条，6847页。

③ 《旧唐书》卷一四四《尉迟胜传》，3924页。

④ 《资治通鉴》卷二一六天宝六载十二月条，3924页。

⑤ 《册府元龟》卷九七一外臣部朝贡门四，11412下栏-11413上栏。

⑥ 《资治通鉴》卷二一六天宝九载条，6898、6900页；《天宝十载制授张无价游击将军官告》，《吐鲁番出土文书》第10册，北京：文物出版社，1991年，2页。

仅增强了本身的防御能力，而且有力量主动出击。库车苏巴什唐代遗址出土的汉文残文书中，有“一十人于阗兵”的记录[①]，证明于阗兵还曾支援过安西都护府的大本营龟兹。另外，拜城克孜尔石窟出土有如下残文书：“碛〔西〕行军押官杨思礼请取〔于〕阗镇军库讫，被问依（中残）更问（下残）。”[②] 碛西即安西，安西行军取用于阗镇军库的物资，进一步证明于阗军镇在安西四镇中的重要地位。

以上我们从唐朝势力进入西域的历程，各级军镇体制的建立，四镇节度使、副使在于阗的活动等方面，详细探讨了于阗从备受吐蕃与西突厥余部侵袭，到主动出击，增援他镇的变化，以此说明于阗在安西四镇中仅次于龟兹的重要地位。这也有助于人们对整个唐代西域史的理解。

（原载《西域研究》1992年第3期，56-64页。）

---

① 黄文弼《新疆考古发掘报告》，北京：文物出版社，1983年，90页，图版六六。

② 黄烈编《黄文弼历史考古论集》，北京：文物出版社，1989年，269页。

从黄文弼所获两件文书看龟兹于阗间的交通路线

黄文弼在他的几次西域考古调查过程中，获得了大量的各种类型的文物资料，其中也包括纸本文献。这些文献既有汉语的写本和印本，也有各种胡语文书，包括回鹘语、粟特语、龟兹语、据史德语、梵语、于阗语、中古波斯语、藏语、蒙古语等等，其中不乏具有十分重要的学术价值的文书。我们曾经把学者们对于黄文弼所获胡汉各种语言文书的研究成果汇集成书，即拙编《黄文弼所获西域文献论集》（科学出版社，2013 年 10 月），可以全面了解黄文弼所获文书对于许多学术领域的贡献。

本文选择黄文弼所得两件不太引人注意的汉语文书残片，就其内容加以申论。因为这两件发现于古代龟兹国范围的文书内容涉及到唐代的于阗，故此在我从事于阗史的研究过程中，一直萦绕心怀，反复琢磨。今借西北大学召开“黄文弼与丝绸之路”学术研讨会之机会，略加申说。这两件残文引发我对于唐代于阗与龟兹之间交通道路的关注，而沿于阗河（今和田河）贯通塔克拉玛干大沙漠的这条南北通道，曾经是一条重要的丝绸之路，也是黄文弼先生的西域考古之路。

黄文弼发现的两件文书，一件我们定名为《唐碛西行军押官杨思礼等辩辞》，编号考 3447、K7512，现据《塔里木盆地考古记》所刊图版，参照黄文弼的录文，用今日整理文书的规范方式，校录如下：

（前缺）

1 □□

2 磧行軍押官楊思礼請取□[

3 闐鎮軍庫訖。被問依□[

4 　　　　　更問[

（后缺）

黄文弼《塔里木盆地考古记》对此描述说：

杨思礼残牒，出拜城克子尔明屋佛洞。长14.2，宽11.4厘米。起“碛行”迄“被问依”。按此残纸为押官杨思礼赴于阗镇军库文书，惜多残破，仅存两行，然亦足珍贵。第一行首“碛”字旁，有一“√”，为倒字记号，则“碛”上当有一字，仍著向下记号。然“碛”上何字？我以为是“西”字，盖指碛西行军，且亦因沿碛西节度使而得名。

杨思礼即碛西行军中之押官派往于阗镇军库取械，并已办讫呈报之文书，观下文“于阗镇军库讫被问依”之语可证。是此纸当为唐开元时所写。

此纸“阗”上缺字，按“阗”上当为“于”字。

书中还用了一些篇幅，引用史料，来考证碛西节度使之设立、押官制度和于阗镇的设立等问题[①]。

此件是1928年12月出土于拜城克孜尔石窟[②]。经过我们多年整理敦煌吐鲁番和西域出土文书的经验来看，黄文弼对文书的解说十分到位，“碛西”“于阗”的读法都完全可以成立，对于碛西行军押官的解说也都合于唐朝制度。

---

① 黄文弼《塔里木盆地考古记》，北京：科学出版社，1958年，95–96页，图4（图版柒壹）。参看杨文和主编《中国历史博物馆藏法书大观》第11卷《晋唐写经·晋唐文书》，东京：柳原书店、上海教育出版社，1999年，158页（图），231页（录文），误记为“吐鲁番盆地出土”。

② 黄文弼《塔里木盆地考古记》，36–37页。

另一件是仅存六个字的文书残片，编号 2050，尺寸为 9×3cm。录文如下：

（前缺）

1]一十人于闐兵

（后缺）

1957—1958 年黄文弼率中国科学院考古研究所人员赴新疆进行考古，曾发掘库车县北约 23 公里处的苏巴什遗址，主要工作地点在铜厂河西遗址南端的古城遗址。在古城西面和北面土岗上，有许多寺庙建筑遗迹，简称“西寺区”。其中位于古城西北的甲地，为一组长方形建筑，共五间房址，位于中间一间最大，编号 T1。这组房址应是寺庙遗址，中间（T1）为正堂。此文书出土于此①。

由于两件文书较短，所以前人研究成果不多。黄文弼先生哲嗣黄烈先生在《谈汉唐西域四个古文化区汉文的流行》一文中，曾用前一件文书来说明唐朝时期龟兹流行汉文问题②。笔者在《于阗在唐朝安西四镇中的地位》一文中曾提示这两件文书的价值，前者所记碛西行军取用于阗镇军库的物资，证明于阗军镇在安西四镇中的重要地位；后者证明于阗兵还曾支援过安西都护府的大本营龟兹③。其他偶有涉及者，基本是作为史料而已④。

① 黄文弼《新疆考古的发现》，《考古》1959 年第 2 期，78 页。黄文弼《新疆考古发掘报告（1957—1958）》，北京：文物出版社，1983 年，考古经过见 79-82 页；文书记录见 90 页，图版六六，3。

② 见《纪念陈寅恪教授国际学术讨论会论文集》，广州：中山大学出版社，1989 年，427 页。

③ 《西域研究》1992 年第 3 期，61 页。

④ 徐伯夫《唐代西域史上的几个问题》，《西域史论丛》第 2 辑，乌鲁木齐：新疆人民出版社，1985 年，74 页；王永兴《唐代前期西北军事研究》，北京：中国社会科学出版社，1994 年，44 页；石墨林《唐安西都护府史事编年》，乌鲁木齐：新疆人民出版社，2012 年，462 页；庆昭蓉《吐火罗语世俗文献与古代龟兹历史》，北京：北京大学出版社，2017 年，63 页。

两件文书内容不多，一件涉及到碛西行军押官杨思礼请取于阗镇军库的物资，一件表明曾有于阗士兵到达了龟兹境内，因此都涉及到于阗与龟兹之间的物资和人员流动[①]。这样的物资和人员往来，是经过两地之间一条交通要道来实现的。

《新唐书》卷四三下《地理志》“安西入西域道”条保存的贾耽《皇华四达记》云[②]：

> 安西西出柘厥关，渡白马河，百八十里西入俱毗罗碛。经苦井，百二十里至俱毗罗城。又六十里至阿悉言城。又六十里至拨换城，一曰威戎城，曰姑墨州，南临思浑河。
>
> 自拨换南而东，经昆岗，渡赤河，又西南经神山、睢阳、咸泊，又南经疏树，九百三十里至于阗镇城。

《太平寰宇记》卷一五六安西大都护府条记[③]：

> 正西至拨换五百六十里。又从拨换正南渡思浑河，又东南经昆冈、三乂等守戍，一十五日程，至于阗大城，约千余里。

由此，可以勾画出一条从龟兹都城（安西节度使驻地）向西，经俱毗罗碛、苦井、俱毗罗城、阿悉言城，到拨换（今阿克苏），然后南下偏东行，经昆岗，渡赤河，又西南经神山、睢阳、咸泊、疏树，最后到达于阗镇城（今和田约特干）。在昆岗南，《太平寰宇记》有“三乂”戍。

从龟兹到拨换，是自汉代以来西域北道的干线，没有什么特别之处。这里记录的从拨换到于阗的道路，应当是第一次详细记录下来的南北穿越塔克拉玛干沙漠的道路，这条道路显然是沿和田河而行。以前我们对这条道路不甚了然，随着和田地区出土的文书，我们有了更为丰富

---

① 文欣《和田新出〈唐于阗镇守军勘印历〉考释》，沈卫荣主编《西域历史语言研究集刊》第2辑，北京：科学出版社，2009年，111-123页。

② 《新唐书》卷四三《地理志》，北京：中华书局，1975年，1149-1151页。

③ 《太平寰宇记》卷一五六，北京：中华书局，2007年，2999-3000页。

的认识。

《皇华四达记》提到的“神山”，多见于和田出土汉语文书，其中与出土地直接关联的并不多，但值得注意的是斯坦因在麻札塔格（Mazar Tagh）所获 M. T.096（Or.8212/1535）号残文书，仅存一行文字[①]：

（前缺）

1　　□請狀附至神山館，通[

这里似乎是说这件状文附带送到神山馆，而这件文书发现在麻札塔格，则这里就是唐代的神山之地[②]。按唐朝交通制度，官道上每三十里置一驿，非通途大道则立馆。那么，这里的神山馆就是唐朝确定的官道上的一个馆驿。

2004 年李吟屏先生刊布一件据传发现于和田策勒县达玛沟乡的文书也提到了“神山馆”[③]：

1　　]□□安□驴十二头[

2　　]□得行文赴安西＿＿＿＿

3　　]过神山馆[

这好像是一位商人携带着驴十二头，在获得行文后前往安西（龟兹），途经神山馆时的记录。

又麻札塔格出土 M. T.0634（Or.8212/709）号文书《唐贞元六年（790）善政坊罗勃帝芬等纳神山马料抄》文字如下[④]：

---

① 沙知、吴芳思（F. Wood）编《斯坦因第三次中亚考古所获汉文文献（非佛经部分）》第 2 册，上海：上海辞书出版社，2005 年，205 页。

② 参看侯灿《麻札塔格古戍堡及其在丝绸之路上的重要位置》，《文物》1987 年第 3 期，63-75 页；殷晴《丝绸之路和古代于阗》，《西域史论丛》第 3 辑，乌鲁木齐：新疆人民出版社，1990 年，77 页。

③ 李吟屏《近年发现于新疆和田的四件唐代汉文文书残页考释》，《西域研究》2004 年第 3 期，88-89 页。

④ 沙知、吴芳思《斯坦因第三次中亚考古所获汉文文献（非佛经部分）》第 1 册，上海：上海辞书出版社，2005 年，188 页。

（前缺）

1　善政坊罗勃帝芬神山纳马料，青麦□[

2　㪷。贞元六年十月四日，馆子王作郎抄。

3　宜货坊杨师神山□□料，青麦壹[

4　　　　]年十月四日馆子[

（后缺）

善政坊、宜货坊大概是于阗都城内的坊，这里的百姓在向神山纳马料时，神山馆的馆子王作郎要发给纳税者抄，以作凭证。这里的馆子应当就是神山堡的馆子，抄分两份，一份分别交给纳税人，一份连抄存底[①]。这里的一份应当就是神山馆存底的抄，因此在麻札塔格被发现。

在德国慕尼黑五洲博物館（Museum Fünf Kontinente）保存的弗兰克（August Hermann Francke）和田收集品中，也有一件《唐送神山馆马料人帐》，编号 Ho.1（205a+b）+Ho.3（205），系两个编号三个残片，残片大小为 13×8. 2cm，15. 3×7. 1cm；9×4. 4cm，3 行。Ho.1（205a+b）两残片应上下排列，但无法直接缀合；中间为 Ho.3（205）。保存的文字如下[②]：

（前缺）

1　送神山館糧馬料人司馬□　麥一石六㪷□□尉遲仙奴青麥一石六㪷寸抄。

2　薩波盆達門青麥□□　康□　□□羅守真

3　青麥一石六㪷尉遲光奴[

（后缺）

---

① 关于唐代的抄，参看關尾史郎《コータン出土唐代税制關係文書小考——領抄文書を中心として》，《平田耿二教授還曆記念論文集：歷史における史料の發見——あたらしい“讀み”へむけて》，东京，1997 年，177-204 页。

② 西脇常記《もう一つのドイツ中央アジア將來文獻——フランケ・コレクションについて》，作者《中國古典社會における佛教の諸相》，东京：知泉书馆，2009 年，238-239 页。录文不够准确，笔者 2017 年在该馆调查时重录。

此件得自英国驻喀什总领事，或出土于麻札塔格遗址。文书记前往神山馆送粮食和马料的人名单及小字所记所承担的粮料数额，运送人看名字胡汉兼有，其中尉迟仙奴、尉迟光奴还像是兄弟二人。人名上有勾画，表明事情已经做完，也就是粮料已经送达神山馆，由相关人员做了勾记。这也证明这件文书应当出土于麻札塔格。

麻札塔格位于塔克拉玛干大沙漠的西部，地处东经 79°44′~80°48′，北纬 38°27′至 38°44′之间，是大沙漠中最大的一座山体，大致呈东西走向，山体宽 2~8 千米，相对高度 100~400 米。其东部紧临和田河岸，在临河处有两个山嘴，南侧陡峭，北侧舒缓，颇有气势。北边的山嘴由白云石组成，呈白色；南边的山嘴由红砂泥岩组成，呈红色。因此，当地人又称之为红白山。在红山嘴上有古戍堡一座，紧依山体北面顺坡垒筑，南凭陡峭断岩，东近河岸，形势险要。古戍堡之西，在同一山脊上约 50 米处有烽燧一座。西方探险家和黄文弼先后在这里做过发掘，出土了汉语、于阗语、藏语、粟特语等文书。斯坦因在古堡遗址附近的一座垃圾堆里发掘到大量文书，内容十分丰富，既有汉语文书，又有大量的于阗语和藏语文书[①]。戍堡和烽燧属于唐代，于阗语用表示“山”的普通名词 gara 而来的 gari 来称呼这里[②]，唐朝文书称此戍堡为“神山堡”，见斯文·赫定收集品种的 Hedin 24 号文书汉语于阗语双语文书《唐贞元十四年（798）闰四月典史怀仆牒为尽收人畜入坎城事》：“乘驼人桑宜本口报称：闻神山堡▨（下残）”[③]。此戍堡一直沿用到吐蕃

---

① A. Stein, *Serindia. Detailed Report of Explorations in Central Asia and Westernmost China*, Oxford: Clarendon Press, 1921, pp. 1288-1291.

② S. Konow, “A Saka Name of Mazar-tagh”, *A Volume of Eastern and Indian Studies presented to Professor F. W. Thomas on his 72nd Birthday*. ed. by S. M. Kater & P. K. Gode, Bambay 1939, pp. 146-147.

③ 张广达、荣新江《于阗史丛考》（增订本），北京：中国人民大学出版社，2008 年，241-246 页；荣新江《汉语-于阗语双语文书的历史学考察》，新疆吐鲁番学研究院编《语言背后的历史——西域古典语言学高峰论坛论文集》，上海：上海古籍出版社，2012 年，20-22 页。

占领时期，古藏文文书则用 Shing-shan 指称此地[①]。贝利指出，Hedin 24 的“神山”正是藏文 Shing-shan 的来源[②]。藏语文书大多是吐蕃占领这一地区时留下的，年代在 9 世纪初叶以后[③]。于阗语文书则唐朝、吐蕃时期的均有[④]。戍堡下方有后来修建的麻札，故名麻札塔格（麻札维吾尔语意为“坟”，塔格意为“山”）。

麻札塔格出土的神山堡或神山馆的文书，为我们考察沿于阗河的南北交通给了一个很好的坐标点。

德藏和田出土文书 T IV Chotan（MIK III 7587）《唐于阗镇神山等馆支粮历》为我们提供了丰富的信息[⑤]：

（前缺）

1]□□□□□[

到 二月十□[

2]□一石二㪷，至二月十七[日][

3 □阳清，食米六㪷，至二[月][ ][十八]日草泽[馆]

4 [子]一人、欣衡馆一人、连衡馆[四]人、谋常馆一人、般运子

① F. W. Thomas, *Tibetan Literary Texts and Documents Concerning Chinese Turkestan*, II, London: The Royal Asiatic Society, 1951, pp. 198-199, p. 219；杨铭《吐蕃简牍中所见的西域地名》，《新疆社会科学》1989 年第 1 期，87-94 页；收入作者《吐蕃统治敦煌研究》，台北：新文丰出版公司，1997 年，209-222 页。

② H. W. Bailey, *Khotanese Texts*, vol. IV: Saka Texts from Khotan in the Hedin Collection, 1st ed., Cambridge, 1961, p. 93.

③ 部分文书由托马斯（F. W. Thomas）发表，见 *Tibetan Literary Texts and Documents Concerning Chinese Turkestan*, II, pp. 167-260。

④ H. W. Bailey, *Khotanese Texts*, vol. II, 1st ed., Cambridge, 1954, pp. 71-72; H. W. Bailey, *Khotanese Texts*, vol. I-III, Cambridge, 1969, pp. 146-147, 149; H. W. Bailey, *Khotanese Texts*, vol. V, Cambridge, 1963, pp. 192-226, 385-387；以及 P. O. Skjærvø, *Khotanese Manuscripts from Chinese Turkestan in the British Library. A complete catalogue with texts and translations*, with contribution by U. Sims-Williams, London: British Library Publishing, 2002 相关部分。

⑤ 池田温解说，《トルファン古寫本展解說》，东京：朝日新闻社，1991 年，No. 7。

一人，

5 共八人，食米一㪷六升。□十九日，草泽馆一人、欣衡

6 一人、连衡四人、谋常一人、般运子一人，共八人，

7 食米一㪷、麦一㪷。　　廿日，神山已北四馆[

8 米一㪷八升。　二月九日，都巡二人停十一日，食米

9 四㪷八升，马两疋，食米一㪷。都巡停十二，马两疋，食□[

10 □□。三月十七日，押官田□八入军后至，到二月九十（十九）日，

11 　　]阳清急付已北四馆及看使料并脚力人粮[

12 　　]石五㪷三升。廿一日，神山已北四馆々子八人，食□

13 　　]石五㪷，破用讫。廿二日，神山已北四馆[

14]米一㪷六升。

15]四㪷　　　麨八㪷

16 　　]米二㪷，一人取米二㪷[

（后缺）

文书记于阗北于阗河西岸的神山及以北草泽、欣衡、连衡、谋常四所馆驿支用粮食帐，这四个馆被合称为“神山已北四馆”，因为是以神山为基点来说的，所以这四个馆的记录顺序，应表明它们的位置是从南到北，依次为草泽馆、欣衡馆、连衡馆、谋常馆[1]。该文书所记应当是神

[1] 林梅村在讨论这条道路时，曾将草泽、欣衡、谋常自北向南排列，见所撰《穿越塔克拉玛干沙漠》，《文物天地》1995 年第 2 期，22-26 页；第 3 期，21-23 转 33 页；后改名《汉唐和田河的古代交通》，收入作者《汉唐西域与中国文明》，北京：文物出版社，1998 年，211-226 页。陈国灿先生在讨论此文书时曾说到：“草泽馆、欣衡馆、连卫馆、谋常馆。究竟是从北往南列，还是从南往北列？尚无法得知。”最后复原的路线是“昆岗——赤河——草泽——欣衡——连卫——谋常——神山”，见所撰《唐代的“神山路”与拨换城》，《魏晋南北朝隋唐史资料》第 24 辑，武昌：武汉大学出版社，2008 年，196-205 页；又载新疆龟兹学会编《龟兹学研究》第 3 辑，乌鲁木齐：新疆大学出版社，2008 年，9-19 页。

山馆当地的支出，包括从四个馆来的馆子和般运子，还有探寻敌情的都巡，有经过的押官，还有某位叫阳清的人，及脚力人等等，表明文书是属于神山馆，由此推知，神山以北四馆都应是属于于阗镇的馆，它们在可能归神山馆供给和统领。

草泽馆未见其他文书记载，设置馆驿一般要就水草泉泽所在，因此这里是一个叫“草泽”的地方。

欣衡馆又见中国人民大学博物馆藏 GXW0176《唐彦朏状为欣衡馆主曹小奴买驴事》，我们整理组的录文如下[①]：

1　欣衡馆主曹小奴买驴四[

2　　右件人去七月十日交馆便买上件驴，将准作前件

3　　钱。自立帖，限八月廿日付足。限已早满，频从索，一钱不

4　　还。驴复转卖却两[头，々]别六千文。彦朏今被征回残

5　　蹯面卌石已上[　　]急，伏望征上件钱，将粜□[

6　　　　　　]衡[

（后缺）

欣衡馆主应当是该馆平日运作的负责人。这位曹小奴买驴一头，但是到了还钱之日却一文不还，所以被卖主名彦朏的人告到官府，希望向曹小奴讨回钱债。驴是交通路线上的重要畜力[②]，馆主曹小奴利用自己的身份来倒卖。这位曹小奴，看名字很像是一个粟特曹国的后裔，“小奴”可以对应粟特语的 βntk，音译作“槃陀”。

值得注意的是，在麻札塔格发现的 M. T.092v（Or.8212/1557）《唐别奏康云汉文书》中，欣衡一名还和连衡一起出现[③]：

① 刘子凡《于阗镇守军与当地社会》，《西域研究》2014 年第 1 期，21–22 页有此文书录文和讨论。

② 参看荣新江《北周史君墓石椁所见之粟特商队》，《文物》2005 年第 3 期，52–53 页。

③ 沙知、吴芳思（F. Wood）编《斯坦因第三次中亚考古所获汉文文献（非佛经部分）》第 2 册，217 页。

（前缺）

1 别奉（奏）康云汉 作人石者羯 都多[

2 奴伊礼然 奴伏浑 马一匹 驴[

3 牛三头 掄论都督首领弓弩[

4]左右觅战 胡数浑 马[

5]连衡监官王瓒 欣衡监官□□[

（后缺）

这件文书是一个康国粟特商人康云汉携带着作人、奴隶以及牲口经过连衡和欣衡两个馆时，由负责馆驿的监官检查通过的记录。文书记录的形式与过所大致相同，应当康云汉持有，但是到了神山馆以后，可能换了新的过所或公验一类文书，所以这件就留在了神山，而被后人在麻札塔格发现。从先连衡再欣衡的记录顺序来看，康云汉一行是从拨换（阿克苏）南向往于阗行走的路线，文书发现地在麻札塔格，这样就给我们留下一个"连衡—欣衡—神山"的道路顺序，这和《唐于阗镇神山等馆支粮历》的记录顺序相反，但前后一致，只是缺了草泽馆，可能另有记录。连衡、欣衡的记录顺序，印证了我们关于神山已北四馆顺序的看法。

欣衡、连衡一起的记录，还见于人大博藏 GXW0192《唐某年十月欣衡连衡等馆领物帐》，文字如下①：

（前缺）

1 □米陆斗[

2 㪷，油伍胜[

3 故，壹白。十月九[

4 欣衡十月马蜡拾伍硕[

① 刘子凡《于阗镇守军与当地社会》，20 页录此文书，但第 6、8 行领物人"李衫"之名不能确定。

5　陆斗充使料，九月、十月□[

6　羊，一白羊。十月十九日李□领□□□□[

7　连衡九月、十月使料，米陆㪷，酒两□[

8　升，羊肆口，两口白，两口故（羖）。十月廿九日李□领。

（余白）

这里提到“欣衡十月马踖拾伍硕”，“连衡九月、十月使料，米陆㪷，酒两□”，推测这件文书也是神山馆所写，是两所馆破用粮食、酒、马料等各项支出。但因为是按日记录顺序，所以欣衡、连衡的前后出现不表示顺序，但它们相连在一起出现，可能还是因为它们是相接壤的两个馆。

《唐于阗镇神山等馆支粮历》所记神山已北四馆中最北面的谋常馆，又见于斯坦因在麻札塔格发掘到的 M. T.0628r（Or.8212/708r）《唐于阗谋常监馆粮米帐》，残文如下[①]：

（前缺）

1　　　　　]谋常监馆二人粮

2　　　]监馆二人粮，米四胜。

3　]二人粮，米四胜。

4　]六胜。

（后缺）

文书上残，没有保存更多的馆名。“谋常监馆”应当就是谋常馆的管理者，这里供给粮食的单位应当就是神山馆。

人大博所藏 GXW0217《唐谋常昆岗等馆用粮帐》，为我们提供了谋常馆与昆岗一起出现的信息，极为重要[②]：

① 沙知、吴芳思《斯坦因第三次中亚考古所获汉文文献（非佛经部分）》第1册，187页。

② 刘子凡《于阗镇守军与当地社会》，20页录此文书第4行昆岗下一字为“馆”，但字形不类，当时读书班成员认为可能是“请”字。

（前缺）

1　廿五日□□[

2　一人路粮面五升。　[

3　谋常馆润十月五日，昆[

4　同日昆岗请都[

5　三斗。十六日都[

6　十七日都[

（后缺）

“昆岗”一名见于上引贾耽《皇华四达记》，在赤河（今塔里木河）以北[①]，是从拨换南下于阗的第一个重要地方，与这件文书中的“昆岗”应当可以勘同。昆岗与谋常馆记录在一起，说明两者距离不远，很可能昆岗和谋常是相连接的两个馆。试看上引《唐于阗镇神山等馆支粮历》所记神山以北四所馆的顺序是草泽、欣衡、连衡、谋常，前面已经论证过，这应当是从神山向北依次记录的，所以谋常在最北端，而据GXW0217《唐谋常昆岗等馆用粮帐》，谋常北面应当就是昆岗。位于塔里木河北面的昆岗，照理说应当属于拨换的范围，也就是属于龟兹国或龟兹都督府的辖境[②]，但这里记其所用粮食也是由神山堡提供。敦煌写本《沙州图经》卷三（P.2005）“一十九所驿”条所记瓜州的四所驿，即瓜沙之间第五道上的双泉驿、第五驿、冷泉驿、胡桐驿四所驿，虽然行政上归属瓜州，但却是由“沙州百姓越界捉”[③]，即有沙州百姓来供给和管理。我想昆岗的情形应当相同，其地虽在龟兹范围，但交通系统

---

① 谭其骧主编《中国历史地图集》第5册，北京：中国地图出版社，1982年，63-64页标注了其位置。

② 郭声波、买买提祖农·阿布都克力木《毗沙都督府羁縻州之我见——兼评〈唐代于阗的羁縻州与地理区划研究〉》，《西域研究》2014年第2期，48页就特别强调这一点。

③ 池田温《沙州图经略考》，《榎博士还历记念东洋史论丛》，东京：山川出版社，1974年，64-69页。

属于于阗，故此由神山馆为基地的于阗馆驿系统来管理和供应。

至此，我们可以把《皇华四达记》中的相关记录，补充如下：“自拨换南而东，经昆岗、〔三乂〕，渡赤河，又西南经〔谋常、连衡、欣衡、草泽、〕神山、睢阳、咸泊，又南经疎树，九百三十里至于阗镇城。”因为过赤河后，道路是偏西南行的，所以这四个馆的位置应当和神山一样，都在于阗河的西岸[①]。

还应当讨论的是“神山路”问题。俄藏和田出土文书Дx.18917《贞元四年（788）五月杰谢百姓瑟□诺牒为伊鲁欠负钱事》文字如下[②]：

1 杰谢百姓伊鲁

2 右件人，先欠负[ ]年正月内，被所由萨

3 波思略掣[ ]与前游奕副使

4 赵刚取[ ]理，又其妇人更自取

5 钱一千五[ ]伊鲁见在神山路

6 探候，昨被思略[ ]诺，将钱四千三百

7 文赎来在此，更觅得钱四百文，余欠六百文，

8 作油麻价，秋熟便送来。其妇人将去，共平

9 章，赵副使不肯。伏望 骠骑□鉴，请处分。

10 牒件状如前，谨牒。

11 贞元四年五月 日，杰谢百姓瑟□诺[

12 “勒还妇人，即须发

13 遣。廿一日□（押字）。”

这里是百姓瑟□诺牒，提到杰谢百姓伊鲁“见在神山路探候”，但和所由萨波思略等人产生账务纠纷。我们在整理这件文书的时候，在前人的

① 郭声波、买买提祖农·阿布都克力木《毗沙都督府羁縻州之我见——兼评〈唐代于阗的羁縻州与地理区划研究〉》图1将它们画在东岸，似不准确。

② 张广达、荣新江《于阗史丛考》（增订本），272–273页。

基础上进一步论证了神山堡和杰谢镇（丹丹乌里克）之间道路的存在，并认为这条路在唐朝时称作“神山路”[①]。陈国灿先生则认为“神山路”当指拨换与于阗间的官道，因神山堡的重要性而得名[②]。然而，伊鲁为杰谢的百姓，杰谢与于阗河之间的距离是75公里，如果往于阗河沿线的所谓“神山路”探候，似乎于里程无法说的过去；而于阗河沿岸道路的巡探，更应当来自于阗河沿岸的乡村，这一带的人口要比杰谢多得多。因此，陈先生的说法从里程和派役制度的角度都难讲通，难以成立。

经由于阗河的南北交通道路，自西汉时期即已开通。《汉书·西域传》记：“姑墨（阿克苏）南至于阗马行十五日。”北魏以后，利用者更多，直到唐朝，使者之外，也多为求法僧所经行。殷晴先生的《古代于阗的南北交通》[③]和李吟屏先生的《和田历代交通路线研究》[④]两文对这条道路从两汉到清朝时期的情形，做了详细的阐述，此不赘述。

1929年4月，黄文弼先生从北向南，沿和田河考察，其《蒙新考察日记》给我们留下其沿途所见所闻的详细记录，现摘录其4月13日日记云[⑤]：

> 上午9点15分发自干河曲，向西行，渡河至西岸，约行10分钟，又经行树林，9点半上和阗大道，在丛林荆棘中显出坦途，沙土横藉，马驴足迹，驼畜粪旦，皆可证其为往来通衢。

① 张广达、荣新江《圣彼得堡藏和田出土汉文文书考释》，《敦煌吐鲁番研究》第6卷，北京：北京大学出版社，2002年；此据同作者《于阗史丛考》（增订本），273页。

② 陈国灿《唐代的“神山路”与拨换城》，《魏晋南北朝隋唐史资料》第24辑，196-205页。

③ 文载《历史研究》1992年第3期，85-99页。

④ 文载马大正、王嵘、杨镰主编《西域考察与研究》，乌鲁木齐：新疆人民出版社，1994年，173-194页。

⑤ 黄文弼遗著，黄烈整理《黄文弼蒙新考察日记（1927—1930）》，北京：文物出版社，1990年，409页。

作为中国传统的知识分子，黄文弼先生非常关注《史记》《汉书》《水经注》等书所记的“南河”，所以在穿行和田河的过程中，他不断横跨和田河床，攀上两岸的沙山，往东西纵深数里，寻找南河遗迹①，其精神可嘉。与此同时，他对南北纵贯和田河的交通道路也做了详细的考察和记录，证实在他脚下，应当就有那一条古老的交通道路，其间散布着馆驿遗址。

黄文弼先生曾先后执教于北京大学和西北大学，他在多次考察新疆古迹时，发现大量考古和文献材料，并及时做了整理与刊布。我们今天在西安西北大学聚会纪念这位20世纪20年代新疆考古孤独的先行者，不禁想起尚爱松先生《奉慰黄文弼先生》的诗句：

大漠歌仍壮，长安日正圆。
但见烟袅袅，哪有泪潸潸。

（2022年7月2日完稿，提交2022年7月6—7日西北大学主办“黄文弼与丝绸之路”学术研讨会。）

---

① 参看《黄文弼蒙新考察日记（1927—1930）》，403-420页。其简要行记，见《塔里木盆地考古记》，46-48页。

唐代于阗史新探

——和田新发现的汉文文书研究概说

2005年以来，中国国家图书馆善本部陆续获得一些来自和田地区的汉文、于阗文、梵文、藏文文书的捐赠。2010年，新成立的中国人民大学博物馆也获得一批捐赠，从内容上来看，也是来自和田的汉文、于阗文、梵文、粟特文等语言所写的文书。从其中的汉文文书内容来看，两处收藏的文书有着一定的关联，同时也和斯坦因（M. A. Stein）、彼得罗夫斯基（N. F. Petrovsky）、斯文·赫定（S. Hedin）等所得英、俄、瑞典收集品中的和田出土汉文文书彼此相关。

笔者三十多年前在张广达先生指导下研究于阗史，并一起整理研究海外收藏的和田出土汉文文书[①]。三十多年后的今天，终于又有了这样多的新发现，可以大大推进我们对西域于阗国史、唐朝与于阗关系以及唐朝统治西域的军事体系与羁縻州制度等课题的研究。这次会议恰好欣逢张先生八十华诞，因借此文，向张师汇报最近治学的点滴收获。

一、文书的年代

和田出土汉文文书的年代，不仅可以为我们解读文书的内涵提供重

---

① 相关研究成果汇集在张广达、荣新江《于阗史丛考》，上海：上海书店，1993年；增订本，北京：中国人民大学出版社，2008年。

要帮助，而且首次出现的唐朝年号也是唐朝势力进入于阗王国的主要标志。因此，汉文文书的年代上限一直是学者希望弄清的一个问题。

过去，池田温先生在研究麻札塔格（Mazar Tagh）出土《于阗某寺支出簿》（编号 M. T. b.009）时，依据平冈武夫复原的唐代历表，对比文书中的大小月记录，判定此账簿是唐开元九年（721）十月至十年正月间的支用帐历[①]。池田先生的考证是可以信赖的，但前提是开元九年时的于阗汉文文书采用的是唐朝的历日，这一点目前还不能够完全证明，所以池田先生的结论仍然是属于一种合理的推论。

在已经发表的 20 世纪上半叶和田地区出土的文书中，明确记录的最早的年份是“开元十八年三〔月〕”，见 Hedin 22 于阗语佛教文献的背面[②]。随后是麻札塔格出土的 M. T.0114（Or.8212-1530）号文书，有“开元廿六年六月十三日”的时间记载[③]。1998 年，和田地区博物馆的艾再孜·阿布都热西提先生刊布了四支汉语于阗语双语木简，其汉文部分的纪年是开元十五年[④]。在近年中国国家图书馆陆续收藏的文书中，也有一批汉语和于阗语对照书写的双语木简，共 35 支，是于阗国税收的记录，汉语部分的纪年是“开元十年（722）”[⑤]。在中国人民大学博物馆收藏的和田出土汉语文书中，有两件字迹极其难识的文书，其中一件上有两种文书迭写在一起，其中一篇文书的尾部，有“延载贰年腊月

---

① 池田温《麻札塔格出土盛唐寺院支出薄小考》，《段文杰敦煌研究五十年纪念文集》，北京：世界图书出版公司，1996 年，214-216 页。

② H. W. Bailey, *Khotanese Texts*, vol. IV: *Saka Texts from Khotan in the Hedin Collection*, Cambridge University Press, 1979, p. 129.

③ 郭锋《斯坦因第三次中亚探险所获甘肃新疆出土汉文文书——未经马斯伯乐刊布的部分》，兰州：甘肃人民出版社，1993 年，42 页。

④ 艾再孜·阿布都热西提《和田发现汉文、于阗文双语木简》，《新疆文物》1998 年第 3 期，104 页。

⑤ Rong Xinjiang and Wen Xin, “Newly Discovered Chinese-Khotanese Bilingual Tallies”, *Journal of Inner Asian Art and Archaeology*, III, ed. J. Lerner and L. Russel-Smith, 2009, pp. 99-118；荣新江、文欣《和田新出汉语-于阗语双语木简考释》，《敦煌吐鲁番研究》第 11 卷，上海：上海古籍出版社，2009 年，45-69 页。

日典□□牒”，其中的“载”“年”“月”“日”都用武周新字。延载二年为公元695年。同一面上的另一篇文书上，有于阗地名“坎城”，所以可以确定这件延载二年的文书也是于阗当地的文书。我们知道，唐朝在显庆二年（657）消灭了西突厥阿史那贺鲁的势力，西突厥各部及其所控制的西域各国领地划入唐朝的版图，唐朝正式掌握了包括于阗在内的西域各国的宗主权。翌年，唐朝把安西都护府自吐鲁番盆地的交河城迁到龟兹国都（今库车），下设龟兹、于阗、焉耆、疏勒四镇[①]，把唐朝的军事镇防系统推行到塔里木盆地，以期牢固掌握西域的腹心。但唐军兵力不足，安西四镇在吐蕃及西突厥余部的联兵夹击下，在唐蕃间数度易手。长寿元年（692），唐将王孝杰率军收复安西四镇，并采取了一项重要的措施，即征发汉兵三万人镇守四镇地区[②]，才比较稳固地控制了四镇地区。“延载二年”的纪年，正是大批唐军开始在于阗等西域地区镇守的反映，表明唐朝的文书制度，如纪年方式、文书形制、武周新字等，也随之进入于阗王国。

新出文书中的纪年，与20世纪上半叶发现的文书一样，更多的是大历、建中、贞元的年号，年代在8世纪后半叶。

二、文书所见的于阗地理

文书中提到了一些于阗的地名，较多的是杰谢（Gaysāta）、六城（kṣa au）、拔伽（Birgaṃdara）、质逻（Cira）、神山等，从所记文书起草或收文的地点来看，这些文书主要来自丹丹乌里克（Dandan Uiliq）和老达玛沟（Old Domoko）地区，和20世纪初西方探险家发现文书的

① 关于安西府初迁龟兹及四镇设立年代，据张广达《唐灭高昌国后的西州形势》，《东洋文化》第68号，1988年，87-89页；又张广达《文书、典籍与西域史地》（张广达文集），南宁：广西师范大学出版社，2008年，136-139页。

② 《旧唐书》卷一四八《西戎传》龟兹条，北京：中华书局，1975年，5304页。

地点基本相同。其中也提到神山（麻札塔格），但一般都是从神山寄来的信件或报告。

新出文书对于唐代于阗羁縻州的建置和于阗王国的疆域、地理等方面的研究，都提供了新的材料。

《新唐书》卷四三下《地理志》七下载："毗沙都督府，本于阗国，贞观二十二年（648）内附，初置州五，高宗上元二年（675）置府，析州为十。领州十。阙。"① 英国所藏和田出土《唐大历三年三月典成铣牒》（M.9）后署"六城质逻刺史阿摩支尉迟信（?）"名，可知六城质逻一带是于阗国的一个羁縻州。笔者曾在探讨于阗国羁縻州的时候采用"质逻州"的说法②，但吉田豊教授则拟作"六城州"③。今天，我们在中国国家图书馆藏和田出土文书 BH1-1《某年十一至十二月付粮历》第 6 行，看到"六城刺史信"的记录，不仅确认了"尉迟信"的读法，也说明这个州的名称应当是"六城"，质逻应当是州治所在④。

《新唐书》卷四三下"四镇都督府"条后记有"河西内属诸胡"十二州，其中有"猪拔州"的名字⑤。王小甫教授正确地指出这十二州应

---

① 《新唐书》卷四三下《地理志》，北京：中华书局，1975 年，1134 页。

② 荣新江《关于唐宋时期中原文化对于阗影响的几个问题》，《国学研究》第 1 卷，北京：北京大学出版社，1993 年，405 页。

③ 吉田豊《コータン出土 8—9 世纪のコータン语世俗文书に关する觉え书き》（神户市外国语大学研究丛书第 38 册（2005）），神户市外国语大学外国学研究所，2006 年，89 页，注 8；汉译见荣新江、广中智之译《有关和田出土 8-9 世纪于阗语世俗文书的札记》（二），朱玉麒主编《西域文史》第 3 辑，北京：科学出版社，2008 年，81 页。

④ 关于质逻为六城州州治的说法，见吉田豊《コータン出土 8—9 世纪のコータン语世俗文书に关する觉え书き》，40、47-48 页；广中智之译《有关和田出土 8—9 世纪于阗语世俗文书的札记》（一），荣新江校，《敦煌吐鲁番研究》第 11 卷，上海：上海古籍出版社，177 页；文欣《于阗国"六城"（*kṣa au*）新考》，《西域文史》第 3 辑，121 页；朱丽双《唐代于阗的羁縻州与地理区划研究》，《中国史研究》2012 年第 2 期，71-73 页。

⑤ 《新唐书》卷四三下《地理志》，1134-1135 页。

在安西四镇地区，而不是狭义的“河西”，但他把猪拔州放在疏勒都督府的范围里[①]。幸运的是，我们在国家图书馆藏新出和田文书 BH1-1《某年十一至十二月付粮历》第 25 行和 BH1-2《某年九月付粮历》第 18 行上，看到“猪拔州”的名字：

BH1-1 第 23-27 行：

23　一百一十五石九斗三升六城欠　所由没达门

24　　　　　　廿六石三斗三升青　八十石小　九石六斗粟

25　二百廿一石九斗六合猪拔州　所由可左遂　勿地悌

26　　　　　　五十八石九斗二升二合青　一百六十二石九斗七升四合粟

27　　　　　　卅二石青　卅二石小　九十二石粟

BH1-2 第 17-22 行：

17　　一千一百六十七石八斗五升　税粮欠后债纳

18　　　五百一十七石八斗[　]猪拔州　所由桑门悌　蔺能悌

19　　　　　　　一百一十七[石]八斗青麦　　三百石小麦

20　　　　　　　一百石粟

21　　　六百卌五石二斗五升六城　所由突骑施　张庭刚

22　　　　　　　　二百廿九石二斗五升小　四百一十五石粟

两处的猪拔州都是和六城处于帐历的同一级别上，相互对应，表明是同一级别的，两者都是于阗国的羁縻州，而且表明猪拔州可能与六城毗邻，在于阗国的东境[②]。

《新唐书》卷四三下《地理志》“安西入西域道”记：“于阗东三

① 《唐·吐蕃·大食政治关系史》，北京：北京大学出版社，1992 年第 1 版；此据新版，北京：中国人民大学出版社，2009 年，239-240 页。

② 朱丽双《唐代于阗的羁縻州与地理区划研究》，77-78 页。

百里有坎城镇，东六百里有兰城镇。于阗东距且末镇千六百里。”[①] 这里保存的是贾耽所撰《皇华四达记》的佚文。贾耽是贞元年间（785—805）的宰相，其所据当是唐朝开元、天宝时期的官府档案。“坎城镇”的名字见于上述带有武周新字的文书，表明是长寿元年以后最早设立的于阗地方军镇之一，扼守东西往来的通道。前人已经比定坎城为《大唐西域记》的“媲摩城”[②]，这点也得到 Hedin 24 汉语于阗语双语文书的证明[③]。五代高居诲《于阗国行程记》中提到于阗东境的“绀州”[④]，俄藏敦煌文书 Дx.2148(2)+Дx.6069(1)《于阗天寿二年（964）弱婢佑定等牒》有“绀城”，所指都是“坎城”[⑤]。由“绀州”一名，仍然依稀透露出坎城所在的地区原本是于阗的一个羁縻州。

《大唐西域记》记贞观末期玄奘的回程：自于阗王城东行三百余里有大荒泽，由此更东行三十余里为媲摩城，有媲摩川，自媲摩川东入沙碛，行二百余里至尼壤城[⑥]。这里的尼壤城，过去一般认为指汉代的精绝国，即今民丰县北沙漠中的尼雅遗址[⑦]。由于古尼雅遗址最迟在 5 世

① 《新唐书》卷四三下《地理志》，1150–1151 页。

② 王北辰《古代西域南道上的若干历史地理问题》，《地理研究》第 2 卷第 3 期，1983 年，37 页；文欣《中古时期于阗国政治制度研究》，北京大学历史学系硕士论文，2008 年 6 月，90–92 页。

③ Bailey, *Khotanese Texts*, IV, pp. 135–138.

④ 《新五代史》卷七四《四夷附录 · 于阗》，北京：中华书局，1974 年，917–918 页。

⑤ 图版见《俄藏敦煌文献》第 8 册，144–145 页。录文见张广达、荣新江《十世纪于阗国的天寿年号及其相关问题》，此据作者《于阗史丛考》（增订本），292–293 页；解说见荣新江《绵绫家家总满——谈十世纪敦煌于阗间的丝织品交流》，包铭新主编《丝绸之路 · 图像与历史》，上海：东华大学出版社，2011 年，43–44 页。

⑥ 季羡林等《大唐西域记校注》，北京：中华书局，1985 年，1025–1030 页。

⑦ 水谷真成译注《大唐西域记》第 3 册，东京：平凡社，1999 年，451 页；季羡林等《大唐西域记校注》，1030 页。

纪初已经废弃[①]，或以为尼壤当在今民丰县（旧名尼雅）[②]。于阗语专家指出，《西域记》中的尼壤在唐代于阗语文书中写作 Nīña，其地或在今民丰（即尼雅）[③]。吉田豊进一步推测，这个尼壤/Nīña 可能就是《新唐书》所记的"兰城"[④]。近年，李吟屏先生根据他在和田地区所见新出文书中有"蔺城"一名的记录，怀疑《新唐书·地理志》的"兰城"即"蔺城"之误[⑤]。陈国灿先生随后也同意这种说法[⑥]。最近，这一问题由参加国家图书馆和人民大学博物馆藏文书整理的朱丽双博士圆满解决，根据对音规则，可以将"蔺城"比定为 Nīña/Nīna；而不论是 20 世纪初叶和田出土的汉文文书中，还是近年发现的和田出土文书里，都不见"兰城"的记载，却在多件文书中出现了与之形态十分相近的"蔺城"。她的结论是，汉语文书的"蔺城"对应于于阗语文书的 Nīña，也就是玄奘所记于阗东境的尼壤城，而《新唐书》所记于阗"兰城"为"蔺城"之误[⑦]。诚为的论。

三、文书所见于阗对外的交通道路

新出文书的一些内容或提到的地名，有助于我们讨论于阗对外的交通路线，特别是从于阗向北经神山直到拨换的道路，以及神山与杰谢之

---

① 于志勇《尼雅遗址的考古发现与研究》,《新疆文物》1998 年第 1 期,62 页。

② 王北辰《古代西域南道上的若干历史地理问题》，37 页。

③ Bailey, *Khotanese Texts*, IV, p. 149; P. O. Skjærvø, "An Account Tablet from Eighth-Century Khotan", *Bulletin of the Asia Institute* 15 (2001 [2005]), p. 7.

④ 吉田豊《コータン出土 8—9 世纪のコータン语世俗文书に关する觉え书き》，18-19 页；广中智之译《有关和田出土 8-9 世纪于阗语世俗文书的札记》(一)，161-162 页。

⑤ 李吟屏《发现于新疆策勒县的四件唐代汉文文书残页考释》，《西域研究》2007 年第 4 期，18-19 页。

⑥ 陈国灿《唐安西四镇中"镇"的变化》,《西域研究》2008 年第 4 期,21 页。

⑦ 朱丽双《唐代于阗的羁縻州与地理区划研究》，80-82 页。

间的通道。

《新唐书》卷四三下《地理志》“安西入西域道”条引贾耽《皇华四达记》云：“自拨换南而东，经昆岗，渡赤河，又西南经神山、睢阳、咸泊，又南经疏树，九百三十里至于阗镇城。”[①] 神山即今麻札塔格，在和田正北和田河西岸，山体绵延向西，迄今山顶最东端仍屹立着唐代古堡，俯视和田河，守卫着沿河西岸南北往来的交通道路。公元9世纪初吐蕃占领于阗后，这里仍然是吐蕃军队驻守的重镇，因为吐蕃与回鹘汗国隔塔里木盆地南北对峙，沿和田河的道路是当时最便捷的南北交通路线，因此，唐代延续下来的神山堡对于吐蕃的于阗镇防体系尤为重要。这里出土了大量藏文军事文书，就是吐蕃军队活动的反映，在这些藏文文书中，神山音译为Shing shan[②]。

在唐朝时期，神山之地不仅设有军事堡垒——“神山堡”[③]，也是一所重要的馆驿所在，称“神山馆”[④]。过去，我们从现藏德国柏林亚洲艺术博物馆的和田出土汉文文书《唐于阗诸馆人马给粮历》（编号MIK III-7587），得知神山以北还有四所馆驿，即草泽馆、欣衡馆、连衡馆、谋常馆，总名之为“神山已北四馆”[⑤]。谋常馆又见于麻札塔格

---

① 《新唐书》卷四三下《地理志》，1150页。

② F. W. Thomas, *Tibetan Literary Texts and Documents Concerning Chinese Turkestan*, II, London 1951, pp. 198-199, p. 219；杨铭《吐蕃简牍中所见的西域地名》，《新疆社会科学》1989年第1期，87-94页；收入作者《吐蕃统治敦煌研究》，台北：新文丰出版公司，1997年，209-222页。

③ 见张广达、荣新江《八世纪下半至九世纪初的于阗》，作者《于阗史丛考》（增订本），242页。

④ M. Tagh.096（Or.8212/1535）《唐附至神山馆状残片》，图版及录文见沙知、吴芳思（F. Wood）编《斯坦因第三次中亚考古所获汉文文献（非佛经部分）》第2册，上海辞书出版社，2005年，205页。2004年李吟屏先生刊布一件据传发现于和田策勒县达玛沟乡的文书也提到了“神山馆”，李吟屏《近年发现于新疆和田的四件唐代汉文文书残页考释》，《西域研究》2004年第3期，88-89页。

⑤ 见《吐鲁番古写本展图录》，朝日新闻社，1991年，图版7及解说（池田温执笔）；荣新江《于阗在唐朝安西四镇中的地位》，《西域研究》1992年第3期，59页。

出土的 M. T.0628 号文书，有“谋常监馆二人粮”残字[1]。从德藏文书所列四馆的顺序，谋常馆当在最北边。人民大学博物馆藏新出文书中有一件粮食帐，其中提到谋常馆，更重要的是还有“昆岗”的名字，这个名字见于上引贾耽《皇华四达记》，是从拨换南行于阗的第一个重要地方。两者似乎是一个地方，但昆岗在赤河（今塔里木河）以北[2]，如果这里所用的粮食也是由神山堡所提供的话，那就是一个很有意思的问题了。可惜文书太残，不得其详。

有的学者推测，唐朝时神山堡与杰谢之间有要道相通[3]。我们曾据俄藏和田出土文书（Дx.18917）《贞元四年（788）五月杰谢百姓瑟□诺牒为伊鲁欠负钱事》提到的杰谢百姓伊鲁“见在神山路探候”，进一步论证神山堡和杰谢镇之间道路的存在，并认为这条路在唐朝时称作“神山路”[4]。新出文书为我们提供了关于两者间道路的更多的证据。人民大学博物馆藏《唐某年十二月十二日李旺致杨副使书状》，李吟屏先生在和田工作时曾看到照片，并据以校录发表[5]，可能受条件限制，录文多误，现将我们整理小组的录文揭示如下：

---

① H Maspero, *Les documents chinois de la troisième expédition de Sir Aurel Stein en Asie Centrale*, London 1953, p. 187, pl. XXXV；沙知、吴芳思编《斯坦因第三次中亚考古所获汉文文献（非佛经部分）》第 1 册，上海：上海辞书出版社，2005 年，187 页。

② 谭其骧主编《中国历史地图集》第 5 册，北京：中国地图出版社，1982 年，63-64 页。

③ 侯灿《麻札塔格古戍堡及其在丝绸之路上的重要位置》，《文物》1987 年第 3 期，63-75 页。

④ 张广达、荣新江《圣彼得堡藏和田出土汉文文书考释》，《敦煌吐鲁番研究》第 6 卷，北京：北京大学出版社，2002 年；此据作者《于阗史丛考》（增订本），273 页。陈国灿先生以为“神山路”当指拨换与于阗间的官道，见所撰《唐代的“神山路”与拨换城》，新疆龟兹学会编《龟兹学研究》第 3 辑，乌鲁木齐：新疆大学出版社，2008 年，9-19 页。但伊鲁为杰谢（丹丹乌里克）的百姓，如果往神山（麻札塔格）以北的神山路探候，似乎于里程和派役制度都难讲通，所以其说尚须更有力的证据才能成立。

⑤ 李吟屏《近年发现于新疆和田的四件唐代汉文文书残页考释》，85-86 页。

1 朝夕冬末，惟

2 副使所履清泰，旺不易前见，去日凭勾觅

3 少事，承垂情，并有手尾。今使傔人往，收检信

4 到，早发遣，幸也。各居一局，言款不由，企望

5 之情，日增劳积。谨因韩总管次，附状。不具。谨状。

6 十二月十二日神山知堡官摄经略副使押牙将作监李旺状通

7 杨副使记室

8 萨波悉略油麻二斗 李凑油麻一斗六升 緤花两秤 纥罗捺緤花三秤

9 勃特桑宜緤花三秤 桑宜没两秤 毛勃捺三秤 杨副使四秤

10 史押官两秤 韩睦两秤 李珎四秤 已上计花廿五秤

11 油麻三斗六升。附送粗毡袜。至须检领。谨封□

（余白）

发信者李旺是神山堡的知堡官，带有很高的摄官“经略副使”和兼官“将作监”，其实际身份只不过是一名节度使下属的押衙，所兼、摄的官职在中晚唐已经阶官化。收信人杨副使，不得其名。但送礼的清单中有“萨波悉略”，其名又作“思略”、“斯略”，都是于阗文 Sīḍaki 的音译，见于多件于阗语文书，是杰谢镇处理行政事务的地方胥吏，至少在大历十七年（782）至贞元四年（788）间，他是杰谢镇的萨波，负责行政管理和税收工作[①]。又，纥罗捺应当即俄藏和田文书（Дх.18926+SI P 93.22+Дх.18928）《大历十六年（781）杰谢合川百姓勃门罗济卖野驼契》中的保人“讫罗捺”[②]，他的名字又见于俄藏和田

① 张广达、荣新江《八世纪下半至九世纪初的于阗》，作者《于阗史丛考》（增订本），255-256 页。

② 张广达、荣新江《圣彼得堡藏和田出土汉文文书考释》，作者《于阗史丛考》（增订本），281 页。

文书（Дx.18927）《建中六年（785）十二月廿一日行官魏忠顺收驼麻抄》，身份是“杰谢百姓”[①]。这些都证明李旺的这封信是写给杰谢镇的杨副使，并随信带给杰谢的一些头面人物礼物，其中既有汉军首领，也有胡人官吏。文书中提到“今使傔人往”，“谨因韩总管次”，表明这次是有韩总管的般次要前往杰谢，让傔人带上书信和礼品。

在同组文书中，还有一封书信的封皮，因为封皮已经打开，所以下面的文字是拼合后的结果：

1　谨　　　通　　　米使特进左右　　　神山知堡官押牙将作监李旺　谨封

寄信人是同一个神山知堡官李旺，收信人则是米姓的“使”，因为其检校官是很高的“特进”，所以可能是镇守使之类的人物。

此外，还有《唐神山堡牒杰谢镇为筋脚急疾事》，都是从神山到杰谢的文书，这些文书不可能从神山往南再东行、北行到杰谢所在的沙漠深处，只能是从神山直向东行到达杰谢。

作为唐朝安西四镇之一的于阗，与北面的拨换、龟兹（安西），西面的疏勒以及东面的且末，都有着频繁的往来，交通路线应当是十分通畅的。国家图书馆新获文书中，有《唐于阗镇守军勘印历》（BH1-8），其残存文字如下：

（前缺）

1　牒[

2　牒右军为准前事

3　牒左军为准前事

4　牒三军为领知（?）祀弩事

5　牒疏勒镇守军为勘铜钩事

---

① 张广达、荣新江《圣彼得堡藏和田出土汉文文书考释》，作者《于阗史丛考》（增订本），282页。

6　　牒上经略使为请铜铁事

7　　　右贰拾三道典令狐亨 判官王□勘

8　　　印珉

9　三日

10　　牒安乌鹘达干为请行文事

11　　牒伊索为同前事　牒毗沙府为勘图事

12　　　右三道典令狐亨判官王□勘印珉

13　四日牒修（?）贤（?）家人岁例（?）为给行文安西事

-- （纸缝）

14　　牒苏阿俱为给拨换且（?）末行文事

15　　牒拨换守捉为同前事

16　　　]给安西行文事

17　　　]□人造兵曹房事

18　　　]□失火依牒处分[

19　　　　]□□[

（后缺）

这里有于阗军镇发文给疏勒镇守军、给〔四镇〕经略使、拨换守捉使，也有为给人行文（通行证）往安西、拨换、且末事，这件开元天宝年间的文书记载的只是于阗镇两三天内发送文书的目录，充分显示出于阗镇与周边地域的密切联系①。

四、军政系统与赋税制度

张广达先生曾经指出："唐朝在天山南北、葱岭东西设立羁縻州府，

① 详参文欣《和田新出〈唐于阗镇守军勘印历〉考释》，沈卫荣主编《西域历史语言研究所集刊》第2辑，北京：科学出版社，2007年，111-123页。

并立原来首领或国王为刺史或都督，目的显然在于使各自民族首领处理各自的民政。然而，自长寿以来，在各羁縻州府所在地又设统率汉军兵马的镇守使。这就在设有当地民族的都督或刺史的地方，又有节度使派来的节度副使、镇守使的存在。这样，一些地方就出现了一种胡汉结合的军政体制。”① 和田新出文书对于探讨唐朝军事系统与于阗王国行政系统的关系，以及六城地区的各级行政建制以及军事防御系统，都提供了强有力的帮助。

《唐于阗镇守军勘印历》记有“牒毗沙府为勘图事”。这里的“勘图”，很可能是指勘验地图的意思。按照唐朝制度的规定，地方州府所官修的图经，每三年要上中央政府，此即《唐六典》卷五职方郎中条所说“凡地图委州府三年一造，与版籍偕上省”。地图的勘验是一项重要的军政事务，但于阗王国对于本国的山河形势、行政区划、古迹故事等，要较镇守军清楚，所以于阗镇守军牒毗沙都督府为一起来勘验地图，表明两者在处理军政事务时的协调行动。

文书中有各级军事单位相互之间的往来牒状，如大历十年四月某兵曹典为当界诸贼路堡铺防备吐蕃入侵的牒文，有杰谢镇为报当界贼路平安的状，有都游奕使为修木栅给杰谢镇的帖，还有杰谢镇为军事防御等事宜给属下所由的帖文等。这类文书较多，可以举《杰谢镇官王子游帖都巡杨光武》（BH1-5）为例：

1　杰谢镇　　　　　　　帖都巡杨光武

2　　当界贼路等

3　　　右为春初雪消山开，复恐外寇侵

4　　　陵，密来侵抄。帖至，仰当界贼路，

5　　　切加远探候，勿失事宜。似有疏

6　　　失，军令难舍，三月十五日帖。

---

① 张广达《唐灭高昌国后的西州形势》，作者《文书、典籍与西域史地》，149-150 页。

7　权知镇官左武卫大将军王子游

此外，在从唐朝内地征发来的正式军队外，文书中还见有“团结蕃兵”的名单（国图 BH1-10），分马军和步军，从人名来看，都是当地的胡人。

因为汉文文书主要是唐朝镇守军的遗留物，所以其中有关民政的材料不多，这些方面更多地在于阗语文书中有所记载，不过，我们也见到有关于杰谢镇的屯军与百姓分水种地而渠水不够的状文。一些双语文书可以看到当地胡汉双轨的管理体制，如段晴教授刊布的国图新获汉语于阗语双语人名表（BH1-15），记录了五个村落共 33 人的名字和丁中状况[①]，似是一种派役用的名单，其中有“残”（残疾人）的注记，往往是和安排特别的色役有关。笔者与文欣共同发表的开元十年、十五年双语木简，应该属于于阗王国基层的纳税凭证，纳税者为胡人，收税者为汉人，其用汉文、于阗文书写，表明开元年间唐朝统治势力已经深入到于阗的基层胡人社会，参与当地赋税的征收。有一件十分珍贵的户口名录，以“载”记年岁，年代在天宝年间，上有官印，但性质如何，尚待考释。

《新唐书·地理志》七下羁縻府州条序云：“唐兴，初未暇于四夷，自太宗平突厥，西北诸蕃及蛮夷稍稍内属，即其部落列置州县。其大者为都督府，以其首领为都督、刺史，皆得世袭。虽贡赋版籍，多不上户部，然声教所暨，皆边州都督、都护所领，著于令式。”[②] 但是，敦煌写本《天宝十道录》分别记载了安西四镇的户数，表明官府制作的《十道录》反映出开元末年，唐朝国力强盛，安西都护府所辖四蕃府的

---

① 段晴《关于古代于阗的“村”》，朱凤玉、汪娟编《张广达先生八十华诞祝寿论文集》，台北：新文丰出版公司，2010 年，581-604 页。英文本见 Duan Qing，“*Bisā-* and *Hālaa-* in a New Chinese-Khotanese Bilingual Document”，*Journal of Inner Asian Art and Archaeology*，III，2009，ed. J. Lerner and L. Russel-Smith，pp. 65-73。

② 《新唐书》卷四三，1119 页。

贡赋版籍已上于户部[1]。联系到上面所引于阗镇守军牒毗沙都督府勘验地图事，似乎说明开元、天宝之际，安西四镇的版籍和地图都上于中央政府。

五、汉文化的传播

这些汉文写本中，有一些可能是从于阗王城寄到地方的书状，另有一些是普通官人的往来书信，还有一些是寄信的信封，甚至写信的模板书仪。

此外，还有一些儒家典籍、佛典、习字的写本，包括《孝经》《僧伽吒经》《大般涅槃经》《观世音菩萨劝攘灾经一卷》《兰亭序》习字，印证了汉文化流行于当地的情况。

《观世音菩萨劝攘灾经一卷》（BH1-11）是在唐天宝、至德年间及稍后的十数年之内产生于龟兹一带的佛教疑伪经，属于传帖性质的谶记类文本，与敦煌写本中保存的中原地区流行的《佛图澄所化经》《大慈如来告疏》《劝善经》《新菩萨经》《救诸众生一切苦难经》《定光佛预言》类似。该经曾经流行于西域地区，并传到丝路南道的于阗[2]。

最有意义的是《兰亭序》的文本，人大博物馆藏卷 GXW0112 号仅存开头六字，即“永和九年岁癸”，不知何故没有继续书写，但文字与我们所见的通行的帖本一样，也是顶着叶边书写，视其文字大小和纸张的空白长度，其格式也和其他《兰亭序》帖本相同，第一行为 13 字。无独有偶，中国人民大学博物馆藏卷 GXW0017 号习字残片，有“永和

---

① 录文据吴震《敦煌石室写本唐天宝初年〈郡县公廨本钱簿〉校注并跋》，《文史》第 13 辑，1982 年，97-98 页。定名据荣新江《敦煌本〈天宝十道录〉及其价值》，唐晓峰等编《九州》第 2 辑，北京：商务印书馆，1999 年，125 页。

② 林世田、刘波《国图藏西域出土〈观世音菩萨劝攘灾经〉研究》，樊锦诗、荣新江、林世田主编《敦煌文献、考古、艺术综合研究——纪念向达教授诞辰 110 周年国际学术研讨会论文集》，北京：中华书局，2011 年，待刊。

九[岁]”字样，应当也是《兰亭序》的文字，可惜下面残缺。承史睿先生的提示，这件残片的下半在国家图书馆新获和田文书当中（编号BH3-7v），两件可以上下缀合，“岁”字可以拼合为完整的一个字，下面尚有“在癸丑”及三个“在”字。后一“在”字显然是误写，所以没有再往下写，留有余白。由于有了这样的材料，可以证实2002年张广达先生与笔者合撰《圣彼得堡藏和田出土汉文文书考释》时未敢断定出土地的Дх.18943-1《兰亭序》抄本，也是和田出土物。这个写本行间间隔均匀，当是临帖的结果。特别值得称道的是，这个《兰亭序》的抄本，文字极其有力，可见所据原本颇佳，而书者也有相当水平。结合前人在敦煌文书中发现的《兰亭序》摹本，说明《兰亭序》并非像传世史料和现代书法界的流行看法那样是被封于昭陵而唐人不得寓目，而是在唐朝时期就已经传播广远。《兰亭序》在西域于阗王国的发现，说明最具中国文化代表意义的这篇杰作，已经传写到流沙西极的遥远边陲，表明中国传统文化的西渐于阗[①]。

（附记：感谢中国国家图书馆古籍馆和中国人民大学博物馆允许发表所藏文献，也感谢北京大学“西域文书读书班”诸君，新获文书的整理是我所主持的这个读书班的集体研究成果。原载吕绍理、周惠民主编《中原与域外：庆祝张广达教授八十嵩寿研讨会论文集》，台湾政治大学历史学系，2011年12月，43-55页。）

① 参看荣新江《〈兰亭序〉在西域》，中国人民大学国学院编《国学学刊》2011年第1期，65-71页。

新见唐代于阗地方军镇的官文书

祝总斌先生是我们1978年入学后北大魏晋南北朝史研究的中坚，亦曾撰写《高昌官府文书杂考》一文，支持刚刚成立的中国中古史研究中心编纂的《敦煌吐鲁番文献研究论集》[①]。这篇大文以雄厚的传世文献为基础，对吐鲁番出土文书中的高昌郡、高昌国时期的几种官府文书做了透彻的解说，是研究高昌官文书的开拓之作，对于敦煌吐鲁番官文书的研究，具有指导性的意义。笔者曾捧读再三，获益匪浅。今奉祝先生九十大寿，谨以唐朝官府文书为题，奉献小文一篇，感谢先生教导之恩。

一、引　言

2005年以来，中国国家图书馆善本部陆续获得一些来自和田地区的汉文、于阗文、梵文、藏文文书的捐赠。2010年，新成立的中国人民大学博物馆也获得一批捐赠，从内容上来看，也是来自和田的汉文、于阗文、梵文、粟特文等语言所写的文书。从其中的汉文文书内容来看，两处收藏的文书有着一定的关联，同时也和斯坦因（M. A. Stein）、

① 文载北京大学中国中古史研究中心编《敦煌吐鲁番文献研究论集》第2辑，北京：北京大学出版社，1983年，465-501页；收入祝总斌《材不材斋史学丛稿》，北京：中华书局，2009年，407-436页。

彼得罗夫斯基（N. F. Petrovsky）、斯文·赫定（S. Hedin）等所得英、俄、瑞典收集品中的和田出土汉文文书彼此相关。

我们知道，唐朝在显庆二年（657）消灭了西突厥阿史那贺鲁的势力，西突厥各部及其所控制的西域各国领地划入唐朝版图，唐朝正式掌握了包括于阗在内的西域各国的宗主权。翌年，唐朝把安西都护府自吐鲁番盆地的交河城迁到龟兹国都（今库车），下设龟兹、于阗、焉耆、疏勒四镇[①]，把唐朝的军事镇防系统推行到塔里木盆地，以期牢固掌握西域的腹心。但唐军兵力不足，安西四镇在吐蕃及西突厥余部的联兵夹击下，在唐蕃间数度易手。长寿元年（692），唐将王孝杰率军收复安西四镇，并采取了一项重要的措施，即征发汉兵三万人镇守四镇地区[②]，才比较稳固地控制了安西四镇下辖的地区。

在中国人民大学博物馆收藏的和田出土汉语文书中，有两件字迹极其难识的文书。一件上有两种文书迭写在一起，其中一篇文书的尾部，有“延载贰年腊月　日典□□牒”，文中的“载”“年”“月”“日”都用武周新字。延载二年为公元695年。同一面的另一篇文书上，有于阗地名“坎城”，所以可以确定，这件延载二年的文书也是于阗当地的文书。这是目前发现的最早的于阗当地纪年文书，它不仅可以为我们解读文书的内涵提供重要帮助，而且首次出现的唐朝年号也是唐朝势力进入于阗王国的主要标志。

张广达先生曾经指出：“唐朝在天山南北、葱岭东西设立羁縻州府，并立原来首领或国王为刺史或都督，目的显然在于使各自民族首领处理各自的民政。然而，自长寿以来，在各羁縻州府所在地又设统率汉军兵马的镇守使。这就在设有当地民族的都督或刺史的地方，又有节度使派

---

① 关于安西都护府初迁龟兹及四镇的设立年代，据张广达《唐灭高昌国后的西州形势》，《东洋文化》第68号，1988年，87–89页；又张广达《文书、典籍与西域史地》（张广达文集），桂林：广西师范大学出版社，2008年，136–139页。

② 《旧唐书》卷一四八《西戎传》龟兹条，北京：中华书局，1975年，5304页。

来的节度副使、镇守使的存在。这样，一些地方就出现了一种胡汉结合的军政体制。”① 和田新出文书为探讨唐朝军事系统与于阗王国行政系统的关系，以及六城地区的各级行政建制以及军事防御系统，都提供了强有力的帮助。

二、新出文书

新发现的文书主要集中在坎城和杰谢地区，是各个不同等级官府之间的各种往来公文，为我们了解唐朝镇守军的各级机构之间，它们与于阗王国各级地方行政部门之间的公文往来提供了信息。这里举几件涉及处理预防吐蕃等敌对势力入侵于阗的官府文书。

《唐杰谢镇官王子游帖都巡杨光武》（BH1-5）：

1　杰谢镇　　　　　　　帖都巡杨光武

2　　当界贼路等

3　　　右为春初雪消山开，复恐外寇侵

4　　　陵，密来侵抄。帖至，仰当界贼路，

5　　　切加远探候，勿失事宜。似有疏

6　　　失，军令难舍，三月十五日帖。

7　权知镇官左武卫大将军王子游

这是权知（临时负责）杰谢镇的镇官、左武卫大将军王子游，给“都巡”杨光武的帖文，时间是某年的三月十五日。此时已经是季春时节，山雪融化，道路通行。为了防止外寇前来侵扰，偷袭抄掠，王子游下帖让“都巡”杨光武，给所管当界内各条“贼路”上的军事据点下令，派人到远处探候，不得有失。如果有了疏失，那就军法处置。

---

① 张广达《唐灭高昌国后的西州形势》，《文书、典籍与西域史地》，149-150页。

在唐代的政治运作中，节度使府、州县乃至军府、军镇等官署都曾广泛使用“帖”这种下行文书来指挥公事。雷闻《堂帖与诸帖——唐代帖文的形态与运作》一文整理过有关帖的研究史[①]，这里暂且借用他的总结：早在1960年，内藤乾吉就注意到吐鲁番文书中的几件帖文残片，如大谷1038《唐西州天山府下校尉高坚隆团帖》等[②]；此后，唐长孺在解说《木兰诗》中“昨夜见军帖”一语时，追溯了“帖”字的本意，并指出：“帖作为一种文书形式在南北朝时罕见，而在唐代却普遍行用。”他还提示了吐鲁番阿斯塔那出土的几件初唐县帖[③]。中村裕一也介绍了敦煌、吐鲁番两地出土的数件帖文，并简要分析了两地帖文在格式上的差异[④]。坂尻彰宏则讨论了敦煌文书的牓文与“帖”的关系[⑤]。2007年，樊文礼、史秀莲发表《唐代公牍文“帖”研究》一文[⑥]，虽未能注意到前人的研究，且对出土文书注意不够，但其将堂帖与府帖、州帖、县帖结合起来讨论，可谓颇具慧眼。2007—2008年，赤木崇敏利用敦煌吐鲁番文书讨论唐代前半期地方官府的文书行政时，对帖文也有所涉及[⑦]。2009年，荒川正晴又重点讨论了新疆库车、和田等地出土

---

① 《中国史研究》2010年第3期，89-116页。

② 内藤乾吉《西域发见唐代官文书の研究》，《西域文化研究》第三《敦煌吐鲁番社会经济资料（下）》，京都：法藏馆，1960年，27-29页。

③ 唐长孺《〈木兰诗〉补正》，见《唐长孺社会文化史论丛》，武昌：武汉大学出版社，2001年，243-245页。

④ 中村裕一《唐代公文书研究》，东京：汲古书院，1996年，143-145页、262-265页。

⑤ 坂尻彰宏《敦煌牓文书考》，《东方学》第102辑，2001年，49-62页。

⑥ 樊文礼、史秀莲《唐代公牍文“帖”研究》，《中国典籍与文化》2007年第4期，8-12页。

⑦ 赤木崇敏《归义军时代敦煌オアシスの税草征发と文书行政》，《待兼山论丛》（史学篇）41号，2007年，27-53页；又《唐代前半期の地方文书行政——トゥルファン文书の检讨を通じて》，《史学杂志》第117编第11号，2008年，75-102页。

的唐代帖文原件，揭示羁縻制下帖文在物资征发方面的功能[①]。

新出文书为唐代公文书之一帖文在西域地区的行用提供了又一例证。

更有进者，是帖文所说的事项，还可以继续探索。人民大学博物馆藏 GXW0191 号，有《唐杰谢镇上守捉状为巡探事》如下：

1 杰谢镇　　　　　　　　　　状上

2 　当界贼路三月下旬

3 　　右得行官陈玉诠等贰人状，称：奉帖令至边

4 　　界已来巡探，罗截□（得）知动静，回日速报者。谨

5 　　依。至削计宁（?）已来，探候罗截，亦无动静。所领

6 　　筋脚，并平安□□，□[　　　　　]具状录申守捉

7 　　听裁者。谨录[状上。]

8 牒　件　状[如　前　谨　牒。]

9 　　　　　　　　　　　　　]毛卜生　牒

牒文中比较明显的缺字，已推补如上。最后一行为单独碎片，不确定能否与本件缀合，“毛卜生”的读法，是根据与此件关系密切的 GXW0126 号文书上的文字。

这件牒文是杰谢镇向上级单位的报告，说明三月下旬探巡当界贼路情况。其中说到，接到行官陈玉诠等二人的状报称，接到帖令——应当就是上述《王子游帖》或同类的帖文，要求到边界地带巡探。罗截是寻找等候之意，说的是在边界地带巡查守望，回来时迅速予以报告。陈玉诠等二人谨依帖文之令而行，远至削计宁（?）以来各处贼路，侦察巡探，没有发现什么动静。其所率领的人马（筋脚，筋代指马，脚代指人[②]），也都平

① 荒川正晴《唐代中央アジアにおける帖式文书の性格をめぐって》，土肥义和编《敦煌・吐鲁番出土汉文文书の新研究》，东京：东洋文库，2009 年，271-291 页。此文附录有《帖式文书一览表》，收入了库车、和田、吐鲁番出土的帖文。

② 毕波《和田新发现汉语、胡语文书所见“筋脚”考》，荣新江、朱玉麒主编《西域考古・史地・语言研究新视野——黄文弼与中瑞西北科学考查团国际学术研讨会论文集》，北京：科学出版社，2014 年，339-347 页。

安无事。杰谢镇将陈玉诠等人状文录下，申报给上级守捉，听取裁决，听候下一步如何做的指示。文书上有印痕，是正式的官文书。

从内容上看，这件牒文所录的陈玉诠等人的状，说的就是接到上述王子游帖文命令后的行动。这个罗截探候的结果，由杰谢镇再上报到上一级的守捉那里。这个守捉，很可能是坎城守捉，也就是距离杰谢最近的上一级军事单位。

以上两件都未及年代，人民大学博物馆藏 GXW0171+GXW0126 号《唐大历十年（775）四月兵曹典成公晖牒》或许与上面的帖文、牒状有关，其文字如下：

1 兵曹

2 　当界诸贼路堡铺等

3 牒奉处分：访闻焉耆贼军未解，吐蕃寄情[①]，虑

4 有曜兵，密来此界劫掠。事须散牒所由，切加提

5 撕，以备不虞。谨以牒陈，谨牒。

6 　　　　　大历十年四月　日典成公晖牒

7 　　　十三日□行[

　　　（后缺）

这里的“兵曹”，可能是于阗军的兵曹，也可能是节度副使属下的兵曹。“兵曹”下面省略了收件者的名称。兵曹的典（吏人）成公晖牒文的主题是关于所管界内各处贼路上的堡、铺等机构，兵曹奉上级吩咐，因为打听到敌人军队尚未解焉耆之围，吐蕃对塔里木盆地南缘的于阗也寄有期望，所以于阗方面考虑到吐蕃可能会有“曜兵”[②]，偷偷来到于阗界内劫掠。此事应当分散告之当界贼路上的堡、铺等机构的责任

① “寄”字不敢确定，或释为“多”。“多情”二字也颇难理解，或言“性情多变”。

② “曜兵”，或言即“跃兵”。按，古文中常见“曜兵”，惟多作动词，指炫耀兵力。

者（所由小吏），让他们务必加以提防，以备不虞。时间是大历十年四月，时间上似留存有朱印痕记，据后面官员判词的时间，是四月十三日[①]。

按，上面两件文书说到某年三月，于阗还没有发现贼人的踪迹。这件文书透露出大历十年（775）四月时，于阗北境有了敌情。一方面是焉耆被贼军包围，一方面是吐蕃有可能来偷袭于阗。汉文史料所记焉耆龙姓王朝的最后一王，是《悟空行记》提到的龙如林[②]，时在788年前后。此前焉耆地区没有什么特别的战事，大历十年时吐蕃尚在河西走廊征战，十一年攻克瓜州，并进围沙州，但一直没有强攻，直到贞元二年（786）才迫使沙州投降。吐蕃军队由此向西，贞元六年曾一度占领北庭，但经过拉锯战，最终被回鹘击败[③]。吐蕃军队一路向西，才有可能与焉耆接触。因此，大历十年时围焉耆的贼军，似乎不是吐蕃。这也说明，吐蕃之进入于阗的道路，仍不排除从东面的石城（若羌）、且末而来，因此于阗所要防备的贼路，多在东面一线。本文书可能是于阗军的兵曹发给坎城守捉下辖的“当界诸贼路堡铺等”。从时间上讲，这件《成公晖牒》无论和上述《王子游帖》《毛卜生牒》是否一组文书，它们都是杰谢镇保留的官府文书。

此外，还有一些相关文书断片，也抄录如下。人民大学博物馆藏GXW0126《毛卜生牒》：

1　[杰]谢镇

2　　当界贼路四月十[

① 类似文书的相关研究，参见李吟屏《发现于新疆策勒县的唐代汉文文书考释及研究》，《西域研究》2009年第2期，76-82页。

② 《悟空入竺记》，《大正新修大藏经》卷五一，980页。

③ 森安孝夫《增补：ウィグルと吐蕃の北庭争夺战及びその后の西域情势について》，流沙海西奖学会编《亚洲文化史论丛》3，东京：山川出版社，1979年，226-299页；T. Moriyasu，“Qui des Ouigours ou des Tibetains ont gagne en 789-792 à Bes-baliq?”，*Journal Asiatique*，269，1981，pp. 193-205。

3　　右件[1]押官[

4　　罗　截　并[　　　　　　]□请

5　　处分[　　　　　　　]上

6　牒　件　状[如　前，谨　状。]

7　　　□

8　　　　　　　]□（卫）率毛卜生牒

9　　　　]□[　]□

（后缺）

这是由六个残片拼成的文书，有些部分还不太能够确定。如果这个缀合文书可以成立，则这个牒文应当是杰谢镇在接到上级通报后，对下辖单位的转达，称四月十几日，于阗界内贼路需要加强巡探，以下残缺过甚，大概是如有违示，军法处置一类的话。

另外，相关的文书残片还有人民大学博物馆藏 GXW0083《唐残帖》：

1　帖杰谢贼路行官□[

2　　右检上件[

（后缺）

这里提到杰谢地区贼路负责巡探的人员行官，和上面《唐杰谢镇上守捉状为巡探事》中引录的行官状文相呼应。

人民大学博物馆藏 GXW0223《唐残牒为吐蕃事》：

1　　　　　]□

2　　吐蕃贼五十骑[

3　牒被都守捉[

4　□表收状称[

5　　□□□□[

---

① 此二字被墨渍所盖。

表明吐蕃贼军的到来，总共五十骑。文书发文单位不明，但文书中提到“都守捉”，应当是杰谢镇上级坎城守捉的更上级，因此发文单位很可能是较之级别稍高的机构。在提到“五十骑”处有红色印章残迹，第一个字为“毗”，印文可能是“毗沙都督府之印”，则此或为毗沙都督府给都守捉发的行文。文书时间当在四月下旬，其时已经侦探到吐蕃贼军有五十骑兵。

三、“贼路”与“探候”

在上引和田出土的于阗军镇之间或地方羁縻州官府与唐朝驻守军之间的往来文书中，可以看出有些用词并非一般的词汇，而是唐朝官文书中特有的用词，这里举两个例子。

1. “贼路”

《通典》卷一五七《兵典》一〇记：

> 诸军马拟停三五日，即须去军一二百里以来，安置爟烽，如有动静，举烽相报。其烽并于贼路左侧逐要置，每二十里置一烽应接，令遣到军。其游弈马骑，昼日游弈候视，至暮速作食，吃讫，即移十里外止宿，虑防贼徒暮闲见烟火，夜深掩袭捉将。其贼路左右草中，着人止宿，以听贼徒，如觉来，报烽烟家，举烽递报军司：如觉十骑以上，五十骑以下，即放一炬火，前烽应讫，即灭火；若一百骑以上，二百骑以下，即放两炬火，准前应灭；贼若五百骑以上，五千骑以下同，即放三炬火，准前应灭。前锋应讫，即赴军，若虑走不到军，即且投山谷，逐空方可赴军。如以次烽候视不觉，其举火之烽即须差人，急走告知。贼路既置爟烽，军内即须应接。又置一都烽，应接四山诸烽。其都烽如见烟火，急报大总管，云“某道烟火起”，大总管当须严备，收拾畜生，遣人远探。每烽令别奏一人押，一道烽令折冲、果毅一人都押。[①]

① （唐）杜佑撰《通典》卷一五七，北京：中华书局，1986年，4029-4030页。

这里虽然是讲行军中军马停驻时的安排，边防地区直面贼众，当地的军镇守捉烽燧也同样要在贼路布防，方式应当与此一致，规定十分仔细，于阗地区位于沙漠地带，不一定都有烽燧，但走报、应接的方式应当是一样的。显然，“贼路”不是普通的道路，而是指贼人可能前来偷袭的道路。

《通典》卷一五二《兵典》五记：

> 土河，于山口贼路，横断道，凿阔二丈，深二尺，以细沙散土填平，每日检行，扫令净平，人马入境，即知足迹多少。[①]

土河是一种防御设施，也是设置在山口贼路，就是在山口贼路经过的地方，挖一个宽二丈，深二尺的坑，用细沙土填平，如果有人马经过，可以看足迹情形，推测队伍的多少。这和《王子游帖》说到“雪消山开”，要在“当界贼路”加以远探，正相符合。

2. “巡探”“探候”

《通典》卷一五七《兵典》一〇又云：

> 诸军营队伍，每夜分更，令人巡探。人不得高声唱号，行者敲弓一下，坐者扣三下，方擲军号，以相应会。当营界探，周而复始。擲号错失，便即决罚。当军折冲、果毅，并押铺宿，尽更巡探，递相分付；虞候及中军官人，通探都巡。[②]

这是讲行军队伍在夜里扎营时，要有人分更巡探，围绕军营巡探，周而复始。进入到节度使体制下的镇军时期，像于阗周边的军镇、守捉，夜里也是要有巡探。而且遇到非和平时期，白天也要派人出巡贼路，往远处探候。

《册府元龟》卷九九二《外臣部·备御门》还有一个具体制书保存下来：

> 开元十六年（728）三月丁未制曰：“陇右河西，地接边寇。

---

① 《通典》卷一五二，3901页。
② 《通典》卷一五七，4031-4032页。

> 虽令团练士卒，终须常戒不虞。如闻吐蕃尚聚青海，宜令萧嵩、张志亮等审察事势，倍加防御，当须畜锐，以逸待劳。其当贼路，其要害军县处，须量加兵马，任逐便通融处置。仍拣择有干略人检校，明为探候动静。须知主将已下，若捉搦用心事无不理者，当加重赏，如废官慢盗式遏乖所者，必寘严宪。仍晓示，使各勉职，以副所委。①

于阗所处的西域地区，与陇右、河西一样，都是地接边寇的。所以要在正当贼路之处，增加兵马，以探候敌方动静。如果有任何疏漏，则当重罚。虽然是从朝廷下达的制书，但涉及到具体的防范措施，就是于贼路探候，这和上引于阗出土文书所见到的情形一致。

《武经总要》卷一五《行军约束》称：

> 凡探候得贼事宜，并与邻道主将密相关报。②

这说明探候如果侦查到敌人的情形，还需要立刻向相邻地区的主将通报，以便协同对敌。

由此也可以知道，于阗文书中的“巡探”“探候”这些词汇，是唐朝官府文书中包含确切含义的用词，其背后隐含着一系列的制度运作。

唐朝对于贼路巡探的规定，我们曾经在吐鲁番出土文书中见到鲜活的例子。比如唐开元二年西州蒲昌府文书中，就有很多“长探”的记载，即长期担任探候的人③。美国普林斯顿大学葛斯德图书馆藏《唐西州高昌县下武城城牒为贼至泥岭事》，提供一个典型的例子：

（前缺）

1　高昌县　　　　牒武城城

---

① （宋）王钦若等编《宋本册府元龟》，北京：中华书局，影印，1989 年，4000 页下-4001 页上。

② （宋）曾公亮、丁度撰《武经总要》卷一五，《中国兵书集成》3，北京：解放军出版社、沈阳：辽沈书社，1988 年，758 页。

③ 日比野丈夫《唐代蒲昌府文书の研究》，《东方学报》（京都）第 33 册，1963 年，267-314 页。

2　牒：今日夜三更，得天山县五日午时状称：得曷畔戍主张长年
3　等状称：今月四日夜黄昏得探人张父师、侯君洛等二人口云：
4　被差往鹰娑已来探贼，三日辰时行至泥岭浴（谷）口，遥见山头
5　两处有望子。父师等即入柳林里藏身，更近看，始知是人，见两
6　处山头上下，始知是贼。至夜黄昏，君洛等即上山头望火，不见
7　火，不知贼多少。既得此委，不敢不报者。张父师等既是望子

（后缺）①

文书上钤有“高昌县之印”。陈国灿据文书中“张父师”名与其他文书印证，推测本文书写成于显庆元年（656）十二月之前不久。这件文书形象地描述了探候人员探贼的经过，与上述《通典》所记制度规定，一一暗合。

四、结　语

本文介绍了几件和田地区新出土的8世纪下半叶于阗地方军镇往来的文书，我们从中可以得知在处理地方军情时，从唐朝驻守军的最高机构于阗军向下级发送公文的线索：

于阗军——都守捉——（坎城）守捉——（杰谢）镇——都巡、堡铺押官——行官、探子

通过这样的系统，唐朝镇守军的政治命令得以层层下达。

---

① J. O. Bullitt, “Princeton's Manuscript Fragments from Tun-Huang”, *The Gest Library Journal*, III. 1-2, 1989, p. 17, pl. 9；陈国灿《美国普林斯顿所藏几件吐鲁番出土文书跋》，《魏晋南北朝隋唐史资料》15，武昌：武汉大学出版社，1997年，109-112页。

从现存的于阗地方由上而下的官文书来看，不仅牒状、帖文的文书格式与敦煌、吐鲁番保存的唐朝正式州县官府文书完全一致，而且用词也都相同，表明于阗当地虽然是西域胡国，但与中原政权运作密切相关的军政系统文书已经“唐朝化”，与中原内地几无区别。

更进一步来看，本文所集中讨论的有关贼路、探候的几件文书表明，于阗军镇系统的一套防御体制和做法，完全是按照唐朝制度和令敕文书的规定来运作的，因此，至少从8世纪中叶开始，于阗当地不仅文书表达的格式、用词已经“唐朝化”，其内涵也和唐朝内地是一致的。

由于目前见到的于阗语和汉语双语文书较少，我们不清楚透过这些制度而行使的政治权力是否也达到当地的土著居民，Hedin 24是难得的双语文书，是毗沙都督府某个官衙的典发送给六城地区相关吏人（所由）的牒[①]，这似乎透露出，在唐朝统治于阗的最后年岁里，这种文书制度及其承载的政治权力已经渗透到了于阗的地方社会。

（2019年6月2日完稿，原载北京大学历史学系、北京大学中国古代史研究中心编《祝总斌先生九十华诞颂寿论文集》，中华书局，2020年1月，366-378页。）

① 荣新江《汉语—于阗语双语文书的历史学考察》，新疆吐鲁番学研究院编《语言背后的历史——西域古典语言学高峰论坛论文集》，上海：上海古籍出版社，2012年，20-21页。

唐代于阗杰谢镇

根据斯坦因等人在丹丹乌里克发现的汉语和于阗语文书，我们已经对证出，这个主要在公元 8 世纪活跃的城镇，在唐朝时的本名是杰谢，于阗文作 Gaysāta[①]。唐朝在此设杰谢镇，作为安西四镇中于阗军镇防御体系中的一环[②]。

一、丹丹乌里克遗址的分组研究

根据斯坦因的考古报告，以及近百年来学者们对丹丹乌里克遗址出土汉语和于阗语文书的解读，我们目前可以把丹丹乌里克遗址范围内发现的建筑，按照相互之间的距离，大体上分成四组（A、B、C、D），并根据这些房屋里面发现的文物和文书，判定它们原本的性质。

A 组：

位于遗址的东北部，主要由一处较大的房屋遗址（D. V）和一个小庙（D. IV）组成[③]。其中斯坦因编号为 D. V 的房址，是由七间房屋构

---

① 关于杰谢的汉文和于阗文的对证，见张广达、荣新江《〈唐大历三年三月典成铣牒〉跋》，《新疆社会科学》1988 年第 1 期，62 页；又见作者《于阗史丛考》，上海：上海书店，1993 年，142 页。汉文繁体字作“傑謝”，因此常被误读为“桀謝”。

② 关于杰谢镇在安西四镇防御体系中的地位，见荣新江《于阗在唐朝安西四镇中的地位》，《西域研究》1992 年第 3 期，58-59 页。

③ 以下除特别提示的后人研究成果外，有关考古发现的情况均见 A. Stein, *Ancient Khotan*, Oxford 1907, pp. 264-273。

成的一个建筑组合，斯坦因推测这里是暂时或长期使用的官衙。我们根据斯坦因从这间房子里发掘到的 D. V.6 号文书《大历十六年（781）二月杰谢百姓思略牒》[①]，以及推测是来自同一房址的 M.9. c（Hoernle MS 3）号文书后补写的《建中七年（786）十月五日杰谢萨波斯略条记》[②]，得知 8 世纪后半叶在这里居住的主要人物，就是文书中提到的思略（或作斯略，于阗文作 Sīḍaka），他曾任杰谢的萨波（spāta）一职，是这里的“首领”“城主”一类的胥吏，管理当地的行政事务[③]。斯坦因在同一房址发现的 D. V.4 号于阗文文书，是 spāta Tturgasi 致 spāta Sīḍaka（萨波斯略）的书信[④]，证明了这里就是思略的住所。从这所房子有七间来看，这里应当是杰谢地区的行政官府所在地，同时也是思略的住所。在这些房间中还发现有梵文佛典、于阗语文书（D. V.3）[⑤]、汉语木简（D. V.5）[⑥] 等。

位于 D. V 正南十多米处的 D. IV，是一个佛殿遗址，门向东开，中间为佛坛，有绕行的回廊。佛塑像已毁，有残块洒落地上。在房间里，斯坦因发现了两面画有立佛像的木板（D. IV.4）。还有一块较长的木板上，画着鼠王传说（D. IV.5），是于阗当地民间信仰的反映。另有一些梵文经典的写本和于阗语的世俗文书，值得注意的是，其中一件文书（D. IV.6. 1）中提到了 *Sūlī krrapūśiri hīya . . . vāra*，意思是“属于粟特人

---

① 陈国灿《斯坦因所获吐鲁番文书研究》，武昌：武汉大学出版社，1995 年，540-541 页。

② 同上，539 页。

③ 关于斯略，参看张广达、荣新江《八世纪下半至九世纪初的于阗》，荣新江主编《唐研究》第 3 卷，北京：北京大学出版社，1997 年，350-351 页。

④ H. W. Bailey, *Khotanese Texts*, V, Cambridge, 1963; 2nd ed., 1980, p. 259; idem., *Saka Document*, *Text Volume*, London, 1968, pp. 40-41, 42.

⑤ A. Stein, *Ancient Khotan*, pl. CVI; P. O. Skjærvø, *Khotanese Manuscripts from Chinese Turkestan in the British Library. A complete catalogue with texts and translations*, with contribution by U. Sims-Williams, British Library Publishing, 2002 (corrected repr. 2003), pp. 164, 170-171, 559-560.

⑥ A. Stein, *Ancient Khotan*, pl. CVI 所存汉字，模糊不清。

Krrapūśiri 的部分”[①]，确证当地有粟特人存在。根据上述出土文物可以确定，D. IV 应当是附属于 D. V 大房子的一个宗教建筑，它很可能是供这所大房子的主人——杰谢地区的行政官吏们进行佛事活动的兰若，其中也包括了地方信仰的神像。D. V 大房子的门向南开，正好对着这所小庙，或许也说明了这一点。

B 组：

位于遗址东南部，由两座南北相距很近的建筑组成[②]。北面的一座编号 D. VII，包括三间房屋，其中两间有佛坛。里面发现汉语契约文书多件，D. VII.4. a 是《大历十七年（782）行官霍昕悦便粟契》，粟主为护国寺僧虔英；D. VII.3. a 是《大历某年许十四举钱契》，钱主大概也是护国寺僧虔英；D. VII.2 是《建中三年（782）七月健儿马令庄举钱契》，钱主为护国寺僧虔英；D. VII.4. e + D. VII.4. d 是《建中八年四月阿孙举钱契》；此外，D. VII.4. f 是《护国寺计算所牒》，D. VII.7 是《护国寺三纲帖为外巡僧大辩领家人刈草事》[③]。斯坦因根据沙畹（Ed. Chavannes）翻译的这些汉语文书中提到“外巡僧”的内容，认为这里是照看护国寺庄园的职事僧的住地。然而，这些文书中有的有护国寺三纲具名，有的有护国寺上座的判词，而且还有本寺计算所的牒状，很可能这里就是护国寺的一部分，这组建筑既是僧人起居生活的场所，同时也是他们供养佛像、修习法事的地方。在主建筑东南角附近的沙土上，发现了三幅木板画，两个可能原本是挂在墙上的。D. VII.1 是一个方形木板，上面有个突出的部分，中间有孔，可以悬挂起来，画面有些

---

① H. W. Bailey, *Khotanese Texts*, V, p. 258; idem., *Khotanese Texts*, VII, Cambridge, 1985, p. 77; P. O. Skjærvø, *Khotanese Manuscripts from Chinese Turkestan in the British Library*, p. 166.

② 有关斯坦因的考古收获和他本人的看法，见 *Ancient Khotan*, pp. 273–281.

③ Ed. Chavannes, “Chinese Documents from the Sites of Dandan-Uiliq, Niya and Endere”, *Ancient Khotan*, pp. 526–532；陈国灿《斯坦因所获吐鲁番文书研究》，544–555、557 页。

磨损，斯坦因以为是一个菩萨像。D. VII.5 是一块长方形的木板，上面略呈尖状，上下各绘一个有头光的骑者，上面的骑马，下面的骑驼，手中都端着一个杯，有鸟从空中直冲向杯。D. VII.6 的正面绘着一个婆罗门教的湿婆形象，三头、四臂、骑双牛，但斯坦因以为在此是佛教的菩萨。背面也是一个四臂神像，但完全是波斯王子的装束，这使得斯坦因颇感困惑。

在 D. VII 的南面，是编号为 D. VI 的佛殿遗址，门向北，内部的形制与 D. IV 相同，中间是佛坛，周围是两重的回廊。回廊上有壁画的千佛坐像。神坛前，发现了两块木板画。其中一块（D. VI.3）绘有十个坐像，可能是菩萨。另一块（D. VI.4），双面绘制，每面是六个坐佛。在这里，还发现了梵文佛典和于阗语文书残片[①]。鲍默等人再次掘开这座佛殿（他编号为 D 7 a）时，斯坦因描述过的佛像壁画仍然存在。从门的朝向和内容来看，可以推断 D. VI 是 D. VII 的附属宗教建筑，即护国寺僧人做佛事的地方。

C 组：

位于遗址中部偏西北的位置，斯坦因在编号为 D. VIII 的房子里，发现两件汉语文书和于阗语文书残片[②]，汉语文书也是属于护国寺的文书，可能是僧人从其他地方带到这里的。其北面还有一座斯坦因编号为 D. XIII 的遗址，和 D. VIII 一样，已经被挖宝者挖掘得没有什么重要的发现了[③]。

D 组：

位于遗址西南部，是宗教建筑最集中的地方[④]。最靠东面的 D. II 是

---

① 关于于阗文残片，见 P. O. Skjærvø，*Khotanese Manuscripts from Chinese Turkestan in the British Library*，p. 167。

② 汉文见陈国灿《斯坦因所获吐鲁番文书研究》，558－559 页；于阗文见 *Khotanese Texts*，V，p. 260。

③ *Ancient Khotan*，pp. 281－282.

④ 斯坦因关于这组遗址的记录，见 *Ancient Khotan*，pp. 245－263。

佛寺，有大小两间殿堂，大的一间中间为佛坛，四周是回廊；小的一间正面靠墙是佛坛；两间房子的门都向北开。大佛殿中发现了一些佛像周围的塑像装饰和附属的小塑像，回廊保存有壁画千佛。小佛殿中发现有比较完整的坐佛塑像、佛像周围的装饰塑像和纹饰。在东墙靠近佛坛的地方，保存有一座毗沙门天王像的下半身，其背后的壁画上绘有龙女传说和高僧像。还有三排骑者的壁画。在 D. II 所发现的木板画上，D. II.4 是两面各绘一个三人组合的神像图；D. II.03 单面绘画，两个坐像，有头光，怀抱紧束的婴儿；D. II.79 绘一像是在跳舞的女子；D. II.010 是一个窄长的画板，上面绘有五个坐像，有些模糊不清，斯坦因以为很可能是佛教的神像。非常遗憾的是，鲍默等人再次掘开这座佛殿时，毗沙门天王像已基本毁坏，龙女故事画也看不见了①。

D. III 是位于这组遗址中间的一间，因为房间靠东墙的地方是一个烧火做饭的台子，因此这里一定是个伙房。在房间里发现了一些梵文佛典的写本，如《大般若波罗蜜多经》（*Pañcavimśatisāhasrikā-prajñāpāramitā-sūtra*）②，《金刚般若波罗蜜经》（*Vajracchedikā-sūtra*）③，还有于阗语《僧伽吒经》（*Sanghāta-sūtra*）④、《佛说首楞严三昧经》

① Baumer, "Dandan Oilik Revisited: New Findings a Century Later", *Oriental Art*, XLV. 2, 1999, p. 11, fig. 20, No. D12.

② 编号 D. III. 7 和 D. III. 8。图版见 A. Stein, *Ancient Khotan*, pl. CVII；相关研究见渡边海旭《于阗发见の大品般若断片》，原载《宗教界》第 8 卷第 6 号，1912 年；后收入《壶月全集》上卷，539–549 页；A. F. R. Hoernle (ed.), *Manuscript Remains of Buddhist Literature found in Eastern Turkestan*, Oxford, 1916, pp. 176–195, pl. XXI: 1; Sh. Watanabe, "A Comparative Study of the *Pañcavimśatisāhasrikā Prajñāpāramitā*", *JAOS*, 114. 3, 1994, pp. 386–396。

③ A. Stein, *Ancient Khotan*, pl. CVIII; F. E. Pargiter, "Vajracchedikāin the Original Sanskrit", *Manuscript Remains of Buddhist Literature Found in Eastern Turkestan*, pp. 176–195.

④ A. Stein, *Ancient Khotan*, pl. CX; H. W. Bailey, *Khotanese Texts*, V, pp. 69–70; G. Canevascini, *The Khotanese Sanghātasūtra. A Critical Edition* (*Beiträge zur Iranistik 14*), Wiesbaden 1993.

（*Śūrangamasamādhi-sūtra*）[①]。这些贝叶形的佛典残片应当是属于一个佛寺图书馆的藏书，但它们是偶然散落在这间房子里面的。此外，这里还出土一件于阗语世俗文书（编号 D. III.12），是关于婚姻的案卷[②]，不知何故而遗弃于此。

这组遗址西部的 D. X，也是中间为佛坛，门向北开，四周为回廊的佛殿，墙上是壁画千佛。佛坛的四周仍然靠立在那里的一些木板画，它们应当是原本供养时的情形。这些木板画构成丹丹乌里克出土物的最精彩部分：D. X.3 是三人组合的神像，斯坦因认为是金刚手菩萨、弥勒菩萨、文殊菩萨[③]；D. X.4 描绘的是蚕种传入于阗的传说，面部是波斯风格的公主戴着高高的帽子，里面藏着蚕茧，一个侍女指着这顶帽子，旁边有一丝绸之神坐在织机后面；D. X.5 是一有头光的骑者骑着花斑马，左手握缰绳，右手端着碗，飞鸟向碗冲去，马和骑士都是波斯风格，与 D. VII.5 所绘相同；D. X.8 是一女神怀抱婴儿，头部也是波斯式的处理手法。此外，斯坦因还在这里发现于阗语佛典，如《僧伽吒经》《首楞严三昧经》[④]。鲍默等人重新掘开这个殿堂（编号 D 13），清理了中间佛像

---

① H. W. Bailey, *Khotanese Texts*, V, pp. 256 – 257; R. E. Emmerick, *The Khotanese Śūrangamasamādhisūtra* (London Oriental Series 23), London, 1970.

② A. Stein, *Ancient Khotan*, pl. CX; H. W. Bailey, *Khotanese Texts*, III, Cambridge, 1969, pp. 137–138; P. O. Skjærvø, *Khotanese Manuscripts from Chinese Turkestan in the British Library*, p. 167.

③ 斯坦因当时还没有这些图像与伊朗系统的神祇相关联的意识，这组神祇以及后面提到的“骑者”、“湿婆”等形象很可能受到伊朗文化的影响，参看 M. Mode, “Sogdian Gods in Exile–Some iconographic evidence from Khotan in the light of recently excavated material from Sogdiana”, *Silk Road and Archaeology* 2, 1991/1992, pp. 179–214；荣新江《佛像还是祆神？——从于阗看丝路宗教的混同形态》，《九州学林》1 卷 2 期，香港城市大学中国文化研究中心、复旦大学出版社，2003 年，93–115 页。

④ H. W. Bailey, *Khotanese Texts*, V, p. 261; R. E. Emmerick, *The Khotanese Śūrangamasamādhisūtra*; G. Canevascini, *The Khotanese Sanghātasūtra*.

的基座，还清出四面墙壁前的沙土，露出上面的佛教壁画。除斯坦因发现的千佛见于东壁和南壁外，还有大型立佛的脚部、一些女供养人、两个男供养人及一个骑在红色骆驼上的骑者，还有两组三人组合的神像[①]。

位于 D. X 南面的 D. XII，是形制相同的佛殿。其中发现了佛教雕像残片，还有真人大小的壁画佛或菩萨像的腿部。

总的来看，这是杰谢当地佛寺集中的地方，神殿里面供养着佛像和地方神祇。

从现在的地图上看，杰谢好像是孤悬于大漠中的一块飞地。然而，在唐朝时，从沟通塔里木盆地的和田河中间的神山堡（今麻札塔格）向东，有路通向杰谢，而从杰谢向南，则可以到达坎城地区（今老达玛沟一带），进而和丝路南道会合[②]。在某种情况下，杰谢是西域北道通向于阗王国东北地区的捷径所必经之地，因此，这里既是唐朝军队重要的驻扎地点，又是多民族和文化交往的场所，可以视作是西域地区丝路城市的一个缩影。

二、唐代于阗杰谢镇

“杰谢”一名，见于丹丹乌里克出土的许多唐代汉文文书，如上引 M.9（= Hoernle MS 1）《唐大历三年（768）典成铣牒》、D. V.6（= S.5864）《大历十六年（781）二月杰谢百姓思略牒》[③]、M.9c（= Hoernle MS 3）《建中七年十月五日杰谢萨波斯略条记》[④]。我们曾将这

① Baumer 上引文，10–14 页。

② 侯灿《麻札塔格古戍堡及其在丝绸之路上的重要位置》，《文物》1987 年第 3 期，63–75 页。

③ 陈国灿《斯坦因所获吐鲁番文书研究》，540–541 页。

④ 同上，539 页。

里的“杰谢萨波斯略”比定为 Hoernle 2 号于阗语文书第 1 行的 Gayseta Spāta Siḍaka①，这个结论又得到近年刊布的俄藏汉文、于阗文双语文书 Дx.18930 的印证②。现在可以肯定杰谢即位于今和田东北沙漠深处的丹丹乌里克（Dandan-uiliq）遗址。根据考古发现和出土文书，这个遗址具有三方面的特性。

第一，在唐朝，杰谢应是六城质逻州下属的一个城镇，D. V.6《大历十六年杰谢百姓思略牒》第 5 行称“六城杰谢”③。也就是说，这里首先应当是当地的于阗人居住的一个传统城镇，“杰谢”（Gaysāta）一名应当来自当地的胡语——于阗语。此后，过往的粟特等中亚胡人、驻屯的唐朝军人和家属，与当地居民一起生活在这里。

作为城镇，其首领在相当一段时间里就是上面提到的思略（斯略、Siḍaka）其人。我们曾经收集丹丹乌里克出土汉文、于阗文中有关思略的材料制成年表：

思略年表

公元	尉迟曜纪年	甲子纪年	唐朝纪年	文书编号	身　份
777	11	丁巳	大历十二年	SI P 103. 11	未标身份
781	15	辛酉	大历十六年	D. V.6（S.5864）	杰谢百姓
				SI P 94. 1	auva-haṃdasta

① 文书见 H. W. Bailey, *Khotanese Texts*, II, Cambridge 1954, p. 65。比定见张广达、荣新江《〈唐大历三年三月典成铣牒〉跋》，62 页；《于阗史丛考》，142 页。

② H. Kumamoto, “The Khotanese Documents from the Khotan Area, with an Appendix by Saito, Tatuya”, *Memoirs of the Research Department of the Toyo Bunko*, 54, 1996, pp. 33, 57, n. 29.

③ Stein, *Ancient Khotan*, pl. CXV; Chavannes, *Les documents chinois découverts par Aurel Stein dans les sables du Turkestan oriental*, Oxford, 1913, p. 526.

（续表）

公元	尉迟曜纪年	甲子纪年	唐朝纪年	文书编号	身　份
782	16	壬戌	大历十七年	SI P 103. 49	Gaysāta auva-haṃdasta
				Дx.18919	未标身份
784	18	甲子	建中五年	SI P 103. 38	Gaysāta auva-haṃdasta
785	19	乙丑	建中六年	Or.6397. 2	Gaysāta spāta
786	20	丙寅	建中七年	M.9. c（2）	萨波
				SI M 52	Spāta
788	22	戊辰	贞元四年	Дx.18917	所由萨波
				SI P 103. 31	Spāta
				Or.6395. 1	Spāta

auva-haṃdasta 似相当于敦煌吐鲁番文书中的“城主”，虽然职掌一个小城镇之杂事，但身份属于色役一类，是从百姓中找家业富裕者充当[①]。Spāta 汉文作“萨波”，这一官称很可能直接来自粟特文的 s'rtp'w，即由商队首领发展而来的胡人聚落首领的意思，中原的汉文史料中称作“萨保”“萨甫”“萨宝”[②]，这个称号可能是与粟特人同样操东伊朗语的于阗人的古老官称，也可能是借自粟特商人的“首领”称呼，在此

① auva-haṃdasta 的语源学注释，见 H. W. Bailey，*Khotanese Texts*，IV，Cambridge 1961，repr. 1979，p. 10。关于城主的讨论，参看沙知《唐敦煌县寿昌城主小议——兼说城主》，《敦煌学》第 18 辑，1992 年，49-58 页；周绍良《说“城主”兼论寿昌是镇是县》，陕西师范大学古籍所编《古典文献研究集林》第 3 集（庆祝黄永年先生七十寿辰论文集），1995 年，1-4 页。

② A. E. Dien，“The Sa-pao Problem Re-examined”，*Journal of the American Oriental Society*，82. 3，1962，pp. 336-346。参看荣新江《萨保与萨薄：北朝隋唐胡人聚落首领问题的争论与辨析》，叶奕良编《伊朗学在中国论文集》第 3 集，北京：北京大学出版社，2003 年，128-142 页。

应当同样是一个聚落首领的意思，地位大概比城主（auva-haṃdasta）要高。由上表可见，781 年时思略身份是一般百姓，同年又被称作 auva-haṃdasta（城主），则城主似乎即是以百姓身份兼任的。从 785 年思略任萨波，至少到 788 年，其实还有不少没有年代的文书也提到萨波思略①。

第二，从军事体制来讲，杰谢是于阗军下属的一个镇，有唐朝派驻的镇守军把守，构成于阗乃至整个安西四镇防御体系中的一部分。它向西可以通向和田河中游的神山堡（今麻札塔格），与贯通塔里木盆地南北的和田河路连接；向南可以到达坎城地区（今老达玛沟一带），进而和丝路南道会合；是把守丝路的战略要地。

杰谢镇由镇官统领，军队的资用从当地百姓中征收或购买。近年公布的俄藏和田出土文书为我们提供了这方面的情况，今引两件如下。Дx.18916《大历十五年（780）杰谢镇牒为征牛皮二张事》记：

1　韀鼓牛皮二张[

2　牒得举称：“奉处分[

3　因恐贼默来侵抄，辰宿至要鼓声相应〔者〕,[

4　自各牒所由处。”牒举者，准状各牒，火急限〔当〕

5　日内送纳，迟科附者，故牒。

6　　　　　　大历十五年四月一日，判官果毅□□进[

7　　　　　　　　知镇官大将军张顺。②

又，Дx.18915《某年九月十七日杰谢镇帖羊户为市羊毛事》记：

---

① 张广达、荣新江《八世纪下半至九世纪初的于阗》，350-351 页。

② 文书前端下部残 2 行，纸缝后书于阗文 4 行，上下有残缺，又背书于阗文 11 行。图版见《俄藏敦煌文献》第 17 册，上海：上海古籍出版社，2001 年，281 页；录文考释见张广达、荣新江《圣彼得堡藏和田出土汉文文书考释》，《敦煌吐鲁番研究》第 6 卷，北京：北京大学出版社，224 页。

1 杰谢镇　　　　　帖羊户等

2 　当镇诸色羊户共料官市毛壹伯斤

3 　　右被守捉帖，称："上件羊毛，帖至速市供，

4 　　分付专官介华领送守捉，不得欠少。其价

5 　　直，卖即支遣者。"准状各牒所由，限三日内

6 　　送纳。待凭送上，迟违科所由。九月十七日帖。

7 　　　　　　　　判官别将卫惟悌。

8 　　　　　镇官将军杨晋卿。[①]

这两件文书一是镇守军征收军鼓用牛皮事，一是收购羊毛事，分别由"知镇官大将军张顺"和"镇官将军杨晋卿"签署，两件文书都要火急送纳或速市供，可见与军事相关。

第三，随着唐朝势力进入西域，杰谢镇地区也建立了一座汉寺——护国寺，虽然规模不大。斯坦因在此处发现的《大历十七年（782）行官霍昕悦便粟契》（D. VII.4. a）、《建中三年（782）健儿马令庄举钱契》（D. VII.2）等[②]，证明了此寺的存在，提供了其运营情况的某些信息。

唐朝安史之乱后，西域镇守军与唐朝中央政府的联系受到占领河西走廊的吐蕃军队的阻隔，因此他们所用的中原年号往往比内地要延迟许多年。当地军人、民众坚持采用唐朝纪年，表现了对唐朝正统的坚持。汉语纪年文书的意义在于可以和公元纪年一一对应，为我们判断其他没有纪年的汉语文书和用动物纪年的于阗语文书的年代提供了基础。另

---

① 首尾完整，左上角略残，但不伤文字。又文书上有朱印痕，但不可识读。图版见《俄藏敦煌文献》第 17 册，280 页下栏；录文考释见张广达、荣新江《圣彼得堡藏和田出土汉文文书考释》，222–224 页。

② 陈国灿《斯坦因所获吐鲁番文书研究》，544–559 页；沙知、吴芳思编《斯坦因第三次中亚考古所获汉文文献（非佛经部分）》②，上海：上海辞书出版社，2005 年，313–322 页。

外，从当地出土的官私文书中，我们可以看到8世纪末于阗边镇杰谢日常生活的许多方面，包括僧侣与社会的关系，这也有助于我们理解新发现的佛寺壁画。

（2007年7月23日完稿，最早以《丹丹乌里克的考古调查与唐代于阗杰谢镇》为题，刊《新疆文物》2005年第3期，31–35页。后改写收入中国新疆文物考古研究所、日本佛教大学尼雅遗址学术研究机构编著《丹丹乌里克遗址——中日共同考察研究报告》第一章第二节《唐代于阗史概说》，北京：文物出版社，2009年11月，14–24页。现抽出第6小节单独成文。）

9、10世纪于阗族属考辨

从公元9世纪中叶于阗自吐蕃王国的统治下独立出来，到11世纪初灭于黑韩王朝止，我们可以称之为“晚期于阗佛教王国”。公元791年吐蕃占领塔里木盆地以后，汉文正史中的有关于阗的记载十分稀少。938年于阗与中原王朝重新正式往来以后，汉文文献中又有了许多于阗遣使朝贡的记载。20世纪初敦煌文书的出土，特别是其中于阗语文书的释读，为我们提供了有关晚期于阗佛教王国历史的第一手材料，通过数十年来各国学者的努力，于阗史研究已经取得了一定的成果。但是，仍有许多于阗史上的重要问题还没有得到充分的解决，晚期于阗佛教王国的种族构成问题就是其中之一。

就在吐蕃势力退出塔里木盆地而于阗重新立国的同时，漠北的回鹘汗国被黠戛斯击溃，部众西迁。于是，在西迁回鹘是否到达于阗，当时于阗的种族构成，特别是于阗国王李圣天的族属等问题上一直存在着两种对立的看法。一种看法认为李圣天时期的于阗王族是唐代尉迟氏王族的延续，也就是说，汉唐以来于阗的基本民族构成并没有发生很大的变化①。另一种看法则认为回鹘西迁到了于阗，国王李圣天就是回鹘人②。近年

① 殷晴《关于大宝于阗国的若干问题》，《新疆历史论文续集》，乌鲁木齐：新疆人民出版社。1982年，241-247页；钱伯泉《新复州回鹘研究》，《新疆社会科学》1986年第2期，113-114页。

② 王国维《于阗公主供养地藏菩萨画像跋》，《观堂集林》四；新疆社会科学院民族研究所编著《新疆简史》第1册，乌鲁木齐：新疆人民出版社，1980年，152，160-162页；汤开建、王叔凯《关于于阗政权与喀剌汗王朝关系的探讨》，《敦煌学辑刊》1984年第3期，112-113页。

来，后一种说法似乎更多地为人们所接受。

然而，人们在考察这一问题时，忽略了一批最根本的史料——于阗人自己所使用的于阗语所写文书中的有关记载，而是更多地依靠汉文文献立论，自然有无法自圆其说的地方。本文主要利用有关的于阗文史料，对回鹘说的种种论据提出质疑，并作出相应的解释，然后就这一时期于阗的族属给以初步的说明，目的仅仅是想把于阗文材料引入讨论，错误之处，敬请指正。

归纳起来，持回鹘说的主要论据共有四点：（一）于阗王李圣天姓李，自称唐之宗室，与某些回鹘王族的情形正好相同；（二）李圣天的“圣天”和他的称号“狮子”常见于回鹘可汗的称号中，其女儿被称作“天公主”，与回鹘用法亦同；（三）于阗有摩尼教，与回鹘宗教信仰一样；（四）而且，《宋史·回鹘传》称回鹘西奔，族种散乱，新复州有黑汗王，《世界境域志》也称于阗王为“突厥与吐蕃之君主”。这些论据看上去似可自圆其说，但如果我们考察一下敦煌保存的同一时代于阗文史料中的有关记载，这些看法就很值得商榷了。以下逐条加以考察。

（一）新旧《五代史》、《续资治通鉴长编》和敦煌莫高窟题记告诉我们，五代宋初统治于阗的君主名李圣天。《宋史·外国传》于阗条还进一步说：“李圣天自称唐之宗属。”[①] 作为一个于阗君主而自称姓李，显然是慑于昔日唐朝的声威而冒姓唐朝皇室的李姓。其实，冒姓为李的岂止李圣天一人，吐谷浑、奚族、沙陀的首领都曾改姓李[②]，当然不能据他们的李姓而认为吐谷浑、奚族、沙陀也是常冒李姓的回鹘。事实上，早在1954年，英国剑桥大学的蒲立本教授就考订出李圣天的本名是尉迟僧乌波（Viśa' Saṃbhava，912—966年在位），而且从他的继承

① 《宋史》卷四九○《外国传》于阗条，北京：中华书局，1985年，14106页。

② 上引殷晴文242页。参看冯承钧《唐代华化蕃胡考》，《西域南海史地考证论著汇辑》，香港：中华书局，1976年，128-156页。

者尉迟输罗（Viśa' Śūra，967—977 年在位）和尉迟达磨（Viśa' Dharma，978—982？年在位）的尉迟姓来看[①]，当时于阗的王姓仍是汉唐以来执政的尉迟氏家族。这一点并非偶然，从和田麻札塔格出土的藏文文书和于阗文文书看，吐蕃在于阗的统治采取了类似唐朝的羁縻制度，一方面派重兵驻守神山（麻札塔格）等军事据点，同时并没有断绝于阗的王系，而只是要求于阗王称臣纳贡、维持地方治安而已[②]。麻札塔格出土的一件于阗文写本（编号 MT. b. ii.0065）是对于阗王尉迟诘（Viśa' Kirti）的颂词，其中称："自最优秀的藏人守卫于阗国，其统治已进入第六个年头。"[③] 同一遗址出土的另一件于阗语文书（MT. c.0018）也提到这位国王："于阗王尉迟诘四年十二月十八日。"[④] 这两件文书明确表明吐蕃统治于阗期间，尉迟氏的王系并没有断绝。由此可以推知，晚期于阗佛教王国的尉迟王家只不过是代代相传的结果，李圣天的李姓并非其本来的姓氏，他只是汉唐以来尉迟王族中的一员而已，所谓"于阗李氏政权"的说法似有未妥。于阗国王在汉人面前以李为姓和自称唐之宗属，应当看作是某种外交手段或力图借助唐朝声威在西北立国的一种作法。

（二）持回鹘论的学者把李圣天一名中的"圣天"二字和敦煌壁画题记中的"甘州圣天可汗"联系起来，认为这是李圣天也是回鹘可汗的反映，并推测李圣天的"圣天"就是"圣天可汗"的简称。圣天一词的确是从漠北到甘州、西州回鹘可汗常用的头衔之一，回鹘文的原形

---

① E. G. Pulleyblank, "The Date of the Staël-Holstein Roll", *AM. ns*, IV-1, 1954, pp. 90-94.

② F. W. Thomas, *Tibetan Literary Texts and Documents concerning Chinese Turkestan. II*, London 1951, pp. 184-190.

③ S. Konow, "A Saka Name of Mazār-tāgh", *A Volume of Eastern and Indian Studies Presented to Professor F. W. Thomas on his 72nd Birthday*, Bombay 1939, pp. 146-147; *KT*, II, p. 72; *SDTV*, pp. 90-91.

④ *KT*, II, p. 72; *SDTV*, p. 79.

是 Tängri，汉文音译为“登里”[①]。李圣天一名中的圣天是否就来源于回鹘文的 tängri，我们持否定的看法，因为在于阗语文献中自有和圣天一词相对应的于阗文，即 Miḍāṃ jaśti，一作 misḍām gyastä。misḍāṃ 为形容词形，意为“神圣的”，jasti 意为“天、神”，佛教文献中常用来对译梵文的 deva“天”[②]。此词在于阗语文献中正是最常见的于阗国王的称号，例如（为便于对照原文，以下特将转写列出）：

（1）1978 年和田策勒老达玛沟的铁提克日木遗址出土的于阗木函文书有：Salī 4 māśta 2 haḍā 5 ṣa'kṣuṇā misḍā gyasta hva(nä) rrāṃdä viśa' sīmhyi“圣天于阗王尉迟僧诃四年一月五日”[③]。

（2）斯坦因和田所获木函文书记：Salī 1 māśtä 10 haḍā 22mye kṣuṇä misḍā gyastä hvaṃni misti trāmdäna rrāṃdi viśya sīhye“圣天于阗大王王尉迟僧诃元年十月二十二日”[④]。

（3）同上文书还记有：Salī 2 10（?）māśti 11mye kṣuṇä miḍāṃ gyasti hvaṃni misti rrāṃdä visa Dharmä“圣天于阗大王尉迟达磨二十（?）年十一月”[⑤]。

（4）另一件于阗文木函（编号 Or. 9268 第二件文书）也有：Salī ? Māśt(ä) 8 haḍā 27 ṣi'kṣuṇä misḍāṃ gyastä hvaṃnä mistä rruṃdänu rruṃdä viśa' dharma“圣天于阗大王王中之王尉迟达磨在位某年八月二十七

① J. R. Hamilton, *Les Ouïghoursà l'époque des Cinq Dynasties*, Paris 1955, pp. 139-143；冯家昇、程溯洛、穆广文编著《维吾尔族史料简编》上册，北京：民族出版社，1981 年，21-22 页；森安孝夫《回鹘语文献》，《讲座敦煌》第 6 卷《敦煌胡语文献》，东京：大东出版社，1985 年，22、31 页。

② H. W. Bailey, *Dictionary of Khotan Saka*, Cambridge 1979, p. 333, S. V. gyasta-.

③ R. E. Emmerick, “A New Khotanese Document from China”, *Studia Iranica*, XIII-2, 1984, p. 191. 关于文书出土地点，见殷晴《一件新发现的于阗语文书》，《新疆社会科学研究》1986 年第 12 期，10-11 页。

④ 现藏英国印度事务部图书馆，此据 P. O. Skjaervø 的讲演稿“The Khotanese Documents”，承作者见赠，谨此致谢。

⑤ 同上。

日”[①]。

以上三件于阗文木函从书写形式和所用材料来看，年代应在唐代前期或更早，其中所记于阗王均有“圣天”称号，其使用年代或许还早于回鹘人。其他纸本文书也不例外：

（5）Hardinge 073 II 1 号文书：有 Salī 10 4 ṣi' kṣuṇi mi(ḍāṃ) gyastä hvani mistä rruṃdänu rr(e) viśya vikrraṃ “圣天于阗大王王中之王尉迟超十四年”[②]。

（6）Hardinge 073 II2 号文书与（5）完全相同[③]。

在属于唐代的于阗语文书中，甚至就用 Miḍāṃ gyasti “圣天” 一词来代指于阗国王，如：

（7）Hedin 3 号文书背为：miḍāṃ jasti vara tta haṣḍi yanāmaṃ “谨上圣天（国王）状”[④]。

（8）Hedin 20 号文书有：(ka)ja 22mye haḍai vāmiṣḍāṃ gyastäna parau ā “二月二十二日圣天诏至”[⑤]。

（9）Hedin 21 号文书为：miṣḍi gyastä tta parī “圣天诏”[⑥]。

（10）Or.11252，2 号文书也是：miṣḍāṃ gyastäna parau “圣天诏”[⑦]。

（11）Or.11344，8 号役簿记：hvaṃḍi 24 miḍāṃ jasti hīya kāṃjasta-kerāu ganama-kerā “二十四人，种圣天芝麻田麦田人”[⑧]。

上面提到的吐蕃统治时期在位的于阗王尉迟诘也有 misdi gyastä “圣

① *KT*，II，p. 13；*SDTV*，pp. 6-7.

② *KT*，V，p. 273.

③ *ibid*.

④ *KT*，IV，pp. 23，71.

⑤ *KT*，IV，pp. 33，121.

⑥ *KT*，IV，pp. 34，125.

⑦ *KT*，II，p. 15；*SDTV*，p. 34.

⑧ *KT*，II，p. 35；*SDTV*，p. 36.

天”的称号[①]。而且，这一头衔也为晚期于阗佛教王国诸王们继承下来。

（12）年代为925年的《钢和泰杂卷》第三件文书记 Salī 10 4 māśtä siṃjsīṃja Haḍa 20 ṣı'kṣuṇä miṣḍāṃ gyastä hvaṃnä rruṃdä sarau viśa' saṃbhava“圣天于阗王狮子尉迟僧乌波十四年四月二十日”[②]。

（13）P.2781号写本保存了于阗王尉迟僧伽罗摩（Viśa' Samgrāma，可能是983年以后在位的君主）颂词，其中也用 miḍāṃ jästä“圣天”来指称这位统治者[③]。

由此可见，“圣天”始终是于阗国王的称号，甚至还被用作一种尊称来代指国王。上述史料中最值得注意的是第（12）条，它表明李圣天（即尉迟僧乌波）的于阗语称号中本来就有圣天，这应当说是李圣天的“圣天”一名之所本，而不是直接出自回鹘文的 tängri 或回鹘圣天可汗。

上引第（12）条《钢和泰杂卷》中称李圣天为“狮子”，持回鹘说的学者认为来源于突厥回鹘文的 arslan（汉文音译作“阿萨兰”等），由此说于阗的狮子王和其他回鹘工国的狮了王一样，同是回鹘族。这种看法似是而非，因为李圣天称号中的狮子一名，见《钢和泰杂卷》于阗文部分的第7和32行，作 sarau rruṃdä 或 rruṃdä sarau，与之相应的是同一写本藏文部分的第9和18行，作 rgyal-po seng-'ge 或 seng-'ge rgyal-po[④]。按于阗文的 sarau（狮子）是个纯伊朗语的词汇[⑤]，常常用

① *KT*，II，p. 72；*SDTV*，p. 90.

② *KT*，II，p. 74；H. W. Bailey，“The Staël-Holstein Miscellany”，*AM. ns.*，II-1，1951，pp. 3，44.

③ *KT*，II，p. 102；H. W. Bailey，“Viśa' Sangrāma”，*AM. ns.*，XI-2，1965，p. 103.

④ *AM. ns.*，II-1，1951，p. 8.

⑤ H. W. Bailey，*The Culture of the Sakas in Ancient Iranian Khotan*，New York 1982，pp. 34-35.

来翻译梵文的siṃha（狮子、狻猊）[①]；而藏文seng-'ge就是直接音译自梵文的siṃha[②]。显然，李圣天的“狮子”称号是继承了这个操伊朗语的国家的固有传统，而不是来源于回鹘文的arslan。这一点还可以从藏文大藏经中保存下来的《于阗国授记》的有关记载中得到说明，其中记载早期于阗王之一尉迟僧伽罗摩（Vijaya Sangrāma）的事迹时说：“尔后，尉迟诘王之子尉迟僧伽罗摩降世。王甚骁武，为抵御外敌，杀却许多生灵。尔后，一善斗之狮来，军人击之，反为所害。国王单臂擒而斩之，故此赢得‘狮子’（seng-ge）称号。”[③] 大概就是因为狮子也是于阗王常用的称号，所以一些国王甚至就用梵文的siṃha（音“僧诃”，意“狮子”）作为自己的名字[④]。弄清了这个背景，就很难用狮子这一称号为据来说李圣天是回鹘人了。

持回鹘说的学者还举出于阗王所用“金汗”这一称号作为论据。此词见于P.2958第四件文书和P.2790号文书，前者是用于阗文写的《甘州回鹘可汗致于阗王书》，其中用于阗文拼写的回鹘文altun khan“金汗”一词来称于阗王[⑤]；后者是《于阗使臣上朝廷书》，其中用于阗文的Ysarrnai“金”和回鹘文借词ha:nä“汗”组合成“金汗”一词来指称于阗的统治者[⑥]，显然这是译自回鹘文的altun khan。这种称号或许是来源于回鹘对于阗王的称呼，然而，仅仅根据这种借词来论证人种问题是难以说服人的。

敦煌莫高窟第61窟供养人题记把李圣天女和回鹘可汗女都称作

---

① *Dictionary of Khotan Saka*, p. 421, S. V. sarau.

② R. E. Emmerick, *Tibetan Texts concerning Khotan*, London 1967, p. 157.

③ 同上书，48-49页。

④ 同上书，100-101页；上引于阗文史料（1）（2）条。

⑤ *KT*, II, p. 118; H. W. Bailey, “Altun Khan”, *BSOAS*, XXX-1, 1967, pp. 96, 102.

⑥ *KT*, II, p. 113; H. W. Bailey, “Śrī Viśa' Śūra and the *Ta-uang*”, *AM. ns.*, XI-1 (1964), 4, 9.

"天公主"，这成为回鹘说的证据之一。据《新五代史》卷七四《四夷附录》回鹘条，甘州回鹘称可汗妻为天公主[①]。敦煌供养人题记也称甘州圣天可汗的女儿为天公主。但是，李圣天女之称天公主未必就与回鹘同，因为于阗文中也有同样的用法，如P.2787号《于阗王尉迟僧伽罗摩颂词》第64行就有 jaśtāriñāṃ raispūrāṃ rraiysdyūrāṃ "诸天皇后、天王子天公主之……"[②] 因此，天公主一称也很难用作李圣天是回鹘人的论证根据。

以上我们主要根据于阗文材料来说明圣天、狮子、金汗和天公主等称号并不能作为论证晚期于阗王国的王族已变成回鹘人的根据。退一步讲，即使某些称号源于回鹘，那也很难说于阗人就是回鹘人，因为一个民族从另一个民族那里借用官号的作法，是历史上各民族政权间相互影响的必然结果，如突厥、回鹘人早就将汉族的都督、将军、公主等词借入回鹘文（totop/tutuq，sangun/sängün，qunčuy）[③]，我们并不能因此就说回鹘人是汉人。

（三）《宋史·外国传》于阗条记北宋建隆二年（961）有于阗摩尼师来贡[④]，持回鹘说的学者把这条记载和回鹘尊奉摩尼教联系起来，认为摩尼教的出现是回鹘西迁后于阗王国发生的变化之一。这里忽略了五代后晋天福年间（938—942）亲至其地的高居诲的记载："俗喜鬼神而好佛，〔李〕圣天居处，尝（常）以紫衣僧五十人列侍。"[⑤] 而且，在敦煌发现的晚期于阗语文献中，我们找不到任何摩尼教的东西，几乎全

① 《新五代史》卷七四《四夷附录》，北京：中华书局，1974年，916页。

② *KT*，II，p. 103；*AM. ns.*，XI-2，1965，p. 104；*Dictionary of Khotan Saka*，p. 365，s. v. rräspūra-.

③ 韩儒林《突厥官号考释》，同作者《穹庐集》，上海：上海人民出版社，1982年，323页；Hamilton上引书，65，91-92，155页。

④ 《宋史》卷四九〇《外国传》于阗条，14106页。

⑤ 《新五代史》卷七四《四夷附录》，918页。参看钱伯泉上引文114页。

部都是佛教的内容[①]。毋庸置疑，于阗在灭于黑韩王朝以前一直是以佛教为国教，和漠北一度奉摩尼教为国教的回鹘汗国完全不同。从回鹘方面讲，敦煌、吐鲁番发现的回鹘、粟特文文献表明，他们西迁到西州和甘州以后，有相当一部分人改宗佛教，这也从一个侧面否定了回鹘人带着摩尼教到达于阗的假设。于阗是处在丝绸之路上的绿洲王国之一，境内有从中亚地区来的摩尼教徒是可以理解的。

（四）最后，还需要对回鹘说所依据的《宋史》和《世界境域志》中的两条材料作出解释。《宋史·回鹘传》称："初，回鹘西奔，族种散乱，故甘州有可汗王，西州有克韩王，新复州有黑汗王。"[②] 一些学者据《宋会要辑稿·蕃夷》四拂菻条所记"于阗王所居新福州"[③]，认为于阗新复州或新福州之黑汗王即西迁回鹘的可汗之一。从史源学来看，《宋史》成于元初，上述文字应是编《宋史》的史官所作的一种概说。然而，这段历史本来就十分模糊，很可能是元初的史官把并入黑韩王朝以后的于阗也当作了西迁回鹘的一支，但这里并没有给出明确的年代界说，也有可能所描述的就是公元 11 世纪以后的西北民族布局。要之，有关回鹘西迁的最早史料和绝大部分史料都没有说回鹘人迁到了于阗地区[④]，所以，《宋史》这条晚出的孤证是不足凭信的。

在 982 年成书的波斯文地理著作《世界境域志》（*Ḥudūd al-'Ālam*）一书中，说于阗王自称为"突厥与吐蕃之君主"[⑤]。突厥和吐蕃

---

① R. E. Emmerick, *A Guide to the Literature of Khotan*, Tokyo 1979, pp. 15-53; H. W. Bailey, "Khotanese Saka Literature", *The Cambridge History of Iran*. Vol 3(2), ed. by E. Yarshater, Cambridge 1983, pp. 1232-1240；张广达、荣新江《和田敦煌发现的中古于阗史料概述》，《新疆社会科学》1983 年第 4 期，78-88 页；熊本裕《于阗语文献概说》，《讲座敦煌》第 6 卷《敦煌胡语文献》101-140 页。

② 《宋史》卷四九〇《回鹘传》，14117 页。

③ 《宋会要辑稿》，上海：上海古籍出版社，2014 年，9777 页。

④ 参看森安孝夫《回鹘西迁考》，《东洋学报》第 5 卷第 1、2 号，1977 年，105-130 页；陈俊谋汉译文载《民族译丛》1980 年第 1 期，8-14 页。

⑤ V. Minorsky, *Ḥudūd al-'Ālam. The Regions of the world*, London 1937, p. 85; 王治来、周锡娟汉译本，乌鲁木齐：新疆社会科学院中亚研究所内部刊行，1983 年，60 页。

都曾经是于阗的统治者，当然有突厥人或吐蕃人留在其境内。于阗王号称是“突厥与吐蕃之君主”，固然可能是因为境内有这两族的部众，但更可能是于阗王的妄自尊大，这和于阗王又有“金汗”和“大于阗汉天子”[①] 的称号一样，并不能证明于阗王是回鹘人或其他族属。

以上仅就回鹘说所提出的主要论据略作考辨，以期说明公元 9 世纪中叶以后西迁回鹘并没有到达于阗，晚期于阗佛教王国的种族构成并没有发生重大的变化。其实，如果从于阗语文献出发来考虑这个问题，似乎并不复杂。于阗人自称为 hvatäna/hvaṃna“涣那（于阗）人”，而称回鹘人为 hve:hvu:ra“回纥人”（此词借自汉文，而非直接来自回鹘文）[②]，说明他们对两者的区别是十分明确的。敦煌发现的许多《于阗使臣上朝廷书》详细报告了甘州、西州等地回鹘人的动向，表明于阗人对回鹘人是十分了解的。如果把于阗人看作回鹘人，这些现象就很难作出满意的解释了。

我们在上面论证了晚期于阗佛教王国的王族和一般民众的主体并不是西迁的回鹘族，但这并不否定于阗境内部分回鹘人的存在。回鹘西迁，在吐鲁番盆地和塔里木盆地东北部的焉耆、龟兹地区建立了高昌王国，在一些学者意中，还有西逾葱岭的一支会同葛逻禄、样磨等部于 10 世纪下半叶创建了黑韩王朝。因此，10 世纪中叶以后，于阗已处在东西回鹘势力的包围之中，回鹘人逐渐渗透进于阗王国的范围之内是必然的，在西部，据《世界境域志》第 11 章记载，从疏勒到于阗的路上就有许多九姓古思人（即回鹘人）[③]；在东部，于阗人与甘州回鹘的关

---

① 见 P.2826《于阗王致沙州节度使书》所钤印文“大于阗汉天子制印”，参看《敦煌遗书总目索引》，北京：商务印书馆，1962 年，273 页。

② *KT*, VII, p. 42.

③ Minorsky 上引书，93 页；汉译本 64 页；参看王治来《十世纪波斯文古地理书——〈世纪境域志〉》，《新疆社会科学》1983 年第 4 期，92-93 页；蒋其祥、周锡娟《九至十三世纪突厥各部的分布与变迁》，同上期杂志，98 页。

系是较为友好的，敦煌文书中保存的于阗人学习突厥词所用的词汇表[①]，说明回鹘已开始在语言上影响于阗操伊朗语的居民。然而，于阗的最终突厥化应当晚至11世纪以后。11世纪70年代马合木·喀什噶里编写的《突厥语词典》记载："通晓两种语言及与城镇往来的人，如粟特人、坎阇人、阿尔乌地区〔Arγu，指热海西到塔什干乃至康国地区〕人，讲话时就带了一定的柔性。于阗、吐蕃和较晚住在突厥人境内的部分党项人也就属于这一类型……吐蕃自有语言，于阗也自有语言文字，他们的突厥语讲得较差。"[②] 另一处又说："于阗的居民与坎阇族语言首音ha都变成alif，因为使用非突厥语的文字来写突厥语，所以他们的语言不能算是突厥语。……于阗、坎阇语言中有ha这个字，所以他们原先的语言不是突厥语，而是从住在突厥人的地域以后〔才讲突厥语的〕。"[③] 可见，直到喀什噶里的时代，于阗还没有完全被回鹘人同化[④]。

玄奘《大唐西域记》、慧立、彦悰《大慈恩寺三藏法师传》和藏文《牛角山授记》《于阗国授记》四部佛教文献都记载了于阗国的开国传说，内容大同小异，都说于阗王国是由从印度和中国去的两支殖民团体共同建立的。这种传说显然是产生于中原王朝长期经营西域和佛教已经成为国王和民众的共同信仰以后，因此，梵汉两族在传说中扮演着重要

① H. W. Bailey, "A Turkish－Khotanese Vocabulary", *BSOAS*, XI－2, 1944, pp. 290－296; E. Hovdhaugen, "Turkish Words in Khotanese Texts: A Linguistic Analysis", *Norsk Tidsskrift for Sprogvidenskap*, XXIV, 1971, pp. 163－206; H. W. Bailey, "Taklamakan Miscellany", *BSOAS*, XXXVI－2, 1973, p. 224, pl. I; G. Clauson, "The Turkish-Khotanese Vocabulary Re-edited", *Islâm Tetkikleri Enstitü Dergisi* (*Review of the Institute of Islam Studies*), V-1-4, Istanbul 1973, pp. 37-45.

② 张广达《关于马合木·喀什噶里的〈突厥语词汇〉与见于此书的圆形地图》(上)，《中央民族学院学报》1978年第2期，38-39页（此据作者校改本）。

③ 羽田明《喀什噶里与〈突厥·阿拉伯词汇〉》，《中央亚细亚史研究》，京都：临川书店，1982年，377页。

④ 参看李吟屏《从〈突厥语大词典〉看古代和田的语言和民族》，《新疆日报》1983年1月15日第3版。

的角色[①]。但《于阗国授记》也保存了比较真实可靠的记载："于阗乃梵汉之人相会之处，其俗土语非梵非汉，其字母与天竺一一相符，而民俗多同于汉国，然宗教习俗与用语则几同于天竺。"[②] 其俗之土语应即于阗语，属于"非梵非汉"的伊朗语族，文字则用印度的婆罗谜字母。这种语言与古代印度西北及中亚塞人所用语言相同，因此，学者们一般都认为于阗的土著居民应是塞种人[③]。据考证，hvatana"于阗"一词的原形 * hu-vat-ana 意为"非常有力的"，很可能就取意于 Saka"塞种"的原形 * sak-的本意"有力的"[④]。从现存的史料来看，于阗的王系和语言从建国以来基本没有大的变化，可以说晚期于阗佛教王国时期的于阗王族和基本群众应是塞种，但作为一个丝路上的绿洲王国，又先后服属于匈奴、汉、嚈哒、突厥、吐蕃等族政权，这里很早就应是一个多民族聚居的地方。所以，我们不否认 9、10 世纪的于阗境内有部分回鹘人的存在，只是说这里的大部分民众应是塞人。所谓回鹘西迁以后的于阗就是回鹘王国的说法是难以成立的。

缩略语：

AM. ns. = *Asia Major*, *new series*

---

① 山崎元一《于阗建国传说成立的背景》，《国学院杂志》第 73 卷第 3 号，1972 年，6-16 页。

② Emmerick, *Tibetan Texts concerning Khotan*, pp. 20-21.

③ H. W. Bailey, "North-Iranian Traditions", *Acta Iranica*, 1, Leiden 1974, pp. 292-296; idem., "Sakas of Khotan and Ossetia", *Philologia Orientalis*, IV, 1976, pp. 34-39; idem., "Sakastāna", *Farhang-e Irān Zamīn*, XXI, 1976, pp. 8-12; idem., "The Orbit of Afghan Studies", *Afghan Studies*, 1, 1978, pp. 1-8; idem., *The Culture of the Sakas in Ancient Iranian Khotan*, pp. 7-10; idem., KT, VII, pp. 63-75; R. E. Emmerick, "The Iranian Settlements to the East of the Pamirs", *The Cambridge History of Iran*. Vol. 3 (1), ed. by E. Yarshater, Cambridge 1983, pp. 263-275.

④ R. E. Emmerick, "Names from Central Asia", *Central Asiatic Journal*, XII-2, 1968, pp. 88-89.

BSOAS = *Bulletin of the School of Oriental and African Studies*

KT, I－VII = H. W. Bailey, *Indo－Scythian Studies being Khotanese Texts*, Cambridge 1969–1985

SDTV = H. W. Bailey, *Saka Documents*, *Text Volume*, London 1968

（原载《新疆社会科学》1987 年第 4 期，76–83 页。）

于阗王国与瓜沙曹氏

公元9世纪中叶，漠北回鹘汗国被黠戛斯破灭，部众大批西迁；青藏高原的吐蕃王国内乱并迅速崩溃；这两大政治势力在其所占领的西域与河西广大地区统治秩序很快瓦解，而原曾据有此地的唐王朝也走向衰落，无力西进。西域和河西地区的政治真空被当地势力和西迁回鹘渐次填充，至9世纪末10世纪初，形成了于阗、西州回鹘、沙州归义军、甘州回鹘等几个比较重要的政权。西州与沙州辖境毗连，双方为伊州的归属曾有攻战；甘州回鹘则完全是从归义军领地内建立的王国，因此与沙州更是常常兵戎相见。唯有于阗与敦煌之间长期保持着友好关系，传为后世的美谈。

851年设立的沙州归义军政权，在张氏统治时期，曾占有河西一道。但随着西迁回鹘势力的遽增，归义军东面失掉了甘、凉、肃三州，西北失掉了伊州，到张氏末代张承奉统治时期，归义军只保有瓜沙二州六镇而已。914年曹氏继掌归义军政权后，与甘州回鹘仍时有攻战，因此，着力与西面的西州回鹘及于阗王国保持友邻的关系。于阗偏处塔里木盆地南沿，虽然已经独立于吐蕃，并且早已脱离唐朝的羁縻统治，但其国王仍自称为唐之宗属[①]，积极与中原王朝加紧联系，而处在河西的归义军汉人政权，则成为于阗人心目中中原王朝的代表。10世纪后期，由于信奉伊斯兰教的黑韩王朝向于阗佛教徒发起了战争，于阗更加倚重

① 《宋史》卷四九〇《于阗传》。

于东方邻国，借其声势以抗敌国的入侵。这是当时两地友好交往的历史条件。

1006年于阗灭于黑韩王朝以后，于阗尉迟氏王朝用属于中古伊朗语的于阗语所写的文献完全为流沙掩埋，而中原流传下来的汉文史料所记10世纪的沙州和于阗交往史又极为有限。敦煌藏经洞出土的汉、藏、于阗文写卷中，有不少反映10世纪两地关系的珍贵史料，以下从三个方面对相关文书略加整理，以期比较全面地阐明于阗与敦煌的关系史。

一、于阗敦煌间的使节往来

在属于归义军时期的敦煌汉文文书中，可以找到不少于阗使者东来或沙州使者西去的记录。我们检索了所能找到的属于这一时期的所有文书材料，没有发现901年以前双方交往的记录。在大致属于895年末的一首《儿郎伟》中，有这样的唱词："四方晏然清帖，猃狁不能犯边。甘州雄身中节。嗢末送款旌旃。西州上拱（贡）宝马，焉祁（耆）送纳金钱。"[①] 这里提到了沙州周边的各种政治势力，却没有于阗，说明两地之间尚未沟通。

目前所见于阗与沙州的首次交往记录是P.4640背《己未至辛酉年（899—901）归义军军资库司布纸破用历》中辛酉年三月项下："十一日，支与于阗使押衙张良真画纸壹帖。十二日，又都押衙罗通达传〔处分〕，支与于阗使梁明明等一行细纸壹束捌帖。"[②] 张良真是归义军的重要兵将，上面所记是归义军遣押衙张良真出使于阗一事，而归义军的这一举措，应是于阗使梁明明等一行来沙州的结果。大概因为梁明明一行是首次来敦煌的于阗使人，所以归义军文人曾作《谒金门·开于阗》

① 拙稿《晚唐归义军李氏家族执政史探微》，《文献》1989年第3期，93页。
② 池田温《中国古代籍帐研究》，东京大学出版会，1979年，610页。

(S.4359）一曲来歌颂此事[①]。

自901年以降，于阗使者来往不绝。我们曾在《关于敦煌出土于阗文献的年代及其相关问题》一文中，汇集了10世纪来往沙州的于阗使人资料[②]。以下仅把我们根据汉文、丁阗文、藏文和回鹘文史料所勾勒出的于阗与沙州交往史事按年代表出，史料原文从略，只括附史料出处。

光化四年（901）三月，于阗使梁明明等一行来沙州，敦煌文人作《谒金门·开于阗》颂之。(P.4640v，S.4359）

贞明六年（920）六月十三日，沙州客将张幸端出使于阗。(P.2161-1）

同光三年（925）二至四月间，于阗使来沙州，做佛事功德。（钢和泰藏卷于阗文部分）

长兴二年（931），沙州僧政范海印出使于阗，归途亡殁。（P.3718-2）同年，归义军押衙氾润宁、武达儿、阴员住等充使往于阗。(P.4638)

长兴四年（933）十月，于阗宰相来沙州。(P.2704)

清泰二年（935）六月，归义军押衙索胜全出使于阗。(Дх.2143)

清泰三年（936）六月之前，沙州遣使于阗，寄上于阗皇后楼机绫一匹。又有于阗僧来沙州。(P.2638)

天福三年（938）九月，于阗使马继荣等入贡于晋。十月，后晋册封于阗国王李圣天为大宝于阗国王。册封使张匡邺、高居诲等一行出发。(《册府元龟》九六五，《旧五代史》七七）

天福七年（942）十一月，后晋使臣张匡邺等与于阗使都督刘再昇至敦煌，沙州曹元深、瓜州曹元忠皆遣使与之一同归朝。曹元深请僧念

① 饶宗颐《敦煌曲》，巴黎，1971年，237页。

② 张广达、荣新江《关于敦煌出土于阗文献的年代及其相关问题》，《纪念陈寅恪先生诞辰百年学术论文集》，北京：北京大学出版社，1989年，291-297页。其中关于S.1366号文书的年代有所订正。

经三日，祈求沙州专使得达中朝。（P.4046）刘再昇将随身所带于阗文《法华经纲要》《陀罗尼咒》留在敦煌。（P.2782，P.5535）十二月，后晋及于阗、沙州使抵晋廷。（《旧五代史》八一，《新五代史》九）

天福十年（945），于阗班上监在敦煌写经供养。（P.2026）

天福十二年（947）六月，于阗使至沙州，于阗太子及归义军官府设宴款待。（P.2641）使者东行，入汉朝贡。（《新五代史》一〇）

乾祐元年（948）七月，于阗商人亡于敦煌，官府处理其财务诉讼案。（Pelliot Ouigour 2）同年，于阗使经敦煌入贡中原王朝。（《五代会要》二九）

广顺元年（951）六月，于阗使至沙州，归义军官府供顿。（P.3160v）

显德二年（955）二、三月间，于阗使、于阗博士逗留敦煌。（S.3728）

显德三年（956）七月七日，都头索子全出使于阗，八月二十二日抵达，朝见于阗国皇帝。十一月，还至敦煌。（P.3016v）

显德五年（958），都头索子全再度出使于阗，五月五日还至敦煌。六月二十六日，氾富住等往于阗，七月二十三日抵达。八月十一日，朝见于阗国皇帝。（P.3016v）

建隆元年（960）七月十五日，于阗公主在沙州建花树、台子等。（P.3111）

建隆二年（961）二月，沧州僧道圆自天竺回至于阗，为沙弥授戒。（S.6264）随后与于阗使谐行至敦煌。（P.2893）

乾德二年（964）正月，有于阗罗尚书等一行来沙州，停居至六月。六月，沙州押衙吴成子出使于阗。七月一日，于阗使至敦煌，太子出迎。十八日，衙内看望于阗使。（敦煌研究院藏卷 001 号+董希文旧藏+P.2629）同年五月，沙州僧宝胜入奏于阗天皇后。（P.4518-2）八月七日，于阗太子三人来沙州，于佛堂内供养诸佛。（P.3184v）

乾德三年（965）十一月，道圆与于阗使同至宋廷。十二月，道圆表献贝叶梵经四十二夹，太祖召问所历山川道里。（《长编》六，《宋会要·道释》）

乾德四年（966）二月，于阗王李圣天遣子从德入宋贡方物。（《长编》七）

开宝二年（969）十一月，回鹘、于阗皆入贡于宋，回鹘使经灵州被系，自是数年不入贡。（《长编》一〇，《宋史》一）

开宝三年（970）正月，于阗王尉迟输罗（Viśa' Śūra）致书其舅敦煌大王曹元忠，告出征黑韩王朝获胜，俘获甚众，且请求沙州援助。（P.5538）

开宝四年（971）于阗僧吉祥以其国王书来上宋廷，言破疏勒黑韩王朝，得舞象一，欲以为贡。（《宋史》四九〇）

太平兴国四年（979），十一月，沙州使者出使于阗。（S.2474，P.3878）

太平兴国五年（980），于阗使、于阗僧来敦煌，至闰三月离去。（S.2474）

太平兴国六年（981），于阗罗阇梨病故于敦煌。又有于阗使、于阗僧、婆罗门僧、凉州僧逗留沙州。（S.1366）归义军衙内尝看望汉僧及于阗僧。（P.2744）

太平兴国七年（982）五月，于阗使至沙州。（P.2998v）十二月，于阗使张金山来沙州，造塔做功德。（Ch. I.0021a）

端拱二年（989）二月，于阗使入朝于辽。十一月，于阗使张文宝入贡于辽。（《辽史》一二）

淳化四年（993）八月，沙州使人赴于阗。（P.2737）

淳化五年（994），于阗僧吉祥经敦煌入宋朝贡。（《宋会要》二〇〇，《佛祖统记》四三）

上列年表表明，于阗来往沙州的使者较敦煌西去于阗者为多，而且使者中不仅有一般的使节、僧人，还有太子、宰相等重要人物，说明了于阗王国对沙州归义军的倚重。虽然史料记载沙州使者较于阗为少，但实际上敦煌政权对与于阗的交往是十分重视的。天复十年（910）秋，张承奉创建西汉金山国伊始，因鄯善地区的一些部族阻绝往来，张承奉就派国相罗通达率一千精兵前往征讨，以期开通于阗道路。S.4654《罗通达邈真赞》记此事云：

> 遂乃于阗路阻，璨微艰危，骁雄点一千精兵，公以权两旬便至。于是机宣韩白，谋运张陈，天佑助盈（赢），神军佐胜。指清蛇未出于匣，蕃丑生降；表白虎才已临旗，戎蛇伏死。弯□一击，全收两城。

P.3718（3）《张良真邈真赞》和 P.3718（4）《阎子悦邈真赞》也记载此事，知西征楼兰由时任金山国宰相的罗通达统领，张良真、阎子悦都是随行战将，可见沙州对通往于阗的道路畅通的重视。

总之，在 1006 年于阗王国灭于黑韩王朝之前，于阗与敦煌的使节往来从未间断。

二、于阗王族与曹氏的联姻

于阗王族与归义军节度使曹氏家族联姻的历史真相，早经敦煌莫高窟和榆林窟供养人像及洞窟题记所证实，但由于对某些题记的文字理解有所不同，所以迄今尚有不同的看法，而对两者联姻的前因后果，也很少引起人们的注意。事实上，于阗王族与瓜沙曹氏的联姻，是 10 世纪西北民族关系史上值得大书特书的历史事件。

根据莫高窟第 98 窟和 61 窟的供养人题记，曹议金女、曹元忠姐下嫁给于阗国王李圣天（Viśa' Sambhava），对此学界没有异词。至于曹氏下嫁于阗的年代，综合 P.4638（13）《丙申年（938）正月归义军马军武达儿状》所记“达儿先送皇后年”和同卷《马军宋和信雇驼状》所记“右和信先辛卯年，有陆岁驼壹头，押衙氾润宁雇将于阗充使”，可以推测辛卯年即931年，应即武达儿随氾润宁出使护送曹氏前往于阗之年[①]。931年的归义军节度使曹议金，早已得到中原王朝的支持，并刚刚打败甘州回鹘。也就是在931年初，曹议金被后唐授予中书令的殊荣[②]；同时，他在境内号称“拓西大王”[③]。拓西大王的称号，反映了曹议金经营西方的意愿。931年曹议金女的下嫁于阗，应当是曹议金利用传统的和亲方式所做的拓西努力。而当时的于阗国王李圣天，虽然自称为唐之宗属，但实际上尚未与中原王朝建立正式的联系。因此，李圣天娶曹氏为妻，也有助于他通过沙州而得到天朝大国的支持。试看上节年表所列长兴四年（933）十月于阗宰相来沙州，清泰二年（935）六月归义军押衙索胜全出使于阗，天福三年（938）九月于阗使马继荣等入贡于晋，十月后晋册封于阗国王李圣天为大宝于阗国王等等一系列事件，不难想象它们与敦煌于阗间和亲关系的建立有着某种联系。和亲本是唐朝天可汗用以羁縻控制周边民族的固有形式，被看作是唐朝文化的标识之一。曹议金利用这次和亲，提高了归义军政权在西北民族中的地位；李圣天利用这次和亲，建立了与沙州汉人政权的密切关系，并且进而沟通了与中原王朝的联系。这种对双方都有利的和亲关系，因此得到双方的巩固和继续。P.2638《清泰三年六月沙州儭司教授福集等状》所记“楼机绫一匹，寄上于阗皇后用”[④]，P.3016《天兴七年十一月于阗回礼使索子全状》和P.4518（2）《天寿二年五月宝胜状》中所问候的于阗皇后，均指嫁给李圣天的曹氏[⑤]，可见沙州方面对这门亲事的持续

---

① 张广达、荣新江《关于敦煌出土于阗文献的年代及其相关问题》，289页。

② 《旧五代史》卷四二《唐明宗纪》。

③ 首见于S.1181《长兴二年十二月河西节度使曹议金结坛供僧燃灯舍施祈愿文》，拓西大王之称见莫高窟第401窟题记。

④ 池田温《中国古代籍帐研究》，649页。

⑤ 参看张广达、荣新江《关于唐末宋初于阗国的国号年号及其王家世系问题》，《敦煌吐鲁番文献研究论集》，北京：中华书局，1982年，193-199页。

关心。

引起争议较多的是莫高窟第61窟东壁门北侧南向第七身供养人题记[①]：

> 大朝大于阗国天册皇帝弟（第）三女天公主李氏为新受太傅曹延禄姬供养。

这里的“为”字，一般都解释为“成为”的意思，题记所说的是于阗皇帝第三女成为曹延禄的妻子[②]。但藤枝晃先生却读作“为了”的意思，并认为题记说的是天公主李氏为了曹延禄妻子——也是一位于阗公主所作的供养[③]。这一看法为不少研究者所吸收[④]。然而，这种看法是难以接受的。第一，从古汉语的语序和词意上看，读作“成为”的意思更为顺畅。第二，亲眼细心观察过这条敦煌壁画题记的贺世哲先生指出，第61窟东壁北侧供养人像从第一身比丘尼起到第七身于阗公主曹延禄姬像止，均系后来重绘，故此不能据此推断建窟时间[⑤]。当然也就不能据此把于阗公主李氏视作窟主之一的曹元忠妻子。第三，综合前人所录第61窟主室女性供养人题记，基本完整无缺，其中记为窟主的曹

① 敦煌研究院编《敦煌莫高窟供养人题记》，北京：文物出版社，1986年，22页。

② P. Pelliot, “Une bibliothèque mediévale retrouvée ou Kan-su”, *BEFEO*, VIII, 1908, p. 504; E. Chavannes, “Chinese Inscriptions and Records”, *Serindia*, III, Oxford 1921, p. 1334.

③ 藤枝晃《沙州归义军节度使始末（四）》，《东方学报》（京都）第13册，1943年，73-74页。

④ E. G. Pulleyblank, “The Date of the Stael-Holstein Roll”, *Asia Major*, *new series*, IV. 1, 1954, pp. 92-93，荣新江译《钢和泰藏卷年份考》，《新疆文物》1988年第2期，126页；森安孝夫《回鹘与敦煌》及土肥义和《归义军》，均载《讲座敦煌》第2卷《敦煌的历史》，东京：大东出版社，1980年，238，322-325页；G. Uray, “New Contributions to Tibetan Documents from the post-Tibetan Tun-huang”, *Tibetan Studies. Proceedings of the 4th Seminar of the International Association for Tibetan Studies Schloss Hohenkammer -Munich* 1985, Munchen 1988, p. 519。

⑤ 贺世哲《从供养人题记看莫高窟部分洞窟的营建年代》，《敦煌莫高窟供养人题记》227页。

元忠妻子只有一位，即南壁东向第三身“施主敕授浔阳郡夫人翟氏”，除此之外，未见曹元忠还有其他妻室[①]。敦煌文书中也保存有许多有关曹元忠夫妇的材料，也未见曹元忠在翟氏之外另娶有于阗国公主。因此，第61窟中的于阗公主李氏应系曹延禄妻子当无疑义。

曹延禄在太平兴国五年称太傅，故此第61窟的李氏供养人像当绘于980年前后。曹延禄与这位于阗公主的画像或题记，还见于莫高窟第202窟、449窟、天王堂和榆林窟第25窟，后者的题记称作[②]：

大朝大于阗金玉国皇帝的子天公〔主〕（下缺）

此外，叶昌炽《缘督庐日记》光绪三十年（1904）九月初五条记敦煌王宗海所赠藏经洞出土绢画云：

> 佛像上有贝多罗树，其右上首一行，题“南无地藏菩萨”，下侧书“忌日画施”。次一行题“五道将军”，有人兜牟持兵而立者即其像。左一行题“道明和尚”，有僧像在其下。其下方有妇人拈花像，旁题一行云：“故大朝大于阗金玉国天公主李氏供养。”

此件后归南林蒋氏（蒋汝藻，字孟蘋），王国维撰《于阗公主供养地藏菩萨画像跋》，考证此天公主李氏为曹延恭夫人[③]。姜亮夫先生指出其非，并正确地考证为曹延禄夫人[④]。王氏未见榆林窟题记，故有此误。对比绢画和壁画题记，两者皆称为于阗金玉国天公主，其为同一人无

---

① 《敦煌莫高窟供养人题记》，21–25页。参看伯希和著，耿昇等译《伯希和敦煌石窟笔记》，兰州：甘肃人民出版社，1993年，194–197页。森安孝夫上引文第323页据谢稚柳《敦煌艺术叙录》所录题记不全，其所作东壁北侧第四身回鹘装贵妇可能是曹元忠回鹘妻的推测有误，该像系曹元忠“外甥甘州圣天可汗的子天公主”。

② 以上见《敦煌莫高窟供养人题记》，93、169–170、231、178页；谢稚柳《敦煌艺术叙录》，487–488页。

③ 按王国维起初考为曹元深妻，见1919年9月10日致罗振玉信，载《王国维全集·书信》，北京：中华书局，1984年，293–294页；后撰跋文，改变看法，跋文载《沙州文录补》17–20叶；收入《观堂集林》卷二〇。

④ 姜亮夫《瓜沙曹氏年表补正》，《敦煌学论文集》，上海：上海古籍出版社，1987年，950页。

疑。所不同的是，后者称这位于阗公主为已“故”之人，这幅“忌日画施”的绢画，实际就是为纪念她的忌日所绘。因此，绢画的年代要晚于上述诸壁画，但具体年份尚无确证，推测当在 1002 年曹延禄自尽前不久。

一般认为，这位于阗公主就是于阗王李圣天的第三女，更有人进一步认为就是李圣天和曹氏所生，但这一点史料并无明证。从曹氏下嫁年份（931）和这位于阗公主首次出现在敦煌的年代（约 980 年）来看，似乎可能性不大。在敦煌史料中，李圣天一般被称为大宝于阗国皇帝，如莫高窟第 98 窟题记称“大朝大宝于阗国大圣大明天子”，S.3180《请僧就衙设供疏》称“大宝国皇帝”等[①]。而这位于阗公主的父王两处被称为“大朝大于阗金玉国皇帝”，似表明两者不是一个人。李圣天大约死在 966 年，成为曹延禄妻的于阗公主恐怕不是他的女儿。值得注意的是 P.t.1284（3）藏文文书《河西节度使曹太保致于阗王书》，现参考王尧、陈践先生的译文，将开头有关部分修订翻译如下[②]：

> 河西〔一路〕节度〔使〕曹太保奏上神子、父、狮子于阗王书。

王、陈两位认为这是河西节度使太保曹元忠致于阗国王李圣天的信。但李圣天娶曹元忠姐为妻，曹元忠不应称其为父王，故其说未妥。曹氏节度使称太保者有曹议金（925—927 年）、曹元德（939 年）、曹元忠（947，950—955 年）、曹延恭（975 年）、曹延禄（976—980 年）[③]，曹议金是当时的于阗王李圣天的岳父，不能反称其为父；曹元德与曹元忠

---

① 参看张广达、荣新江《关于敦煌出土于阗文献的年代及其相关问题》，286 页。

② 王尧、陈践《归义军曹氏与于阗之关系补证》，《西北史地》1987 年第 2 期，62 页，收入《敦煌吐蕃文书论文集》，成都：四川民族出版社，1988 年，41 页。

③ 拙稿《沙州归义军历任节度使称号研究（增订本）》，《敦煌学》第 19 辑，1992 年，56 页。

的情形一样，辈分不合；曹延恭与当时的于阗王尉迟输罗（Viśa' Śūra，李圣天与曹氏之子）也是兄弟辈；唯有曹延禄与978年即位的于阗王尉迟达摩（Viśa' Dharma）的辈分不明。与此相关的另一件文书是P.2826《于阗王致沙州令公书》，文字如下：

白玉壹团

赐沙州节度使男

令公，汝宜收领，勿怪

轻鲜，候大般次，别有

信物汝知。

其木匠杨君子千万发遣西来，所要不昔（惜）也。

凡书信去，请看二印，一大玉印，一小玉印，更无别印也。

（上钤大印文曰：通天万寿之印；小印文曰：大于阗汉天子制印）

王重民先生曾指此为于阗王赐张淮深札[①]，显然有误。史苇湘先生认为是于阗王李圣天赐其婿曹延禄的信札[②]，但未加考证。黄盛璋先生将以上两件文书联系起来，认为是曹议金执政初年致于阗王李圣天的信[③]。但他所下的一些作为论证前提的结论，如P.2826上所钤的印“是于阗王李圣天所用的汉文印，发信者为李圣天，已无庸议”，“沙州曹氏官带中书令可称为令公者只有曹议金和曹元忠”等等，均大可置疑。固然曹议金执政初期尚未嫁女给李圣天，但曹议金914年任归义军节度使，935年去世；李圣天则912年冲龄即位，966年去世。两相比较，不难认为李圣天应小于曹议金，他娶曹议金的女儿为妻也说明了这一点，从年岁上讲，曹议金没有称李圣天为父的可能性。而且，曹议金称令公是

① 《敦煌遗书总目索引》，北京：商务印书馆，1962年，273页。

② 史苇湘《丝绸之路上的敦煌与莫高窟》，《敦煌研究文集》，兰州：甘肃人民出版社，1982年，120页。

③ 黄盛璋《关于沙州曹氏和于阗交往的诸藏文文书及相关问题》，《敦煌研究》1992年第1期，37-39页。

晚到928年的事，并不能说是执政初年。曹氏节度使中称令公者有曹议金（928—935年）、曹元忠（956—974年）、曹延恭（976年）、曹延禄（984—1002年）[①]，根据上面的论证，前三者均不能称于阗王为父，而唯一的可能性就是曹延禄，这又和他娶于阗王女正相符合。我们目前不知道尉迟达摩与前任于阗王的关系如何，但大概就是他将女儿嫁给了曹延禄，因此可以称延禄为"男"，而延禄则称他为父王。

根据我们所掌握的汉藏文材料，于阗与沙州统治阶层之间的联姻主要是于阗王李圣天娶曹议金女，曹延禄娶于阗金玉国皇帝第三女。除此之外，于阗王族与归义军节度使曹氏家族其他成员之间，也应有某些婚嫁关系，这在于阗语文书中略有反映，限于篇幅，暂不置论。

三、于阗伊兰文化与敦煌汉文化的交流

在频繁的使节往来和紧密的婚姻联系的背景下，于阗敦煌两地的经济文化交流也是丰富多彩的。上节所举P.2826号文书是一个典型的例子，于阗盛产美玉，玉一直是于阗对外经济往来中的主要输出品，送往沙州的玉持续不断，其中不少玉石或成品又经沙州转运甘州、凉州、灵州乃至中原内地。相反，从上述地区换回的丝绸、佛典、工匠，又补充了于阗所缺，于阗王以美玉换取沙州工匠杨君子的到来即是证明。于阗语属于东伊朗语，其文化的基本因素是建立在伊兰文化基础上的，同是受数百年佛教文化的熏陶，又是西域地区的大乘佛教中心。但这件文书上所钤汉字印鉴，说明了其统治阶级深受汉文化影响的情形。笔者在《关于唐宋时期中原文化对于阗影响的几个问题》一文中，已揭示了汉文化对于阗的影响[②]。以下仅以于阗佛典的东传为例，说明于阗文化的

① 拙稿《沙州归义军历任节度使称号研究（增订本）》，56页。

② 载北京大学传统文化研究中心编《国学研究》第1卷，北京：北京大学出版社，1993年，401-424页。

东渐。

在逗留敦煌的于阗使者中，有不少僧人，由于佛教在于阗被尊为国教，所以，来到沙州的于阗太子、宰相和一般人员，也有不少是谙熟佛典的饱学之士。敦煌藏经洞中出土的于阗语佛典，有不少是相当完整的文献，它们应当是这些信士从于阗带来或是在沙州写成的。

由于斯坦因捷足先登，大多数完整的于阗文佛典被他取走，现存放在伦敦的印度事务部图书馆（现已合并为英国图书馆的一部分）。该馆所藏敦煌于阗文资料和藏文、梵文资料一直没有公布缩微胶卷，所以尚未被广泛地用为研究敦煌藏经洞文献的资料。在这一大批文献中，引人注意的是属于张金山（Ca Kima-sana）的一组文献，由第一节的年表可知，张金山曾在 982 年出使沙州。其中编号为 Ch.00274《佛本生赞》，据序文，知是张金山在于阗王尉迟输罗在位年间（966—976）请娑摩若寺大师 Vedyasila 编纂的，贝叶本，共 39 叶，51 个本生故事，首尾完全，保存情况完好整洁[①]。Ch.I.0021b 正背面所写的《金刚乘文献》，分别写有 47 和 65 行文字，也是完本，前者有题记，表明抄写于 971 年[②]。另外，Ch.ii.002 医药文献《悉昙娑罗》，有序，全书虽非完本，但有 64 叶之多，叶边有张金山署名。另一部药方书《时缚迦书》（Ch.ii.003），共计 73 叶[③]。这些多少均与张金山有关的大部头文献，大概是完成于于

① 图版见 *Codices Khotanenses*, ed. by H. W. Bailey, Copenhagen 1938；全卷翻译见 M. J. Dresden, "The *Jatakastava* or 'Praise of the Buddhs's former births'", *Transactions of the American Philosophical Society*, *New Series*, 45. 5, Philadelphia, 1955。

② 转写见 H. W. Bailey, *Khotanese Buddhist Texts*, Cambridge 1981, pp. 149-156；翻译见 H. W. Bailey, "Vajrayana in Gostana-desa", *The Journal of the International Association of Buddhist Studies*, I. 1, 1978, pp. 53-56；Cf. R. E. Emmerick, *A Guide to the Literature of Khotan*, sedond ed., Tokyo 1992, p. 39。

③ 图版见 *Codices Khotanenses*；序言的翻译见 H. W. Bailey, "The Preface to the *Siddhasara-sastra*", *A Locust's Let*, *Studies in Honour of S. H. Taqizadeh*, London 1962, pp. 31-38；R. E. Emmerick, "Some Remarks on Translation Techniques of the Khotanese", *Sprachen des Buddhismus in Zentralasien*, Wiesbaden 1983, pp. 17-26。

阗而后来带到敦煌的。

此外，保存完整的于阗语佛教文献还可以举出 Ch.00275《金刚般若经》和 Ch.xlvi.0015《佛说无量寿宗要经》，均为贝叶本，前者共 44 叶，正背书，每叶四行，首尾两叶的中心位置还绘有佛像，第 1 叶背杂写中，有李圣天同庆三十年（941）三月十五日的杂记，表明了写本的年代上限；后者共 20 叶，正背书，也是每叶四行，首叶右上角彩绘一幅小佛像①。

伯希和较斯坦因晚到一步，因此巴黎国立图书馆所藏于阗语文献没有伦敦的完整，但也有说明问题的材料。如 P.4099《文殊师利无我化身经》，卷子本，两面书，共 445 行，通篇用韵文写成，据文末的题记，也是写于尉迟输罗王在位时期②。另外，P.3513 佛教文献集，贝叶本，共 84 叶，正背书，每叶四行，内容计有《佛名经》《般若心经疏》《普贤行愿赞》《金光明最胜王经 · 忏悔品》《从德太子礼忏文》，根据从德太子的事迹，可以推测这部文献合集很可能是写在敦煌③。

这些完整的于阗语文献大都属于 10 世纪末叶，也就是藏经洞封闭前流入敦煌或抄成于当地，它们装饰精美，抄写工整，大都有题记，一方面表明了它们的主人对这些佛典的尊敬，另一方面表明了它们仍然具有的实用价值。10 世纪末叶，正是于阗王国全力抵抗信奉伊斯兰的黑韩王朝东进的艰苦年代，也是于阗佛教像法灭尽传说广为流行的时期④，大量完整的于阗文佛典从遥远的西方搬运到敦煌，恐怕是于阗佛

---

① S. Konow 刊布的两篇文献的图版及翻译见 A. F. R. Hoernle, *Manuscript Remains of Buddhist Literature found in Eastern Turkestan*, Oxford, 1916, pp. 214–356, pls. v–xvii。

② 图版见《敦煌宝藏》第 133 册，132–145 页；题记部分的考释见 E. G. Pulleyblank, "The Date of the Stael-Holstein Roll", p. 92。

③ 图版见《敦煌宝藏》第 128 册，536–579 页；有关研究见张广达、荣新江《关于敦煌出土于阗文献的年代及其相关问题》，286 页。

④ 张广达、荣新江《敦煌瑞像记瑞像图及其所反映的于阗》，《敦煌吐鲁番文献研究论集》第 3 辑，1986 年，69–147 页。

教徒担心一旦佛法被毁而采取的主动措施，这或许能够帮助我们理解为什么大多数于阗文佛典的年代集中在藏经洞封闭的前夜。

在10世纪的敦煌，除了长期居留和短期经过的于阗人外，还有不少汉族或其他民族的文人学士能够读懂于阗文，因此，大批于阗文佛典的流入沙州，必然影响到敦煌的各族民众，使敦煌胡汉交融的文化更加丰富多彩。

（原载《敦煌研究》1994年第2期，111-119页。）

真实还是传说：马可·波罗笔下的于阗

《马可·波罗寰宇记》是欧洲大航海时代到来之前欧洲人获取中亚和中国知识的重要源泉，但是它的记载是真实的呢，还是充满了传说，这个问题一直争论不休，直到今天仍未截止。然而，大多数讨论都集中在马可·波罗关于中国的记载上，其实中亚部分也是我们认识马可·波罗记载真实性的一个重要方面。本文通过有关于阗的传世文献记载和出土文书的记录，来看看马可·波罗关于于阗地区的描述到底是有关 13 世纪中叶中亚地理的宝贵资料，还是不值得信任的无稽之谈。

关于《马可·波罗寰宇记》中的 Cotan 一名的不同写法和相互关系，伯希和（P. Pelliot）有非常详细的讨论①。此地，传统的汉文史料多数写作“于阗”，《元史》作“斡端”（Odon），《西北地附录》作“忽炭”（Hotan），这是来自穆斯林史料的写法②。马可·波罗的 Cotan 和“忽炭”比较符合，但本文较多使用汉文史料，所以视所用材料的来源而用不同称呼，一般则采用“于阗”或“斡端”两种写法，所指都是古代于阗的范围，即今天塔里木盆地西南地区，包括今和田、皮山（Guma，固玛）、墨玉（Karakash）、洛浦、策勒（Qira）、于阗（Keriya）、民丰（Niya，尼雅）等县市。

---

① P. Pelliot，“Cotan”，*Notes on Marco Polo* I，Paris，1959，pp. 408–425.

② Pelliot，*Notes on Marco Polo* I，p. 417.

一、马可・波罗经过时的于阗

《马可・波罗寰宇记》第54节讲述忽炭大州，文字如下：

> 忽炭（Cotan）州位于东方与东北方之间，广八日行程。其人*属大汗统治*（V）。*该州之*（LT）百姓皆崇拜摩诃末。它有众多城市*与美好的*（VT）村庄，*及高贵的居民*（TA）。最宏伟之城市叫忽炭，*乃该区之首府*，亦为全（TA）州之名称。其*土地肥沃且*（L）富有*人们生活所需之*（R）全部物产。该州盛产棉花，*亚麻*、*大麻*、*油料*、*小麦*（VL）、谷物、*葡萄酒*（VL）*及其它物产*，*则皆与我们这里相同*（L）。他们拥有很多葡萄园、园圃和花园，又（V）居民以贸易和手艺为生，而不是武士，*然而吝啬十足且非常怯懦*（VB）。*关于此州*，*别无可述*（V），现在我们将离开该地，向你讲述另一州，名曰培因（Pem）。[①]

马可・波罗经过忽炭时，蒙古"大汗"对当地的统治情况和统治形式是怎样的呢？

马可・波罗经过于阗前后的中亚形势颇为复杂，经过学者的多年努力，已经大致上可以勾勒出一个轮廓，这里特别是借助刘迎胜教授有关察合台汗国史的研究[②]，来提示相关重要的事件如下。

于阗（斡端）原为西辽（哈喇契丹，1124—1218年）控制，哲别攻占据有西辽故地的乃蛮残部时，蒙古汗国占领其地。

1260年（中统元年），忽必烈在开平称帝，不久，阿里不哥在和林

---

① A. C. Moule and P. Pelliot. *Marco Polo*: *The Description of the World*, London 1938, p. 146. 本译文遵循原书体例，插入部分用斜体并注明版本信息（缩写词的含义见该书pp. 509-516），译文初稿由北京大学"马可波罗读书班"郑燕燕完成，荣新江校对，后经读书班成员集体讨论校改完稿。

② 刘迎胜《察合台汗国史研究》，上海：上海古籍出版社，2006年，第4-6章相关部分，277-307页。

地区即位，蒙古汗国内部展开激烈的内战。1264 年（至元元年），忽必烈将开平升为上都（Xanadu），称燕京（北京）为中都。原本支持阿里不哥的察合台之孙阿鲁忽（Alghu）与之反目，受到攻击，退守南疆，控制了于阗地区，称“于阗宗王”[①]。1265 年，察合台兀鲁思汗阿鲁忽死，木八剌沙（Mubarak Shah）为汗。借助阿里不哥之乱后中亚的短暂和平，1265 年，马可·波罗之父尼柯洛·波罗与叔父马菲奥·波罗随伊利汗国使者到达元廷。

1266 年，元朝置“忽丹八里（Khotan Baliq）局”，表明斡端归元朝管辖[②]。忽必烈派大将忙古带（Mughultay）帅元军驻守其地[③]。后来，察合台兀鲁思汗八剌（Baraq）夺取了斡端。其时，忽必烈全力攻打宋朝，无力西顾。

1271 年，八剌死。其后，塔里木盆地周边绿洲逐渐回归元朝统治。同年六月，元朝“招集河西、斡端、昂吉呵（英吉沙 Yengi kat）等处居民”[④]。正是在这同一年，马可·波罗等一行启程来华。1272 年，中都改称大都，成为蒙元王朝的统治中心。1273 年六月，元朝派遣玉工李秀才往可失哈儿、斡端等地采玉，并且命令镇守官忙古解拔都儿（即忙古带）用官物支付运费[⑤]。

大约 1273 年末或 1274 年初，马可波罗一行到达斡端[⑥]，此时这里

---

① 《元史》卷一三三《暗伯传》，北京：中华书局，1976 年，3237 页。

② 《元史》卷八五《百官志》，2149 页。

③ 刘迎胜《忙古带拔都儿及其在斡端的活动》，马大正等编《西域考察与研究》，乌鲁木齐：新疆人民出版社，1994 年，331-342 页。

④ 《元史》卷七《世祖纪》，136 页。

⑤ 《经世大典·站赤》，《永乐大典》卷一九四一七《站赤》二，叶 7a。参看刘迎胜《察合台汗国史研究》，255 页以下。

⑥ Pelliot, *Notes on Marco Polo I*, p. 423. 有关马可·波罗到达之前西域的形式，参看党宝海《元朝火州之战年代辨正》，《欧亚学刊》第 3 辑，北京：中华书局，2002 年，217-229 页。任荣康认为 1275 年年底或 1276 年年初，马可波罗一行才抵可失哈儿，见所撰《元初的元—伊联盟与中亚交通——兼考马可·波罗抵忽炭三地之年限》，《中亚学刊》第 3 辑，北京：中华书局，1990 年，184-198 页。似不可取。

正是在忽必烈大汗的统治之下，与马可·波罗所记相符。《元史》卷八《世祖纪》记载：至元十一年（1274）正月，“立于阗、鸦儿看两城水驿十三，沙州北陆驿二。免于阗采玉工差役”[①]。刘迎胜以为这次所设驿站，是取道沙州，经合迷里（哈密）、火州（吐鲁番），再经曲先（库车），沿塔里木河的三条主要上源向西南或西行最便捷的水路[②]。同年四月，元朝又下诏，“安慰斡端、鸦儿看、合失合儿等城”[③]。可见，马可·波罗经过斡端的时候，正是元朝对塔里木盆地的统治最为牢靠的时段。到1275年7月以后，与忽必烈对敌的窝阔台后裔宗王禾忽（Khokhoo）控制河西走廊，切断汉地与西域的交通，斡端、可失哈儿也为其所占[④]。景教僧列班·扫马（Rabban Sauma）西行时，正好目睹了当时的战乱情形：“抵达忽炭时正赶上众王之王忽必烈与禾忽（Oko）王之间爆发战争。禾忽被忽必烈赶入〔此〕国，杀了当地数千人，商道遂被切断，粮草（?）短少，难以见到，许多人因饥馑而死。六个月后，二位僧人自该地前行至可失哈儿地。他们看到该城空旷无人，因它已被敌人所劫掠。”[⑤] 马可·波罗一行恰好是在一段元朝直接统治斡端的时候经过这里的。

一、马可·波罗对于阗玉河的错误记载

斯坦因（M. A. Stein）在他考察和田之后说道：“马可·波罗有关于阗和于阗人的记录使得早期中文史料的记载和我们现在观察所得的图景两者之间十分吻合，文字虽然简略，但在所有细节方面都很准确。这

① 《元史》卷八《世祖纪》，153页。

② 刘迎胜《察合台汗国史研究》，256页。

③ 《元史》卷八《世祖纪》，154页。

④ 《元史》卷九《世祖纪》，177页；卷一三四《昔班传》，3247页。

⑤ *The Monks of Kubilai Khan Emperor of China*, tr. by B. A. Walis Budge, London, 1928, pp. 138-139.

位威尼斯人发现当地人都‘属大汗统治’而且‘皆崇拜摩柯末’。”[1]的确，马可·波罗在“斡端”一节中所说的当地政治倾向、宗教信仰、物产风俗等方面，从我们目前所能见到的文献和考古材料上来看，大体上是可信的。但马可·波罗有关斡端的记录，也有让我们无法接受的地方，这就是他把于阗著名的玉河，不是放在斡端的部分来叙述，而是移到了下面一节 Pein 的部分，即唐朝文献中的媲摩，位于策勒达玛沟北方的乌宗塔提，这里已经偏离玉河很远了。

马可·波罗在 Pein 一节中关于玉河和玉石的记载也很简单，他写道：

> *有条一河流经其地（Z），河中可以找到数量（V）极大的珍贵（LT）宝石，人们称之为碧玉（jasper）和玉髓（chalcedony）。*[2]

于阗的玉，实际上是于阗最为重要的产品，这一点似乎没有被马可·波罗充分认识到，我们有必要把史籍中可以补充马可·波罗的最重要史料，以及敦煌文书中的相关记录检出，来提示于阗玉的重要性，这些属于公元10世纪的文书大概是与马可·波罗时代最为接近而详细的玉石记录。

早在汉代张骞通西域以后，于阗玉就广为中原人所知。《史记·大宛列传》记：“汉使穷河源，河源出于窴，其山多玉石，采来，天子案古图书，名河所出山曰昆仑云。”[3] 中原历代王朝都喜欢于阗玉，甚至在某些方面离不开它。因为皇帝所用之玺印一定要用于阗玉制作，皇帝的妃子也都要佩戴于阗玉制作的配饰，这是礼制的规定，王公贵族以下也都喜欢各种玉制佩饰，所以中原对于于阗玉的需求持续不断。薛爱华（Edward H. Schafer）认为，唐代玉工所需要的白玉、碧玉，都是来自于

---

① M. A. Stein, *Ancient Khotan*, I, Oxford: Clarendon Press, 1907, p. 139.

② A. C. Moule and P. Pelliot. *Marco Polo: The Description of the World*, Berkeley: University of California, 1963, p. 147. 译文初稿、订稿情形同上。

③ 《史记》卷一二三《大宛列传》，北京：中华书局，1959 年，3173 页。

阗的[①]。

至于玉河的位置，从来的记录都说是在于阗都城的东西两面。《梁书》卷五四《诸夷传》记："于阗国，西域之属也。……有水出玉，名曰玉河。"[②] 和田麻札塔格出土文书《唐开元九年（721）于阗某寺支出簿》有"西河"之称[③]，推测也有与之相对的"东河"，两者应当是"西玉河"（喀拉喀什河 Kara kash）和"东玉河"（玉龙喀什河 Yurung kash）的简称[④]。吐蕃统治时期（公元 9 世纪），大概因袭唐朝的称呼，分别用藏文写作 Shel chab gong ma（西玉河）和 Shel chab 'og ma（东玉河）[⑤]。至五代时，敦煌的《瑞像记》和瑞像壁画题记仍有"西玉河"之称[⑥]。记录最详的可能要数五代时后晋使者高居诲（一作平居诲）出使于阗的《行程记》，他是以河流所产玉的颜色而加以命名的，并给出了距离于阗都城的里数：

① Edward H. Schafer, *The Golden Peaches of Samarkand: A Study of T'ang Exotics*, p. 224，吴玉贵译《唐代的外来文明》，北京：中国社会科学出版社，1995 年，490 页。

② 《梁书》卷五四《诸夷传》，北京：中华书局，1973 年，813 页。

③ É. Chavannes, *Les documents chinois découverts par Aurel Stein dans les sables du Turkestan oriental*, Oxford, 1913, pp. 209, 215, n. 6.

④ 朱丽双《唐代于阗的羁縻州与地理区划研究》，《中国史研究》2012 年第 2 期，73-76 页。

⑤ F. W. Thomas, *Tibetan Literary Texts and Documents concerning Chinese Turkestan*, II, London: The Royal Asiatic Society, 1951, pp. 167-169; III, 1955, pl. XIX; T. Takeuchi, "*Tshar*, *srang*, and *tshan*: Administrative Units in Tibetan-ruled Khotan", *Journal of Inner Asian Art and Archaeology* 3, Brepols, 2008/2009, pp. 145-146; Zhu Lishuang, "A Preliminary Survey of Administrative Divisions in Tibetan-Ruled Khotan", in B. Dotson, K. Iwao and T. Takeuchi (eds.), *Scribes, Texts, and Rituals in Early Tibet and Dunhuang: Proceedings of the Third Old Tibetan Studies Panel held at the Seminar of the International Association for Tibetan Studies, Vancouver 2010*, Wiesbaden: Reichert Verlag, 2013, pp. 48-50.

⑥ 张广达、荣新江《敦煌"瑞像记"、瑞像图及其反映的于阗》，作者《于阗史丛考》（增订本），北京：中国人民大学出版社，2008 年，175 页。

> 玉河在于阗城外，其源出昆山，西流一千三百里至于阗界牛头山，乃疏为三河：一曰白玉河，在城东三十里；二曰绿玉河，在城西二十里；三曰乌玉河，在绿玉河西七里。其源虽一，而其玉随地而变，故其色不同。[①]

白玉河即今玉龙喀什河，源出昆仑山；绿玉河即今喀拉喀什河，源出喀喇昆仑山；乌玉河为其支流。玉龙喀什河是出玉的主要河流，有白玉，也有青玉和墨玉。乌玉河多出碧玉，风化后外表漆黑，油光发亮，人们视若墨玉[②]。

至于更具体的出产地，宋人张世南《游宦纪闻》卷五说道："玉出蓝田、昆冈。"[③] 这里的昆岗，就是于阗出产玉的重要地点。新近公布的大阪武田科学振兴财团杏雨书屋所藏敦煌写本羽 686 号文书，是于阗国皇帝尉迟苏拉（Viśa' Śūra，967—977 年在位）致沙州归义军节度使曹元忠（944—974 年在位）的书信，其中给他的这位舅舅致送的礼品有：

2　东河大玉壹团，重捌拾斤。

3　又昆岗山玉壹团，重贰拾斤。

4　又东河玉壹团，重柒斤。

5　又师子大玉秋辔壹副。

6　又密排玉秋辔壹副。[④]

---

① 唐慎微《重修政和经史证类备用本草》卷三玉屑条，《四部丛刊》本，叶 8b。按高居诲《行程记》有关玉河部分的文字，又简单引录于宋人张世南《游宦纪闻》卷五，北京：中华书局，1997 年，46 页；《新五代史》卷七四《四夷附录》于阗条，北京：中华书局，1974 年，918 页。

② 殷晴《唐宋之际西域南道的复兴——于阗玉石贸易的热潮》，《西域研究》2006 年第 1 期，39-40 页。

③ 张世南《游宦纪闻》卷五，46 页。

④ 武田科学振兴财团杏雨书屋编《敦煌秘籍．影片册》第 9 册，大阪：武田科学振兴财团，2013 年，65 页。参看荣新江、朱丽双《从进贡到私易：10—11 世纪于阗玉的东渐敦煌与中原》，《敦煌研究》2014 年第 3 期（敦煌研究院成立七十周年纪念专号），191-193 页。

文书年代在944—977年之间。礼品中包括出自于阗东河（玉龙喀什河）的重八十斤的大玉一团，出自昆岗山的重二十斤的玉一团，出自东河的重七斤的玉一团；还有用玉制作的秋辔两副。东河与昆岗山无疑是于阗出产玉石的主要地点，其中的昆岗山，应当是指于阗南边之昆仑山。

敦煌文书P.5538有用于阗语写的《天尊四年（970）于阗王尉迟苏拉致沙州大王曹元忠书》，其中包含一份尉迟苏拉另一次送给曹元忠的礼物清单：

一是中等玉石一团，重四十二斤；

二是纯玉石一团，重十斤；

三是玉石一团，重八斤半；

总计玉石三团，六十斤半。[①]

这件于阗文文书提到一团“中等玉石”重42斤，据上引羽686文书，于阗的玉团至少可分为一团重80斤的“大玉”和一团20斤以下的“玉”两种，“中等玉石”正好介于“大玉”和“玉”之间，可以让我们得知于阗的玉石根据重量可以分为大中小三种。

P.2958有几封于阗语书信的草稿，其中第6封信是一位“朔方王子”Hva Pa-kyau上于阗朝廷的书状，其中提到一位于阗使者Hvaṃ Ca-pastaka根据于阗朝廷的指令，用30斤玉与归义军官府换取了200匹丝绸（śacu）。在第7封信中，朔方王子希望母后能多给他一些玉石，以便换取更多的丝绸[②]。

在大约1006年于阗佛教王国被疏勒信奉伊斯兰教的黑韩王朝灭掉以后，于阗作为黑韩王朝的一部分，继续向中原王朝提供玉石。宋朝曾经要制作一方新的玺印，“因诏于阗国上美玉焉。久而得之，为玺九

---

① H. W. Bailey, “Śrī Viśa̧ Śūra and Ta-uang”, *Asia Major*, new series, XI. 1, 1964, p. 19.

② H. W. Bailey, “Altun Khan”, *Bulletin of School of Oriental and African Studies*, XXX. 1, 1967, pp. 97-98.

寸”，1118年元会时，于大庆殿正式接受之[①]。

元朝也很重视于阗的玉石，上面提到1273年六月派遣玉工李秀才往斡端等地采玉，“必得青、黄、黑、白之玉”。元人周密（1232—1298）《癸辛杂识续集》上记载了一件事：

> 伯颜丞相尝至于阗国开省，于其国中开井，得白玉佛一身，高三、四尺，色如截肪，照之皆见筋骨脉胳，已即贡之上方。又有白玉一段，高六尺，阔五尺，长一十七步，即长八尺五寸也，以重不可致。[②]

马可·波罗提到的于阗玉的品种有碧玉（jasper）和玉髓（chalcedony）。于阗玉主要是一种软玉（jade），马可所谓碧玉（jasper），即指于阗玉。从上面提示的有限史料可以看出，于阗玉的种类有不少，斯坦因曾在和田购买过玉髓（chalcedony）或灰白色石英岩的图章戒指（B. D.001. c）[③]。马可·波罗只提到两种玉，可见他对玉的认识很有限，作为一个商人，对于于阗最重要的输出品如此无知，这是难以理解的。或许因为他是欧洲人，对玉不像中国人那样重视；或许是他在于阗停留时间不长，对当地的了解还是非常有限的。总之，马可·波罗虽然记载到了于阗最为重要的玉河和玉石，但很不准确，没有带给欧洲正确的地理信息。

三、媲摩的重要性

《马可·波罗寰宇记》有关于阗部分的一个重要的特征，就是把媲摩（Pein）作为一个州单独加以叙述，而且文字比它原本附属的大州斡

---

① 蔡绦《铁围山丛谈》卷一，北京：中华书局，1983年，8-9页。又见《游宦纪闻》卷五，46页；周辉《清波杂志》，北京：中华书局，1994年，250页。

② 周密《癸辛杂识续集》上，132-133页。

③ Stein, *Ancient Khotan*, I, p. 219.

端还要多，虽然这中间有关玉河的部分或许是误置，而且有相当一部分是讲述一种特殊的婚俗。无论如何，这种突出 Pein 的做法是和唐代的情形不符，但它反映的可能是一个事实。

除了有关玉河和婚俗的记录，《马可·波罗寰宇记》第 55 节有关 Pein 的文字如下：

> 培因（Pem）乃一小（TA）州，广五日行程，位于东方与东北方之间。*此州*（LT）居民崇拜摩诃末，且*同样*（P）臣属于大汗。治下（VB）有众多城镇和乡村，全州（V）最宏伟的城市名“培因”，乃该地区之首府。……*此州*（Z）百姓拥有*极为*（VB）丰富的一切必需（V）品。该地也（V）盛产棉花。人们*更多地*（VB）以贸易和手艺为生。……或许你知道，上述自可失合儿至此地之所有诸州，即可失合儿、忽炭、培因，以及前方直至罗不（Lop）城之诸州，皆属大突厥。现在让我们离开此州，我将向你讲述另一州，名曰车尔成（Ciarcian）。[1]

Pein 即“媲摩”，应当是来自于阗语的 Phema。其地点，应当在今克里雅河流域（今于田县境内），斯坦因比定为克里雅河流域下游沙漠中的乌宗塔提（Uzun-Tati）遗址[2]，可备一说。

在唐代，这里是 675 年所设立的十个羁縻州之一，应当说规模也不一定比东玉河、西玉河、六城州以及固城、皮山、尼壤（蔺城）等城镇要大。但这里位于于阗国的东部边境，较其他羁縻州有更大的发展空间。根据学者们的研究，于阗文的 Phema 一名，原指克里雅河流域一片广阔的地域，692 年唐朝加强安西四镇的军事实力，大概此时以 Phema 的中心城镇设立守捉城，汉文称作“坎城”，此名可能来自于阗当地

---

① A. C. Moule and P. Pelliot. *Marco Polo*: *The Description of the World*, p. 147. 译文初稿、订稿情形同上。

② M. A. Stein, “Hsüan-tsang's Notice of P'i-mo and Marco Polo's Pein”, *T'oung Pao*, second seris, VII/4, 1906, pp. 469-480. 修改后收入斯坦因第一次中亚考古探险报告集：Stein, *Ancient Khotan*, I, pp. 452-457。

原有的 Kaṃdva 一名[①]。此后，坎城守捉又发展成镇级军事单位[②]，成为于阗王国东境最大的城镇。根据和田出土的 Hedin 24 汉语于阗语双语文书，坎城和 Phema 可以勘同，汉文部分用“坎城”，于阗文部分用 Phema[③]。从整个当地出土文书来看，也是“坎城”一名为汉文文书所使用，而 Phema 则更多地为于阗语文书所用。

藏文文献也记有媲摩和坎城，前者见《牛角山授记》（*'Phags pa ri glang ru lung bstan pa*）：“如来瑞像名垢朗（Ki'u lang）者将来于东方媲摩（Phye ma）城住，守护边境。”[④] Phye ma 当来自于阗语 Phema。后者见《于阗教法史》（*Li yul chos kyi lo rgyus*），作 Kham sheng[⑤] 或 Kam sheng[⑥]，以及《于阗国授记》（*Li yul lung bstan pa*），作 Kam sheng[⑦]，应当来自汉语的“坎城”。

晚唐、五代敦煌莫高窟壁画上，有媲摩城瑞像，敦煌文书 S.2113、P.3033《瑞像记》称：“此像从憍赏弥国飞往于阗东媲摩城，今现在，殊灵瑞。”[⑧] 莫高窟第 231 和 237 窟这尊瑞像旁还保留了榜题：“于阗媲

---

① 此名见于多件于阗语文书，最能说明 Kaṃdva 地位的是 Or. 12637/14. 1，转写和翻译见 P. O. Skjærvø, *Khotanese Manuscripts from Chinese Turkestan in the British Library*, London: The British Library, 2002, p. 124. 参看文欣《于阗国“六城”（*kṣa au*）新考》，《西域文史》第 3 辑，北京：科学出版社，2008 年，109–126 页。

② 参见荣新江《于阗在唐朝安西四镇中的地位》，《西域研究》1992 年第 3 期，58 页。

③ H. W. Bailey, *Khotanese Texts*, vol. 4, Cambridge: Cambridge University, 1961, pp. 135–136.

④ F. W. Thomas, *Tibetan Literary Texts and Documents concerning Chinese Turkestan*, I, London, 1935, p. 24, n. 6.

⑤ R. E. Emmerick, *Tibetan Texts concerning Khotan*, London: Oxford University Press, 1967, pp. 88–90.

⑥ Emmerick, *Tibetan Texts concerning Khotan*, p. 91.

⑦ Emmerick, *Tibetan Texts concerning Khotan*, pp. 72–75, 90f.

⑧ 张广达、荣新江《敦煌“瑞像记”、瑞像图及其反映的于阗》，169–170、173 页。

摩城中瑚檀瑞像。”[①] 按敦煌所出的“瑞像记”和莫高窟的瑞像榜题上同样有坎城瑞像，S.2113《瑞像记》：“释迦牟尼佛真容，白檀香为身，从汉国腾空而来，在于阗坎城住。”[②] 其图像也见于莫高窟第231、237窟[③]。两者并列表明来源不同，逐渐形成两个瑞像，一个来自印度，一个来自汉地，这也比较符合两个名称的一胡一汉背景。

五代时，敦煌于阗文行记（钢和泰藏卷）中的 Phimāña Kaṃtha 即坎城[④]。我们在938年前往于阗册封的后晋使者高居诲的行纪中，又见到坎城的名字：

> 〔自仲云界〕又西，渡陷河，伐柽置冰中乃渡，不然则陷。又西，至绀州，绀州，于阗所置也，在沙州西南，云去京师九千五百里矣。又行二日，至安军州，遂至于阗。[⑤]

绀州，学者一般把它比定为坎城[⑥]。我们从高居诲行纪中可以看到，从仲云部族所在的且末以西[⑦]，到于阗都城之间，就只有绀州和安军州两地，安军州应当在于阗都城不远处，所以到了安军州，就到了于阗都城，而绀州无疑是公元10世纪上半叶于阗国东部地区的最大城镇，表明从唐朝到五代，媲摩的重要性日渐突出。

---

① 张小刚《敦煌壁画中的于阗装饰佛瑞像及其相关问题》，《敦煌研究》2009年第2期，8页。

② 张广达、荣新江《敦煌“瑞像记”、瑞像图及其反映的于阗》，200页。

③ 孙修身主编《敦煌石窟全集》第12册《佛教东传故事画卷》，香港：商务印书馆，2000年，106页。

④ H. W. Bailey, “The Staël-Holstein Miscellany”, *Asia Major*, new series, II. 1, 1951, pp. 2, 10.

⑤ 《新五代史》卷七四《四夷附录·于阗》，北京：中华书局，1974年，第917–918页。

⑥ J. Hamilton, “Autour du manuscrit Staël-Holstein”, *T'oung Pao*, XLVI, 1958, pp. 117–118.

⑦ 关于仲云，参看 J. Hamilton, “Le pays des Tchong-yun, Čungul, ou Cumuḍa au Xe siècle”, *Journal Asiatique*, 265, 1977, pp. 351–379.

到了10世纪后半叶，俄藏敦煌文书Дх.2148(2)+Дх.6069(1)《于阗天寿二年（964）弱婢祐定等牒》，说到居留敦煌的于阗太子、公主等要在莫高窟开凿石窟，致信于阗国皇后、宰相，请求寄三五十匹“绀城细緤”来，沿窟使用。这里的“绀城”，即指“坎城”①。这也透露出媲摩一地在10世纪时仍然是于阗国的重镇，很可能是从唐朝遗留下来的一个重要的州。“绀城细緤”指的是媲摩地区生产的精细棉布，应当是其他地方织不出来的特别的一种棉布，这和马可·波罗所记“该地也盛产棉花”，“人们更多地以贸易和手艺为生”相吻合。

尽管马可·波罗描述的于阗不是非常准确，比如玉河的位置，但有关于阗和媲摩的大部分描述是元朝初年这些地方真实情况的写照。这是非常重要的，因为有关那段时间的于阗我们知之甚少。

（原载《西域研究》2016年第2期，37-44页。）

---

① 张广达、荣新江《十世纪于阗国的天寿年号及其相关问题》，作者《于阗史丛考》（增订本），292-293页。V. Hansen, “The Tribute Trade with Khotan in Light of Materials found at the Dunhuang Library Cave”, *Bulletin of the Asia Institute*, new series, 19 (Iranian and Zoroastrian Studies in Honor of Prods Oktor Skjaervø), 2005 (2009), pp. 42-43。

中编　文化交往

关于唐宋时期中原文化对于阗影响的几个问题

在古代中西文化交往过程中，除了显而易见的丝绸、香料等物质文明的双向交流之外，精神文明的交流也持续不断。精神文明的交流往往较物质文明的交流缓慢，但一旦被另一方接受，其影响则更加深远。在这方面，人们过去强调的主要是佛教、袄教、摩尼教、景教的东传及其对中国文化的影响，而中国文明的西渐则较少受到重视。张广达先生在《论隋唐时期中原与西域文化交流的几个特点》一文中，阐明了中原文明对西域的强烈影响，并探讨了唐朝文化西传最远到达何处以及影响的深度如何等问题[①]。本文就是在张先生这一理论性论述的启发下，对唐宋时期西域南道大国于阗吸收中原文化问题的几点考查。

我们之所以选取于阗作为考查对象，是因为不仅在传世的汉文史料中有关于此国的许多资料，而且更重要的是19世纪末到20世纪初，在今和田地区的许多古于阗王国的遗址和敦煌藏经洞中，发现了大量的用于阗本民族的语言——于阗语所写的公私文书、佛教典籍，以及一些同时出土的汉文文书，它们具体地反映了唐宋时期于阗王国的真实面貌，使我们可以进行较龟兹、疏勒、焉耆等塔里木盆地其他绿洲王国更为系

① 《北京大学学报》1985年第4期，1-13页。

统地研究[1]。

一、唐宋时期于阗历史的概述

隋末唐初，突厥汗国霸有西域，于阗一面向突厥称臣纳贡，一面向中原王朝遣使朝献，而且在贞观十三年（639）遣子入侍于唐朝。贞观十八年，玄奘从印度取经回国，在于阗逗留，受到于阗官府的款待并护送入唐境。二十二年，唐军攻占西域北道大国龟兹。明年，唐将薛万备率兵至于阗，于阗王伏阇信随之入朝，被唐高宗封为右骁卫大将军后还国。显庆三年（658），唐朝最终大败西突厥，掌握了西域各国的宗主权，并将原在西州境内的安西都护府移至龟兹，下设龟兹、于阗、焉耆、疏勒四镇，于阗成为丝路南道最重要的军政统治中心。

此后，吐蕃势力进入西域，联合西突厥余部，于显庆四年、龙朔三年（663）和麟德二年（665），三次进攻于阗，唐朝均派兵救援。但此时安西四镇的镇防体制尚不完善，咸亨元年（670），吐蕃攻占于阗、龟兹等地，唐朝只好罢安西四镇，撤回安西都护府。上元元年（674），于阗王伏阇雄击走吐蕃，亲自入唐。唐朝以于阗为毗沙都督府，下辖十个羁縻州，任命伏阇雄为都督。此后，西域各国又渐次归唐，唐蕃争夺西域的战争主要在碎叶、疏勒一带展开，于阗战事略少。垂拱初，吐蕃再次攻占于阗等安西四镇。至天授三年（692）初，于阗王伏阇雄死，唐封其子瑕（一作璥）为于阗王。长寿元年（692）十月，唐复置安西四镇，并发汉军三万人驻守西域，由唐军将镇守使统领，增强了安西四镇抵御外敌的能力。此后，除开元十三年（725）于阗王尉迟眺曾勾引突厥图谋叛唐，很快被安西副大都护杜暹派兵擒杀外，于阗一直在唐朝

---

① 参看张广达、荣新江《和田、敦煌发现的中古于阗史料概述》，《新疆社会科学》1983 年第 4 期，78–88 页。

势力范围之内。天宝中（749 年前后），于阗王尉迟胜入唐进献名玉良马，玄宗以宗室女嫁之，并授右威卫将军衔，兼毗沙府都督。归国后，尉迟胜与安西节度使高仙芝合力击播仙（今且末）、萨毗（今若羌一带）境内的吐蕃军队，取得胜利。十四载（755），安禄山起兵叛乱，尉迟胜闻讯后，让其弟曜摄国事，自率兵五千赴中原救难，乱平未归，终老长安。乾元三年（760），唐朝授尉迟曜同四镇节度副使，掌本国事。此后，中原多故，无暇西顾，尉迟曜率当地民众和唐朝镇守军一起，一直坚持到贞元六年（790），终于被吐蕃攻占。

吐蕃并未断绝于阗尉迟氏王统，而是仍以类似唐朝的羁縻形式统治其地。吐蕃驻军以于阗都城北部神山堡（今麻札塔格）为中心，这样北可以抵御南下之回鹘大军，南可以指挥控制于阗国王。

9 世纪中叶，吐蕃内乱势衰，于阗大概在 842 年吐蕃赞普朗达磨被杀以后不久即获独立，尉迟氏得以独立掌握政权。10 世纪初叶开始，于阗和敦煌的沙州归义军政权密切交往。912 年，尉迟僧乌波（Viśa' Sambhava）继位为王，取汉名李圣天，年号同庆；后娶沙州归义军节度使曹议金女为王后，双方往来频繁，于阗使人也进而经瓜沙前往中原王朝进贡。后晋天福三年（938），晋高祖遣张匡邺、高居诲等出使于阗，册封李圣天为“大宝于阗国王”。此后，于阗与中原王朝和敦煌官府往来更加密切，常有大批于阗使人逗留敦煌。

北宋初，于阗使臣、僧人先后数次入宋进贡。乾德四年（966），李圣天之子从德太子也入朝宋廷，翌年归国，即位为王，名尉迟输罗（Viśa' Śūra）。自 970 年前后开始，信奉伊斯兰教的疏勒黑韩王朝（喀喇汗王朝），东向进攻于阗佛教徒，战争持续了三十余年，黑韩王朝终于在 11 世纪初占领了于阗，尉迟家族统治的于阗佛教王国至此最终灭亡，于阗开始进入伊斯兰文化圈，其原本操伊朗语的塞种居民也逐渐突厥化，于阗语渐渐被回鹘语（维吾尔语）同化[①]。

① 以上历史概述及史料依据，详见拙稿《唐宋时代于阗史概说》，日本《龙谷史坛》第 97 号，1991 年，28-38 页。

从以上的唐宋时期于阗历史的概述中可知，自显庆三年（658）设于阗镇，于阗才真正处于唐朝的直接统治之下，但因为吐蕃对西域的争夺，于阗在唐蕃间几度易手，唐朝在此牢固站稳脚跟是长寿元年（692）再设四镇以后，原因是武则天采取了一项重要的措施，即发汉兵三万人镇守四镇[①]。汉军出镇西域地区，不仅增强了安西四镇抵御外敌的能力，而且对西域诸绿洲王国的政治、军事、文化产生了深远的影响。各镇镇守使例由唐将出任，他们率领汉兵镇守当地，必然与当地官人、居民接触交往，因此，这些唐朝兵将自然而然地成为唐朝军政制度的传播者。

目前所知曾任于阗镇守使的人有张怀福、高仙芝、杨和。据敦煌写本 P.2005《沙州图经》卷三张芝墨池条，张怀福在开元二年（714）九月前后，任“游击将军、守右玉钤卫西州蒲昌府折冲都尉、摄本卫中郎将，充于阗録（镇）守使、敦煌郡开国公”[②]，他出身于敦煌大族墨池张氏（又称北府张氏、清河张氏）[③]，据云是东汉草书圣人张芝的后代。高仙芝本高丽人，自幼随父从军西域，后得四镇节度使夫蒙灵詧赏识，大约在开元中期，被任命为于阗镇守使[④]。高仙芝后来升任为四镇节度使，他虽然是出身高丽的蕃将，但却是在唐朝长大成人的。杨和的事迹见杨炎撰《四镇节度副使右金吾大将军杨公神道碑》：“公名和，字惟

---

① 《旧唐书》卷一九八《西戎传》龟兹条，北京：中华书局，1975 年，5304 页。

② 录文据池田温《沙州图经略考》，《榎博士还历记念东洋史论丛》，东京：山川出版社，1975 年，370 页。文中“録”字系“镇”之讹，系据菊池英夫《西域出土文书を通じてみたる唐玄宗时代における府兵制の运用》（上），《东洋学报》第 52 卷第 3 号，1969 年，37–38 页注［10］。

③ 参看拙稿《敦煌卷子札记四则》一“关于敦煌的两个张氏”，北京大学中国中古史研究中心编《敦煌吐鲁番文献研究论集》第 2 辑，北京：北京大学出版社，1983 年，631–641 页。

④ 《旧唐书》卷一〇四，3203–3207 页；《新唐书》卷一三五本传，北京：中华书局，1975 年，4576–4579 页。

恭，河东人也。为高祖骠骑之曾孙。大父讳言，隋朝散大夫，国士经术之奥，高论上庠。……考讳楷，河州大夏县令。……〔杨和〕自武卫将军、四镇经略副使，加云麾将军，兼于阗军大使……又迁金吾大将军，四镇节度副使。"① 从以上可知其中张怀福与杨和或出自名门望族，或出自经术仕宦之家，他们之任职于阗，对于中原文化的传播一定起着重要的作用。

吐蕃对于阗的统治，并未彻底改变于阗王国原有的行政体制，汉文化的影响也得以继续下来。9 世纪中叶于阗独立后，特别是到了 10 世纪，于阗重新与中原王朝有了往来，并且和沙州归义军政权往来十分密切，中原文化又直接影响到了于阗。

二、唐朝地方行政与官制的影响

唐朝是中国封建社会的鼎盛时期，在制度方面，它系统总结了汉魏以来的各项制度，形成一整套极为完善的律令制度，并以律令格式等法律文书形式，严密地规定下来，因此被称为律令制国家。在文化方面，唐朝继承了传统的汉文化，并且有选择地吸收了外来文化的某些要素，把它们融汇于传统的汉文化之中，使唐朝的文化表现出异彩纷呈的景象。这种融会贯通传统与外来文化而形成的唐朝文化，又以极大的影响力向外扩张。人们常常只举朝鲜、日本、越南受唐朝影响而形成的所谓东亚文化圈，事实上，中亚地区许多归属于唐朝的西域王国，都不同程度地受到了唐朝文化的影响，只不过这种影响没有像东亚诸国那样继续下来，而是被后来进入西域的伊斯兰文化和浩瀚的沙海所掩埋。

中原文化对于阗的影响是多方面的，限于资料，我们主要从制度和佛教文化两方面着眼。作为唐朝文化代表的律令制度，可以通过于阗的

① 《文苑英华》卷九一七，北京：中华书局，1966 年，4829 页。

官制、行政和文书制度等方面看到其影响。

《旧唐书》卷五《高宗本纪》载："上元二年正月丙寅，以于阗为毗沙都督府，以伏阇雄为毗沙都督，分其境内为十州，以伏阇雄有击吐蕃功故也。"[①] 随着羁縻府州的设立，唐朝的地方官制也随之引入于阗。《新唐书》卷四三下《地理志》羁縻州条记："唐兴，初未暇于四夷，自太宗平突厥，西北诸蕃及蛮夷稍稍内属，即其部落列置州县。其大者为都督府，以其首领为都督、刺史，皆得世袭。"[②] 又《元和郡县图志》卷四十庭州条有所补充："以其大首领为都督、刺史、司马，又置参将一人，知表疏等事。"[③] 伏阇雄的毗沙都督衔，又见于乾陵石人像[④]。史载天宝中授尉迟胜为毗沙府都督[⑤]。其他有关于阗王的资料中未见此称，但于阗既立为一个都督府，都督自然由历代于阗王世袭担任，史籍不载，不过是书缺有间而已。

毗沙都督府下属的十州名，《新唐书·地理志》注阙。我们有幸通过和阗地区出土的汉文和于阗语文书，得知两个州的一些具体情况。现藏英国图书馆（The British Library）的 M9 号汉文文书，系 20 世纪初出土于和田东北沙漠中的丹丹乌里克遗址，内容为《唐大历三年（768）三月廿三日六城质逻典成铣牒》，后署"六城质逻刺史阿摩支尉迟信

---

① 《旧唐书》卷四〇《地理志》记："毗沙都督府，本于阗国。……上元二年正月，置毗沙都督府，初管蕃州五。上元元年，分为十。"文字显然有误，1648 页。《新唐书》卷四三下《地理志》记："毗沙都督府，本于阗国，贞观二十二年内附，初置州五。高宗上元二年置府，析州为十。"1134 页。按《旧唐书》卷四《高宗本纪》与《新唐书》卷三《太宗本纪》贞观二十二年条只记唐将薛万备胁于阗王伏阇信入朝，均不及设羁縻州事，颇疑两《唐书·地理志》的记载有误。《资治通鉴》卷二〇二同旧纪。

② 《新唐书》卷四三下《地理志》，1119 页。

③ 《元和郡县图志》卷四〇，北京：中华书局，1983 年，1033 页。

④ 见陈国灿《唐乾陵石人像及其衔名的研究》，《文物集刊》第 2 集，北京：文物出版社，1980 年，196 页。

⑤ 《旧唐书》卷一四四，3924 页；《新唐书》卷一一〇《尉迟胜传》，4127 页。

(?)”名[①]。又同馆藏编号为 Balaw.0160 的汉文文书《唐大历七年(772)纳布条记》第 2 行，有“刺史阿摩支尉迟□□”的署名[②]。“阿摩支”是于阗文 āmāca 的对音，来源于佛教梵文的 āmātya-或 amātya-，原意为国王的亲信顾问，在于阗用为一种荣誉称号。“刺史”无疑是羁縻州的首脑，两处刺史均出自王族尉迟氏，正符合唐制所规定的“皆得世袭”。“刺史”一名系为一州之长，因此也常出现在于阗语文书中，即用音译作 tsīṣī 或 tcīṣī。前一种拼法见现藏瑞典人种学博物馆(Ethnographic Museum)的 Hedin 1、Hedin 3 背、Hedin 11、Hedin 12、Hedin 13、Hedin 20、Hedin 45 等号文书[③]。其中 Hedin 20 开首部分作：[ka]ja 22mye haḍai vā miṣḍām ǧyastäna parau ā tsīṣī spāta sudārrjāṃ vara，意为“二月廿二日，圣天传下敕令予刺史萨波苏达踵”[④]。于阗文的“圣天”一词是于阗王的代称[⑤]。另外，Hedin 编号文书的出土地是今和田东北老达玛沟一代，即上文提到的六城质逻州所辖范围之内[⑥]。这里的刺史也和上述《大历三年典成铣牒》中的刺史一样，都是质逻州的刺史。据此可以确知，于阗文的“刺史”一词的含意与汉文全同。后一种拼法见英国图书馆藏的 M. T. c.0014、M. T. c.0018、M. T.00489 等号文书[⑦]。其中

---

① 图版见 A. F. R. Hoernle，“A Report on the British Collection of Antiquities from Central Asia, Part II”，*Journal of the Asiatic Society of Bengal*，LXX-1，1901，Extra No. 1，pl. III；录文及考释，见张广达、荣新江《〈唐大历三年三月典成铣牒〉跋》，《新疆社会科学》1988 年第 1 期，60-69 页。

② H. Maspero，*Les documents chinois de la troisieme expedition de Sir Aurel Stein en Asie Centrale*. London 1953，p. 186，pl. XXXVII，按马伯乐氏仅录作“史□释支尉□”。

③ Hedin 编号文书均由 H. W. Bailey 转写翻译于 *Khotanese Texts*，IV，Cambridge：Cambridge University Press，1961。

④ *Khotanese Texts*，IV，pp. 33，121.

⑤ 见拙稿《九、十世纪于阗族属考辨》，《新疆社会科学》1987 年第 4 期，77-78 页对此词的考证。

⑥ 参看张广达、荣新江《关于和田出土于阗文献的年代及其相关问题》，《东洋学报》第 69 卷第 1、2 期，1988 年，69-78 页。

⑦ H. W. Bailey，*Saka Documents*，*text volume*，London：School of the Oriental and African Studies，1968，pp. 75，79-80.

M. T. c.0018 残文书云：salī tcahaura māśta rrāhaja haḍā haṣṭūsa hvaṃna rrāda viśa' kīrtta ttya tcīṣī āmāca ṣṣau viśa' raka sal[y]a（后残）。“于阗王尉迟稀帝四年十二月十八日，于此刺史阿摩支执政者尉迟洛伽之年（后残）。”“刺史阿摩支尉迟”与上引两件汉文文书正同，但此件出土于和田正北方的麻札塔格（Mazār Tāgh），唐代称作神山堡，这里与上述文书出土地六城质逻不属于同一行政区划，这位刺史当是这一地区的行政首脑，可惜州名目前尚不得而知。

都督、刺史之下的长史也见于于阗语文书。Hedin 18 号文书提到六城地区的长史，于阗文写作 cāṃ-ṣṣī[①]。另外，Balaw.0154 号文书第 14 行，也提到长史，写作 cāṃ-ṣī[②]。从两件文书的内容看，此处的长史应是当地的胡人担任的，属于羁縻州的职官体系中的一员。与此同时，我们还在 Hedin 24 号汉文于阗文双语文书的汉文部分，看到“判官兰王府长史富惟谨”的署名[③]，此“判官富惟谨”又见于 Hedin 15、Hedin 16、Dumaqu C、Dumaqu D 等件双语文书，其于阗文的对应部分仅有 hvūṃ/hvū/hū phanä kvani[④]，从此处音译“富”字以及他所兼的兰王府长史一衔来看，此判官富惟谨应系唐朝镇守军将，而非羁縻州的于阗胡人。于阗文的“判官”一词还见于 Hedin 19 号文书[⑤]，但也是指这位富判官，所以尚不能以此词来作为于阗设有判官的证明，虽然事实上很有可能设有此职。

刺史、长史在唐朝四等官制中分别为长官和通判官，刺史“掌清肃邦畿，考覆官吏，宣布德化，抚和齐人，劝课农桑，敦谕五教”等，长史副之，“以纪纲众务，通判列曹”[⑥]。于阗等安西四镇，驻有大量唐朝

---

① *Khotanese Texts*，IV，pp. 117-118.

② H. W. Bailey，*Khotanese Texts*，III，2nd edition，Cambridge：Cambridge University Press，1969，p. 132.

③ 见张广达、荣新江《关于和田出土于阗文献的年代及其相关问题》，70-71 页。

④ 同上文 73-74 页。参看 *Khotanese Texts*，IV，p. 30；*Saka Documents*，*text volume*，p. 123。

⑤ *Khotanese Texts*，IV，p. 33.

⑥ 《唐六典》卷三〇，北京：中华书局，1992 年，747 页。

官人，必然将唐朝的这套地方官制灌输给当地胡人，于阗既有刺史、长史之职[①]，相信还会有司马、录事参军等一些官吏，其执掌虽然未必能全盘接受唐制，但官僚体制必然大受唐朝制度的影响。

与羁縻官制同行的是地方行政体制。唐朝内地州县以下的行政体制是，“百户为里，五里为乡，两京及州县之廓（郭）内分为坊，郊外为村，里及村坊皆有正，以司督察”[②]。和田当地出土的唐代汉文文书证明，乡里村坊制也随着羁縻州制度引入于阗。以下将我们收集到的名字表列于下：

	名称	文书编号	文书名称	出处
乡村	勃宁野乡	M. T. b.009	开元年间某寺支出簿	《中国古代籍帐研究》349页[③]
	厥弥拱村	同上	同上	同上
	薛拉村	M. T. b.003	唐某年役簿？	Chavannes 1913，p. 203[④]
	桑拱野村	M. T.0627	残文书	Maspero 1953，p. 191[⑤]

① 按于阗语文书中有关长史的两条材料未涉及其职掌，但在于阗北部的据史德（今巴楚）地区出土的与于阗语同属东伊朗语的所谓图木舒克语（Tumshuqese）文书中，有长史（cāṃṣi）判案的例证，参看 S. Konow，“Ein neuer Saka-Dialekt”，*Sitzungsberichte der Preussischen Akademie der Wissenschaften*，*phil. -hist. Klasse*，XX，Berlin 1935，pp. 1-54；idem，“The Oldest Dialect of Khotanese Saka”，*Norsk Tidsskrift for Srogvidenskap*，XIV，1947，pp. 156-190；拙稿《所谓“Tumshuqese”语中的“gyaźdi-”》，日本《内陆アジア言语の研究》VII，1992年，1-12页。据史德系龟兹都督府下属的郁头州（《新唐书》卷四三下《地理志》引贾耽《皇华四达记》），其羁縻州的行政体制应与于阗相同。

② 《唐六典》卷三户部郎中员外郎条，73页。

③ 池田温《中国古代籍帐研究》，东京：东京大学东洋文化研究所，1979年。

④ Chavannes 1913 = Ed. Chavannes，*Les documents chinois decouverts par Aurel Stein dans les sables du Turkestan oriental*. Oxford 1913.

⑤ Maspero 1953 = H. Maspero，*Les documents chinois de la troisieme expedition de Sir Aurel Stein en Asie Centrale*. London 1953.

（续表）

	名称	文书编号	文书名称	出处
里坊	补仁里	M. T. b.006	学郎题记	Chavannes 1913，p. 204
	政声坊	M. T. b.009	开元年间某寺支出簿	《中国古代籍帐研究》348 页
	安仁坊	同上	同上	同上 349 页
	镇海坊	同上	同上	同上
	善政坊	M. T.0634	贞元六年百姓纳租抄	Maspero 1953，p. 187
	□货坊	同上	同上	同上

这些文书均出土于麻札塔格遗址，薛拉村和桑拱野村出现的文书上下文意不太明确，但《开元年间某寺支出簿》中明记“西河勃宁野乡厥弥拱村”，知此乡村当位于城西二十里绿玉河或更西七里的乌玉河旁[①]，正符合唐令规定的“五里为乡”，“郊外为村”。同一《支出簿》记坊名时作“市城政声坊”“市城安仁坊”，知此两坊在城市当中，以此类推，上列所有里坊都应在城中，这也与唐制相符。从上列乡村里坊名称中可以明显地看出这样一种现象，即乡村名一般均是胡语的音写，因为目前尚未找到它们的原语，故此意思不明；里坊名称则均可以用汉文加以解释，如“安仁”当取《论语》里仁第四“仁者安仁，知者利仁”之意；“善政”当取《尚书·虞书·大禹谟》“德惟善政，政在养民”意，均为告诫地方官人之语，表明它们可能最初就是用汉语命名的。《新唐书》卷四三下《地理志》云：“唐置羁縻诸州，皆傍塞外，或寓名于夷落。……州县有名而前所不录者，或夷狄所自名云。”[②] 于阗王国诸大城外的乡村地区，原本就应有许多自然村落，有自己固有的名字，唐朝羁縻制在此建立以后，即按原来村落的大小组成羁縻州体制下的乡村，

① 两玉河的位置，见宋人张世南《游宦纪闻》卷五引平（高）居诲《于阗国行程录》，《丛书集成初编》，北京：中华书局，1985 年，31 页。

② 《新唐书》卷四三下《地理志》，1146 页。

其名称则用“夷狄所自名”；而原于阗诸城中似没有行政区划，且汉化程度较深，唐朝将之划分为里坊，并以汉文命名，是不难想见的。由此可知，于阗的乡村里坊这套地方行政体制，应是随着唐朝羁縻州制度在于阗建立而设立的。

三、唐朝文书制度的影响

唐《公式令》所规定的各种官文书格式，是唐朝律令制度的一种完美体现。在羁縻州的官制和行政体制确立以后，各级官府以及与唐朝镇守军之间的行政运作，必然要使用各种各样的官文书。和田当地出土的汉文文书中，就有一些当时行用的官文书实物，如上文提到的《唐大历三年（768）三月廿三日六城质逻典成铣牒》，就是由于阗长官签署的质逻州的正式公文。更有意思的是上文亦曾提到的 Hedin 24 号《某年（乾元三年，760?）闰四月四日典史环仆牒》，其牒文的汉文正文旁，是写有同样内容的于阗文，充分反映了于阗官人对唐官文书的熟悉，以及当地胡汉双重管理的情形。以上这两件牒文的格式、用词、署名、判案等，均与唐朝《公式令》规定的《牒式》相符[①]。

除了于阗当地使用的汉文文书或胡汉双语文书外，唐朝官文书制度对于阗语文书的影响如何是我们更为关心的问题，这里，值得注意的是敦煌出土的 P.5538 号正面于阗语文书。这件文书共 81 行，内容是于阗王尉迟输罗（Viśa' Śūra）在天尊四年（970）正月九日写给沙州归义军节度使曹元忠的一封信。在每条纸缝上和文书最后记年月日等处，共钤有九方汉字朱文方印，文曰：“书诏新铸之印”。最后两行的文字如下：PARAU ttāthyenä tcūnä sūhye: bāḍä tcūrmye kṣuṇä aśä salya paḍauysye

---

① 参看敦煌写本 P.2819 唐《公式令·牒式》，录文见 T. Yamamoto, O. Ikeda & M. Okano (eds.), *Tunhuang and Turfan Documents concerning Social and Economic History*, I. Legal Texts, A. Tokyo: The Toyo Bunko, 1980, p. 29。

māśti nāmye haḍai kvaniña āna rrāśį pastāṃdū yuḍe “我等因之于天尊年间、福幸之时、治世第四年、马年正月九日自馆（?）中发出此敕书。”引人注目的是在这两行文字的前面，写有一个特大的汉文“敕”字，长宽相当于整整一行于阗文[①]。为什么在于阗文书的纪年前面写上一个特大的汉文“敕”？似乎令人不可思议。实际上，这是继承了唐朝论事敕书的文书格式。

《大唐六典》卷九中书令条记：“凡王言之制有七：……六曰论事敕书。”原注：“慰谕公卿，诫约臣下则用之。”[②] 过去，人们只是在张九龄《唐丞相曲江张先生文集》、陆贽《陆宣公翰苑集》、白居易《白氏文集》等文集和一些石刻材料中，看到一些论事敕书的文本，但因均系抄件，往往只录敕书本文，而略去“指不多及”以下格式相同的文字，因此，虽然今人已有对论事敕书的详细研究，但并未能复原出正确的这种“王言之制”[③]。直到最近，英国图书馆从敦煌发现的经帙中，剥出许多有价值的唐代文书，其中 S.11287 号是《景云二年（711）七月九日赐沙州刺史能昌仁敕》，原文如下[④]：

1　敕沙州刺史能昌仁：使人主父
2　童至省，表所奏额外支兵者，
3　别有处分，使人令还。指不多
4　及。
5　　敕

---

① 图版见 H. W. Bailey, *Saka Documents*, II, London 1961, pl. 30–38；转写研究见 H. W. Bailey, *Khotanese Texts*, II, 2nd ed. Cambridge: Cambridge University Press, 1969, pp. 125–129; idem, “Śri Viśa Śūra and the Ta-uang”, *Asia Major*, *new series*, XI-1, 1964, pp. 17–26; idem, *Saka Documents*, *text volume*, pp. 58–61。

② 《唐六典》卷九，273–274 页。

③ 参看中村裕一《唐代制敕研究》，东京：汲古书院，1991 年，578–622 页。

④ 见四川人民出版社最近出版的《英藏敦煌文献》木匣封面。1991 年笔者在英国图书馆编 S. 6981 以下文书目录时，曾亲睹原件，并据以录文。

6　景云二年七月九日开府仪同三司中书令兼太子左庶子监修国史上柱国郇国公臣韦安石宣

7　　正 议 大 夫 行 中 书 侍 郎 上 柱 国 臣 □ □ 奉

8　　朝 请 大 夫 中 书 舍 人 内 供 奉 上 柱 国 臣 □ □ □ 行

（后残）[1]

年月日上，钤有一方朱印，文曰："中书省之印"[2]。这是唐朝中央朝廷下发到沙州的论事敕书原本。中间那个占满一行的特大"敕"字，是门下省官员据皇帝（唐睿宗）御画"敕"字而描的，皇帝亲画者则留门下省存档[3]。由此可知，P.5538 于阗语文书上的汉文"敕"字，是仿自唐朝的论事敕书，其在年月日位置上钤汉文朱印，也是遵行唐制的结果。应当指出的是，P.5538 号于阗语文书本是于阗王尉迟输罗致归义军节度使曹元忠的信函，曹元忠实为尉迟输罗的舅舅[4]。在这样一封书信中，本不应当使用论事敕书的格式，估计此时的于阗王对于唐朝论事敕书"慰谕公卿，诫约臣下"的职能已不太清楚，只把它当作皇帝所发文书的一般格式来使用了，试看 P.5538 上的"敕"字，书法笨拙，与 S.11287 上门下省官员所书不可同日而语，应出自于阗王尉迟输罗本人的描画。虽然此时的于阗王对唐朝各种王言之制的不同用途已不甚了

---

① 按：第 6 行缺文据《资治通鉴》卷二一〇景云二年四月、八月条；《旧唐书》卷九二《韦安石传》补。"宣""奉""行"三字系据 P.2819 唐《公式令·制授告身式》补。

② 参看《英藏敦煌文献》第一卷序言，成都：四川人民出版社，1990 年，3 页。

③ 有关论事敕书的起草、进画、宣奉、审覆、施行的详细过程，参看雷闻《从 S.11287 看唐代论事敕书的成立过程》，荣新江主编《唐研究》第 1 卷，北京：北京大学出版社，1995 年，323–335 页。

④ 参看张广达、荣新江《敦煌文书 P.3510 于阗文〈从德太子发愿文〉及其年代》，《1983 年全国敦煌学术讨论会文集 文史·遗书编》上，兰州：甘肃人民出版社，1987 年，163–175 页。

然，但他执着地使用论事敕书的文书形式，反映了直到宋初，唐朝官文书制度的影响依然存在。

我们讨论的这件于阗语文书还有一个值得注意的现象，即在遇到一些特定的词汇时，不论是否写至行末，均另行冒出，并用粗笔书写。现将这些词以及它们的意思和出现的行数列出：rrvī“王朝”（6、41、79），bāyi/bayä“圣恩”或“天恩”（7、13、23、29、50），parau“敕”“敕书”（19、28、80），gyastūñi“圣（意）”（41、45、76），gyastūñi rruśti“圣朝”（44），rruśti bayä“朝廷恩泽”（48），rruśta“国朝”（54），rrvī jsa gyastūñi“王朝圣（意）”（74）[①]。于阗文专家虽然注意到这种现象，但不得其解[②]。熟悉唐制的人一看就会联想到唐朝的《平阙式》。《大唐六典》卷四礼部郎中员外郎条云：“凡上表疏笺启及判策文章，如平阙之式。”[③] 所谓平阙，就是文书行文遇到一些特定的字词时，或则移行平出，或则阙字空格。敦煌文书 P.2504《天宝令式表》引《平阙式》云：“平阙式：宗庙、社稷、陵号、乘舆、诏书、昭诏、天恩、敕旨、圣化、朝命、中宫、御车驾，右已上字并须平阙文。”[④] 两相对比，不难认为于阗语文书中平出的作法，是受了唐朝平阙式的影响。只不过是《大唐六典》记“敕旨”“圣化”“天恩”“朝廷”等词只阙字，不平出，而于阗文书的平出可能是依据现已无存的唐宋时期某年颁布的平阙式，也可能是像上述画“敕”字一样，由于时间的原因而走了样。

---

① 见上引 H. W. Bailey，“Śrī Viśa Śūra and the Ta-uang”。

② H. W. Bailey，“Śrī Viśa Śūra and the Ta-uang”，p. 23.

③ 《唐六典》卷四，113 页。

④ 见 *Tunhuang and Turfan Documents concerning Social and Economic History*，I. Legal Texts，A，45 页。除《天宝令式表》和《大唐六典》卷四外，郑余庆于元和年间编撰的《大唐新定吉凶书仪》中，录有《公移平阙式》，详见赵和平《敦煌写本郑余庆〈大唐新定吉凶书仪〉残卷研究》，《敦煌吐鲁番文献研究论集》第 5 辑，北京：北京大学出版社，1990 年，230-231 页。

另外，这件于阗语文书上所钤汉文朱印，无疑是受唐制的影响[①]。于阗朝廷公文书之使用汉文印章，还见于P.2826号汉文写本《于阗王致沙州节度令公书》，其上钤印两方，一为“通天万寿之印”，一为“大于阗汉天子制印”，文书最后云：“凡书信去，请看二印：一大玉印，一小玉印，更无别印也。”[②]唐朝钤印制的影响并非于阗一国，如吐鲁番发现的一件用回鹘文写的西州回鹘王国诏令文书上，也钤有汉文“大福大回鹘国中书门下颉于迦思诸宰相之宝印”朱文方印[③]。甚至1289年统治伊朗的伊利汗致法王的波斯文信函上，也钤以汉文朱印[④]。

除了上述官文书之外，于阗文的私文书也有一些受汉文文书影响的方面，如书信的开头用语[⑤]、契约文书的画押[⑥]，限于篇幅，就不加以

---

① 参看《唐六典》卷一左右司郎中员外郎条：“凡内外百司所受之事，皆印其发日为之程限。……凡施行公文应印者，监印之官考其事目，无或差缪，然后印之。”11页。

② 印文释读见王重民《伯希和劫经录》，《敦煌遗书总目索引》，北京：商务印书馆，1962年，273页，但此处标目有误。录文见拙稿《归义军及其与周边民族的关系初探》，《敦煌学辑刊》1986年第2期，37页。较清晰的图版见藤枝晃《文字の文化史》，东京，1991年，181页，图62。

③ 耿世民《回鹘文摩尼教寺院文书初释》，原载《考古学报》1978年第4期，497-516页；修订收入《新疆考古三十年》，乌鲁木齐，1983年，529-548页，英译附图版见Geng Shimin，“Notes on an Ancient Uighur Official Decree Issued to a Manichaean Monastery”，*Central Asiatic Journal*，XXXV.3-4，1991，pp.209-230. 森安孝夫对印文释文有订正，见所著《ウイグル=マニ教史の研究》，《大阪大学文学部纪要》第31、32合并号，1991年，127页。

④ 卡特著，吴泽炎译《中国印刷术的发明和它的西传》，北京：商务印书馆，1957年，149页对面图版。按敦煌出土的藏文文书P.t.1081、P.t.1082亦钤有汉文朱印，见A.Spanien et Y.Imaeda eds，*Choix de Documents tibetains*，Tome II，Paris 1979所刊图版，但审其内容，两件文书分别出自沙州归义军和甘州回鹘政权，因此不能据以认为吐蕃王朝也使用汉印，从敦煌藏文文书来看，吐蕃似自有一套钤印制度。

⑤ R.E.Emmerick，“A Khotanese Fragment：P.5536 bis”，*Monumentum H.S.Nyberg*，I（*Acta Iranica* 4），Leiden/Teheran/Liege：E.J.Brill，1975，pp.223-226.

⑥ 熊本裕《Hagauṣṭa. sūlī》，《四天王寺国际佛教大学文学部纪要》第17号，1984年，1-5页；H.Kumamoto，“＊hagaista”，R.E.Emmerick & P.O.Skjaervø eds，*Studies in the Vocabulary of Khotanese*，II，Wien 1987，pp.151-154。

详细考察了。

四、经济制度的引进

唐朝在制度上对于于阗的影响并不只限于政治方面，从现存的文书来看，于阗在经济制度上同样受到唐朝的强烈影响，其中最明显的标志是唐朝度量衡制的应用。

《大唐六典》卷三金部郎中员外郎条云："凡度以北方秬黍中者，一黍之广为分，十分为寸，十寸为尺，一尺二寸为大尺，十尺为丈。凡量以秬黍中者，容一千二百为龠，二龠为合，十合为升，十升为斗，三斗为大斗，十斗为斛。凡权衡以秬黍中者，百黍之重为铢，二十四铢为两，三两为大两，十六两为斤。"① 又《唐会要》卷六六太府寺条引《杂令》云："京诸司及诸州，各给秤尺及五尺度斗升合等样，皆铜为之。"② 和田地区出土的于阗国所属羁縻州的汉文和于阗文的行政文书中，都反映了这种度量衡制的存在。现举 Dumaqu C 号汉文于阗文双语文书为列③：

1 六城南牟没纳进奉絁紬叁丈陆尺陆寸，

2 kṣvā auvānamaubudi thau huḍā 36 chā kṣä tsuna nva thaunakäṃspāta ś̮ema-

3 巳年十二月廿二日，判官富惟谨，萨波深莫抄。

4 kä nātä u hū phanä-hvana

这里，"叁丈陆尺陆寸"对应于 36 chā kṣä tsuna，chā 和 tsuna 分别是汉文"尺"和"寸"的音译。此外，见于于阗语文献的唐代度量衡还有 kabä "合"（见 P.2893 号药方）④、 śiṃga "升"（见 Or.11344，12 号文书）⑤、

---

① 《唐六典》卷三，81 页。

② 《唐会要》卷六六，上海：上海古籍出版社，1991 年，1364 页。

③ *Saka Documents*, *text volume*, p. 123.

④ *Khotanese Texts*, III, p. 92.

⑤ *Saka Documents*, *text volume*, pp. 36–37.

kiṇa“斤”（见 Hedin 51，P.2741 等文书）[①]。

此外，Hedin 4 号契约文书有如下残文[②]：

1　<sa>lī 20 1 māśta rarūya　haḍā-t-ū jsa 10 8 ///

2　<ṣau>ṣṣacū salya　ṣi' pāra-vastū　pīḍakä ttye pracaina ///

3　b<u>dasaṃgä pārāṃ mājime' nāti 10 4 dra ///

4　<. m>āśte　ganaṃ haurū u rrusa ceṃgāṃ　ṣṣaṃgna ///

文中的 ceṃgāṃ，贝利教授倾向于读作 ciṃga“汉”的形容词形[③]，ṣṣaṃgna 是一个度量衡单位，贝利认为 1　ṣaṃga = 8　śiṃga“升”[④]，恩默瑞克教授认为 1　ṣaṃga =4　śiṃga[⑤]。但是，两位于阗文专家都指 śiṃga 为汉文“升”的对音，如果从上述契约文书的上下文来看，把 ceṃgāṃ ṣṣaṃgna 对应于“汉升”，于音意亦无不通，因为我们在吐蕃统治敦煌时期的契约文书中，常见到“汉斗”“汉硕”的用法[⑥]。如果这种说法可以成立，上述残契可以试译为：

> 廿一年六月十八日，（中残）执政者瑟周之年，此债务契约系因（中残）没达僧伽已领取还债之十四（中残）月，我将依汉升交付小麦和大麦。

根据这些汉文度量衡单位的借用，以及斯坦因等人在和田地区所发现的大量唐朝钱币[⑦]，不难想见唐朝经济制度对于阗王国的影响。

和田出土的汉文文书表明，当时于阗王国的某些赋税制大概也来自唐朝的规定，如上举《大历三年典成铣牒》中所说的六城地区百姓纳

---

① *Khotanese Texts*，Ⅳ，p. 159.

② *Khotanese Texts*，Ⅳ，p. 4.

③ *Khotanese Texts*，Ⅳ，p. 77.

④ *Saka Documents*，*text volume*，p. 37.

⑤ R. E. Emmerick，“Contributions to the Study of the Jīvaka-pustaka”，*Bulletin of the School of Oriental and African Studies*，XLII. 2，1979，pp. 235-243.

⑥ 见 T. Yamamoto & O. Ikeda eds，*Tunhuang and Turfan Documents concerning Social and Economic History*，III. Contracts（A），Tokyo 1987 所收敦煌文书。

⑦ A. Stein，*Ancient Khotan*，Oxford 1907.

差科的情况，即与唐制相符[①]，只是材料较少，无法进行深入探讨。可以设想的是，唐朝度量衡制度的进入于阗，应当与赋役制的规定有关。

五、唐朝汉化佛教对于阗的影响

自唐朝初年开始，随着唐朝与于阗王国之间往来的密切，双方之间的文化交流是丰富多彩的。出身于阗王族的画家尉迟乙僧在长安作画，与吴道子齐名，对中国画的发展产生了深远的影响。《旧唐书》卷二八《音乐志》记："六年（龙朔元年）三月，上欲伐辽，于屯营教舞，召李义府、任雅相、许敬宗、许圉师、张延师、苏定方、阿史那忠、于阗王伏阇〔信〕、上官仪等，赴洛城门观乐。乐名《一戎大定乐》。赐观乐者杂彩有差。"[②] 于阗王在唐朝所见的礼乐制度，对其本国一定会产生影响。

本节着重要讨论的是唐朝汉化佛教对于阗的影响。从印度、西域传入中国的佛教，经过几百年的消化吸收，到隋唐时期开始形成为具有中国特征的汉化佛教。武则天执政年间，既是唐朝势力向西域大力扩张的年代，又是佛教在政府扶持下最为兴盛的时期。因此，于阗高僧提云般若、实叉难陀先后应武后之召，来到长安、洛阳译经；同时，汉化佛教也传入于阗。

汉化佛教进入于阗的一个明显标志是汉寺的建立。开元十五年（727），往印度取经的新罗僧人慧超回到龟兹，记载了于阗佛教的情况："于阗有一汉寺，龙兴寺。有一汉僧，名□□，是彼寺主，大好住持，彼僧是河北冀州人士。"[③] 又敦煌文书 P.2899 号汉文《须摩提长者

---

① 见张广达、荣新江《〈唐大历三年三月典成铣牒〉跋》，63 页。

② 《旧唐书》卷二八，1047 页。

③ 慧超《往五天竺国传》，录文见羽田亨《羽田博士史学论文集》上，京都：同朋社，1957 年，626 页。

经》卷端题“于阗开元寺一切经”，卷背书于阗语医药文献[①]，可知汉文佛经亦出自于阗。《资治通鉴》卷二〇八，中宗景龙元年（707）二月“庚寅，敕改诸州中兴寺、观为龙兴”[②]；又《唐会要》卷五十杂记条云：“〔开元〕二十六年（738）六月 日，敕每州各以郭下定形胜观、寺，改以‘开元’为额。”[③]据此可知于阗的龙兴、开元两寺，当是奉唐朝敕令建在城中的汉寺。又从安西四镇中龟兹、疏勒、碎叶均有大云寺例推断[④]，于阗亦当有大云寺，因为这也是奉天授元年（690）十月二十九日敕建立的[⑤]，由于唐军在长寿元年（692）方才收复四镇，大云寺的建立当稍晚于唐朝的内地州县。这些汉寺的建立在记载于阗佛教史的藏文《于阗国授记》（*Li-yul Lung-bstan-pa*）一书中也有反映，现将有关部分译出[⑥]：

> 尔后，尉迟僧伽罗摩（Vijiya Sangrama）王之子尉迟毗讫罗摩（Vijiya Vikram）返归于阗国，为其善友尊者大阿罗汉提云般若（Devendra）建毗沙罗摩（Byi-zha-gre-rma）寺。至今，阿婆罗质多天王与摩尼跋陀罗神守护之。
>
> 尔后，唐朝大臣谢大使（Ser The-shi）与尉迟达摩（Vijiya Dharma）王一起，为他们的善友瞿摩帝（'Gum-tir）的上座阇那斯纳（Jinasena），于东城建弥勒寺（Byams-pa Maitri）。至今，毗沙门天王守护此寺。

---

① *Khotanese Texts*, III, p. 78.

② 《资治通鉴》卷二〇八，6610页。

③ 《唐会要》卷五〇，1029页。

④ 龟兹、疏勒大云寺，见慧超《往五天竺国传》，羽田亨《羽田博士史学论文集》上，626页；碎叶大云寺，见杜环《经行记》，详参张广达《碎叶城今地考》，《北京大学学报》1979年第5期，78-79页。

⑤ 《唐会要》卷四八寺条，996页。

⑥ 此据R. E. Emmerick, *Tibetan Texts concerning Khotan*, London 1967, pp. 58-61校勘并英译本译出，专名后括注原文的拉丁转写，转写体系改从国际上更为通行者，以便排版。与本文无关的专名对证以及音韵学上的论证等，此处均从略。

> 尔后，王之大臣盖大使（Ka The-shi）与尉迟散跋婆（Vijiya Sambhava）王一起，为他们的善友乌丹陀罗若希（Udrendra Rod-ci）与达磨难陀（Dharmananda）二人，共建开元寺（Khe-gan-rt-si）。至今，毗沙门天王守护此寺。

前人已经指出，文中提到为提云般若建寺一事，当发生在他于 691 或 692 年去世的时候，以纪念这位大法师[①]。由此可以推断，其后两段所记，应是此后不久的事情。文中的 Ser The-shi 和 Ka The-shi，均系汉文的音写，故为唐朝军将无疑，我们将之译作“谢大使”和“盖大使”，除了对音相符外，还考虑到他们可能分别就是开元十六年（728）十一月乙酉以前任“右羽林军大将军兼安西副大都护、四镇节度等副大使谢知信”[②]，和开元二十六年安西都护盖嘉运[③]。后者任职安西的时间正好是唐朝敕建开元寺的那一年，因此，藏文的 khe-gan-rtsi 很可能是“开元寺”的不规则拼写[④]。此名又见于麻札塔格出土的 M. T. b. i.0045 号藏文木简文书中：lha-gang ke'u-'gan-tshe rgya Sam-du“开元寺之汉人孙度（音）”。[⑤] 这进一步证明了此寺为唐人所建。综合上述汉藏文材料，可知于阗汉寺有些是奉唐朝敕令建立的，这些寺院的建立得到了唐朝安西四镇的镇守军将领的有力支持。

除了这些较大的汉寺外，位于于阗王城东北边境杰谢镇（丹丹乌里克），也有一所不大的汉寺，名护国寺，斯坦因在此处发现的《大历十七年（782）行官霍昕悦便粟契》（D. VII.4. a）、《建中三年（782）健儿马

---

① J. E. Hill，“Notes on the Dating of Khotanese History”，*Indo-Iranian Journal*，XXXI. 3，1988，pp. 181-182.

② 《册府元龟》卷九七五外臣部褒异二，北京：中华书局，1960 年，11452 页上。

③ 《旧唐书》卷一九四下《突厥传》下，5192 页。

④ Emmerick 将 *rtse* 译作 peak，似不可取。

⑤ F. W. Thomas，*Tibetan Literary Texts and Documents concerning Chinese Turkestan*，II. London 1951，p. 183，n. 1.

令庄举钱契》（D. VII.2）等[①]，证明了此寺的存在。从向护国寺僧虔英借债者多为唐军兵将来看，此寺也是随唐朝势力进入于阗而建立的。

汉寺的建立，必然将唐朝寺院管理体制带入于阗。《大唐六典》卷四祠部郎中员外郎条规定："每寺上座一人，寺主一人，都维那一人，共纲纪众事。"[②] 上引《开元年间于阗某寺支出簿》（M. T. b.009）记每日支出帐目后，均有都维那、寺主、上座依次署名[③]；又，D. VII.7 号《护国寺三纲帖》，也有都维那、上座、寺主签署[④]。而且，于阗语文书中出现的僧官有 prramuhi/pramuhä（Hedin 7，Hedin 7 verso）和 māṃmattī（Hedin 4），贝利将前者与"上座"联系起来，并指出后者的汉文对音是"摩摩谛/德"[⑤]。按《僧史略》卷中杂任职员条称："梵语摩摩帝、悉替那、羯磨陀那，华言寺主、上座、悦众（维那）也。"[⑥] 据此，知于阗文 māṃmattī 即寺主。上举两件汉文书虽然出土于不同的地方，但可能均为汉寺，其用唐朝三纲之制不足为奇。Hedin 编号的三件于阗语文书，从内容可知为于阗胡寺无疑，由以上对证出的两个僧官称号，可知也是由三纲统辖的。

更值得注意的是，Hedin 7 背面的于阗语文书中，出现了汉文"功德使"一名的音译 kū-thaigä-ṣī，文书的内容是乌孜塔基（Ustāki，今乌曾塔提?）寺的僧人上书诉告有人毁坏法物，其中讲到媲摩（Phema）的功德使命令就此事写出一份报告[⑦]。按功德使是唐朝中叶开始在京城设

---

① *Tunhuang and Turfan Documents concerning Social and Economic History*, III. Contracts (A), pp. 76–77.

② 《唐六典》卷四，125 页。

③ 《中国古代籍帐研究》，348–350 页。

④ Ed. Chavannes, "Chinese Documents from the Sites of Dandan-Uiliq, Niya and Endere", *Ancient Khotan*, by Aurel Stein, Oxford 1907, p. 532, pl. CXVI.

⑤ *Khotanese Texts*, IV, pp. 77–78, 83–84.

⑥ 赞宁撰，富世平校注《大宋僧史略》，北京：中华书局，2015 年，116 页。

⑦ *Khotanese Texts*, IV, pp. 86–90.

立的一个主管僧尼之籍和功役的职官[①]，这一官职出现在于阗媲摩城，且职掌似乎相同，使我们怀疑于阗佛教教团的统治体制可能仿自唐朝。

中古时期的寺院，往往既是经院哲学的研究中心，又是展现大众俗文化的场所，汉寺在于阗的建立，必然对于阗王国的思想文化产生深远的影响。

随着唐朝势力在于阗的确立，汉寺也就陆续地出现在于阗境内，与此同时，汉译佛典也必然流传到于阗地区。早年，英籍德裔学者霍恩雷（A. F. R. Hoernle）曾辗转从和田挖宝人那里，得到过一件正面为汉文，背面为于阗文的残卷，据云出自和田以东哈达里克（Khadalik）遗址。正面的汉文由沙畹比定为《大般若波罗密多经》，背面的于阗文由霍恩雷本人刊布，内容亦属于般若经典，但具体所在，迄今尚未弄清[②]。其后不久，斯坦因又在麻札塔格的佛寺遗址中，发现了一些汉文《大般若波罗密多经》等佛典断片（编号 M. T. a.004(a)；M. T. a.004；M. T. a.003，M. T. b.001；M. T. b.004(a)，M. T. b.004(b)）[③]，以及信徒所写的发愿文（M. T.0634(3)）[④]。这些资料虽然不多，但足以证明汉文佛典在于阗地区的传习。

于阗是西域佛教大国，从曹魏时朱士行西到此地取经，到武后邀请实叉难陀东来传法，于阗一直是向中原传播佛教的一大基地，特别是在

① 《资治通鉴》卷二三七宪宗元和四年六月条，7661 页。按史籍于功德使的设置年代记载不明，参看汤用彤《隋唐佛教史稿》，北京：中华书局，1982 年，52–54 页。

② A. F. R. Hoernle, "A Bilingual Fragment in Chinese-Khotanese, Hoernle MSS., Nos. 142 and 143", *Manuscript Remains of Buddhist Literature found in Eastern Turkestan*. ed. by A. F. R. Hoernle, Oxford, 1916, pp. 387–399, pl. XXII. Cf. H. W. Bailey, *Khotanese Texts*, V. Cambridge: Cambridge University Press, 1980, pp. 67–68.

③ Chavannes, *Les documents chinois decouverts par Aurel Stein dans les sables du Turkestan oriental*, pp. 202–203, pl. XXXII.

④ Maspero, *Les documents chinois de la troisieme expedition de Sir Aurel Stein en Asie Centrale*, p. 189.

大乘般若学说和华严思想的传播上尤为重要。然而，大概从武则天统治的末年开始，中原的汉化佛教渐渐“倒流”到西域，而且，即使到晚唐五代宋初，唐朝的政治势力已经退出西域，这种倒流的情形仍持续不断。这种文化交流的现象，正如宋人赞宁所说：“又夫西域者，佛法之根干也。东夏者，传来之枝叶也。世所知者，知枝叶，不知根干。而不知枝叶殖土，亦根生干长矣。”[①] 汉译佛典的传入，必定对于阗佛教产生深远的影响。

目前发现的于阗语文献，依出土地点的不同可以分为两组，一组是和田出土文献，年代大体在公元4世纪到9世纪中叶；敦煌出土文献大多数为10世纪所写[②]。从于阗语本身来看，专攻于阗语的伊朗语言学家一般将其分为古于阗语（Old Khotanese）和新于阗语（Late Khotanese），由于佛典是一种书面用语，因此变化较慢，古新于阗语也就有个漫长的交替时期，大体上是在6、7世纪[③]。在已经转写和部分翻译的大约五十种于阗语佛典中，和田地区出土的古于阗语写本，几乎都是梵文大乘经典的忠实翻译，而敦煌出土的新于阗语写本，很少能对应出梵文佛典的译本；从内容上来看，有于阗人自己编纂的《佛本生赞》[④]，有明显是受吐蕃佛教影响的金刚乘文献[⑤]，也有不少大概是直接译自汉

---

① 《宋高僧传》卷二七《含光传》系词，679页。我们曾举西州回鹘的例子阐明这一问题，见拙稿《公元十世纪沙州归义军与西州回鹘的文化交往》，《第二届敦煌学国际研讨会论文集》，台北：汉学研究中心，1991年，583-603页。

② 见张广达、荣新江《关于和田出土于阗文献的年代及其相关问题》，又同作者《关于敦煌出土于阗文献的年代及其相关问题》，《纪念陈寅恪先生诞辰百年学术论文集》，北京：北京大学出版社，1989年，284-306页。

③ *Khotanese Texts*, V. pp. vii-viii；R. E. Emmerick，“The Transition from Old to Late Khotanese”，*Transition Period in Iranian History*（*Studia Iranica*，*Cahier* 5），Leuven，1987，pp. 33-42. 参看上注前一篇文章从历史角度的论述。

④ M. J. Dresden，*The Jātakastava or* “*Praise of the Buddha's Former Births*”，*Transactions of the American Philosophical Society*，*NS*，45. 5，Philadelphia，1955.

⑤ H. W. Bailey，“Vajrayāna Texts from Gostana”，*Studies of Esoteric Buddhism and Tantrism in Commemoration of the 1150th Anniversary of the Founding of Koyasan*，Koyasan，1965，pp. 27-39；R. A. Stein，“Un genre particulier d'exposés du Tantrisme ancien tibétain et khotanais”，*Journal Asiatique*，275. 3-4，1987，pp. 265-282.

文佛典，如 P.3513 号佛典合集中的《金光明经》，就译自义净的《金光明最胜王经》[①]。但由于大多数于阗语专家不谙汉文，因此迄今在于阗语和汉文佛典的对证上进展甚微，然而我们从已经转写或翻译的新于阗语佛典中，可以找到可能来自汉文或受汉文佛典影响的明显痕迹[②]。

特别值得注意的是现藏伦敦印度事务部图书馆的一件敦煌写本，编号 Ch.00120，全卷共 94 行，前 5 行首部略残，是用拼写于阗语的婆罗迷文（Brāhmī）所写的汉语佛典。1937 年，托玛斯最早将第 24 行以下比定为鸠摩罗什译本《金刚般若波罗蜜经》[③]。但前 23 行虽经贝利转写，却不知所云[④]。直到 1958 年，才由西门华德比定为《梁朝傅大士颂金刚经序》[⑤]。以后，恩默瑞克又发现巴黎国立图书馆藏 P.5597 号残片，实系此卷前 5 行所缺部分，并由高田时雄转写拼接，使此卷首尾俱全[⑥]。迄今为止，语言学家们主要是利用这件珍贵的写本来探讨中古汉语音韵或于阗文的音韵学问题[⑦]，然而，从历史学的角度来看，这件文书最真实地反映了于阗人学习汉文佛典的情况。更有意义的是，《梁朝

---

① R. E. Emmerick, *A Guide to the Literature of Khotan*, Tokyo, 1979, p. 34.

② 参看张广达、荣新江《敦煌文书 P.3510 于阗文〈从德太子发愿文〉及其年代》；熊本裕《コータン语文献概说》，山口瑞凤编《敦煌胡语文献》，东京：大东出版社，1985 年，101–140 页有关部分。

③ F. W. Thomas, "A Buddhist Chinese Text in Brāhmī Script", *Zeitschrift der Deutschen Morgenlandischen Gesellschaft*, 91, 1937, pp. 1–48.

④ H. W. Bailey, "Vajra-prajñā-pāramitā", *Ibid.*, 92, 1938, pp. 579–593.

⑤ W. Simon, "A Note on Chinese Texts in Tibetan Transcription", *Bulletin of the School of Oriental and African Studies*, XXI, p. 335, n. 3.

⑥ 高田时雄《敦煌资料による中国语史の研究》，东京：创文社，1988 年，38–40 页。

⑦ 除了上举论著外，尚有水谷真成《Brāhmī 文字转写〈罗什金刚经〉の汉字音》，《名古屋大学文学部十周年纪念论集》，名古屋：名古屋大学文学部，1959 年，749–774 页；B. Csongor, "A Chinese Buddhist text in Brāhmī Script", *Unicorn* (*Chi-lin*), 10, 1972, pp. 36–77; R. E. Emmerick, "The Dunhuang MS. Ch 00120: its importance for reconstructing the phonological system of Khotanese", *Dunhuang and Turfan the texts*, ed. by A. Cadonna, Firenze, 1992, pp. 145–170。

傅大士颂金刚经》系中土僧人的著作，它之为于阗人所抄写，更能说明汉化佛教对于阗的影响程度①。

六、汉地传统文化的学习

以上所讨论的内容，主要集中在制度和佛教两个方面，这是和唐朝对于阗的统治和于阗以佛教为国教分不开的。至于传统的中国文化是否传入于阗，也是我们所关心的一个重要问题。

《旧唐书》卷一〇四《哥舒翰传》记②：

> 哥舒翰，突骑施首领哥舒部落之裔也。祖沮，左清道率。父道元，安西副都护，世居安西。年四十，遭父丧，三年客居京师，为长安尉不礼，慨然发愤折节，仗剑之河西。初事节度使王倕……后节度使王忠嗣补为衙将。翰好读《左氏春秋传》及《汉书》，疏财重气，士多归之。翰母尉迟氏，于阗之族也。

据《唐方镇年表》，王倕任河西节度在开元二十九年到天宝二年（741—743），哥舒翰时年四十三岁，其出生当在698—700年前后。其父道元，又见《宋高僧传》卷二《实叉难陀传》："〔实叉难陀〕以景云元年（710）十月十二日，右胁累足而终，春秋五十九岁。十二月二十三日，门人悲智、敕使哥舒道元送其余骸及斯灵舌还归于阗，起塔供养。"③ 哥舒道元曾任安西副都护④，而此时又让他护送实叉难陀遗骸归于阗，我们推测他曾任职于阗，因此取于阗王族之女为妻。哥舒翰为突

---

① 这部佛典还被译成回鹘文，残卷已在吐鲁番发现，见 G. Hazai & P. Zieme, *Fragmente der uigurischen Version des "Jin' gang-jing mit den Gathas des Meister Fu"*, nebst einem Anhang von T. Inokuchi (*Berliner Turtantexte* I), Berlin, 1971，可见其在西域的影响不只于阗一地。

② 《新唐书》卷一三五《哥舒翰传》略同，唯称"翰母，于阗王女也"，可补旧传，4569-4574页。

③ 赞宁撰，范祥雍点校《宋高僧传》卷二，北京：中华书局，1987年，32页。

④ 按与安西副都护地位相同的四镇节度副使，驻地当在于阗，参看前引拙稿《唐宋于阗史概说》，31页。

厥与于阗两胡族的混血儿，他青少年时代所生长的安西，当指广义的安西，应包括于阗在内。从其母为于阗王族来看，他很可能是在于阗长大成人的，他之读书学习的主要时间，当在于阗。

我们力图把哥舒翰读《左传》《汉书》的地点放在于阗，是因为和田地区确实曾出土过一些儒家经典和汉文古籍，如大谷探险队曾在和田发现一件《尚书孔氏传》的抄本残片[①]。斯坦因也曾在麻札塔格找到一件汉文古籍残片（M. T.0625），可惜因残缺过甚，前人尚未比定出来[②]，今考实为北齐刘昼所撰《刘子》祸福第四十八篇残文。《刘子》主要思想为道家言，其影响远及于阗。此外，斯坦因还发现了一件汉文字书残叶（M. T. c.001(b)）[③]，以及一件学书习字文书，所存残题记称："（上残）补仁里，祖为户，□□□（学）生李仲雅仿书四十行，谨呈上。"[④]可以作为当地学生学习汉文的明证。

以上我们从几个方面论证了唐宋时期中原文明对于阗王国的影响，虽然限于篇幅，有些方面，如五代宋初于阗王国使用年号、国王本人起汉名等问题，未能深入探讨；同时，由于资料的限制，也无法全面地阐明这一问题所关涉到的所有方面。但仅仅从以上揭示的唐宋文化对于阗的影响来看，我们足以得出结论说，在伊斯兰化以前的一段时期里，塔里木盆地的西域绿洲王国，应当是在以唐朝制度文化为主要特征的中国文化圈当中的。

（原载北京大学中国传统文化研究中心编《国学研究》第1卷，北京大学出版社，1993年，401-424页。）

① 香川默识编《西域考古图谱》下卷，东京：国华社，1915年，经籍（2）之（1）。

② Maspero, *Les documents chinois de la troisieme expedition de Sir Aurel Stein en Asie Centrale*, p. 191, pl. XXXV.

③ Chavannes, *Les documents chinois decouverts par Aurel Stein dans les sables du Turkestan oriental*, p. 216, pl. XXXVI.

④ *Ibid.*, p. 204, pl. XXXII.

汉语-于阗语双语文书的历史学考察

在和田发现的文书中，有一些是汉语和于阗语双语书写的，有纸本的，也有木简。这种双语文书，对于于阗语言的研究，提供了不少帮助。从历史学的角度来观察，这些双语文书对于研究 8、9 世纪于阗乃至整个西域的历史，都是很有价值的难得材料。

过去，随着和田出土于阗语和汉语文书的整理刊布，一些汉语于阗语双语文书分别由于阗语专家和汉文文书的专家做了个案研究，也有的学者对某些文书做了综合的探讨，但有关这些双语文书的综合性讨论，笔者管见所及，似乎只有吉田豊《有关和田出土 8—9 世纪于阗语世俗文书的札记》的最后部分略有涉及，他是从于阗人使用汉文的角度来考察各种双语文书的[①]。笔者在前人研究的基础上，希望对和田出土汉语于阗语双语文书做一个通盘的考察，并给予历史学的解说。

目前已经公布的汉语于阗语写在一起的双语文书，数量有限，我们大体按照不同的内涵，先把主要的文书简要介绍如下，然后再做综合讨论。

---

① 吉田豊《コータン出土 8—9 世紀のコータン语世俗文书に关する觉え书き》，神户：神户市外国语大学外国学研究所，2006 年，有关双语文书的综合讨论见 148-152 页。按，此文共三部分，汉译本《有关和田出土 8—9 世纪于阗语世俗文书的札记》（一）、（二）由广中智之与笔者完成，分别发表在《敦煌吐鲁番研究》第 11 卷，上海：上海古籍出版社，2009 年，147-182 页和《西域文史》第 3 辑，北京：科学出版社，2008 年，97-108 页，以下所引，均据汉译本。另外，本文（三）田卫卫译，分上、中、下三部分发表于《敦煌学辑刊》2012 年第 1-3 期。

【1】瑞典藏 Hedin 24《唐贞元十四年（798）闰四月四日典史怀仆牒》①：

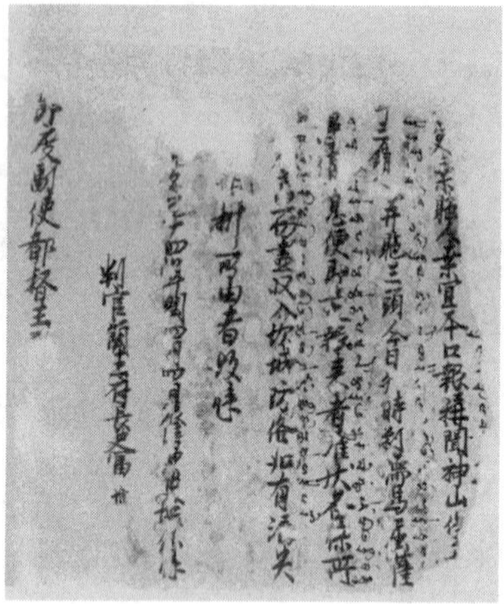

（前缺）

1 ∕ khu s- h--ā sa l-. × ×

2 ］□□乘驼人桑宜本口报称：闻神山堡□

3 ∕ ḍai karmā × -ā -ī kūsä īyāde ula-bārai dasau × vaṃnä pastä yuḍe khu sal-

4 ］□三铺人并驼三头，今日卯时□，濡马屈萨

5 ∕ vā buḍä yuḍe khu parau pva' cve tta piṣkala hvaṃḍä u stūrä biśūṃ phęmą̄na kīṃtha tva<śdya>

① 汉文部分由蒲立本（E. G. Pulleyblank）刊布于 H. W. Bailey, *Khotanese Texts*, IV: *Saka Texts from Khotan in the Hedin Collection*, Cambridge 1961, p. 136；最新的订正文本见张广达、荣新江《八世纪下半至九世纪初的于阗》，《于阗史丛考》（增订本），北京：中国人民大学出版社，2008 年，242 页。于阗文部分见 *Khotanese Texts*, IV, p. 37；H. W. Bailey, *Saka Documents Text Volume*, London 1968, p. 12。早期的图版见 H. W. Bailey (ed.), *Saka Documents* (Corpus Inscriptionum Iranicarum, Part II: Vol. V: Saka) I, London 1960, pl. VII；我们又刊布了斯文·赫定基金会所赠更清晰的照片，《于阗史丛考》（增订本），vii 页。

6　]得消息，便即走报来者。准状各牒所

7　/ × pyaṃtsa ā × rä th<u> pa'jsä ārrä byehä śe' seṃjsījsä haḍai parau -----

8　由者，]人畜一切尽收入坎城防备，如有漏失，

9　　　]罪科所由者，故牒。

10　　　　　　　贞元十四年闰四月四日辰时，典史怀仆牒。

11　　　　　　　　　　判官简王府长史富惟谨[

12　]　节度副使都督王[尉迟曜]

（于阗语部分翻译：持续。……乘驼人……十……今其俯就如此行事，故此……其能携带给我。当你听到此令，务将当地人畜收入媲摩城……于城堡中……你将受到严格防备。闰 Seṃjsījsa 月四日，此令［发出］。）[①]

这是由于阗地区的最高首脑——安西节度副使、毗沙都督府都督、于阗王尉迟曜（Viśa' Vāham）签署的一份牒文，内容是说一个叫桑宜本的人报告说，神山堡（今麻札塔格）一带的三个铺人得到有贼人到来的消息，马上来到于阗王城通报，于是于阗毗沙都督府某个官衙的典史怀仆，发牒文给六城地区的相关吏人（所由），让他们负责把人畜一切都收入坎城之中，以防不虞。此牒由带有简王府长史头衔的判官富惟谨批示后，节度副使、毗沙都督府都督、于阗王尉迟曜亲自签署后发出。文书年代处不够清晰，我们认为是在贞元十四年[②]。

---

① 此据 Bailey, *Saka Documents Text Volume*, p. 13 英译文翻译。段晴教授认为第 5 行的主要意思应当是："当听到命令，凡（各）部人和牲畜，一切尽（收入）霈马屈萨。"霈马屈萨即"媲摩城"的不同译法。见所撰《Hedin 24 号文书释补》，新疆吐鲁番学研究院编《语言背后的历史——西域古典语言高峰论坛论文集》，上海：上海古籍出版社，2012 年，74–78 页。

② 张广达、荣新江《八世纪下半至九世纪初的于阗》，原载《唐研究》第 3 卷，北京：北京大学出版社，1997 年，339–361 页；收入《于阗史丛考》（增订本），240–263 页；又有英文本：Zhang Guangda and Rong Xinjiang, "On the Dating of Khotanese Documents from Khotan Area", *Journal of Inner Asian Art and Archaeology*, III, ed. J. Lerner and L. Russel-Smith, 2009, pp. 149–156。

文书前残，第一行虽然留有一些于阗文的残字，但从于阗文的内容来看，是写在每行汉文下面一行的，内容较汉文简略，而且也没有包括汉文文书的全部内容，如“罪科所由”一类的话，年份、日期和署衔判案者均省略。

【2】中国国家图书馆藏《唐开元十年（722）于阗百姓纳粮条记》，写于木简上，已知有34枚，这里举第25件的文字如下[①]：

正：拔伽阿两隅，送粟贰硕叁斗。开元十年九月十九日，典何仙，官

背：张并、相道惠。birgaṃdara aryaṃgulä gau'si hauḍi kūsa 2 kha 3 mūtcacajä māśtä ṣau marṣa salya

（于阗语翻译：Birgaṃdara 处的 Aryaṃgula 在 ṣau 官 Marṣa'所管年 Mūtcaca 月送粟 2 kūsa（硕），3 kha（斗）。）

【3】和田地区某私人藏《唐开元十五年于阗百姓纳粮条记》，计4枚[②]，今举其一：

正：屋悉贵叱半一里桑宜，纳青麦柒斗。开元十五年九月十三

背：日，典刘德，官李贤宾。birga ṃdara śuda ṃgulä rrusa kha 7

① 整组文书的整理研究，见荣新江、文欣《和田新出汉语—于阗语双语木简考释》，《敦煌吐鲁番研究》第11卷，上海：上海古籍出版社，2009年，45-69页；英文本：Rong Xinjiang and Wen Xin, “Newly Discovered Chinese-Khotanese Bilingual Tallies”, *Journal of Inner Asian Art and Archaeology*, III, 2009, pp. 99-118。

② 这组文书最初由和田博物馆的艾再孜·阿布都热西提发表，见所撰《和田发现汉文、于阗文双语木简》，《新疆文物》1998年第3期，104页。重新整理研究，见上注引荣新江、文欣中英文论文。

śyeyye ṣau hviṃdū sal[y]e

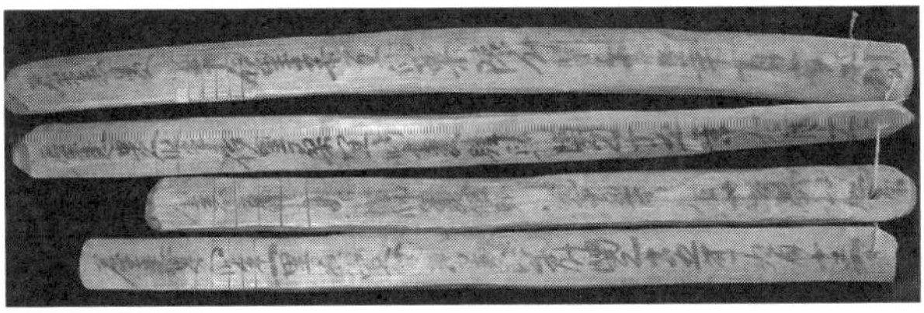

（于阗语翻译：Birgaṃdara 处的 Śudaṃgula 在 ṣau 官 Hviṃdū 所管第二年送青麦 7 kha（斗）。）

这两组汉语于阗语双语木简，分别是开元十年和开元十五年于阗国税收的记录。一般来讲，先写汉文，即从木简的正面自上而下书写，如果没完，在背面继续自上而下书写。于阗文部分则横向书写在汉文部分的下方，当汉文已经占满木简正背时，则书写在木简的侧面。木简上有表示交粮数量的刻痕，这些地方都没有书写文字。从刻痕和文字登载的位置可知，木简是先刻画，后书写汉文，最后写于阗文。两组木简上均有唐朝官员的签署，分别是“典”某人和“官”某人。此处的“官”是“判官”的省称，在唐朝的官僚体系中，判官高于典，所以典的签名在判官之前。总体上来说，于阗语部分和汉语部分可以大致对应，只是一般都较汉文简略，纪年方式与汉文不同，用当地官员纪年的方法。有个别地方两者不能对应，说明后写的于阗书手可能对前面的汉文并不完全理解。

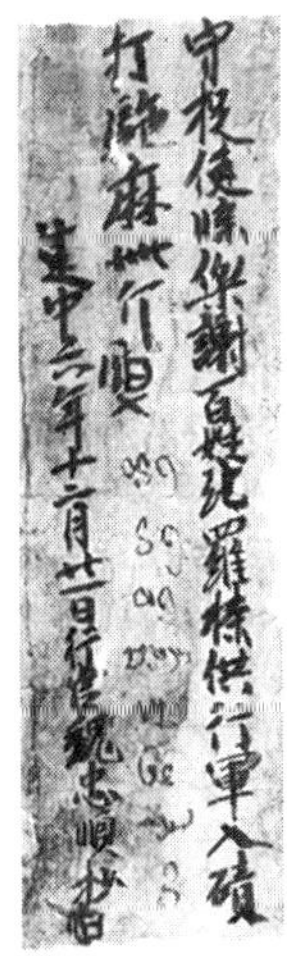

中校使晓侏斜百姓纪罗捺供行軍入磧
打駝麻卅斤只
建中六年十二月廿一日行官魏忠順抄

【4】俄藏 Дх.18927《唐建中六年（785）十二月廿一日行官魏忠顺收驼麻抄》[①]：

① 图版见圣彼得堡东方学研究所、上海古籍出版社编《俄藏敦煌文献》第 17 册，上海：上海古籍出版社，2002 年，287 下页；汉文录文见张广达、荣新江《于阗史丛考》（增订本），282 页。

1 守捉使牒：杰谢百姓纥罗捺供行军入碛

2 打驼麻卌斤。 顺 hvī hīvī kṣau ṣṭi 40 kiṇa

3 建中六年十二月廿一日，行官魏忠顺抄。 顺

这是建中六年十二月二十一日于阗行官魏忠顺所写领抄文书，记杰谢百姓纥罗捺（Rruhadatta）为行军入碛而交纳了打驼麻四十斤，后有“顺”的署名。第 2 行的于阗文意为“此为魏（忠顺）的收据：40 斤”[①]，显然是汉文文书的简要记录，重点在交纳的数额。在这件文书后面，粘连着另一件于阗文的领抄文书，内容是于阗王尉迟曜十八年（建中五年/784）Cvātaja 月（汉历正月）十日，杰谢百姓 Vikausa 交纳麻 160 斤，魏将军收领。Vikausa（勿苟悉）与纥罗捺都以保人的身份出现在下面讨论的Дx.18926+SI P 93. 22+Дx.18928 汉语于阗语双语契约文书中，吉田豊认为他们是属于同一部落的居民。每件领抄文书是每个居民向镇守军交纳麻的时候得到的收据，但接收这种收据的不是个人，而是部落，部落的小吏把这些领抄文书粘连贴在一起，以便保管。因此，粘连的两件文书虽然有关联，但年代的先后并没有特别的讲究[②]。笔者完全赞同吉田豊教授的看法，从当时的税收实际情形来想象，汉军镇守军官员不可能完全直接面对所有于阗当地部落百姓，而是通过萨波一类的乡间小吏，即汉文文书所说的所由，来进行税收，领抄文书虽然是写给缴税的个人，但文书本身可能是交给这些吏人的，小吏就把它们粘连起来保存。吉田豊在另外的地方还提到：“从麻的交纳量 40 斤（约 24 公斤）来判断，好像不是一个人交纳的分量。”[③] 而 Vikausa 交纳麻 160 斤，两者都像是一组人的代表，160 是 40 的倍数，似表明每个个体交纳的数额是一致的。这也不妨碍我们的上述理解，也就是在具体的纳税时，

---

① 此译文据 H. Kumamoto，“Sino-Hvatanica Petersburgensia II”，http：//www.gengo. l. u-tokyo. ac. jp/hkum，p. 5（以下所引此文，均据熊本裕教授个人网页上的文本）。

② 吉田豊《有关和田出土 8—9 世纪于阗语世俗文书的札记》（二），93 页。

③ 吉田豊《有关和田出土 8—9 世纪于阗语世俗文书的札记》（一），165 页。

可能是某些户或人集中交给某个人一起交纳给乡村吏人，镇守军官吏的领抄文书当然只对这个纳税的人。上面《唐开元十年于阗百姓纳粮条记》《唐开元十五年于阗百姓纳粮条记》所举木简形式的领抄文书，每只木简都有穿绳的小洞，开元十五年的一组甚至还有绳了保留下来，这类木简也可以看作是同样的做法，即镇守军官典给个人的收据，由同一乡（拔伽）或同一村（屋悉贵）的小吏穿连在一起收存。

【5】俄藏Дx.18930《于阗杰谢百姓纳牛皮抄》[①]：

（前缺）

1 杰谢[

2 牛皮壹张，□[

3 抄。（下有勾记）

4 gayseta gūha kaṃgä[

（后缺）

这件文书前后下均残，内容不够完整，是杰谢百姓交纳牛皮一张的领抄文书，于阗文对应的记录写在汉文文书的后面，内容是“在杰谢，牛皮（下缺）”，所缺文字，或是“壹张”。

【6】俄藏SI P 103.48《某年九月四日于阗杰谢纳冬装羊皮抄》[②]：

---

① 图版见《俄藏敦煌文献》第17册，289页上；录文见张广达、荣新江《于阗史丛考》（增订本），283页。于阗文系据熊本裕的转写和翻译，见H. Kumamoto “The Khotanese Documents from the Khotan Area”, *Memoirs of the Research Department of the Toyo Bunko* 54, p. 57, n. 29; idem., “Sino-Hvatanica Petersburgensia II”, p. 6。

② 图版见R. E. Emmerick and M. I. Vorob'ëva-Desjatovskaja, *Saka documents VII: the St. Petersburg collections* (Corpus Inscriptionum Iranicarum, Part II, Vol. V, Plates VII), London 1993, pl. 124; 汉文录文（熊本裕提供）、转写、翻译见R. E. Emmerick and M. I. Vorob'ëva-Desjatovskaja, *Saka Documents, Text Volume* III, London 1995, pp. 155–156. 笔者疑熊本所录“备”为“输”字，并补第2行“官”字和两行的下缺符号。

1 杰谢输纳冬装羊皮壹拾伍[

2 九月四日，典李（署名），官[

（空一行）

3 SI pāstāṃ hīvī kṣau

这是杰谢镇百姓交纳用制冬装的羊皮十五张，由典李某签名领收。后有一行余白，然后写一简短的于阗文，意思是“羊皮的收据（抄）”。吉田豊教授认为，这十五张羊皮应当是杰谢地区百姓一起交纳的数额。他还指出，同样的领抄文书也有只用于阗语来写的，而汉语和于阗语怎样分别使用，目前还不甚明了[①]。

上述Дx.18927《唐建中六年行官魏忠顺收驼麻抄》已经证明了这类收据文书的名称是“抄”，对应于阗语的kṣau，这件文书再次提供了这样的比定[②]。

【7】瑞典藏Hedin 16、Hedin 15和斯坦因在老达玛沟发现的Dumaqu C、Dumaqu D文书均为《巳年至午年于阗六城百姓纳进奉絁紬抄》[③]，文书较长，由若干个抄粘连而成，每条一个单元，今举Hedin 16双语部分的开头两条为例：

---

① 吉田豊《有关和田出土8—9世纪于阗语世俗文书的札记》（一），165-166页。

② 同上，163页。关于和田出土汉文文书的抄，关尾史郎教授有系统的研究，见所撰《コータン出土唐代税制关系文书小考——领抄文书を中心として》，《平田耿二教授还历记念论文集——历史における史料の发见》，东京，1997年，179-204页。在此基础上，庆昭蓉博士又找到了唐朝龟兹地区的一些汉语、龟兹语的“抄”（龟兹语作 *ṣau*）文书，见所撰《唐代税抄在龟兹的发行——以新发现的吐火罗B语词汇sau为中心》，《北京大学学报》2012年，待刊。

③ 转写见 *Khotanese Texts*, IV, p. 30；Dumaqu文书图版见H. W. Bailey (ed.), *Saka Documents* IV, London 1967, pls. XCVI；转写翻译见H. W. Bailey, *Saka Documents Text Volume*, p. 123；p. O. Skjærvø, *Khotanese Manuscripts from Chinese Turkestan in the British Library. A complete catalogue with texts and translations*, with contribution by U. Sims-Williams, London: British Library Publishing, 2002, p. 582。

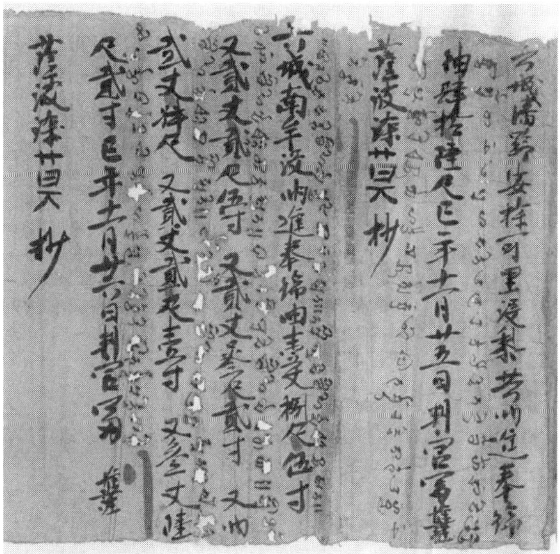

1 六城潘野娑捺、可里没来共纳进奉绝

2 kṣvā auvā phaṃna suhadatti u kharamurrai tcinaji thau hauḍā ṃde 46

3 䌷肆拾陆尺。巳年十一月廿五日，判官富惟谨，

4 chā skarhveri 20 5mye haḍai 30 5mye kṣuṇi spāta śeṃ'maki nāte u hvūṃ phạ-

5 萨波深莫抄。

6 nä kvạni

（于阗语翻译：六城潘野的娑捺与 Tcina 的可里没来共纳进进奉绝䌷肆拾陆尺。三十五年 Skarhveri 月廿五日，萨波深莫收，判官富。）

7 spāta vidyadatti thau himye(ha) ṣṭūsi chā paṃjsi tsuna // namaubudi thau himye 20 2 (chā) 5 tsuna //

8 六城南年没纳进奉绝䌷壹丈捌尺伍寸，

9 virgāṃ thau himye 20 3 chā dva tsuna // pātcä namaubudi thau himye 20 4 chā // īrasaṃgā

10　又贰丈贰尺伍寸，又贰丈叁尺贰寸，又纳

11　thau himye 20 2 chā śau tsuni // seṃnili [ha] thau hi(mye) 30 6 (chā) dva tsuna // 30 5 kṣuṇi

12　贰丈肆尺，又贰丈贰尺壹寸，又叁丈陆

13　skarhve(ri) mā(śti) kṣeribistamye haḍai sū phạni kvạni spāta śe'maki nāti

14　尺贰寸，巳年十一月廿六日，判官富惟谨，

15　萨波深莫抄。

（于阗语翻译：萨波 Vidyadatti 之絁紬为壹丈捌尺伍寸，南牟没为贰丈贰尺伍寸，Virgāṃ 为贰丈叁尺贰寸，南牟没又为贰丈肆尺，伊里桑宜为贰丈贰尺壹寸，Seṃnili 为叁丈陆尺贰寸。三十五年 Skarhveri 月廿六日，判官 Sū，萨波深莫收。）

按，Hedin 16 号双语部分的第一条领抄文书（1–6 行），先是汉文，然后是于阗文，汉文笔墨浓重粗大，于阗文字小且墨书较淡，明显可以看出是先写汉文，后写于阗文。从内容上来看，基本相同，只是于阗文省略了月、日，判官也没有译其名字。

第二条领抄文书（7–15 行），先是于阗文，然后是汉文，而且于阗文有每一笔纳物的交纳人名，汉文则只提到六城南牟没纳，甚至把最前面的萨波 Vidyadatti 也漏掉了，于是把萨波 Vidyadatti 所纳当作南牟没所纳的数额了。最后的年月日相同，只是省略了判官的名字，最后两行虽然没有对应的于阗文，但汉文部分的内容基本上见于前面的于阗文。从内容多少上看，似乎是先写于阗文，后写汉文，文字顺序也是如此。但是因为第二条领抄的墨色、字体和前面的第一条是完全相同的，而于阗文则是小字，位置明显地依傍于与之基本对应的下面的汉文，因此，也不排除于阗文是在汉文后所写，并补足了汉文省略的内容这样一种可能性。

以下各条，大多数都是汉文写在前面，于阗文写在后面。

在这组领抄文书的汉文部分，每笔交纳的数字上都有朱笔的点勘记

录，而于阗文则无，这也是我们认为汉文是正本，于阗文是录副的原因之一。在于阗文部分的最后，往往有朱笔的两条长线，表示下面没有其他内容，在汉文部分则无，似乎说明于阗文是最后的文本，在此之后就没有任何文字了。

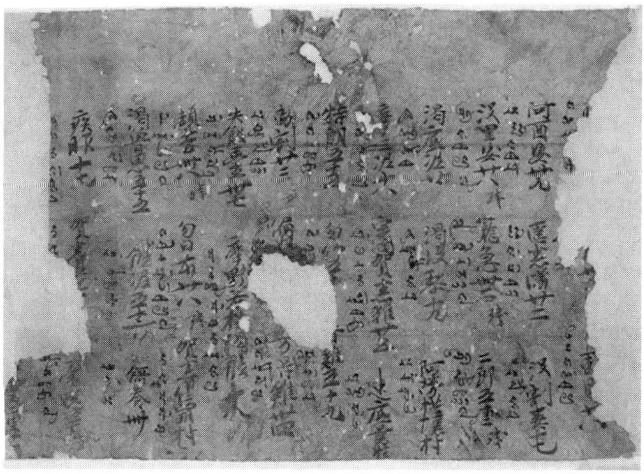

文书中的巳年和午年，我们曾考证其为贞元十七年辛巳（801）和十八年壬午（802），相当于当时的于阗王尉迟曜纪年的第三十五年和三十六年。因为单用一个地支纪年是敦煌吐蕃时期文书的特征，所以这组文书也可能是于阗进入吐蕃统治初期所写[①]，文书制度已经不是那么严格了。

【8】中国国家图书馆藏和田出土文书 BH1-15 号《于阗名籍》，文书竖写，一行汉文，一行于阗文，横向分作三栏。文书的刊布者段晴教授列表按行分栏做了录文，汉文在前，于阗文在后，每一组汉文、于阗文作一行处理[②]。今转录如下，只是把行数按本文体例改作每行编号：

---

① 张广达、荣新江《于阗史丛考》（增订本），254-255 页。

② 段晴《关于古代于阗的“村”》，《张广达先生八十华诞祝寿论文集》，台北：新文丰出版公司，2010 年，584-585 页。此文有英文本：“*Bisā*-and *Hālaa*-in a New Chinese-Khotanese Bilingual Document”，*Journal of Inner Asian Art and Archaeology*，III，2009，pp. 65-73。笔者曾帮助段晴教授释读其中的汉字。

行	第一栏	第二栏	第三栏
1	[···]	[···]二十五	[乌]勃匿二十八
2	Dattak[ä]x 6	[···]x 5	Upadattä 20 8
3	阿酉娑廿九	遥悉满廿二	没割娄十七
4	Ayausa 20 9	Yausaṃmä 20 2	Makalau 10 7
5	没里娑廿八 残	笼急卌二 残	二郎五十三 残
6	Brīsä 20 8 1/2	Lūkvirä 40 2 1/2	Śī'lāṃ 50 3 1/2
7	渴底泥廿	渴没黎十九	阿劳拱壤村
8	Khattīnai 20	Kharmurrai 10 9	Araukāṃni
9	摩三泥十八	宋闼贺悉鸡廿五	速底囊村
10	[···]ttīnai 10 8	Suṃtharahaskä 20 5	Suttīnāṃna
11	特朗五十五	勿仰五十□	□鸡五十九
12	Vidaraṃ 50 5	Virgū[···]	(Si)rphūkä 50 9
13	勃割廿三	偏奴□□□	万得鸡卌四
14	Purgulä 20 3	Phiṃdū(kä)	Vaṃdakai 30 4
15	失饭台卌七	摩野若村	褐鸡十八
16	Śirvaṃdai 30 7	Bayajvā biśa	Harkaṃ 10 8
17	颉吉卌八 残	勿日本廿八 残	贺悉俱霸村
18	yirkaṃ 40 8 1/2	Vaśi'rapuṃnä 20 8 1/2	Haskabi biśa
19	渴鲁思五十五	鸡泥五十六	鍻养卌
20	Kharūsä 50 5	Kaṃnai 50 6	Kayaṃ 40
21	疾昨十七	贺悉贝□□	帝遮五十五 残
22	Jajahasä 10 7	Hasa [···]	Ttaica 50 5 1/2
23	[···]	[···]	□台踵廿四

文书首尾并残，初看不知汉文、于阗文孰先孰后，但仔细观察，两两高低对应的文字，都是汉文在前，于阗文在后，所以这个先后次序是可以肯定的。段晴已经指出，这个名籍记录了五个村的近三十个

男丁，年龄在17-59岁之间，其中有些人注“残”，即残疾的意思。按唐朝有丁中之制，武德七年（624）定令，16-20岁为中男，21-59岁为丁男，需要服役。以后略有改变，开元二十五年（737）修改令文，15-19岁为中男，20-59岁为丁男。天宝三载（744）又改18-22岁为中男，23-59岁为丁男[①]。本文书中17岁的没割娄应当属于中男范围，因此所有人都是在中男和丁男的年龄范围之内。如果这种看法不谬，则这里的制度是天宝三年以前，而于阗年代最早的文书目前所知为延载二年（695）[②]，因此，这件文书的年代当在武周延载二年至天宝二年间。而且，从只记中男、丁男来看，似表明这是一份为派役而准备的名单。

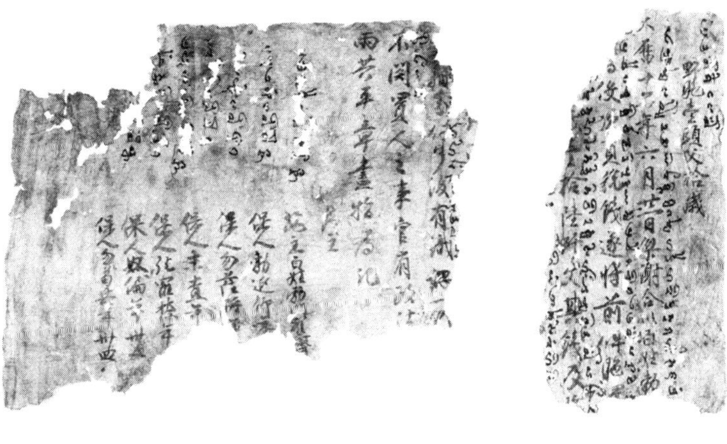

【9】俄藏Дx.18926+SI P 93. 22+Дx.18928《唐大历十六年（781）杰谢合川百姓勃门罗济卖野驼契》是一件难得的双语民间契约文书，文

① 参考池田温《中国古代籍帐研究》所引铃木俊《唐代丁中制的研究》总结唐代“黄小中丁老”的年龄规定变化之表格，龚泽铣译，北京：中华书局，2007年，第120页注111，并参《通典》《唐令拾遗》等书的记载。

② 荣新江《唐代于阗史新探——和田新发现的汉文文书研究概说》，吕绍理、周惠民主编《中原与域外：庆祝张广达教授八十嵩寿研讨会论文集》，台北：台湾政治大学历史学系，2011年，43-45页。

字基本完整[①]：

1 // ulä śau dasalä

2 野驼壹头父拾岁

3 10 6 mye salye rarūyä māśtä 20 1 mye haḍai hamīḍaka gaysātaja br-ṃ[mūjsai āstaṃna?

4 大历十六年六月廿一日，杰谢合川百姓勃[门罗济]

5 ttye pracai(na) cu kṣīrve mūrä puḍa ya ttye pracaina mī vana ulä parāṃdi (nva?)

6 等，为役次负税钱，遂将前件驼卖[

7 ni hīvī x / mi nvahi sinä tcinä vīra kṣasi ysārrųbūnä ulä paphvāṃ (d)i [

8 作驼[价钱]壹拾陆阡文。其钱及驼[当日]

9 x-i x-yi hä/[ ]h(ve?) himāt(e) x x ul(ä) (h)īyą nā<py>e si maṃ hī x-ī [

10 [交]相分付了，后有识认，一仰[卖主知当，]

11 x-ī yā yana x

12 不关买人之事。官有政法，[人从私契，]

13 两共平章，画指为记。

14 钱主

15 // braṃ[mū](js)ai(salī) x (60) 5 驼主百姓勃门罗济[年六十五]

---

① 图版见《俄藏敦煌文献》第 17 册，287 页上、288 页上。汉文录文见张广达、荣新江《于阗史丛考》（增订本），280-281 页。熊本裕对这件双语文书有专文，见 H. Kumamoto，“Sino-Hvatanica Petersburgensia，Part 1”，*Manuscripta Orientalia*，*International Journal for Oriental Manuscript Research*，7：1，2001，pp. 3-9，但排版错误较多，应当使用其个人网页上的文本。又，他在网页上发表的“Sino-Hvatanica Petersburgensia，Part 1 Ⅰ”的附录，有本文书的新转写和英译，此处的转写即据此文。

16 // punargaṃ salī 30 5　　　保人勃延仰年[卅五]
17 // (vi)sarrjāṃ salī 60 1　　　保人勿萨踵年[六十一]
18 // ma (rṣ) äkä salī 30 4　　　保人末查年[卅一]
19 // rruhadattä[salī](20?) 5　　　保人纥罗捺年[廿(?)五]
20 // phemdūkä(sa)lī 30 1　　　保人偏奴年卅一
21 // [vikausä salī]30 4　　　保人勿苟悉年卅四

本文书主体已断为两片，编为Дx.18926与Дx.18928两号，可以直接缀合，上部略残，下部全残。又一小片，编入西域文书号码SI P 93.22，熊本裕教授将其拼接到Дx.18926和Дx.18928两件文书中间的上部。文书系双语所写，正文部分是前面一行于阗文，后面一行汉文，间隔书写，第15行以下于阗文写上方，汉文在下方。初看上去，似乎写在前面、上面的于阗文是先写的，但整个汉文文书格式是规范的唐朝契约格式，而于阗文的传统契约不是这样的写法[①]，即使是受到汉文契约格式影响的于阗文契约，其最后的卖主和保人列名也是写在文书的下方[②]，本文书这些列名写在上部，似乎不是规范的写法，而是为了对应已存在的汉文部分才这样处理。另外，汉文的年号和最后的契约套语部分，为于阗文所缺，似表明于阗文只是汉文的对译，不过是把文字写在汉文的前面而已。

以上检出有代表性的汉语于阗语双语文书9件（组），对于具体内容做了分析，以下略加总结：

---

① 早期于阗语契约有写在木函上的，图版及转写研究见R. E. Emmerick, "A New Khotanese Document from China", *Studia Iranica* 13：2, 1984, pp. 193–198, pl. XIV；段晴、王炳华《新疆新出土于阗文木牍文书研究》，《敦煌吐鲁番研究》第2卷，北京：北京大学出版社，1996年，1–12页；段晴《于阗语高僧买奴契约》，《敦煌吐鲁番研究》第11卷，2009年，11–27页。也有写在纸本上的，见段晴、和田地区博物馆《和田博物馆藏于阗语租赁契约研究——重识于阗之"桑"》，《敦煌吐鲁番研究》第11卷，29–44页。

② 如Hedin 26契约文书，图版见*Saka Documents* Ⅰ, pl. VI；转写翻译见*Khotanese Texts* Ⅳ, pp. 38–39, 140。

关于双语文书的行用年代，上举有纪年的文书年代在开元十年（722）至贞元十四年（798）之间，其他无纪年的文书也大致应当在此范围之内。另外，如上所述 Hedin 16、Hedin 15、Dumaqu C、Dumaqu D 一组文书的“巳年”和“午年”，很可能相当于贞元十七年辛巳（801）和十八年壬午（802），处于于阗的统治权从唐朝转归吐蕃王朝的时点上。从开元到贞元的时段，正是唐朝统治于阗国的时期，按照唐朝的制度，一方面保留于阗王国的原有制度，同时又实行一些唐朝的制度。

这些公私文书所写的汉文文书部分，基本上都是按照唐朝官私文书格式所写的，于阗语部分则看不出特别的格式，所以一般是先写汉语，后写于阗语。于阗语文书所写的位置有两种情况，一种是写在汉语和于阗语的行间；一种是先写汉语，再写于阗语。一般来说，于阗语并不是把所有的汉语都翻译过去，有不少是用缩写的方式，省略一些年份之类的文辞。

这些文书的汉语部分应当是当地的唐朝官人所写，他们来自内地，有汉地文化素养。但于阗语部分一般出自于阗的小吏，他们有的是通汉语的，有的则并不是很清楚汉语部分的具体内容，所以也有于阗语和汉语完全不能对应的情况。

从历史学的角度来看这些双语文书，似乎它们有着某些功能。随着汉语而写的于阗语部分，应当是给于阗人看的，但为什么书写，各种不同的文书有不同的意思。

（1）Hedin 24 号文书是由于阗地区的最高首脑——安西节度副使、毗沙都督府都督、于阗王尉迟曜签署的，内容是转达从于阗国都城发出的王令，让地方上接到此令后做好贼人到来的防备工作，如有违失，罪罚小吏。文书的主题部分由于阗负责翻译的小吏（胡书典）在汉文的后面译成于阗文。吉田豊认为此文书是“发给于阗人的命令”[①]。但这

---

① 吉田豊《コータン出土 8—9 世纪のコータン语世俗文书に关する觉え书き》，148 页。

种双语文本可以供当地的唐人和于阗人官吏共同使用，而在再次转发的时候，可以分别写成汉文和于阗文，转发到唐人和于阗人集中的小吏手中。地方军镇下达的牒文等，也可以仿此做法。

（2）从第【2】到【7】有关交纳税物的“抄”类文书，是唐朝镇守军的汉族官典给纳税的于阗人所写的收据，一般是用汉语写下收条，再由于阗的小吏（萨波等）用于阗语做简要的记录，并保存在交纳税物的乡村或部落中，由于这些于阗的小吏的汉语未必很好，汉族的官典也未必知道于阗语的内容，所以有些地方不能一一对应。但这种抄是为了于阗当地的纳税人和收税的唐镇守军官吏双双认定其物品的内容和数量，因此往往用双语写在一起。

（3）有关派役的文书涉及的均为于阗人，之所以要先写汉语再写于阗语，恐怕是因为这是与唐朝镇守军有关的徭役，因此需要用双语写出相关人名，以便镇守军的官典和当地人都可以确认。

（4）目前所见的一件双语契约，出钱的买主没有署名，估计是一个汉人，而卖者及保人都是于阗人，因此使用了双语，让不懂对方语言的人也能了解契约的内容。吉田豊认为“契约文书本身应该是债务者即卖方所写”[①]。一般来讲，契约都是买卖双方各持一份同样文字的合同，买者汉人所持的一件，也可能就只写汉语，而俄藏的这份契约可能是交给卖方的于阗人留存的，所以用于阗语转译了相应的内容，以便卖方明了并遵守。保人中的偏奴（Phemduka）是杰谢镇的萨波思略（Sīḍaka）时代的胡书典（Дx.18925）[②]，因此可以担当契约的翻译工作。

总之，汉语于阗语双语文书在唐朝统治于阗的过程中得到了充分的使用，在涉及当地胡人和以汉人为主的镇守军兵将相关的事宜时，使用双语文书必然更富有法律效率。而文书的主体为汉语，表现了唐朝在当

① 吉田豊《コータン出土 8—9 世纪のコータン语世俗文书に关する觉え书き》，150 页。

② 张广达、荣新江《于阗史丛考》（增订本），278-279 页。

地的统治地位；于阗语在汉语的行间或汉语部分的后面书写，不另起草新的文书，这也增加了行政的效率。因此，双语文书是唐朝在于阗王国这样具有自己语言的地方王国进行统治的有效工具。只是汉语和于阗语分属不同语系，由一个人掌握起来并非易事，因此，在唐朝统治时期，到底有多少汉人官典真正地掌握了于阗语，目前还很难看出，但有相当一些于阗地方的小吏是可以看懂汉文的，他们把汉语写成胡书，这一点是可以肯定的。

《元和郡县图志》卷四十庭州条记西域羁縻州府制度："以其大首领为都督、刺史、司马，又置参将一人，知表疏等事。"① 中国国家博物馆藏《唐开元五年（717）后西州献之牒稿为被悬点入军事》记西州一位名献之的人，被定远道行军大总管、突厥可汗阿史那献判补为盐泊都督府表疏参军②。由此知羁縻州府均设有负责表疏工作的参军（参将或为参军之误），于阗毗沙都督府的官衙内也当如此，Hedin 24 号文书的典史怀仆应当就是这类表疏参军。与此同时，在于阗王国或毗沙都督府境内各个乡村、部落，还有一批懂汉语、从事文书工作的小吏，他们把汉语的文书，视所需翻译成胡语，也把胡语文书视镇守军的需要翻译成汉语，这些人应当就是于阗汉文文书中的"胡书典"。

(2012 年 5 月 14 日完稿，原载新疆吐鲁番学研究院编《语言背后的历史——西域古典语言学高峰论坛论文集》，上海古籍出版社，2012 年 9 月，20-31 页。)

---

① 《元和郡县图志》，北京：中华书局，1983 年，1033 页。

② 史树青主编《中国历史博物馆藏法书大观》第 11 卷《晋唐写经·晋唐文书》，东京：柳原书店、上海教育出版社，1999 年，图版 176-177，录文 235 页；刘安志《跋吐鲁番鄯善县所出〈唐开元五年（717）后西州献之牒稿为被悬点入军事〉》，原载《魏晋南北朝隋唐史资料》第 19 辑，2002 年；收入作者《敦煌吐鲁番文书与唐代西域史研究》，北京：商务印书馆，2011 年，177-206 页。

从敦煌的五台山绘画和文献看五代宋初中原与河西于阗间的文化交往

归义军虽然名为唐、五代和宋王朝的一个藩镇，却有着极强的独立性。但是，政治上的独立并未影响文化的交流，只不过由于时代的不同，交往的情形不同而已。晚唐张氏统治归义军时期，与中原地区的文化交往不多，原因是归义军方面还处在四处征战的铁马金戈时代，而中原一方也是所谓华土不宁，战乱频仍。敦煌文献中保存了一些属于这一时期的中原典籍，大多是归义军使者得自京城长安及关内道北部文人之手。五代宋初曹氏归义军时期，虽然中原地区先是强藩林立，后又有契丹、党项兴起于北方，但归义军政权已在瓜、沙地区站稳脚跟，而且着力于与中原地区的联系。所以，分裂的局面并未能阻碍文化的传播，这一时期敦煌与中原地区的文化交往要比前期丰富多彩。本章主要利用敦煌保存下来的文献和绘画材料，探讨当时中原与归义军及其他西北地区的文化交往，以及由五台山文殊崇拜表现出来的当时中原与敦煌文化交往的形式与特点。

一、“新样文殊”的来源及其流传

1975 年 10 月，敦煌文物研究所将莫高窟第 220 窟的重层甬道整体搬迁，使底层完好的壁画重见天日，为人们研究敦煌的历史和文化提供了新的素材。

新剥出的甬道北壁正面，绘文殊像一铺，两旁为“大圣文殊师利菩萨”和“南无救苦观世音菩萨”各一身。文殊像的下方有发愿文一篇，其词曰：

> 清士弟子节度押衙守随军参谋银青光禄大夫检校国子祭酒兼御史中丞上柱国浔阳翟奉达，抽减□贫之财，敬画新样大圣文殊师利菩萨一躯并侍从，兼供养菩萨一躯及救苦观世音菩萨一躯。标斯福者，先奉为造窟亡灵，神生净土，不堕三涂之灾；次为我过往慈父、长兄，勿溺幽间苦难，长遇善因；兼为见在老母，合家子孙，无诸灾障，报愿平安，福同萌芽，罪弃涓流。绝笔之间，聊为颂曰：大圣文殊，瑞相巍巍，光照世界，感现千咸。
>
> 于时大唐同光三年岁次乙酉三月丁巳朔廿五日辛巳题记之耳。

图1　莫高窟220窟新样文殊图

由此可知，这是敦煌史上著名的历学专家翟奉达于后唐同光三年（925）三月二十五日出资彩绘的“新样文殊”像（图1）。翟氏一族的供养人像绘于上述三幅菩萨像的下方。

这幅标名为“新样文殊”的文殊像十分引人注目。文殊菩萨正面端坐在青狮之上，其右有一童子捧物相迎，左为一圉人执缰牵狮，人和狮子均为五色祥云所托。其中圉人上方的残题记称：

> 普劝受持供养，大圣感得于阗……国王于……时。

敦煌文物研究所在刊布这些材料的报告中指出，新样文殊之“新”是使文殊不按传统的方式与普贤并列出现，而是作为主尊居中端坐；另外，把牵狮的昆仑奴换成现实生活中的于阗国王。由此推测这幅壁画的画稿来自于阗[①]。

这幅精美的新样文殊，除了它的艺术魅力外，还有着重要的史料价值，它是五代中原和西北地区之间文化交往的历史见证之一。下面我们首先探讨这幅新样文殊画样的来源，以及它在河陇一带流行的情况，并进一步说明五代宋初五台山的文殊信仰在敦煌、于阗等地的反映，以及由此表现出来的当时中原和西北文化交往的形式和特点。

敦煌文物研究所的报告，用文殊不与普贤并出和昆仑奴换于阗王两个特征，来说明新样文殊之“新”，这是可以接受的。但认为画稿出自于阗的推断，似乎于文献材料偶有失检。尽管于阗国王的形象出现在新样文殊中，但实际上新样文殊的形象起源于佛教传说中文殊菩萨的道场——五台山。北宋清凉山大华严寺坛长妙济大师延一所撰《广清凉传》卷中“菩萨化身为贫女”条云[②]：

> 大孚灵鹫寺者，九区归向，万圣修崇，东汉肇基，后魏开拓。不知自何代时，每岁首之月，大备斋会，遐迩无间，圣凡混同。七传者，有贫女遇斋赴集，自南而来，凌晨届寺，携抱二子，一犬随之，身余无贵，剪发以施。未遑众食，告主僧曰：“今欲先食，遽就他行。”僧亦许可，令僮与馔，三倍贻之，意令贫女二子俱足。女曰：“犬亦当与。”僧勉强复与。女曰：“我腹有子，更须分食。”僧乃愤然语曰：“汝求僧食无厌，若是在腹未生，曷为须食。”叱之令去。贫女被诃，即时离地，倏然化身，即文殊像，犬为狮子，

① 敦煌文物研究所《莫高窟第 220 窟新发现的复壁壁画》，《文物》1978 年第 12 期，41-46 页，图版一、二；又《敦煌的艺术宝藏》，香港，1980 年，图版 103 及解说；又《敦煌研究》第 2 期，1981 年，图 31，解说 53-54 页；又《中国石窟·敦煌莫高窟》第 5 卷，东京：讲谈社，1982 年，图 20，解说 209-210 页。

② 《大正新修大藏经》卷五一（No.2099），1109 页。括号内据北平故宫博物院《选印宛委别藏》所收明天顺刻本校正，上海：商务印书馆，1935 年。

> 儿即善财及于阗王。五色云气，霭然遍空。因留苦偈曰：“苦瓠连根苦，甜瓜彻蒂甜，是吾起（超）三界，却彼（被）可（阿）师嫌。”菩萨说偈已，遂隐不见。在会缁素，无不惊叹。

这个文殊菩萨显灵说法的故事，不见唐高宗永隆元年至弘道元年（680—683）成书的慧祥撰《古清凉传》，因此可以推知，这个传说产生于唐朝后期或五代初叶。故事中所描绘的人物形象和故事场景与220窟新样文殊所彩绘的完全相同。由此我们得知，文殊右侧的童子即是在中国文殊崇拜的基本经典《华严经》中扮演重要角色的善财童子，而且可以认为，后唐同光三年所绘的新样文殊，就是根据这个故事或由此产生的画样绘成的。

我们有幸在敦煌出土的伯希和收集品中，找到一件类似新样文殊的白画（图2）。此件编号P.4049，饶宗颐教授在《敦煌白画》一书中刊布了该画的图版，并做了如下描述[①]：

图2　P.4049新样文殊白画

① 饶宗颐《敦煌白画》，巴黎，1978年，第2卷，40页；第3卷，图版40。

> 墨绘文殊师利坐狮子上，右侧一圉人长髯胡脸，着靴执鞭；左一童子，椎髻坦腹，双手捧盘；一比丘扶杖合十，有长者长须披帽与语，相向而立。比丘束带，神态绝佳，极似萧翼赚《兰亭图》中之罗汉写法。文殊脸部施淡染，缨络用深墨，洵为佳品。

这幅白画上的形象较220窟新样文殊大同小异，应是从新样文殊发展而来的。作为壁画的底稿，这种差异是可以理解的。或许，这幅白画就是游方僧人从五台山带到敦煌，而后被翟奉达用作底稿的粉本。

此外，敦煌藏经洞所出的一批印本新样文殊，进一步明确了画稿的来源应是五台山。这种印本新样文殊有先后差别很小的两种版本，在斯坦因和伯希和收集品中各有若干（图3）[①]。印本上方雕刻的形象和220窟新样文殊的画面完全相同，重要的是印本下方的愿文，

① 斯坦因收集品，见M. A. Stein, *Serindia*, IV, Oxford, 1921, pl. XCIX; A. Waley, *A Catalogue of Paintings Recovered from Tunhuang by Sir Aurel Stein*, London, 1931, pp. 196-198；松本荣一《敦煌画の研究·图像篇》，东京，1937年，783-784页，附图197c；小野胜年和日比野丈夫合著《五台山》，1942年，5页，第2图；L. Giles, *Descriptive Catalogue of the Chinese Manuscripts from Tunhuang in the British Museum*, London, 1957, pp. 279-280; R. Whitfield, *The Art of Central Asia: The Stein Collection in the British Museum*, II, Tokyo, 1983, figs. 142, 143 and 147。伯希和收集品，见Marie-Rose Séguy, "Images xylographiques conservées dans les collections de Touen-houang de la Bibliothèque Nationale", *Contributions aux études de Touen-houang*, Genève-Paris, 1979, pp. 124-128, pl. XXVIII。俄藏收集品，见孟列夫等编《亚洲民族研究所藏敦煌汉文写本注记目录》第1卷，莫斯科，1963年，540-541页（No. 1398），第2卷，1967年，445页（No. 2767）；孟列夫等编《黑城出土汉文收集品注记目录》，莫斯科，1984年，315页（No. 285，因此版画均为敦煌出土，此件当出自敦煌而误混入黑城文书）。中国所藏，见北京图书馆善本组编《敦煌劫余录续编》，1981年，59页b面；张玉范编《北京大学图书馆藏敦煌遗书》，《敦煌吐鲁番文献研究论集》第5辑，北京大学出版社，1990年，555页（No. 181）。综合研究见菊竹淳一《敦煌の佛教版画》，《佛教艺术》第101号，1975年，12-15页；J. -P. Drège, "Éléments méthodologiques pour l'étude des documents de Dunhuang", *Les peintures murales et les manuscrits de Dunhuang*, Paris, 1984, pp. 56-57, pl. VII；白化文《敦煌汉文遗书中雕版印刷资料综述》，《大学图书馆通讯》1987年第3期，45页。

文曰：

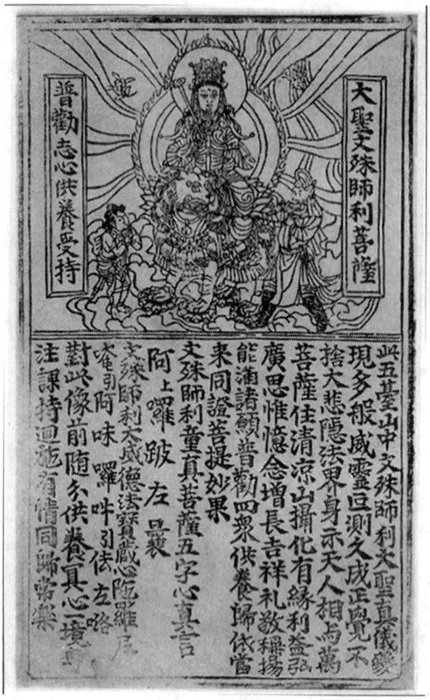

图 3　敦煌新样文殊版画

此五台山中文殊师利大圣真仪，变现多般，威灵叵测，久成正觉，不舍大悲，隐法界身，示天人相，与万菩萨住清凉山，摄化有缘，利益弘广。思惟忆念，增长吉祥，礼敬称扬，能满诸愿。普劝四众，供养归依，当来同证，菩提妙果。

《文殊师利童真菩萨五字心真言》：“阿上罗跛左囊。”

《文殊师利大威德法宝藏心陀罗尼》：“唵引阿味啰吽引佉左咯。”

对此像前，随分供养，冥心一境，专注课持，回施有情，同归常乐。

这里明确声称，这幅新样文殊是“五台山中文殊师利大圣真仪”，使我们得以确信，敦煌的新样文殊应当来自中原的五台山，而不是于阗。

敦煌印本新样文殊的原文本身没有告诉我们雕成的确切年代，从现存的敦煌本土雕板印刷品来看，多雕成于曹元忠统治沙州归义军时期（944—974）[①]。因此可以认为，新样文殊的印本也产生于同一时期。五台山的新样文殊形象被带到敦煌以后，绘于壁上，供人观瞻礼拜，还雕

① 参看卡特著，吴泽炎译《中国印刷术的发明和它的西传》，北京：商务印书馆，1957 年，45-57 页，60 页注［10］；Waley, *A Catalogue of Paintings Recovered from Tunhuang by Sir Aurel Stein*, pp. 198-206；菊竹淳一《敦煌の佛教版画》，12-15 页；拙稿《敦煌卷子札记四则》，《敦煌吐鲁番文献研究论集》第 2 辑，北京大学出版社，1983 年，667-669 页。

成印本，大量印行，以为功德。而且，新样文殊不仅在敦煌为仕女们供养，在河陇其他地方也可以找到它的踪迹。

陇东子午岭东麓苗村河北岸台地上的塔儿湾造像塔南侧，雕有文殊和普贤菩萨出行图各一幅[①]。文殊乘狮而坐，牵狮者为一胡奴形象的人物，深目高鼻，虬髯，武士装束，应即于阗王；狮前有执杖者和乞求罗汉，年代约在五代或宋、金时期。这里所雕形象和 P.4099 白画相类似，或许是直接来自五台山而演化成这种形象。

另一幅经过演化、丰富的新样文殊，可以在安西榆林窟第 3 窟西夏时期所绘的“文殊变”中看到[②]。这里也和塔儿湾石塔一样，文殊和普贤重新对称出现，而且前后侍从众多，但牵狮的于阗王和捧盘的善财童子，仍然保持新样文殊的一些基本特征。

新样文殊的产生，固然出自佛教徒的杜撰，而这种形象固定下来以后，在河陇一带特别是敦煌地区广泛流行起来。这也从一个侧面反映了在当时混乱的政局下，中原和西北地区的文化交往并没有中断，而且自后唐以降，渐而兴盛起来。

二、敦煌发现的五台山文献的来源和年代

旧译《华严经·菩萨住处品》称，东北方有菩萨住处，名清凉山，文殊师利菩萨常居此说法[③]。《佛说文殊师利法宝藏陀罗尼经》更明确地说，文殊所居，为赡部洲东北方之国，名大振那，其国中有山，号为五顶[④]。中国佛教徒把这些经文和五台山相联系，于是自北朝以来，五台山就作为文殊菩萨的道场，开始兴盛起来。至唐代宗大历年间

① 甘肃省博物馆、庆阳地区博物馆《甘肃子午岭地区造像塔调查记》，《文物资料丛刊》第 3 辑，1980 年，191 页，图 10。

② 敦煌文物研究所《敦煌研究文集》，兰州：甘肃人民出版社，1982 年，图版 98。

③ 《大正新修大藏经》第 9 卷，590 页，No.278。

④ 同上书第 29 卷，791 页，No.1185A。

(767—779)，宰相王缙于五台山建金阁寺[①]，五台山佛教益盛，声名远扬。四方诸国高僧，前来瞻礼者络绎不绝。穆宗长庆四年（824），吐蕃遣使求五台山图[②]。文宗太和二年（828），渤海国僧贞素至五台山灵境寺[③]。开成五年（840），日本慈觉大师圆仁巡礼五台山[④]。由此可见，五台山文殊信仰之盛行。

上面所列举的史料表明，中唐以来巡礼五台山的多为东土的僧侣，而西北地区由于民族迁徙和频繁的战争动乱，东来西往的途路还未畅通。从敦煌出土的文献和其他材料来看，自后唐同光年间（923—926），五台山开始成为西北诸民族巡礼、供养的对象，这也和庄宗与五台山的因缘有密切关系。

孙光宪《北梦琐言》记载了一则传说[⑤]：

> 太原属邑有清水池，本府祈祷雨泽及投龙之所也。后唐庄宗未过河南时，就郡捕猎，就池卓帐，为憩宿之所。忽见巨蛇数头自洞穴中出，皆入池中。良久，有一蛇红白色，遥见可围四尺以来，其长称是。猎卒齐彀弩连发，射之而毙，四山火光，池中鱼鳖咸死，浮在水上。猎夫辈共刲剥食之，其肉甚美。庄宗寻知之，于是谄事者以为克梁之兆。有五台僧曰："吾王宜速过河决战，将来梁祚其能久乎?"此亦断白蛇之类也。

这虽然是帝王符瑞感应一类的荒诞传说，但可以相信，后唐庄宗建国时曾得到五台山僧人所造感应故事的支持，这从庄宗即位前的天祐二十年（923，四月改元同光）正月五台山僧前来献铜鼎一事中也可以看出[⑥]。

---

① 《大正新修大藏经》书第 52 卷，834 页，No.2120；《旧唐书》卷四一八《王缙传》，北京：中华书局，1975 年。

② 《旧唐书》卷一七《敬宗纪》；卷一九六《吐蕃传》。

③ 《全唐文外编》上，北京：中华书局，1982 年，275 页。

④ 圆仁《入唐求法巡礼行记》卷三，上海：上海古籍出版社，1986 年。

⑤ 《北梦琐言·逸文》卷四，上海：上海古籍出版社，1981 年，172 页。

⑥ 《旧五代史》卷二九《唐庄宗纪》北京：中华书局，1976 年。

因此，庄宗自以为膺运灭梁，而皇后刘氏“出于贱微，逾次得立，以为佛力”[①]，双双佞佛。

敦煌文书S.373所录某人诗集第一首《皇帝癸未年（923）应运灭梁再兴□□迎太后七言诗》云[②]：

禁烟节暇赏幽闲，迎奉倾心乐贵颜。
燕语雕梁声猗狔，鹦吟绿树韵间关。
为安家国千场战，思忆慈亲两鬓斑。
孝道未能全报得，直须顶戴绕弥山。

此诗又见于P.3644，抄在《礼五台山偈一白一十二字》后[③]。诗题中的皇帝指后唐庄宗，这多少表现出庄宗和五台山的密切关系，同时还透露出，庄宗同光元年的诗是和《礼五台山偈》一起被带到沙州而抄写流传的。

《礼五台山偈》和有关庄宗的诗被带到敦煌并不是偶然的。事实上，自唐朝灭亡后，沙州归义军和中原王朝的第一次正式的直接交往恰好就在同光二年四月，“是月，沙州曹义金（议金）进玉三团、硇砂、羚羊角、波斯锦、茸褐、白氎、生黄、金星矾等”。[④] 五月，庄宗即拜曹议金为归义军节度使、沙州刺史、检校司空[⑤]。曹议金这次遣使朝贡，正史称为“附回鹘以来”，但促使曹议金派出使臣的真正原因，恐

① 《新五代史》卷一四《唐太祖家人传》，北京：中华书局，1974年。

② 旧题李存勖撰，录文见刘铭恕《斯坦因劫经录》，《敦煌遗书总目索引》，北京：商务印书馆，1962年，116页；巴宙《敦煌韵文集》，台北，1965年，28–30页；陈祚龙《百尺竿头，更进一步——敦煌学散策之三》，《敦煌学》第7辑，1984年，73页。〔最近郑炳林撰文考证，此诗出自后唐时一位行脚僧人之手，其说可从，见所撰《敦煌文书S.373号李存勖唐玄奘诗证误》，《敦煌学辑刊》1991年第1期，21–26页。〕

③ 录文见饶宗颐《燉煌曲订补》，《历史语言研究所集刊》第51本第1分，1980年，122–123页。

④ 《册府元龟》卷九七二《外臣部·朝贡》五。

⑤ 《旧五代史》卷三二《庄宗纪》；卷一三八《吐蕃传》。

怕是鄜州开元寺西行求法的智严大师的到来。S.5981 号文书保存了智严在沙州巡礼圣迹后写的留后记，其文云[①]：

> 大唐同光贰年三月九日时来巡礼圣迹，故留后记。鄜州开元寺观音院主临坛持律大德智严，誓求无上，普愿救拔四生九类，欲往西天，求请我佛遗法，回东夏然。愿我今皇帝万岁，当府曹司空千秋，合境文武崇班，总愿归依三宝，一切士庶人民，悉发无上菩提之心。智严回日，誓愿将此凡身于五台山供养大圣文殊师利菩萨，焚烧此身，用酬往来道途护卫之恩。所将有为之事，回向无为之理。法界有情，同证正觉。

智严于三月初来到沙州，准备西行。沙州归义军的使臣是四月入贡。所以完全可以认为，沙州使人的出发是智严西来的结果。智严称西行求法回国以后，当入五台山供养文殊菩萨，可见，五代以来敦煌与中原的首次正式联系，就和五台山结下了因缘。无独有偶，敦煌文献中还保存了另一位西行的僧人——定州开元寺归文的牒文（S.529）[②]。归文以同光二年四月抵达灵州，渐次西来。有趣的是，他的这些信稿背面，记载了大唐阎浮提的名山简况，起五台，终华山，其中记五台山僧尼寺院数目颇详[③]。可以说，不论是智严，还是归文，都向敦煌的民众灌输了五台山的文殊信仰，而有关五台山的种种艺文，也就随着西来的僧侣和返回的沙州使臣涌进了敦煌。

---

① 此据原卷录文。参看《敦煌遗书总目索引》232-233 页刘铭恕录文；饶宗颐《燉煌曲》，巴黎，1971 年，197 页；陈祚龙上引文，74 页；前五行图版，见《讲座敦煌》第 2 卷《敦煌の历史》，东京：大东出版社，1980 年，267 页。另外，牧田谛亮有《智严の巡礼圣迹故留后记について》，《大正大学研究纪要》第 61 辑，55-63 页。参看刘铭恕《敦煌遗书杂记四篇》，甘肃省社会科学院文学研究所编《敦煌学论集》，兰州：甘肃人民出版社，1985 年，46 页。

② 参看刘铭恕《敦煌遗书杂记四篇》，46-47 页。

③ 参看饶宗颐《燉煌曲》，191 页。

除了和同光元年题《皇帝迎太后》诗一起抄写的《礼五台山偈》可以认为是此时被带到沙州的外，《大唐五台山曲子》也应是在此时前后传入敦煌的。《大唐五台山曲子寄在苏幕遮》保存在 P.3360（1）、S.2080+S.4012 和 S.467 四个残卷中[①]。其年代，任二北先生据《五台山赞文》有“大周东北有五台山”，而推测“可能作于武后朝至玄宗朝之间”[②]。饶宗颐教授据 P.4625 及俄藏《五台山赞文》中“周”作“州”；而且，S.4012 尾题作“天成四年正月五日午际孙□（冰?）书”，因而认为《大唐五台山曲子》之“大唐”应指后唐[③]。这个结论和敦煌其他有关五台山的文献多写于同光以后这一点相合，和当时的历史背景也相符，可信而从之。或许，《大唐五台山曲子》是和《礼五台山偈》等文献一起在同光年间被带到沙州而传抄开来的。

现在回过头来检讨 220 窟翟奉达于同光三年三月二十五日绘于壁上的新样文殊的来源，就不难理解，新样文殊的画稿也应是在同光二年由僧侣或使臣带到沙州的。

新样文殊、《五台山曲子》、《礼五台山偈》以及各种《五台山赞文》，随着沙州归义军与中原王朝关系的再建，涌入敦煌，立刻在这个佛教圣地传诵流布开来。到节度使曹元忠统治时期（944—974）发展到高峰，除了新样文殊的雕板印行外，最重要的事情当属莫高窟第 61 窟文殊堂的开凿。此窟以文殊菩萨为主尊，而且利用整个后壁，绘制了

---

① 早年，王重民先生据 P.3360（1）、S.467，录入《敦煌曲子词集》，上海：商务印书馆，1950 年，90-94 页。其后，任二北先生据王氏录文和《大正藏》第 85 卷所收 S.2985《道安法师念佛经文》，并参照《五台山赞文》，录载于《敦煌曲校录》，上海：文艺联合出版社，1955 年，181-184 页。饶宗颐先生将 S.2080 和 S.4012 两卷缀合，参照王、任的校订，录入《燉煌曲》272-275 页，然有漏字，如第二首之“岩头”前，缺“罗汉”二字（273 页），第四首“龙众请”，漏“众”字（274 页）。

② 《敦煌曲初探》，上海：文艺联合出版社，1954 年，260-261 页。

③ 《燉煌曲》，191-193，271 页。

一幅精细的五台山全图[①]，让敦煌的民众一进入节度使曹元忠夫妇的功德窟，就感到像是置身于五台山一样。对于民众来讲，总希望“才念文殊三两口，大圣慈悲，方便潜身救”；对于统治者来说，则希望“福祚唐川，万古千秋岁”[②]。

五代以降，像盛唐时的那种以中央官府写经传送地方为代表的文化注入形式已不可能继续存在，随着易为庶民接受的民俗佛教的发展[③]，五台山的文殊信仰也从中原传到了敦煌，不仅为敦煌的文化增添了新的色彩，同时，它所宣扬的救世护民思想，也影响着敦煌的社会，甚至吸引着远方的于阗僧众。

三、于阗和五台山间的往来

于阗国王出现在五台山的新样文殊里，这本身就是于阗和中原王朝之间交往的印证。应当特别指出的是，这里的于阗王只是中原人心目中的一种刚劲勇猛的胡人典型，而不是现实生活中真正的于阗王。相当于五代同光年间在位的于阗王，已由蒲立本教授考证为李圣天（912—966年在位）[④]。此王气宇轩昂的汉装天子形象，绘于莫高窟第98窟中，两者伞不相眸。所以，新样文殊中的于阗王只是根据传说中的于阗王的形

① P. Pelliot, *Les Grottes de Touen-Houang*, IV, pl. CCI-CCIV；敦煌文物研究所编《中国石窟·敦煌莫高窟》第5卷，东京：平凡社，1982年，图版55-64。参看宿白《敦煌莫高窟中的“五台山图”》，《文物参考资料》第2卷第5期，1952年，49-71页；日比野丈夫《敦煌の五台山图について》，《中国历史地理研究》，京都：同朋舍，1977年；小山满《敦煌第61窟五台山图に关する一考察》，《创大アジア研究》第4号，1983年，81-105页。

② 《大唐五台山曲子》，见《燉煌曲订补》。

③ 参看滕善眞澄《从说话看庶民佛教》，载牧田谛亮《五代宗教史研究》，京都：平乐寺书店，1971年，199-243页。

④ E. G. Pulleyblank, “The Date of the Staël-Holstein Roll”, *Asia Major*, *new series*, IV-1, 1954, pp. 90-97.

象所绘，而不能把他当作现实生活中的一员来解释。然而，天国中的形象往往是现实生活的倒影，于阗国王在新样文殊中扮演着如此重要的角色并非偶然。在于阗佛教的众神殿中，文殊菩萨被置于牛头山。根据于阗佛教传说，牛头山是释迦授记、舍利弗和毗沙门导湖而创建于阗国的场所[①]，这里伽蓝相望，钟铃遥闻，是于阗佛教第一圣地。可见文殊崇拜在于阗也是十分盛行的。

牛头山和五台山遥相呼应，是当时中国境内文殊崇拜的两大中心，一些高僧有道，不辞劳苦，远来瞻礼。S.6551v《佛说阿弥陀经讲经文》是一位高僧于五代中叶在西州回鹘讲经用的文本[②]，其开头部分述说了这位僧人游方的行迹[③]：

> 但小僧生逢浊世，滥处僧伦，全无学解之能，虚受人天信施。东游唐国华都，圣君赏紫，承恩特加师号。拟五台山上，攀松竹以经行；文殊殿前，献香花而度日。欲思普化，爰别中华，负一锡以西来，途经数载；制三衣于沙碛，远达昆岗。亲牛头山，巡于阗国。更欲西登雪岭，亲诣灵山，自嗟业鄣尤深，身逢病疾。遂乃远持微德，来达此方，睹我圣天可汗大回鹘国，莫不地宽万里，境广千山，国大兵多，人强马壮。

这个最后住锡于西州的大师，东攀五台，西登牛头，往来巡礼，讲经传法，可以说是中原和于阗间文化交往的一位辛勤使者。

另一位往来于中原、敦煌和于阗间的文化使者，是河西释门僧政范海印和尚。P.3718（2）有后唐长兴二年（931）所写《唐河西释门故

---

① F. W. Thomas, *Tibetan Literary Texts and Documents concerning Chinese Turkestan*, I, London 1935, pp. 11–35; E. Lamotte, "Manjuśrī", *T'oung Pao*, XLVIII, 1960, pp. 50–52.

② 关于这篇讲经文成文的时间和地点，参看张广达、荣新江《有关西州回鹘的一篇敦煌汉文文献》，《北京大学学报》1989年第2期，24–36页。

③ 见张广达、荣新江《有关西州回鹘的一篇敦煌汉文文献》所校录的有关部分文字。

僧政京城内外临坛供奉大德兼阐扬三教大法师赐紫沙门范和尚写真赞并序》，其中称他“每虑坯躯虚假，翘情礼于五台。圣主遐宣，对诏宠迁一品。复攀昆峰灵集，愿顶普贤神踪。跋涉关山，侚求如来圣会”。赞文部分称颂他说：“东游五岳，奏对朝天。西通雪岭，异域芳传。盂（于）阗国主，重供珍琏。”由于“四蛇不顺，二鼠侵煎”，最后病逝在从于阗东归的路上[①]，但他为中原和于阗间文化交往所做出的贡献，是值得我们赞颂的。

于阗本国的僧侣也同样扮演着重要的角色。就在后唐庄宗同光年间，“有胡僧自于阗来，庄宗率皇后及诸子迎拜之。僧游五台山，遣中使供顿，所至倾动城邑”[②]。这条记载可以把传统所认为的于阗自吐蕃占领后和中原的重新来往从晋天福三年（938）提早到同光年间（923—926），而且重要的是，这位于阗僧人的东游五台，恰好是在新样文殊产生、西传的前后，这对于理解新样文殊中的于阗王形象不无帮助。

关于五代宋初于阗和中原之间由于五台山的因缘而进行的来往，还可以举出两条于阗文材料。P.2782 第 73-80 行是一篇用于阗语所用的婆罗谜字母和正字法书写的藏文信札，贝利教授除做了转写外，还在金子良太先生的帮助下，刊布了这篇信札的图版和译文。信中讲道：“贱仆今在途中，以求巡礼大圣文殊师利，〔且礼敬〕圣者释迦，天上之天。”[③]此处虽然未明确提到五台山，但从此卷发现于敦煌来看，很可能是一位前往五台山朝拜文殊菩萨的于阗僧人留下的文字。

另外，敦煌卷子 P.5538 的正面是于阗王尉迟输罗（967—977 年在

---

① 陈祚龙《唐五代敦煌名人邈真赞》，巴黎，1970 年，103-106 页。

② 《新五代史》卷一四《唐太祖家人传》。

③ H. W. Bailey, *Khotanese Texts*, III, Cambridge, 1969, p. 62; idem, “Taklamakan Miscellany”, *Bulletin of the School of Oriental and African Studies*, XXXVI. 2, 1973, pp. 224-225, pl. II; 金子良太《敦煌出土未解明文书一、二に就いて》，《丰山学报》第 17、18 合并号，1973 年，142-150 页。

位）致沙州大王曹元忠的信函正本[1]，背面是用梵文和于阗文对照书写的一次笔谈记录，其中第 16-20 行有如下对话[2]：

> （甲）今者你将何往？（乙）我将前往中夏。（甲）你在中夏做何事？（乙）我将〔前去〕参拜文殊师利菩萨。（甲）你何时回至此地？（乙）我将游览中夏，尔后回还。

前往中原去参拜文殊菩萨，显然是去五台山巡礼。这件文书的年代稍晚，但也反映了由于五台山的缘故，促进了于阗和中原之间的交往。从上述材料可以看出，五代宋初于阗和中原之间的文化交往是持续不断的。

四、结　语

以上我们利用敦煌发现的壁画、白画、版画以及各种文献，考察了敦煌石室中五台山艺文和绘画的来源及其年代，以及在文殊崇拜的背景下，中原和敦煌、于阗间文化交往的一些情况，从中我们可以得出以下几点认识。

一、尽管五代宋初中原和西北都处于分裂割据的局面，但文化的交往并没有因为战争而断绝。由于五台山的文殊崇拜兴盛一时，特别是五台僧人在后唐庄宗建国时给予了支持，五台佛教得到特别的发展。恰在此时，甘州、沙州的使臣入贡中原，于阗的僧人也远来巡礼，使中原和西北诸政权的交往由此更广阔开展起来，而五台山则成为中原和西北各民族间文化交往的中心场所之一。

二、由于五台山成为中原和西北地区文化交往的一个中心场所，而佛

---

① H. W. Bailey, "Śrī Viśa Śūra and the Ta-uang", *Asia Major*, *new series*, XI. 1, 1964, pp. 17-26.

② H. W. Bailey, "Hvatanica III", *Bulletin of the School of Oriental Studies*, IX. 3, 1938, pp. 528-529.

教在沙州、于阗、西州等地方政权的社会文化生活中居于主导地位，所以，那些不辞劳苦的沙州、于阗等地的僧人，除了宗教的目的外，往往兼有使臣的任务。可以说，他们既是虔诚的教徒，又是传播文化的使者。

三、随着唐王朝的权威扫地，盛唐时期那种官府写经传送到地方的文化注入形式已不成其为可能，而随着大众化的民俗佛教的流行，那些为民众所喜爱的曲子、赞偈或画样，就成为当时文化交往的主要内容。从敦煌发现的这样一批有关五台山的文献和绘画品来看，在当时中原和西北各族的文化交中，五台山扮演着十分重要的角色。

（原载《文博》1987 年第 4 期，68–75 页。）

略谈于阗对敦煌石窟的贡献

前　言

在印度、西域佛教文化的东传上，于阗曾经起到过更大的作用。中原第一位去西天取经的朱世行，就是到于阗求得《放光般若经》正品梵书胡本九十章，六十万余言，送回中原[①]；法显、玄奘去印度取经往返途中都得到于阗王国的供给，也参访了这里的佛教圣迹；武则天请于阗三藏法师提云般若、实叉难陀来洛阳，翻译华严部经典；这些事例几乎是任何中国佛教史和丝绸之路的书籍中的重要篇章，为读者耳熟能详，此不赘述。

安史之乱以后，唐朝势力逐渐退出西域。德宗贞元六年（790），沙门悟空从天竺经于阗回到长安之际，正是吐蕃逐渐侵吞西域之时。此后唐朝的史籍对西域的记载极少，因此给人们一种印象，似乎晚唐五代时期中印之间或中原与西域之间的交往完全断绝。事实上，这种交往不仅没有断绝，而且持续发展。

宋代的史籍记载，后晋天福年间，有一位沧州僧道圆往印度取经。按照时间来看，道圆或许是和天福三年（938）前往于阗的后晋使臣张匡

---

① 见《出三藏记集》卷七《放光经记》，北京：中华书局，1995 年，264-265 页；卷十三《朱士行传》，515 页；《高僧传》卷四《朱士行传》，北京：中华书局，1995 年，145 页。

郸、高居诲等一同出发的，然后从于阗分手，单独赴印，巡礼了全部五天竺后，返回于阗。敦煌文书 S.6264 有《于阗天兴十二年（961）道圆授戒牒》，就是道圆作为“左街内殿讲经谈论兴教法幢大师”，在大宝于阗国匝摩寺（即于阗赞摩大寺）给人授八关戒的记录[①]，可见其受到于阗国佛教界之尊重。随后，他与于阗使结伴东行，曾在敦煌逗留。P.2893《佛说报恩经》卷四题“僧性空与道圆雇人写记”，背面是于阗文药方[②]。此卷大概是道圆路经敦煌时留下的佛典和药方。乾德三年（965）十一月，道圆与于阗朝贡使者一道抵达宋朝都城，献贝叶经及舍利，“上（宋太祖）召见之，问其山川道路及风俗，一一能记。上喜，赐以紫衣及金币”[③]。据说，道圆带回的贝叶经，现在辗转收藏在九华山的历史文物馆内[④]。道圆显然在于阗与敦煌、中原的佛教文化交往中起到了一定的作用，同时，他与同来的于阗使者对西域山川、风俗、道路情况的介绍，对宋初大批僧人的西行求法给予了决定性的推动作用。

公元 9、10 世纪，虽然没有像盛唐时那样的东西方文化交往的盛况，但沿丝绸之路上一些小王国和地方政权之间的物质和精神文化交往，仍然持续不绝。其中，于阗王国和敦煌的沙州归义军政权之间相互的佛教文化交往，就是一个很好的例证，敦煌文献证明，几乎整个 10 世纪中，双方使者不绝于途。

一、于阗对敦煌石窟的供养与修建

以莫高窟为主的敦煌石窟，在唐五代时期就声名远扬，为东西方经

① 井ノ口泰淳《ウテン语资料によるVissa 王家の系谱年代》，《龙谷大学论集》第 364 册，1960 年，36，42-43 页。

② H. W. Bailey, *Khotanses* Texts, III, Cambridge: Cambridge University Press, 1969, pp. 83-93.

③ 《续资治通鉴长编》卷六，北京：中华书局，1957 年，135 页。

④ 熊火箭《莲花佛国的经中三宝》，《中国文物报》1990 年 5 月 17 日。

行敦煌的僧人、信士瞻拜和供养的对象。从于阗王国来的王族、使者、僧侣，不论是短期逗留，还是长期留住者，都前往莫高窟观瞻和供养，有的甚至开窟造像，为敦煌石窟的建造作出了贡献。

在于阗到访或留居沙州的人员当中，有几组和敦煌石窟的供养有关。结合其他史料，目前可以看到于阗人对敦煌石窟的供养有如下几例：

（1）据钢和泰藏卷（Stael-Holstein Roll）于阗文部分的记载，同光三年（925）二至四月间，一批地位高贵的于阗使者来到沙州，包括论结心（rGyal sum）、出身吐蕃的 ṣau Ṣarrnädatta、出身 Naṃpa Jamna 的 ṣau Śvāṃnakai 和于阗（？）的舍努（ṣau Ṣaṃdū）、张都督（Cāṃ ttūttū）、ṣau Ṣarrnadatta、Ṣau Śvāṃnakai、鼓手军官 Paḍä-dūsä、金匠 Kharuṣai、理发官 Khrrī-rttanä 等，他们分别到各个寺庙和石窟做佛事功德，为于阗菩萨天子李圣天（Viśa' Saṃbhava）和沙州归义军节度使太保曹议金祈福，并施舍了灯油等物品，还模拟于阗瞿摩帝寺的佛塔，修建了一座崭新殊胜的小佛塔[①]。这里巡礼的佛寺、石窟，或许包括莫高窟在内。

（2）莫高窟第 98 窟东壁南侧第一身供养人题名为“大朝大宝于阗国大圣大明天子……即是窟主”[②]。过去人们曾据此认为 98 窟是于阗王李圣天出资兴建的洞窟，但李圣天的大宝于阗国王的封号是后晋天福三年（938）才册封的，而根据 98 窟的其他题记，该窟的建成不晚于后唐同光三年（925）。贺世哲和孙修身先生据洞窟题记的亲属关系，正确地判定此窟窟主为归义军节度使、李圣天的岳父曹议金（914—935 年在位），李圣天像应当是 938 年为庆祝后晋的册封而补绘上去的[③]。可

① H. W. Bailey, “The Staël-Holstein Miscellany”, *Aisa Major*, new series, II. 1, 1951, pp. 1-45.

② 敦煌研究院编《敦煌莫高窟供养人题记》，北京：文物出版社，1986 年，32 页。

③ 敦煌文物研究所编《敦煌研究文集》，兰州：甘肃人民出版社，1982 年，224-232 页。

以补充的是，补绘李圣天像的时间还难作定论，因为据Дx.2148（1）《天寿二年（964）九月弱婢员孃、祐定牒》，李圣天曾经到过敦煌，他的画像也可能是他逗留敦煌时绘制到他的岳父曹议金的功德窟中的。既然李圣天“即是窟主”，说明他对该窟也做了某种供养，因此才被称作窟主。

（3）莫高窟第444窟东壁盛唐画《见宝塔品》南北两侧有后人的题名[①]：

南无释迦牟尼佛说《妙法华经》，大宝于阗国皇太子从连供养；

南无多宝佛为听法故来此法会，大宝于阗国皇太子琮原供养。

又P.3184v题名称：

甲子年八月七日，于阗太子三人来到佛堂内，将《法华经》第四卷。

据考，这是乾德二年（964）八月七日于阗太子从连、琮原等三人来沙州，于佛堂内供养诸佛[②]。这里所说的佛堂，应当就是莫高窟的殿堂，这是于阗太子供养莫高窟的珍贵记录。

（4）敦煌文书S.2474《归义军宴设司面油破历》有“窟上看于阗使”的供食记录，年代在980年。这说明当时有于阗使到莫高窟，归义军官方要提供面油等食物供给，而这些于阗使臣在观佛的同时恐怕也要出资供养。

于阗人除了出资供养沙州的寺院或石窟的佛事活动外，一些留居敦煌时间较长的人也在莫高窟开窟造像。在这方面，我们也可以举几个例子：

（1）敦煌写本P.2812保留了一篇《于阗宰相绘画功德记》，文字如下：

---

① 谢稚柳《敦煌艺术叙录》，上海：古典文学出版社，1957年，299页。

② 《敦煌研究文集》，250页。

阙今青春告谢，朱夏初合。舍异类之珍财，召丹青之巧匠，绘如来之铺席，图菩萨之真仪。渴仰虔恭，倾心恳切者，为谁施作？时则有于阗宰相。先奉为龙天八部，护大地之苍生；梵释四王，卫普天而安乐。西头天子，居宝位而延祥；东府大王，并乾坤之宠禄。先亡后过，速诣莲宫；见在枝罗，延年吉庆。己躬清吉，得贤圣而护持；患疾痊除，静四支而克顺。一行长幼，途路□泰而无危；两国通流，平善早临于桑梓之福会。伏惟我宰相□德云云，加以信珠顶捧，心镜恒明，爰召良工，广施财宝。遂得丹青晃曜，万菩萨亲降而现形；紫磨分辉，十方佛并临而赴会。是时也，白花竞放，万物滋荣，鸟喜林间，宫商合韵。总斯多善，莫限良缘。

这是于阗宰相在敦煌莫高窟开窟造像留下的功德记，其中为西头（于阗）天子和东府（敦煌）大王祈愿。据 P.2704《曹议金回向疏》所施衬子的注记，于阗宰相曾在长兴四年（933）十月来到沙州，而其时曹议金正好号称大王。这次于阗宰相的到来，可能是为第二年五月到达的于阗求婚使团做准备，在敦煌逗留时间较长，因此有时间在莫高窟开窟造像。文中没有交代所召的良工巧匠来自何处，看文意似是敦煌当地的工匠。文书清楚交代了于阗宰相广施财宝而绘制佛像的事实。其所绘具体图像，应当有万菩萨和十方如来，这将有助于我们今后在莫高窟追寻于阗宰相所造洞窟的所在。

（2）俄藏敦煌文书《天寿二年（964）九月弱婢祐定等牒》（Дx.2148（2）+ Дx.6069（1）），提供给我们另一个留居敦煌的于阗人在莫高窟开窟造像的事例[①]：

1 弱婢祐定咨申

2 天女公主：祐定久伏事

---

① 《俄藏敦煌文献》第 8 册，上海：上海古籍出版社，1997 年，144–146 页。年代参看张广达与荣新江《十世纪于阗国的天寿年号及其相关问题》，《欧亚学刊》第 1 辑，北京：中华书局，1999 年，181–192 页。

3　公主，恩荫多受，甚时报答？今要胡锦裙腰一个，般次来时，
4　切望咨申
5　皇帝发遣者。
6　更有小事，今具披词，到望
7　宰相希听允：缘 宕泉造窟一所，未得周毕，切望
8　公主、宰相发遣绢拾匹、伍匹，与硙户作罗底买来，
9　沿窟缠里工匠，其画彩色、钢铁及三界寺绣
10　像线色，剩寄东来，以作周旋也。娘子年高，气冷
11　爱发，或使来之时，寄好热细药三二升。又绀城细緤□
12　三、五十匹东来，亦乃沿窟使用。又赤铜，发遣二、三十
13　斤。又咨
14　阿郎宰相：丑子、丑儿要玉约子腰绳，发遣两鞓。又好箭三、四十只，寄
15　东来也。

这是留在敦煌的于阗国公主、太子的侍婢祐定写给于阗天公主和宰相的信，其中说到她们在莫高窟造窟一所，没有完工，希望于阗公主和宰相能够安排人送来十匹或五匹绢，给造窟的工匠们用，而造窟需要的彩色和钢铁，以及三界寺的绣像线色，也希望寄到敦煌来，以作周旋。还有绀城（坎城）出产的细緤布，也要三五十匹，沿窟使用。这里提到了莫高窟所在的宕泉的名字，可以确定她们所开的窟是在莫高窟，而从所需这么多物品来看，似乎所开的窟颇有规模，可惜的是我们目前还无法指实她们开的是哪一个窟。

（3）英国原印度事务部图书馆（India Office Library）藏 Ch. I.0021a《壬午年（982）于阗使张金山供养文》文字如下：

壬午年十二月廿一日，于阗使张金山幸者来取窟头燃灯来者，焚香发愿，礼佛庆告者，好转经坐禅者，竟发心造塔，愿以过到来平善者。再发心造塔，诸周在世界子，有沙州人语好者。又窟更好

者，木石更好，怎生暂打得者，幸者书记耳。

这位于阗使的汉语虽然不够通顺，但其大意可以看出，即他来到窟（应指莫高窟）前，焚香发愿，以造塔的功德，愿往来使者平善，又造塔，并以木石打窟，表明他除了造塔，还要开窟造像。据文书后所写的于阗语文书，壬午年指982年。

虽然目前只看到三件于阗人在敦煌开窟活动的记录，但时间跨度较长，表明于阗人的造窟活动一直延续。事实上，10世纪的敦煌莫高窟，不仅仅是敦煌归义军政权民众的供养对象，也是周边其他政权民众的供养对象，这里不仅有于阗人所开的洞窟，也有西州回鹘和甘州回鹘的供养人像。最近，沙武田先生关注到敦煌石窟中的于阗王所造窟的问题，他认为榆林窟第31窟是乾德四年（966）以前于阗太子从德为其父李圣天所营建的“天子窟”（名称见P.3713v）[①]。

二、敦煌的于阗画家和工匠

唐朝前期，于阗画家尉迟跋质那和尉迟乙僧父子来到长安，留下了不少有名的画迹，使于阗佛教绘画对中原的佛寺绘画产生深远的影响。但是，唐五代时期敦煌是否也有于阗画家活跃在莫高窟等地，是值得留意的问题。

早年，向达先生撰《莫高、榆林二窟杂考》，指出榆林窟第24窟供养人题记有“社长押衙知金银行都料银青光禄大大检校太子宾客郁迟宝令一心供养”，认为这位执掌曹氏归义军金银器制作的郁迟宝令，应当就是籍隶于阗的尉迟氏[②]。这种推测有其合理性，但毕竟尉迟不仅仅

① 沙武田《敦煌石窟于阗国王“天子窟”考》，《西域研究》2004年第2期，60-68页。

② 原载《文物参考资料》第2卷第5期，1951年；此据《唐代长安与西域文明》，石家庄：河北教育出版社，2001年，407页。

是于阗王族的姓氏而已，北朝以来代北的尉迟氏也是很大的姓氏。

S.3728《乙卯年（955）归义军押衙知柴场司安祐成牒》记供应柴草的帐目中有："三月三日，支于阗博士月柴壹拾伍束。"[①] 上面题记中说郁迟宝令的身份是"都料"，即一个行业中具备较高技艺的师傅，而这里的"博士"，则是指具有专业技术的工匠，但较一般的"工匠"级别要高。归义军官府按月支付柴草的这位于阗博士，显然有一定的技艺，为敦煌所需，因此才较长时间留在敦煌。

有关于阗的画家材料还没有发现，从敦煌和于阗的联系之紧密，于阗画家到敦煌做画的可能性是有的，至少我们知道于阗的工匠曾经逗留敦煌，为敦煌的佛寺或石窟的营造贡献了技艺和力量。

于阗佛教艺术对敦煌石窟的建造产生过的影响，于阗人在莫高窟的造窟活动，对敦煌石窟的营造作出了贡献。前人在这方面的论说不多，还有不少值得研究的课题有待深入。

三、于阗佛教图像在敦煌石窟中的流行

于阗人在敦煌的开窟造像，必然有于阗的佛教文献和画样的传播，这使得一些于阗的图像成为敦煌石窟的主题，其中就有所谓"于阗瑞像"。瑞像是指与释迦牟尼或其他神佛、高僧的灵迹联系在一起的一种图像。它最早产生于印度，而后流传四方。瑞像一般恪守固定的原型，力图模拟圣容，表现灵瑞的瞬间，并因其灵瑞而具有护持佛法长住久安的功能[②]。瑞像见于敦煌中晚唐、五代、宋初的一些洞窟的主室龛顶四披或甬道两侧，其中相当部分为于阗瑞像。

---

① 《敦煌社会经济文献真迹释录》第3辑，北京：全国图书馆缩微复制中心，1990年，618页。

② 张广达、荣新江《敦煌"瑞像记"、瑞像图及其反映的于阗》，《敦煌吐鲁番文献研究论集》第3辑，北京：北京大学出版社，1983年，69-147页。

在所有瑞像中，牛头山瑞像占据着最为重要的位置。牛头山位于今和田市西南 26 公里喀拉喀什河（Kara kash）东岸的库玛日山（Kohmārī），是古代于阗一处极为著名的佛教胜地，在较为早期的文献中又作“牛角山”，晚期的汉藏文献更多地使用“牛头山”之名，敦煌所出《瑞像记》和敦煌洞窟壁画的榜题中皆作“牛头山”。关于牛头山在佛教世界的地位，可以从藏文文献《于阗国授记》（*Li yul lung bstan pa*）的叙述略知一二。原文翻译如下[①]：

> 昔者，于阗乃为海子，释迦牟尼佛为授记此海子将成桑田且予加持，乃引菩萨、声闻与天龙八部等二十万众眷属，由灵鹫山腾空，既来于阗。〔于阗〕时为海子，〔释迦牟尼佛〕乃坐于今西玉河近处水中莲花座上，授记此海子将成桑田并予加持，乃口申教敕，命八大菩提萨埵及其两万眷属、八大护法神祇及其三万五千五百有七眷属护持此尊圣之应供处所及此境域。舍利弗与毗沙门誓愿卷起墨山，排出海水而得土地。佛宴坐于先前莲花座上，即今牛角山上立有释迦牟尼大像处，入深禅定七昼夜，而后返回天竺之吠舍厘城。

牛头山瑞像的主要表现形式是，一佛结跏趺坐于牛头山顶的莲花座上，右手作说法印，一个高大的牛头寺院居中，有天梯可以攀登。牛头山瑞像在吐蕃统治敦煌时期的莫高窟开始流行，归义军时期更为盛行，在莫高窟、榆林窟一些重要的洞窟，比如节度使、都僧统开凿的洞窟中，如莫高窟第 85、9、45、98、108、454 窟，榆林窟第 33 窟。牛头山瑞像往往画在供养人所在的甬道顶部，为经变式瑞像、佛教圣迹图等所围绕，位于一个佛教世界的中心，并有守护敦煌供养人的意义。

另外，于阗的八大守护神也在晚唐到宋初的归义军时期流行于敦煌石窟当中。原本在汉文《月藏经》，藏文《牛角山授记》《于阗国授记》

---

① 朱丽双《〈于阗国授记〉译注》（上），《中国藏学》2012 年 S1 期增刊，230-231 页。

《于阗教法史》和敦煌于阗文写本（P.2893）中，都记有于阗的八大守护神，其次序往往是一致的，除了个别名称外，都可以一一对应，虽然有的用音译，有的用意译。于阗八大守护神的名称也完整地保存在敦煌写本 S.2113《瑞像记》中，和上述文献相对比，可以发现缺失了热舍龙王，但多出了一位摩诃迦罗神。在古代于阗地方，热舍龙王是一位比较重要的神祇。但在敦煌藏文文书 P.t.960《于阗教法史》中，热舍龙王已经降到最低的第八位，在敦煌莫高窟描绘的于阗八大守护神的图像中，则完全不见热舍龙王，而由摩诃迦罗神取而代之。

S.2113A 所记于阗八大守护神与其他文献对照

S.2113A	于阗文P.2893	藏文P. t.960	意思
迦迦那莎利神	Gaganasvarä	Gha gha na swa ra	虚空音神
莎那末利神	Svaṃamāla	Su gar na ma la	金花鬘神
莎那（耶）摩利神	Saṃnī	Sa nye	正知鬘神
阿隅阇天女	Aṃkuṣa	lCags kyu	铁钩天女
毗沙门天王神	Vrrīsamaṃ	Be sha ra ma ni	多闻子天王神
阿婆罗质多神	Aparājai[ja]tta	A pa ra dzI ta	难胜神
摩诃迦罗神	——	——	大黑天神
悉他那天女	Sthānāvą	Sta na ba ti	有处天女

现存最早的绘有于阗八大守护神的洞窟是莫高窟第 9 窟，为晚唐景福元年（892）前后所建，甬道两壁绘节度使索勋、司徒张承奉等供养人像。其他主要洞窟是第 98 窟，归义军节度使曹议金的功德窟，建成于同光年间（923—925）；第 100 窟是曹议金回鹘夫人及其子归义军节度使曹元德所建，时在天福四年（939）；大约与此同时，归义军都押衙张怀庆创建第 108 窟；第 454 窟甬道部分，是太平兴国元年（976）

归义军节度使曹延恭重修、其弟节度使延禄续修而成；第 342 窟是大概 980 年前后由归义军节度使曹延禄重修[①]。此外还见于莫高窟第 25、39、45、126、146、340、397、401 窟和榆林窟第 33 窟，除了榆林窟第 33 窟绘于主室南壁外，其他图像都绘制在洞窟甬道的南北两披，南北各四神，相对而立。于阗守护神在敦煌洞窟的出现，特别是大多数归义军节度使的功德窟中都绘制他们，而且就在这些节度使的供养人像的头顶位置，成为敦煌统治者的守护神，其重要性可想而知，表明于阗佛教艺术对敦煌石窟造像影响之深远。

结　语

至少从汉代开始，塔里木盆地西南的于阗王国，就与汉朝保持着密切的联系。随着于阗的发展壮大，以及汉唐时期通过丝绸之路的东西文化交往的发达，于阗作为丝路上的一所重镇，在丝路南道上起到了无法替代的作用。通过于阗，印度、西域的大乘佛教持续东传，佛教艺术不仅被尉迟跋质那、乙僧父子带到长安，而且于阗瑞像和八大守护神的形象，成为晚唐以来敦煌石窟的必备题材。于阗玉石，更是从先秦以来中原人的最爱，甚至进入中原王朝的礼仪服饰之中，成为帝王玺印的必用素材，而与中原王朝的命脉息息相关。文化的传播从来不是单向的，限于篇幅和主题，这里没有讨论中原的丝绸如何传入于阗，并经过于阗而传播到波斯、地中海世界；我们也省略了以王羲之《兰亭序》《尚想黄绮帖》为代表的中原典籍文化在于阗的传播情形。由于干燥的沙漠气候，于阗和敦煌得天独厚地保存了大量壁画、雕像、绢纸绘画和文献材料，给我们今天认识经过于阗的东西文化交流提供了大量的视觉资料，

① 各窟修建年代，见贺世哲《从供养人题记看莫高窟部分洞窟的营建年代》，敦煌研究院编《敦煌莫高窟供养人题记》，214，217－219，222－223，223－224，229，230 页。

也展现了一个丝绸之路王国丰富的多元文化色彩。

（本文合并《略谈于阗对敦煌石窟的贡献》和《丝绸之路上的于阗》部分内容两文而成，前者原载敦煌研究院编《2000年敦煌学国际学术讨论会文集·历史文化卷》上，甘肃民族出版社，2003年9月，67-82页；后者原载上海博物馆编《于阗六篇——丝绸之路上的考古学案例》，北京大学出版社，2014年12月，1-30页。）

下编　考古与出土文献

丹丹乌里克的考古发现与研究
(1896—2002年)

丹丹乌里克（Dandan Oilik），维吾尔语意为“象牙房”，它位于今和田城东北约120公里处，西距和田河75公里，东距克里雅河35公里，是塔克拉玛干沙漠腹地古代于阗王国的一个边镇的遗址。在丹丹乌里克漫漫黄沙的地表下面，掩埋着代表古代文明的宗教庙宇和表现世俗权利的官府衙门，还有不同社会角色的人们的生活遗迹。

我们今天对于丹丹乌里克古代历史的了解，得益于自19世纪末叶以来的考古发现。由于这里人迹罕见，所以一些对于丹丹乌里克的探险和考古，今天也成为人们喜闻乐道的掌故。

本文主要考察百年来一些国家的探险队、考古工作者甚至挖宝人的收获，并从考古学的角度对它们加以整理。

一、俄国、英国早期收集的古物及其研究

从19世纪80年代开始，俄国驻喀什噶尔总领事彼得罗夫斯基（N.F.Petrovsky）开始收集和田各地出土的古代文物和文献，其中就包括丹丹乌里克出土的于阗语和汉语文书，不过这些文书在相当长的时间里没有公布。1973年，苏联印度学家、佛教学家邦嘎尔德·列文（G.M.Bongard-Levin）在第29届国际东方学家大会上透露，列宁格勒

（今圣彼得堡）藏有一百多件未刊于阗语文书[①]。1990 年，在意大利威尼斯举行的“吐鲁番敦煌文献学术讨论会”上，沃罗比耶娃—捷夏托夫斯卡娅（M. Vorob'eva-Desjatovskaja）对列宁格勒所藏丹丹乌里克出土于阗语世俗文书的内容，做了简要的概述[②]。苏联解体后，收藏在圣彼得堡的各种西域、敦煌写本陆续向国际学术界开发，俄国学者与其他国家学者通力合作，使这些秘藏多年的写本陆续面世。其中的于阗语文书，由于恩默瑞克（R. E. Emmerick）和沃罗比耶娃—捷夏托夫斯卡娅两位的努力，很快将所有文书的图版和转写、英译公布，即《塞语文书集》第 7 卷《圣彼得堡收集品》[③] 和《塞语文书转写翻译卷》第 3 卷《圣彼得堡收集品》[④]。这些于阗语文书没有正式的考古学遗址编号，只有俄罗斯圣彼得堡东方学研究所的编号，SI P（=Serindia Petrovsky）指彼得罗夫斯基西域收集品，SI M（=Serindia Malov）指马洛夫西域收集品，但我们从其中的于阗文 spāta Sīḍaka（汉文“萨波斯略”）来看，可以肯定是出自丹丹乌里克，其主体应当是唐朝统治于阗时期杰谢镇的官私文书，萨波斯略是 8 世纪末期杰谢镇的城主或首领。在彼得罗夫斯基西域收集品中，还有一些丹丹乌里克出土的汉文文书，因为数量不多，

---

① M. J. Dresden, “Khotanese (Saka) Manuscripts: A Provisional Handlist”, *Varia 1976* (Acta Iranica 12), Téhéran-Liège-Leiden, 1977, p. 27, n. 1.

② M. I. Vorob'eva-Desjatovskaja, “The Leningrad Collection of the Sakish Business Documents and the Problem of the Investigation of Central Asian Texts”, *Turfan and Tunhuang. The Texts*, ed. by A. Cadonna, Firenze 1992, pp. 85–92.

③ R. E. Emmerick and M. I. Vorob'eva-Desjatovskaja (eds.), *Saka Documents VII: The St. Petersburg collections* (Corpus inscriptionum Iranicarum, Part II: Inscriptions of the Seleucid and Parthian periods and of Eastern Iran and Central Asia, Vol. V: Saka), London: School of Oriental and African Studies, 1993.

④ R. E. Emmerick and M. I. Vorob'eva-Desjatovskaja, *Saka Documents Text Volume III: The St. Petersburg collections* (Corpus inscriptionum Iranicarum, Part II: Inscriptions of the Seleucid and Parthian periods and of Eastern Iran and Central Asia, Vol. V: Saka), with contributions by H. Kumamoto, P. O. Skjaervø, H. Vetch, and Zhang Guangda, London: School of Oriental and African Studies, 1995.

所以被混编入主体为汉文的敦煌编号（Дx.）的文书中。1995 年 5—7 月，敦煌研究院施萍婷教授考察俄藏敦煌文献，抄出若干和田出土汉文文书，录入《俄藏敦煌文献经眼录（二）》[①]。以后，东京大学熊本裕教授从圣彼得堡摄回一些汉文文书照片，他曾就其中的一件汉语、于阗语双语文书做过考释[②]。2001 年，所有汉文文书的图版，才随敦煌文书图录的刊布而公布[③]。张广达先生和笔者据之做了录文和考释[④]。

彼得罗夫斯基也收集到一些木板画，其中可能也有来自丹丹乌里克的文物。这些木板画的目录见贾科诺娃（N.V.D'jakonova）《伊斯兰时期以前中亚的神像资料》[⑤]。

从 1893 年开始，住在印度加尔各答的德裔英籍梵文专家霍恩雷（A.F.R.Hoernle），也建议英属印度政府授权在新疆等地的外交官收集古代文献和文物。到 1899 年为止，霍恩雷总共收到 31 批古代文献，其中 18 批由英国克什米尔驻扎官并负责中国事务的特别代表（即后来的英国驻喀什总领事）马继业（George Macartney）提供，12 批由先后任英国驻列城、拉达克、吉尔吉特的政治代表戈德福雷（Stuart H. Godfrey）上尉提供，1 批由英国驻克什米尔政治代表塔尔博特爵士（Sir Adeblert C.Talbot）提供。霍恩雷在收到这些资料后，撰写了一系列文章来加以报导和研究，主要资料汇集在以下三篇比较正式的研究报告

① 《敦煌吐鲁番研究》第 2 卷，北京：北京大学出版社，1997 年，328-330 页。但她没有指出此系和田出土文书。

② H. Kumamoto, "Sino-Hvatanica Petersburgensia (Part I)", *Manuscripta Orientalia. International Journal for Oriental Manuscript Research*, 7.1, March 2001, pp. 3-9.

③ 俄国科学院东方学研究所圣彼得堡分所、俄国科学出版社东方文学部、上海古籍出版社合编《俄藏敦煌文献》第 17 册，上海：上海古籍出版社，2001 年，280-295 页。

④ 张广达、荣新江《圣彼得堡藏和田出土汉文文书考释》，《敦煌吐鲁番研究》第 6 卷，北京：北京大学出版社，2002 年，221-241 页。

⑤ Н. В. Дьяконова,《Материалы по Кулътовой Иконографии Централъной Азии Домусульманского периода》, *Сообщени / Труды Государственного Эрмитажа* V, 1961, pp. 257-272.

中：（1）《中亚写本的又三批收集品》[1]、（2）《英国中亚古物收集品报告（一）》[2]、（3）《英国中亚古物收集品报告（二）》[3]。在这些所谓“霍恩雷收集品”（Hoernle Collection）中，有不少是来自丹丹乌里克的于阗文、汉文文书以及佛教典籍，比如现收藏在英国图书馆的编号 M.9 的重要汉文文书《唐大历三年（768）毗沙都督府六城质逻典成铣牒》，是马继业从和田的商人巴德鲁丁（Badruddin）手中得到的，虽然出土地点不明，但显然来自丹丹乌里克[4]。

霍恩雷收集的三件比较完整的汉文写本，最早由沙畹（Ed. Chavannes）在《丹丹乌里克、尼雅和安德悦遗址中发现的汉文文书》中刊布[5]，其余九件残文书直到百年后才由王冀青和郭锋分别刊布[6]。霍恩雷收集品中的于阗文文书，后来由英国图书馆编为 Or.6392－6398，Or.6400－6402，Or. H. W.1－18，Or. H. Y.1－11 等（Or. 是“东方收集品”的缩写），它们先是由英国于阗文专家贝利（Harold W.Bailey）转写发表在《于阗语文献集》第 5 集中[7]；2002 年，施杰我（P. O. Skjærvø）对所有英国图书馆藏霍恩雷文书做了重新转写和英译，

---

① A. F. R. Hoernle, “Three Further Collections of Ancient Manuscripts from Central Asia”, *Journal of the Asiatic Society of Bengal*, *part I* (=*JASB*) LXVI. 1, No.4, 1897, pp. 213－260+24 pls.

② A. F. R. Hoernle, “A Collection of Antiquities from Central Asia, part I”, *JASB* LXVIII. 1 (1899), Extra No.1, 1899.

③ A. F. R. Hoernle, “A Report on the British Collection of Antiquities from Central Asia, part II”, *JASB* LXX. 1 (1901), Extra No.1, 1902.

④ 参看张广达、荣新江《〈唐大历三年三月典成铣牒〉跋》，《新疆社会科学》1988 年第 1 期，60－69 页；收入作者《于阗史丛考》，上海：上海书店，1993 年，140－154 页。

⑤ Ed. Chavannes, “Chinese Documents from the Sites of Dandan-uiliq, Niya and Endere”, Appendix A to *Ancient Khotan*, by A. Stein, Oxford 1907, pp. 521－525.

⑥ 王冀青《英国图书馆东方部藏“霍尔宁搜集品”汉文写本的调查与研究》，《兰州大学学报》1991 年第 1 期，143－150 页；郭锋《斯坦因三探中亚所获甘肃新疆出土汉文文书》，兰州：甘肃教育出版社，1992 年，70－74 页。

⑦ H. W. Bailey, *Khotanese Texts*, V, Cambridge 1963; 2nd ed. , 1980.

刊布于《英国图书馆藏新疆出土于阗语写本》一书中[1]。

二、斯文·赫定的探险与发现

1895 年，首次来塔克拉玛干沙漠考察的瑞典探险家斯文·赫定（Sven Hedin），在穿越麦盖提到和田河的沙漠时几乎丧命，但是他没有走回头路，经过在喀什噶尔的休整和在和田的重新装备，1896 年 1 月 14 日，他从和田城出发，队伍由四个人、三峰骆驼、两头驴组成，沿和田河北上，再次走上穿越塔克拉玛干沙漠的道路。19 日，他在塔瓦库勒（Tavek-kel）雇了两位向导，向东进入沙漠。23 日，他的探险队到达了他在和田城中听说过的“塔克拉玛干古城”的东边，这座古城就是我们后来所说的丹丹乌里克遗址。翌日，赫定带人匆匆发掘了这座古代遗址中的四座房屋（编号为 a，b，c，d），因为流沙随挖随即又流入坑中，所以他们的工作十分有限。据赫定的描述和绘画，用胡杨木为立柱而以芦苇泥巴建筑的墙已十分脆弱，但佛寺（b 号房屋）墙壁上的壁画仍清晰可见，其中有坐在莲花图案中的千佛，有男女供养人像（图 1），还有狗、马等动物图像。赫定从男性人物画像推测，这里原来的居民是印欧种族的人，很像今天的波斯人。他的这一看法是和古代于阗人属于伊朗种族是相符的。赫定的随从在佛寺（b 遗址）中还发现了一叶残纸片，上面的文字他无法释读。这恐怕就是古代于阗人所写的于阗语，是属于印欧语系下的东伊朗语。赫定还在遗址上拾到一些石膏像，根据背面平整的情况，他推测原来是墙壁上的小坐佛或立佛。他还挖掘或拾到一些建筑构件以及生活用品，其中有完整的陶罐和一扇云斑石做

---

① P. O. Skjærvø, *Khotanese Manuscripts from Chinese Turkestan in the British Library. A complete catalogue with texts and translations*, with contribution by U. Sims-Williams, British Library Publishing, 2002 (corrected repr. 2003).

的石磨，直径有两英寸长[①]。

图 1　赫定绘千佛壁画与供养人

蒙代耳（G. Montell）对于赫定发掘到的数量不多的雕像做了考古学的分类研究[②]。他还指出，赫定发掘的 c 号房址可能是斯坦因的 D.I，而佛寺遗址 b 可能是斯坦因的 D.II，但后者不敢肯定[③]。

三、斯坦因的考古调查及收获

1900 年 12 月 12 日，为英国效力的匈牙利人斯坦因（M. A. Stein）

---

① S. Hedin, *Through Asia*, London 1898, pp. 788–805. 此节文字的汉文摘译，见斯文·赫定《生死大漠》，田杉编译，乌鲁木齐：新疆人民出版社，2000 年，115–119 页。G. Montell, "Sven Hedin's Archaeological Collections from Khotan, (I)", *Bulletin of the Museum of Far Eastern Antiquities*, VII, 1935, pp. 192–199 中引述了赫定当时所做的详细日记，是最原始的报道。笔者 1985 年曾到瑞典斯德哥尔摩国立人种学博物馆调查过这些收集品。

② G. Montell, "Sven Hedin's Archaeological Collections from Khotan, (I)", pp. 200–204; pls. XVIII–XX.

③ G. Montell, "Sven Hedin's Archaeological Collections from Khotan, (I)", pp. 200.

在赫定记录的指引下，从塔瓦库勒出发，向东进入沙漠。18日，斯坦因一行找到了丹丹乌里克遗址。从12月19日到翌年1月3日，斯坦因率领民工在这里进行了大规模的发掘，清理或者部分清理了17座建筑遗址（编号D.I XVII），获得大量古代文物和写本文献，包括壁画、雕像、木板画、梵文和于阗文写本佛经、唐代建中、贞元年间的汉文公私文书，其中尤以一些寺院的木板画最为引人注目[①]。斯坦因总共使用了30个民工挖掘了16天，对这处遗址做了大面积的揭露，虽然后来证明他的工作是不彻底的，但他所清理的建筑遗址及其中出土的文书基本上能够使我们大致明了丹丹乌里克遗址的性质。以下依据斯坦因的考古报告《古代和田》，比较详细地介绍他的考古发掘成果。斯坦因发掘的房址大体上集中在四个小区内，他的考古遗址编号是按照发掘时间顺序编的，而报告并没有完全按照编号顺序叙述，我们这里的概述大体上还是按照考古编号来阐述。（以下内容原按分区介绍，与《唐代于阗杰谢镇》有些重复，因此改以按考古发掘顺序来描述。）

位于丹丹乌里克地区中部偏西北位置的D.I号遗址，被当地挖宝人称之为Būt-khāna，意为“偶像的寺院”，原本是一个方形的佛殿，已经被挖宝人破坏的较为厉害，斯文·赫定也曾发掘过这里。斯坦因在房址内掘得一个高26英尺的矩形立柱，柱的一边绘有一幅非常精致的图画，是佛或菩萨站在一朵蓝色莲花之上[②]，柱子原本应当是墙中凸出的壁柱

① 关于斯坦因的考察记录，见A. Stein, *Sand-buried Ruins of Khotan*, London 1907, pp. 270–324；殷晴等汉译本《沙埋和阗废墟记》，乌鲁木齐：新疆美术摄影出版社，1994年，174–207页。详细报告，见A. Stein, *Ancient Khotan. Detailed report of archaeological explorations in Chinese Turkestan*, Oxford 1907, pp. 236–303及书后所附相关地图和文物图版。笔者1985、1991、1997年在英国图书馆调查、整理过大部分霍恩雷和斯坦因所获丹丹乌里克汉文文书。

② A. Stein, *Ancient Khotan*, pl.LXV. 从佛教图像的角度对丹丹乌里克壁画、木板画上的图像加以系统研究的著作，是J. Williams, “The Iconography of Khotanese Painting”, *East and West new series*, 23：1–2, 1973, pp. 109–154，读者可以参看，以下不一一提示。

或侧柱。此外，遗址中还有大量壁画碎片，绘有佛像和供养人形象；又有许多具有犍陀罗艺术风格的佛教雕塑残块，原本应当是影塑于墙面上的[①]。

丹丹乌里克地区的西南部是建筑物最集中的地方（图2）[②]。最东面的D.II房址明显的是一座佛寺，由大小两间殿堂组成，两间房子的门都向北开[③]。大的一间殿堂中为佛坛，四周是回廊，其中发现了一些塑像，是佛像周围的装饰，还有一些附属大像的小塑像，回廊上有千佛壁画。小的一间面北靠墙是佛坛，其中发现有比较完整的坐佛塑像，还有佛像周围非常精美的装饰塑像及纹饰[④]。一些壁画和雕像下面，有于阗文题记[⑤]。在东墙靠近佛坛的地方，留存有一尊毗沙门天王像的下半身，其背后的墙壁上，绘有一带着小孩的女像，另外有一排僧人坐像，僧人像下面画有三排骑马或骑驼托钵的神像（一般称之为“骑者”）[⑥]。在此庙宇遗址中，还发现了一些木板画，其中有的两面各绘三人一组的神像（D.II.4）；或单面绘画着两个坐佛像，有头光，怀抱紧束的婴儿（D.II.03）[⑦]；有的绘一像是在跳舞的女子（D.II.79）[⑧]；还有一条窄长的画板，上面绘有五个坐佛像，已经模糊不清（D.II.010）[⑨]。

---

① 关于D.I的考察经过，见A. Stein, *Ancient Khotan*, pp. 242–245。

② 斯坦因关于这组遗址的记录，见*Ancient Khotan*, pp. 245–263。

③ 房址发掘前后的照片见A. Stein, *Ancient Khotan*, figs. 28–31, pl. III。

④ 其中编号D. II. 34的残片的彩色图版见ウィットフィールド（R. Whitfield）《西域美术——大英博物馆スタイン・コレクション》第3卷，东京：讲谈社，1984年，图73。

⑤ A. Stein, *Ancient Khotan*, pls.LVIII, LIX所刊编号为D. II. 08和D. II. 13的壁画或雕像上的题记，已由H. W. Bailey, *Khotanese Texts*, V, pp. 255–256转写。

⑥ A. Stein, *Ancient Khotan*, pl.II.

⑦ 《西域美术》第3卷，fig. 96。

⑧ A. Stein, *Ancient Khotan*, pl.LXVI.

⑨ A. Stein, *Ancient Khotan*, pl.LXVII. 关于D. II的描述，见同书，pp. 245–255。

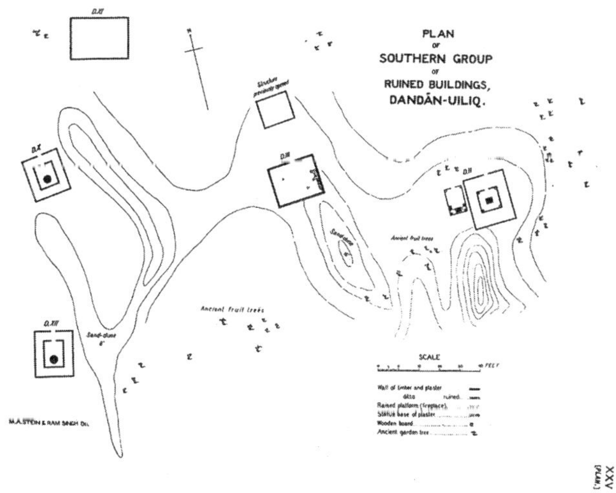

图 2　丹丹乌里克D.II–III、D.X–XII 遗址（*Ancient Khotan*, pl. XXV）

在 D.II 的西面，位于这组遗址中部的一间房址是 D.VIII，为一间略呈长方形的房子，东墙前面是个台子①。在房间里，斯坦因发现了一些散落的贝叶形梵文、于阗语佛典写本。房间靠东墙的地方是一个烧火做饭的灶台，因此这里一定是个伙房。

丹丹乌里克区域的东北部的 D.IV 是一个佛殿遗址，中间的佛坛上原本有佛塑像，但只有残块洒落在地上。建筑可见有绕行的回廊，门向东开。在房间里，斯坦因发现了两面画有立佛像的木板（D.IV.4）②。还有一块较长的木板上，画着鼠王传说（D.IV.5）③，是于阗当地民间信仰的反映。另外还发现一些梵文经典的写本和于阗语的世俗文书。

---

① 房址发掘过程中和发掘后的照片，见 A. Stein, *Ancient Khotan*, figs. 32–33。有关考察经过的记述，见同书，pp. 256–258。

② A. Stein, *Ancient Khotan*, pl. LXV. 彩色图版见《西域美术》第 3 卷，图 71，fig. 95。

③ A. Stein, *Ancient Khotan*, pl. LVIII. 彩色图版见《西域美术》第 3 卷，图 68。

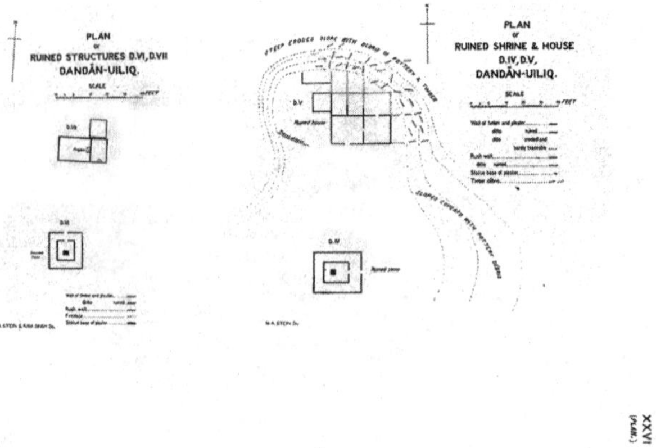

图 3　丹丹乌里克D.IV-VII 遗址（*Ancient Khotan*, pl.XXVI）

位于 D.IV 房址正北十多米处，有一处较大的房屋遗址（D.V）（图 3）[①]。D.V 由七间房屋构成的一个建筑组合，斯坦因在撰写考古报告时，据当时沙畹已经解读出的一些汉语文书的内容[②]，推测这里是官人“思略”暂时或长期使用的官衙。在这些房间中，斯坦因还发现有梵文佛典、于阗语文书、汉语木简文书，以及一些生活用具等。

丹丹乌里克遗址东南部，有编号为 D.VI 的佛殿遗址，门向北，内部的形制与 D.IV 相同，中间是佛坛，周围是两重的回廊，回廊上有壁画的千佛坐像[③]。神坛前，发现了两块木板画。其中一块绘有十个坐像，可能是菩萨（D.VI.3）[④]。另一块双面绘制，每面是六个坐佛（D.VI.4）。在这里，还发现了梵文佛典和于阗语文书残片。

---

① 有关 D.V 和 D.IV 的考古发现的情况，见 A. Stein, *Ancient Khotan*, pp. 264-273。

② Ed. Chavannes, “Chinese Documents from the Sites of Dandan-uiliq, Niya and Endere”, Appendix A to *Ancient Khotan*, pp. 521-525.

③ D.VI 内部的壁画情况，见 A. Stein, *Ancient Khotan*, pl. IV。

④ A. Stein, *Ancient Khotan*, pl. LXVII.

在 D. VI 房址的北面，是两座南北相距很近的建筑（图 3）[①]。北面的一座编号 D. VII，包括三间房屋，其中两间有佛坛。这个房址里面发现了汉语契约文书多件，粟主或钱主是护国寺僧虔英；此外，还有《护国寺计算所牒》和《护国寺三纲帖为外巡僧太辩领家人刈草事》。斯坦因根据沙畹翻译的这些汉语文书中提到"外巡僧"的内容，认为这里是照看护国寺庄园的职事僧的住地。在主建筑东南角附近的沙土上，发现了三幅木板画，两个可能原本是挂在墙上的。其一是一个方形木板，上面有个突出的部分，中间有孔，可以悬挂起来，画面有些磨损，斯坦因以为是一个菩萨像（D. VII.1）[②]。另一个是一块长方形的木板，上面略呈尖状，上下各绘一个有头光的骑者，上面的骑马，下面的骑驼，手中都端着一个杯，有鸟从空中直冲向杯子（D. VII.5）[③]。还有一块木板正面绘着一个婆罗门教的湿婆形象，三头、四臂、骑双牛，但斯坦因以为在此是佛教的菩萨（D. VII.6）。背面也是一个四臂神像，但完全是波斯王子的装束，这使得斯坦因颇感困惑[④]。

从门的朝向和内容来看，可以推断 D. VI 是 D. VII 的附属宗教建筑，即护国寺僧人做佛事的地方。

在丹丹乌里克遗址中部偏西北的位置上，有斯坦因编号为 D. VIII 的房址，其中发现两件汉语文书和于阗语文书残片[⑤]，汉语文书也是属于护国寺的文书，可能是僧人从其他地方带到这里的。

在 D. II 和 D. III 西面是自北向南排列的 D. XI、D. X、D. XII 三座房

---

① 斯坦因有关 D. VII 和 D. VI 的考古收获和他本人的看法，见 *Ancient Khotan*, pp. 273-281。

② A. Stein, *Ancient Khotan*, pp. 280-281; pl. LXVI.

③ A. Stein, *Ancient Khotan*, p. 278; pl. LIX. 彩色图版见《西域美术》第 3 卷，图 69。

④ A. Stein, *Ancient Khotan*, pp. 278-280; pls. LX-LXI. 彩色图版见《西域美术》第 3 卷，图 70。

⑤ 汉文见陈国灿《斯坦因所获吐鲁番文书研究》，武昌：武汉大学出版社，1995 年，558-559 页；于阗文见 H. W. Bailey, *Khotanese Texts*, V, p. 260。

址，其中北面的 D. XI 已经被挖宝人掏空，没有任何发现。D. X 是一座出土文物丰富的佛寺址，也是中间为佛坛、四周为回廊的佛殿，门向北开。斯坦因等掘开的一面墙前面的沙土，壁画绘制的是千佛，因此他没有继续清理其他墙前面的积沙①。他在神坛的四周挖出仍然靠立在那里的一些木板画，看上去它们应当是原本供养时的样子。一件是三人组合的神像，斯坦因认为是金刚手菩萨、弥勒菩萨、文殊菩萨（D. X.3）②；另一件描绘的是蚕种传入于阗的传说，公主戴着高高的帽子，里面藏着蚕茧，一个侍女指着这顶帽子，旁边有一个神祇坐在织机后面（D. X.4）③；又有一件是一有头光的骑者骑着花斑马，左手握缰绳，右手端着碗，飞鸟向碗冲去（D. X.5），与 D. VII.5 所绘相同④；还有一女神怀抱婴儿木板画（D. X.8）。此外，斯坦因还在这里发现于阗语佛典。

位于 D. X 南面的 D. XII，是形制相同的佛殿，中间为佛坛、四周为回廊。斯坦因在其中发现了一些佛教雕像残片，有乾闼婆形象等等⑤，壁画上绘制有真人大小的佛或菩萨像，可惜只残存腿部和脚下的莲花⑥。

由此看来，丹丹乌里克西南区的 D. II、D. III、D. X、D. XII 房址都是佛寺，这里显然是杰谢当地佛寺集中的地方，神殿里面供养着佛、菩萨和地方神祇，也绘制着一些地方传说。

D. VIII 北面一座斯坦因编号为 D. XIII 的遗址，和 D. VIII 一样，已经被挖宝者挖掘得没有什么重要的发现了⑦。在 D. V 东北不远处，有三件小房子构成的一个遗址，斯坦因编号 D. XIV，挖宝人彻底地发掘过，其中出土

---

① 斯坦因关于 D. X 的考察记录，见 A. Stein, *Ancient Khotan*, pp. 259–262。

② A. Stein, *Ancient Khotan*, pp. 260–261; pl. LXIV. 彩色图版见《西域美术》第 3 卷，图 67。

③ A. Stein, *Ancient Khotan*, pp. 259–260; pl. LXIII. 彩色图版见《西域美术》第 3 卷，图 66。

④ A. Stein, *Ancient Khotan*, p. 261; pl. LXII.

⑤ A. Stein, *Ancient Khotan*, pl. LVI.

⑥ A. Stein, *Ancient Khotan*, pl. V. 有关 D. XII 的记录，见同书，pp. 262–263。

⑦ A. Stein, *Ancient Khotan*, pp. 281–282.

的一些文书已经进入“霍恩雷收集品”。D. V 南部的 D. XV 房址，从残存的壁画痕迹看是座佛殿，也同样被挖宝人挖得干干净净。此外，斯坦因编号为 D. XVI 和 D. XVII 的两座佛殿遗址，也被挖宝人挖空。

丹丹乌里克的考古发掘，是斯坦因第一次中亚考察的最大收获之一。他系统地发掘了这个于阗王国边境城镇的主要建筑，包括官府衙署、寺院佛堂、居民住宅等房屋遗址，获得了大量的干燥沙漠中保存的于阗文、汉文文书以及于阗文和梵文典籍，经过百年来学者们的解读研究，基本上可以弄清丹丹乌里克遗址的性质和年代等问题，为以后的考古调查和历史研究都奠定了基础。

1905 年 9 月下旬，美国地理学者亨廷顿（E. Huntington）根据斯坦因的地图，从位于丹丹乌里克东面的克里雅河向西进发，由于迷路费掉许多时间，所以在丹丹乌里克只做了短暂的停留，考察了河道与耕地面积，而没有任何古物方面的收获①。

四、特灵克勒探险队的短暂考古调查

1927 年 4 月，德国的特灵克勒（E. Trinkler）、德·特拉（H. de Terra）、博斯哈德（W. Bosshart）组成一个探险队，进入新疆考察。1928 年 3 月中旬，他们也是从和田河边的塔瓦库勒向东，寻找丹丹乌里克遗址。22 日，他们到达那里，拾到一些地面散落的木梳、钱币和小块壁画，在垃圾堆里找到一片据说是回鹘文（应当是粟特文）的写本和木锁。主要发掘了一座有两间居室的房屋，还发掘了一座小寺庙，获得一些壁画。由于他们不是严谨的考古人员，而且选择了最不适宜在

① E. Huntington, *The Pulse of Asia: A Journey in Central Asia illustrating the geographic base of History*, Boston 1907, pp. 187–188；汉文摘译本，见亨廷顿《亚洲的脉搏》，王彩琴、葛莉译，乌鲁木齐：新疆人民出版社，2001 年，126–130 页。笔者 1997 年曾在耶鲁大学本尼克善本与写本图书馆（Beinecke Rare Book and Manuscript Library）调查过亨廷顿从和田其他遗址获得的文物和文书。

沙漠中工作的风季进入丹丹乌里克，因此他们的收获甚微，所得古物都是一些极其零碎的残片①。

特灵克勒探险队的收集品主要存放在德国不来梅的海外博物馆（Übersee-Museum, Bremen），但是有部分收集品后来为了弥补考察队经费的不足而出售，分散收藏在美国纽约大都会艺术博物馆、日本东方学院东京研究所（今东京大学东洋文化研究所）②，另一些文物和文献资料转存于柏林民族学博物馆、德国国家图书馆中③。格罗普（G. Gropp）对不来梅海外博物馆所藏的文物资料系统地整理、编目、研究，并对流散在其他地方的文物和文书也加以著录，1974年出版了《中国新疆和田考古的出土文物》一书④。

特灵克勒探险队以后，丹丹乌里克告别了西方探险家，再次沉睡在塔克拉玛干沙漠深处。

五、丹丹乌里克的重新发现

在经过了近70年的沉寂之后，1996年，新疆维吾尔自治区文物考

---

① E. Trinkler, *The Stormswept Roof of Asia: by Yak, Camel & Sheep Caravan in Tibet, Chinese Turkestan & over the Kara-Koram*, tr. by B. K. Featherstone, Philadelphia 1931, pp. 191–200；汉文摘译本见特林克勒《未完成的探险》，赵凤朝译，乌鲁木齐：新疆人民出版社，2000年，149–155页。又见 H. de Terra, "On the World's Highest Plateaus: Through an Asiatic no man's land to the desert of ancient Cathay", *The National Geographic Magazine*, 59, 1931, pp. 318–367。

② 笔者1985年曾到不来梅海外博物馆调查这批收集品，1997年调查美国纽约大都会艺术博物馆藏品，2000年调查过东京大学东洋文化研究所藏品。

③ J. Williams, "The Iconography of Khotanese Painting", p. 110, n. 7; K. Jettmar, "Review of G. Gropp, *Archäologische Funde aus Khotan, Chinesisch-Ostturkestan: Die Trinkler-Sammlung im Übersee-Museum, Bremen*", *Central Asiatic Journal* 20, 1976, p. 154.

④ G. Gropp, *Archäologische Funde aus Khotan, Chinesisch-Ostturkestan. Die Trinkler-Sammlung im Übersee-Museum, Bremen* (*Monographien der Wittheim zu Bremen 11*), Bremen 1974.

古研究所的研究人员张铁男等人深入塔里木盆地沙漠腹地，重新找到了丹丹乌里克遗址，并发现 7 处暴露在沙地地表上面的建筑遗址[①]。1997 年 1 月，新疆文物考古所肖小勇又借物探队的沙漠车，到达丹丹乌里克遗址，对 12 处地面存有遗迹的遗址做了调查[②]。

遗憾的是，新疆文物考古研究所还没有来得及进行正式的丹丹乌里克考古发掘工作。1998 年 10 月，瑞士人鲍默（Christoph Baumer）组成所谓“中瑞探险队”（Sino-Swiss Expedition 1998），率领 8 名队员[③]，深入塔克拉玛干，找到了丹丹乌里克遗址。据鲍默在《重访丹丹乌里克：一个世纪后的新发现》一文中说，他们比定出斯坦因发掘过的 15 个建筑遗址中的 13 个，还另外发现三处房址，因此将这些遗址做了重新的编号（D1-18）。他们对其中三处遗址私自进行了发掘，发现石膏佛像、于阗语佛典、陶罐、石磨盘残片等，特别是他们发掘的编号为 D13（可能是斯坦因编号的 D. X）的殿堂建筑遗址，墙壁上有千佛像壁画，还有两幅三人组合的神像（divine triads）（图 4-5），以及汉装和当地装束的男女供养人像（图 6-7），都是极其珍贵的考古资料[④]。鲍默提到他所发掘的 D10 号（相当于斯坦因的 D. I）遗址中，出土了大量的石膏佛塑像残片，这类石膏像在赫定的第一次考古发掘中已有不少发现，而且赫定只带有了一部分，而留下了一些残片。斯坦因在描述他所发掘的 D. I 号遗址时，除了提到千佛壁画外，也特别指出其中发现了不少石膏

---

① 新疆维吾尔自治区文物事业管理局、新疆文物考古研究所、新疆博物馆等编《中国新疆文物古迹大观》，乌鲁木齐：新疆美术摄影出版社，1999 年，74-75 页刊出两张照片，应即此次调查所摄。

② 肖小勇《探索沙漠遗址丹丹乌里克》，《新疆文物》1997 年第 4 期，13-19 页。

③ 包括电视制片人 Jon Jerstad、新闻摄影者 Urs Mockli、制图员 Ernst Ruegg，以及他所说的“五个强壮的汉族和维吾尔族队员”。

④ Ch. Baumer, “Dandan Oilik Revisited: New Findings a Century Later”, *Oriental Art*, XLV. 2, 1999, pp. 2-14; idem., *Southern Silk Road: In the Footsteps of Sir Aurel Stein and Sven Hedin*, Bangkok 2000, pp. 76-90.

图 4 三人组合神像之一

图 5 三人组合神像之二

佛像，包括他的向导吐尔地以前曾经在这里挖掘到的雕像。斯坦因有时候也把一些无法带走的文物集中存放在某个遗址当中，等待以后来取①。鲍默发现的这些石膏像，或许是斯坦因故意留下来的。鲍默的发现在学术上具有相当重要的意义，那两幅三人组合的神像图版被收入2004年英国图书馆举办的丝绸之路展览的图录：《丝绸之路：贸易、战

① 斯坦因曾经把在吐鲁番阿斯塔那墓葬中发掘的部分墓志集中在一个墓道中，后来被新疆考古工作者掘得。

图 6　男性供养人壁画

图 7　女性供养人壁画

争与信仰》[①]，学者们已经开始撰文讨论这些图像[②]，但我们不能不遗憾地说，他这样擅自发掘是违法的，而且对这一丝绸之路上重要的考古遗

① S. Whitfield, & U. Sims-Williams (eds.), *The Silk Road. Trade, Travel, War and Faith*, London: The British Library, 2004, p. 159, figs. 13-14.

② 荣新江上引文《佛像还是袄神？——从于阗看丝路宗教的混同形态》，《九州学林》1 卷 2 期，香港城市大学中国文化研究中心、复旦大学出版社，2003 年，93-115 页；林梅村《丝绸之路考古十五讲》，北京：北京大学出版社，2007 年，207-210 页；霍巍《于阗与藏西：新出考古材料所见两地间的古代文化交流》，《藏学学刊》第 3 辑（吐蕃与丝绸之路研究专辑），成都：四川大学出版社，2007 年，146-156 页。

址的保护带来很大的问题。

2002 年 10 月，新疆文物局、新疆文物考古研究所和日本佛教大学尼雅遗迹学术研究机构共同组织的考察队，在丹丹乌里克发现了一座佛寺的壁画被风吹得露出了地面，随即由新疆文物考古研究所在同年 11 月进行了抢救性的发掘，揭取了佛寺下层的千佛、杂神像以及一排骑马托钵的神像壁画等等考古资料，为丹丹乌里克考古带来了新的素材①。有趣的是在这所寺院一堵墙根的沙土下面，考古工作者发现了一叠德文报纸，有 *Neue Zürcher Zeitung*（《新苏黎世报》，图 8）和 *Schweizer Illustrierte Zeitung*（《瑞士画报》，图 9），其中还夹着一个固体燃料的纸盒，盒子里面放着 1928 年进入丹丹乌里克的博斯哈德（W. Bosshart）的一张名片（图 10）。纸盒上一面写“Please see inside”（请看里面），另一面写“Important matters inside”（其中有重要的东西）。名片上一面居中

图 8　特灵克勒探险队留下的《新苏黎世报》

① 新疆文物考古研究所《2002 年丹丹乌里克遗址佛寺清理简报》，《新疆文物》2005 年第 3 期，8-19 页及封 2、3 图版。参看张玉忠、屈涛、刘国瑞《丹丹乌里克新发现的佛寺壁画》，《日中共同ダンダンウイリク遗迹学术研究の成果をめぐって》，京都：佛教大学，2005 年 8 月，79-85 页；松本伸之监修《新シルクロード展》，东京：产经新闻社，2005 年，71-79 页。

用中文写“博斯喀”，是当时博斯哈德用的中文名字，左下角署“瑞士国植物学”，表明自己的国籍和身份；另一面用英文写作“To the poor fellow who belicvcd to find something here we leave this papers with our kindest regards. E. Trinkler, W. Bosshart. 25-3-28.”（向那些相信在我们留下这些报纸的这里会发现一些东西的可怜的后来者致以最良好的祝愿。特灵克勒、博斯哈德，1928 年 3 月 25 日。）[①] 在特灵克勒的游记《狂飚之地》中，曾记载了他们把报纸和名片埋入他们所发掘的一个小寺庙中，但所记这段文字略有不同：“To the poor fellow who trusts that he will find something here, for his lonely hours, with kindest regards.”（向在孤独的时光里相信在此会找到东西的那些可怜的人，致以最良好的祝愿。）[②] 这一有趣的发现，为我们提供了一个重要的线索，即新清理的这所佛寺应当就是特灵克勒探险队发掘过的有壁画的小佛寺，而这个佛寺似乎没有被斯文·赫定、斯坦因、鲍默等人染指。根据格罗普（G. Gropp）教授对特灵克勒探险队考古资料的整理，这所佛寺位于斯坦因发掘的D. XII和

图 9　特灵克勒探险队留下的《瑞士画报》

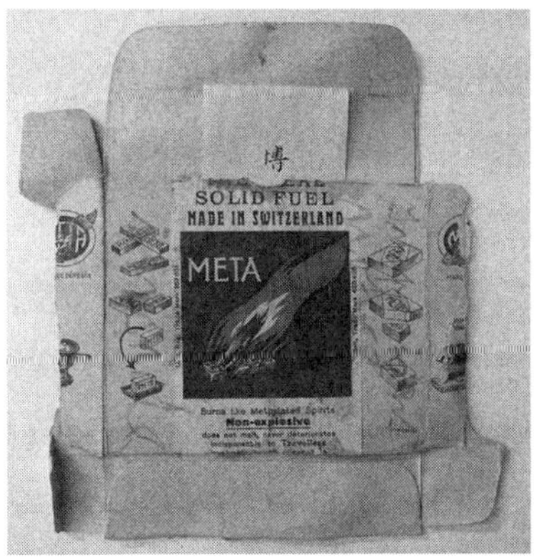

图 10　特灵克勒探险队的纸盒和其中名片

① 2005 年 9 月 1 日笔者拜访新疆文物考古研究所时，承蒙张玉忠先生见示这些材料，不胜感激。

② Trinkler, *The Stormswept Roof of Asia*, p. 197；《未完成的探险》，154 页。

图 11　特灵克勒拍照的佛寺图片

D. XIII 之间，格氏的考古报告中编作 A.4. 2 号[①]，我们以该报告图 39 所刊 1928 年拍摄的千佛壁画（图 11）与新发现的壁画相比，不难发现两者的一致性。今后是否能够把特灵克勒探险队所得壁画残片与新疆考古研究所新发现的壁画缀合，将是一项极有意义的工作。

（2007 年 7 月 26 日完稿，原为中国新疆文物考古研究所、日本佛教大学尼雅遗址学术研究机构编著《丹丹乌里克遗址——中日共同考察研究报告》第一章第三节，文物出版社，2009 年 11 月，32–50 页，收入本书时，有调整和改订。）

---

① Gropp, *Archäologische Funde aus Khotan*, *Chinesisch-Ostturkestan*: *Die Trinkler-Sammlung im Übersee-Museum*, *Bremen*, pp. 62–63, 101–105.

近年于阗语及其文献研究论著评介

于阗语是大约公元4至11世纪初位于塔里木盆地南沿于阗王国的官方用语，因为于阗地处中西交通的孔道，特别是大乘佛教向东传播的重要中转站，所以于阗语是丝绸之路上的一种重要的民族间相互交往的用语，用于阗语书写的文书成为丝路王国间的外交文书之一，而于阗语佛典也曾经对东西方佛教传播产生不少的影响。

然而，自公元11世纪初叶信奉伊斯兰教的黑韩王朝灭掉信奉佛教的于阗王国以后，回鹘人渐渐取代于阗原住民，突厥回鹘语也渐渐取代属于印欧语系伊朗语族东伊朗语支的于阗语，成为当地居民的主要通用语。于阗语渐渐湮没无闻，以致于19个世纪末20世纪初于阗语文献刚刚出土时，被西方学者称之为“不知名语言”之一，其后经过对文本中有关于阗王的记载，才把这种“死语言”定名为于阗语，并通过其语言学的特征，判定为东伊朗语的一支[①]。

于阗语文献资料，主要出土于和田周围古代于阗王国范围内的遗址和敦煌藏经洞，前者主要是9世纪以前的佛典和文书，后者则主要是10世纪的材料，内容也包括佛典和世俗文书[②]。由于这些新资料在发现

① 参看张广达、荣新江《和田、敦煌发现的中古于阗史料概述》，《新疆社会科学》1983年第4期；收入同作者《于阗史丛考》，上海书店出版社，1993年，15-19页。

② 参看张广达、荣新江《关于和田出土于阗文献的年代及其相关问题》，《东洋学报》第69卷第1-2号，1988年；又《关于敦煌出土于阗文献的年代及其相关

之初就被西方探险家和考古学者攫取到手，所以几乎全部流落到欧美的博物馆和图书馆中。西方学者以对印欧语言的充分研究为依托，以其东方学界对梵文佛典的最新研究为有利助手，经过近一个世纪的努力，已经对这种“死语言”的词汇、语法、句法、语音等方面有了相当深入的认识，也比定解读了许多佛经残卷。

对于阗语的研究贡献最大的学者，是1996年故去的英国剑桥大学贝利（H. W. Bailey）教授[①]。从30年代到80年代，他几乎转写或重新转写了他能找到的所有于阗语写本，并且比定、翻译了许多佛典和其他文献，其成果比较集中地收录在七卷本《于阗语文献集》（*Khotanese Texts*）和《于阗语佛教文献集》（*Khotanese Buddhist Texts*）中。1979年出版的《于阗塞语词典》（*The Dictionary of Khotan Saka*），是于阗语研究的里程碑式的著作。1985年出版最后一集《于阗语文献集》以后，由于年老眼花，贝利基本退出于阗语研究领域。贝利的弟子汉堡大学恩默瑞克（R. E. Emmerick）教授自60年代以来就对于阗语研究贡献极多，并很快成为这一领域的权威，在他的推动下，于阗语及其文献的研究又有了长足的进步，读者可以从恩默瑞克的《于阗文献指南》一书中，了解1992年以前于阗语各个方面的研究情况[②]。

笔者多年来与张广达先生合作，力图在于阗史的研究中充分利用国外学者研究于阗语文献的成果，并试图对比汉文史料和于阗文文献，使之相互发明，来确定和田、敦煌出土于阗语文献的年代，甚至判定一些文献的绝对年份。为此，一直着意收集、研读欧美、日本学者有关于阗语及其文献的研究成果。现谨就1992年以来在这一领域内发表的重要著作，略加评介。1993年恩默瑞克和蒲立本（E. G. Pulleyblank）合著

（接上页）问题》，《纪念陈寅恪先生诞辰百年学术论文集》，北京：北京大学出版社，1989年；两文收入《于阗史丛考》71-139页。

① 参看荣新江《贝利教授与于阗语文献研究》及所附《贝利教授论著目录》，《敦煌吐鲁番研究》第3卷，北京：北京大学出版社，1998年，309-324页。

② *A Guide to the Literature of Khotan*, 2nd ed., Tokyo 1992.

的 *A Chinese Text in Central Asian Brahmi Script. New Evidence for the Pronunciation of Late Middle Chinese and Khotanese*（Serie Orientale Roma LXIX, Roma 1993）已有徐文堪先生的书评[①]，此不赘述。笔者于语言学实属外行，不当之处，敬希读者指正。

Ronald E. Emmerick and Margarita I. Vorob'eva-Desjatovskaja（eds.）, ***Saka Documents VII：the St. Petersburg collections***（Corpus inscriptionum Iranicarum, Part II：Inscriptions of the Seleucid and Parthian periods and of Eastern Iran and Central Asia, Vol. V：Saka）, London：School of Oriental and African Studies, 1993. 24pp. +159plates.

Ronald E. Emmerick and Margarita I. Vorob'eva-Desjatovskaja, ***Saka Documents Text Volume III：the St. Petersburg collections***（Corpus inscriptionum Iranicarum, Part II：Inscriptions of the Seleucid and Parthian periods and of Eastern Iran and Central Asia, Vol. V：Saka）, with contributions by H. Kumamoto, P. O. Skjaervø, H. Vetch, and Zhang Guangda, London：School of Oriental and African Studies, 1995. 256pp. +pls. 160–198.

近年来于阗语研究领域的最重要的成果，应当就是上面这两本恩默瑞克（Ronald E. Emmerick）与沃罗比耶娃—捷夏托夫斯卡娅（Margarita I. Vorob'eva-Desjatovskaja）的大著：《塞语文书集》第 7 卷《圣彼得堡收集品》（以下简称《文书集》）和《塞语文书转写翻译卷》第 3 卷《圣彼得堡收集品》（以下简称《转译卷》）。

自 19 个世纪 80 年代开始，俄国驻喀什噶尔总领事彼得罗夫斯基（N. F. Petrovsky）就开始从和田地区收集古代写本和文物，加上 20 世纪其他外交官的购买和考察队的收集，俄藏于阗语写本之可观是众所周知的。但是，由于苏联时代的种种限制，使得这些于阗文写本长期沉睡

① 《敦煌吐鲁番研究》第 1 卷，北京：北京大学出版社，1996 年，410–414 页。

在俄罗斯科学院东方学所列宁格勒分所的图书馆里，只有于阗语佛教文献《赞巴斯塔书》(*Book of Zambasta*) 的 191 叶写本和《法身经》写本残片 2 叶，由苏联学者刊布了图版[①]。苏联解体后，收藏在圣彼得堡的各种西域、敦煌写本陆续向国际学术界开放，俄国学者与其他各国学者通力合作，使这些秘藏多年的写本陆续面世，其中最重要的成果，就是与上海古籍出版社合作刊布《俄藏敦煌文献》(1992 年—)、《俄藏黑水城文献》(1996 年—) 和上述两本于阗塞语文书的刊布。

除了个别混编入 Дx 编号的敦煌文献中的汉语与于阗语双语文书外，《文书集》和《转译卷》几乎发表了全部圣彼得堡藏于阗语文献，它们大多数出土于和田周边的古代遗址，只有奥登堡收集品中的 11 叶 (SI O 20) 来自敦煌藏经洞。

按照《伊朗语铭文合集》的体例，《文书集》一卷专门发表图版，在简短的导言后面，总共发表了 159 张图版，每版少者一叶两面，多者数叶。其中图版 1-129 (e) 刊布 SI P (=Serindia Petrovsky) 编号的彼得罗夫斯基收集品，图版 129 (f) -136 刊布 SI O (=Serindia Ol'denburg) 编号的奥登堡收集品，图版 137-159 刊布 SI M (=Serindia Malov) 编号的马洛夫收集品。图版前有简要的目录，除标明各个写本的图版位置外，还给出了已经比定出来的佛典名称。佛典包括《智炬陀罗尼》(*Jnānolkadharanī*)、《理趣经》(*Adhyardhaśatikā*)、《僧伽吒经》(*Sanghātasūtra*)、《赞巴斯塔书》、《金光明最胜王经》(*Suvarnabhāsasūtra*)，其他还有不少尚待比定的贝叶形佛典抄本。《文书集》的大约一半篇幅发表的是世俗文书，总共有 263 件之多。这批文书先曾由本书作者之一沃罗比耶娃—捷夏托夫斯卡娅在 1990 年意大利威尼斯举办的“吐鲁番

---

① V. S. Vorob'ev-Desjatovskij and M. I. Vorob'eva-Desjatovskaja, *Skazanie o Bhadre: novye listy sakskoj rukopisi* 'E', Moskva 1965; G. M. Bongard-Levin and E. N. Temkin, Otryvok sakskoj versii Dharmasarira-sutry (Dharmasarira-sutra), *Istoriko-filologiceskie issledovanija: sbornik statej k semidesjatiletiju akademika N. I. Konrada*, Moskava 1967, 247-252.

敦煌文献研讨会”上作了介绍[1]，它们对于西域史的研究具有极其重要的价值。

本书的图版十分清晰，虽然有些写本看上去有刚刚修复的痕迹。有部分文书在出版这本图版集的1993年还没有经过修复，它们作为两年以后出版的《转译卷》的附录，接着《文书集》的图版编号，在图版160-189之间发表。其中图版160-163（a）、188-189（a）刊布SI P编号写本，图版164-187刊布SI M编号写本，图版163（b）和189（b）刊布SI O编号写本，图版187（b）刊布的是SI S（=Serindia Strelkov）编号的一枚木简，这是此前不为外人所知的和田收集品。据图版目录，除世俗文书外，比定出的佛典有《佛说摩诃衍宝严经》（*Kāśyapaparivarta*）、《药师如来本愿功德经》（*Bhaisajya-guru-vaidūrya-prabha-rāja-tathāgata-sūtra*）和《金光明最胜王经》。此外，本书图版190-198刊布了原属于彼得罗夫斯基收集品的19叶《观世音陀罗尼》（*Avalokiteśvara-dhāranī*），其实物现藏英国剑桥的The Ancient India and Iran Trust。

《转译卷》的主体是图版所刊文献的简要描述、拉丁字母转写和英文翻译，大多数残片由沃罗比耶娃—捷夏托夫斯卡娅作出转写的初稿，然后由恩默瑞克最后定稿并译成英文。作者特别声明，为了使更多的学者可以早些利用这批珍贵的文献，尽管其中有些文献还没有比定，有些世俗文书的翻译也没有把握，他们决定尽快发表这本《转写翻译卷》。在发表《文书集》两年以后就出版《转译卷》，考虑到于阗语的难度和现有的水平，我们不得不感谢作者的这番良苦用心。作者在准备这本《转译卷》的过程中，得到了于阗语专家熊本裕（H. Kumamoto）、施杰我（P. O. Skjaervø）和汉文文书专家魏普贤（H. Vetch）、张广达的帮

① M. I. Vorob'eva-Desjatovskaja, "The Leningrad Collection of the Sakish Business Documents and the Problem of the Investigation of Central Asian Texts", *Turfan and Tunhuang. The Texts*, ed. by A. Cadonna, Firenze 1992, pp. 85-92.

助，特别是施杰我又比定出《出生无边门陀罗尼》（*Ananta-mukha-nirhāri-dharanī*）、《维摩诘所说经》（*Vimala-kīrti-nirdeśa-sūtra*）。其中还提到《妙法莲华经》（*Sad-dharma-puṇḍarīka-sūtra*），据熊本裕的意见，实为写经题记[①]。

《转译卷》前有《导言》，分别概述佛典和非佛教文献的情况，后者包括对文书出土地、年代、内容的简单讨论。然后，依次发表彼得罗夫斯基（19-163 页）、奥登堡（165-171 页）、马洛夫（173-236 页）和 Strelkov（237 页）收集文献和《观世音陀罗尼》的转写翻译，最后是一般索引和出现在文书中的汉字索引。

据笔者管见所及，已有三篇《转译卷》的书评发表：熊本裕书评载 *OLZ* 92（1997）2，吉田豊的书评载 *BSOAS* 60.3（1997），玛吉（M. Maggi）的书评载 *Indo-Iranian Journal* 41（1998）。两位日本伊朗语专家兼通汉文，于历史内涵多所发明。以下略加补充。

p. 12 关于 Gaysata 的地理位置，作者称在于阗王国的“southwestern part”，显然有误。熊本裕书评指出应作“southeastern”，也有问题。Gaysata 是“杰谢”的对音，即今丹丹乌里克[②]，所以此处应改作“northeastern”。

p. 12 关于六城的位置，作者这里依据的是沃罗比耶娃—捷夏托夫斯卡娅的观点[③]，她曾力图反驳张广达先生和笔者的观点[④]，但她完全忽视了和田出土汉文文书的有关记载，因而受到熊本裕的全面批驳[⑤]。

p. 13Gaysata 的 Siḍaka（思略）其人是俄藏文书的主角，他也常常

---

① *Orientalistische Literaturzeitung* 92（1997）2，p. 241.

② 张广达、荣新江《于阗史丛考》142 页。

③ 俄文本载 *St. Petersburg Journal of Oriental Studies*，6，1994，pp. 395-414；英文本载 *La Persia e l'Asia centrale. Da Alessandro al X secolo*，Roma 1996，pp. 171-178.

④ 张广达、荣新江《于阗史丛考》142-144 页。

⑤ H. Kumamoto，“The Khotanese Documents from the Khotan Area”，*Memoirs of the Research Department of the Toyo Bunko*，54，1996，pp. 43-50.

出现在英藏文书和斯文·赫定文书中，是当时杰谢地区的 auva-haṃdasta。从语义上推测，auva-haṃdasta 正好可以对应于汉文史料中的“城主”。我们根据现有的于阗语和汉语文书，可以把思略的历官情况排出一个年表[①]，据此可以推断部分文书的年代。

p. 13 作者这里主要根据施杰我关于 8 世纪于阗王年代的推论讨论了这组于阗语文书的年代。我们通过新获的 Hedin 24《贞元十四年（798）闰四月四日牒》照片，参考俄藏、英藏和其他 Hedin 文书，重新考证了 8 世纪后半尉迟曜（Visa' Vahaṃ）的在位年份，并给出了属于他统治期间的纪年文书的绝对公元年份[②]。据此，SI P 103. 6 应是公元 768 年文书，SI P 103. 47、SI P 103. 48、SI P 103. 40 是 775 年文书，SI P 94. 21 是 776 年文书，SI P 103. 11 是 777 年文书，SI P 103. 6 是 778 年文书，SI P 94. 1 是 781 年文书，SI P 103. 24、SI P 103. 49 是 782 年文书，SI P 103. 38 是 784 年文书，SI P 96. 11 是 785 年文书，SI M 52 是 786 年文书，SI P 103. 31 是 788 年文书。

p. 14 “枢史”当作“刺史”，系排版之误。

p. 14 关于文书的内容，作者提到主要是收税的记录，支付的手段是钱或实物。于阗语 mura- 在此正好可以对应于和田出土汉语文书中的“税钱”（Дx.18926+Дx.18928），若是以庸代役，则称“税役钱”（Дx.18925）。至于 mūrahaṃga- “tax collector”，参看恩默瑞克的详细论证，载 *La Persia e l'Asia centrale. Da Alessandro al X secolo*, Roma 1996, 113-121。

p. 38 关于 SI P 48 是《出生无边门陀罗尼》，吉田豊书评已指出段晴在《西域研究》1993 年第 2 期转写翻译了现存旅顺博物馆的一叶写本[③]。对比旅博藏和俄藏的照片，显然分属两个写本系统。

---

① 张广达、荣新江《八世纪末至九世纪初的于阗》，《唐研究》第 3 卷，北京：北京大学出版社，1997 年，351 页。

② 《唐研究》第 3 卷，339-361 页。

③ 她的文章又见叶奕良编《伊朗学在中国论文集》，北京：北京大学出版社，1993 年，9-14 页，并附有图版。

p. 98 吉田豊书评比定 SI P 94. 8 中的 Śūkṣụha 为汉文“守捉”的对音，极有见地。这里可以补充和田出土汉语文书中的守捉材料，见 Dom 0136（Or.8212-1369）[①]、Дx.18915、Дx.18942c（后两件为未刊俄藏文书）。

p. 152 作者把 SI P 103. 41 中出现的 Sūlya 译作“商人”，吉田豊书评指出这里也可能仍是该词本来的意思，即“粟特人”，并提示了粟特人在于阗的若干证据。笔者抱有同样的看法，参见拙文《西域粟特移民考》，载马大正等编《西域考察与研究》，新疆人民出版社，1994 年 158-161 页。

p. 157 SI P 103. 52 是一件某寺用钱的《破历》，恩默瑞克有“A Khotanese monastic account book”专文发表[②]。

Mauro Maggi, ***The Khotanese Karmavibhaṅga*** (Serie Orientale Roma LXXIV), Roma 1995, 132pp. +16plates.

《业报差别经》（*Karmavibhaṅga*）又称《佛为首迦长者说业报差别经》，是一部印度小乘佛教经典，以述说各种业报差别和所得因果报应，来宣扬奉持布施佛法僧、礼拜塔庙的功德果报。经本不长，但流传颇广。传世的文本除巴利本外，有六个汉译本和两个藏文本。1916 年，霍恩雷（A. F. R. Hoernle）发表了两个中亚出土的梵文残卷[③]。1932 年，列维（S. Levi）出版 *Mahakārmavibhaṅga et Karmavibhaṅgopadeśa*（Paris），发表了在尼泊尔找到的一个梵文全本，并附以巴利文本、一个藏文本、两个汉文本和一个伯希和中亚所得龟兹文本。这个梵文本与中亚本有所不同。翌年，列维又重新转写翻译了保存在巴黎国立图书馆中龟

① 郭锋《斯坦因三探中亚所获甘肃新疆出土汉文文书》，兰州：甘肃人民出版社，1992 年，64 页。

② *Turfan, Khotan und Dunhuang*, Berlin 1996, pp. 51-65.

③ *Manuscript Remains of Buddhist Literature found in Eastern Turkestan*, Oxford, 1916, pp. 46-52.

兹语文本残片[①]。西格（E. Sieg）据列维的刊本重新作了详细的研究（*KZ*, 65, 1938, pp. 1–54）。

于阗语文本的发现较晚。1963 年，贝利（H. W. Bailey）在《于阗语文献集》（*Khotancse Texts*）第 V 集中，首次指出 17 件伦敦印度事务部图书馆藏残片（Dumaqu、Khot.（IO）、Macartney、Farhad Beg 编号）和一件哈佛大学藏残片（Harvard 编号）类似于列维刊布的梵文本《业报差别经》。这一看法后来得到确认。1981 年，格罗普（G. Gropp）在慕尼黑人种学博物馆（Staatliches Museum für Volkerkunde）中找到 1914 年得自和田的 Francke-Körber 收集品。随后，恩默瑞克比定出其中 5 件属于《业报差别经》（FK 编号）。1990 年，本书作者在汉堡跟随恩默瑞克攻读博士论文时，在恩默瑞克的鼓励下，投入于阗语《业报差别经》的研究，接着又比定出 6 件慕尼黑藏未刊写本，并且成功地把慕尼黑和伦敦所藏的一些残片缀合成完整的或接近完整的贝叶形纸叶。最终，作者总共汇集了来自 21 件纸叶的 29 件残片，其中 4 件完整，7 件近乎完整，10 件独立的残片，可区分为三个抄本系统（ABC）。从这些残片的编号可以得知它们主要来自达玛沟、Farhad-beg-yailaki（今称铁提克日木）。

在简明扼要的导言之后，作者先按编号的字母顺序作了“仿真”的拉丁字母转写本，每件写本前交代该写本收藏地、纸幅大小、先前的刊本、写本所属抄本系统和具体节数、由谁比定等情况，页下有校勘记。然后是校勘后的拉丁字母转写本和对应的英文翻译，每节下面转写相应的梵文本。接着是词汇注释、于阗语词汇索引、梵文于阗文对照索引，最后是图版，其中展示了作者缀合后的写本形态。本书虽然部头不大，但处理得十分仔细、规范。由于新残片的比定，作者对比梵文等文本，在一些于阗文的解读上又有新的进步。

---

① *Fragments de textes koutcheens*, Paris, 1933.

作者在导论中称于阗语《业报差别经》与其他所知文本均无法勘同，所举的例证主要是梵文和藏文本。如前所述，本书有六个汉译本，即 1) 265—316 年西晋失译人名《佛说兜调经》一卷（《大正藏》78 号)、2) 397—398 年东晋瞿昙僧伽提婆译《中阿含经》中的《鹦鹉经》（《大正藏》26)、3) 435—443 年南朝宋求那跋陀罗译《佛说鹦鹉经》一卷（《大正藏》79)、4) 582 年隋法智译《佛为首迦长者说业报差别经》一卷（《大正藏》80)、5) 982—1000 年北宋天息灾译《分别善恶报应经》二卷（《大正藏》81)、6) 982—1017 年施护译《佛说净意优婆塞所问经》一卷（《大正藏》755)。于阗语文本以正规的字母书写于中亚的纸本上，语言属于早期于阗语（Old Khotanese)，但间有晚期于阗语（Later Khotanese）形式，再考虑写本的正字法，作者推测 B 和 C 本写于 7 世纪，A 本稍晚。这样，天息灾和施护的译本可以排除，但其他四中汉文本是否与于阗语本有共同的来源，似乎还值得认真研究。在这四种汉文本中，作者据翟林奈（L. Giles）目录指出第 4 种有敦煌汉文残卷（S.337)。北京图书馆藏敦煌汉文残卷收字 44 号也是法智译本的抄本，表明这个与于阗语本年代最接近的汉文本，在敦煌地区最为流行。

Mauro Maggi, ***Pelliot Chinois 2928. A Khotanese Love Story***（Serie Orientale Roma LXXX), Roma 1997, 88pp. +4plates.

这是玛吉（M. Maggi）博士在发表于阗语《业报差别经》两年后贡献给学界的又一部新作，它是对伯希和敦煌所获汉文写本 P.2928 背面的于阗语文献所作的转写、英译和注释，后附词汇和图版。

这件写本的前 3 行是一封书信的开头，没有写完。空一行后，接着写一篇譬喻故事（avadana)，用的是佛典的开头套语“如是我闻，一时佛在舍卫国”云云，但内容是讲一个普通民户的儿子与一个大臣之女的爱情故事，可惜这个故事也没有抄完，抄者就搁笔了，写本还余有空白。目前还没有从其他任何语言文献中找到对应的文本，因此作者就把它叫作“爱情故事”。从写本形态和粗俗的草体于阗文字体来看，这个写本可能是学生的练习本，所以没有抄完就停笔了。

贝利最早在《于阗语文献集》（*Khotanese Texts*）第 III 集（Cambridge 1956）发表了这个写本的转写，但除了简单的概述外，贝利没有来得及做出翻译。在四十多年来于阗语研究的进步的基础上，作者重新的转写订正了不少贝利的失误，同时也得以做出一份近乎完整的英文翻译。本书一多半的篇幅是词汇注释，在没有文本对应的情况下，根据各种伊朗语来准确地判定词义，是于阗语研究的主要方法，也是本书贡献所在。

笔者对于阗语词汇的注释不敢评述，只就第 37 页第一个注释关于“天寿三年”的两种说法提示最新的研究成果。在这里，作者列举了张广达先生和笔者把天寿定在 963—966 年和熊本裕定在 987 年开始的两种看法。最近，由于俄藏敦煌文书 Дх.1400+Дх.2148+Дх.6069 天寿二年文书的发表，笔者与张广达先生合撰《十世纪于阗国的天寿年号及其相关问题》一文，对比俄藏文书所记安山胡和伯希和敦煌汉文文书中的同一人物年代事迹，确定了我们判断的天寿纪年始于 963 年的说法[①]。因此，这件写本可以说抄于 965 年或其后不久。

R. E. Emmerick and P. O. Skjaervø, ***Studies in the Vocabulary of Khotanese III*** (Osterreichische Akademie der Wissenschaften, philosophisch-historische Klasse, Sitzungsberichte, 651. Band. Veroffentlichungen der Kommission fur Iranistik Nr. 27), ed. by R. E. Emmerick, contributed by G. Canevascini, R. E. Emmerick, H. Kumamoto, M. Maggi, N. Sims-Williams, and P. O. Skjaervø, Wien: Verlag der osterreichischen Akademie der Wissenschaften, 1997, 181pp.

---

① 载余太山编《欧亚学刊》第 1 卷，北京：中华书局，1999 年待刊。

经过学者们近百年的努力，于阗语的语法和词汇的研究已经取得了相当大的成绩，但远还没有达到圆满的程度。由于这种“死语言”的材料都是得自出土的写本，往往残缺不全，难以比定，许多非佛教文书没有对应的文本，词汇的考释更加困难。1979 年，贝利出版了《于阗塞语词典》（*Dictionary of Khotan Saka*），但于阗语词汇的研究远远没有完成，甚至导致了《于阗语词汇研究》系列丛刊的编辑出版，因为恩默瑞克认为只是在一些脚注中订正《词典》的错误是不够的，而需要进行全面的于阗语词汇研究，其中包括《词典》不收的于阗语中的外来语的研究，并把这些研究成果按字母顺序归纳到一起，同时给出一些相关词汇研究的出处。这样于阗语研究似乎又返回到其开始的阶段。从基本的词汇研究开始，这其实也是恩默瑞克多年来研究于阗语的风格之一。

1982 年出版的《词汇研究》第 1 册主要由恩默瑞克和施杰我两人执笔。1987 年出版的第 2 册，除了两位主要撰稿人外，还有封兴伯（Oskar von Hinüber）、熊本裕（H. Kumamoto）、辛维廉（N. Sims-Williams）、高田时雄（Tokio Takata）和恩默瑞克的两个学生德格娜（Almuth Degener）、段晴（Duan Qing）的贡献。这里所评介的第 3 册，除了原来的作者外，又增加了恩默瑞克后来的两个学生卡内瓦茨尼（G. Canevascini）和玛吉（M. Maggi），后者贡献尤多。本册把前两册讨论过的词汇原文、释义和出处，按字母顺序镶嵌到本书的词汇排序当中，这无疑方便了读者。

从 1987 年出版第 2 册到 1997 年出版第 3 册，十年时间匆匆而过。编者在导言中解释延迟的原因，主要是编者本人的精力集中到俄藏新资料的刊布上了，这就是上面评述过的《塞语文书集》第 7 卷和《塞语文书转写翻译卷》第 3 卷。事实上，《转译卷》基本上是文书的转写和翻译，不像贝利的第 1 卷那样，在翻译之后往往有词汇注释。恩默瑞克在本书中所写的词汇注释，大多数是关于俄藏于阗语文书的。另外，本书另一位主要撰稿人施杰我目前正在整理考释伦敦英国图书馆东方与印度事务部（OIOC）所藏于阗语文书残片，这些残片与俄藏文书往往是同一来源或具有相类似的内涵，因此施杰我常常用对比的方法来考订相似段落中的同一词的词义。因此，他们两位所写的条目实际是我们今天使用《塞语文书转写翻译卷》第3卷时所必须参看的，换句话说，本书的许多内容可以视为《转译卷》的注释部分。

另一位贡献较多的学者是玛吉，他的词条主要是来自上面评述过的他的两本书：《于阗语〈业报差别经〉》和《P.2928于阗语爱情故事》，但也不完全相同。凡是出自《业报差别经》的词汇解说，都注出了Maggi 1995年著作的页码。而Maggi 1997年的著作虽然列在参考文献目录里面，但相关的词条没有来得及注出页码。根据玛吉在该书《序言》里所说，凡《词汇研究》中与《爱情故事》一书不同处，应以后者的解说为准。

《词汇研究》第3册集中代表了目前于阗语研究的现状，俄藏文书的公布大大推动了于阗语的研究，伦敦藏卷的进一步整理考释，也将带来不少新的材料和解说。施杰我在词条中对伦敦藏世俗文书的大段大段转写和翻译，已经超出词条的框架而可以为非于阗语研究者所利用。辛维廉的一些词条，也得力于作者正在考释的新出土大夏语文书资料。玛吉对个别文书的比定和深入研究，也使得早期和晚期于阗语词汇的解释有不少的进步。

笔者因为对于阗历史的兴趣，曾于1985年5月前往位于汉堡郊外Quickborn的恩默瑞克教授家中访问，谈到于阗语中的汉语借词时，恩默瑞克教授不以我不懂于阗语为意，极力鼓动我给《词汇研究》写稿。一晃十多年过去，笔者的主要精力放在归义军史和中西文化交流史上，没有专心于属于“伊朗学”的于阗研究，可以说是越来越“汉化”（汉学化）了。1997年7月在柏林与恩默瑞克教授重逢，于前约竟愧无以对。现将近来阅读相关著作的结果，略加整理，介绍于此，也算是重理旧业的一点收获吧。

（1999 年 8 月 20 日完稿，原载潘悟云主编《东方语言与文化》，上海东方出版中心，2002 年 3 月，360－372 页。）

和田出土文献刊布与研究的新进展

于阗研究的进步，主要依赖于两个方面的进展，一是新材料的发现和公布，二是于阗语和汉语文献的解读。可喜的是，这两方面近年都有较大的进展。本文所说的“新”，一是早已发现但最近才新刊布的和田出土文献，另一是最近新出土的和田文献。

笔者在1999年发表《近年于阗语及其文献研究论著评介》一文，曾经对前此西方学者于阗语文献研究的新著和相关的论文做过介绍，即1993年出版的《塞语文书集》第7卷《圣彼得堡收集品》[①]，1995年的《塞语文书转写翻译卷》第3卷《圣彼得堡收集品》[②]、《于阗语业报差

---

① R. E. Emmerick and M. I Vorob'ëva-Desjatovskaja, *Saka documents VII: the St. Petersburg collections* (Corpus Inscriptionum Iranicarum, Part II, Vol. V, Plates VII), London 1993.

② R. E. Emmerick and M. I Vorob'ëva-Desjatovskaja, *Saka documents. Text volume III: The St. Petersburg collections* (Corpus Inscriptionum Iranicarum, Part II, Vol. V, Texts III), London 1995. 相关论文有 R. E. Emmerick, "Khotanese *mūrahaṃga* and other *haṃgas*", *Persia e l'Asie centrale da Alessandro al X secolo, in collaborazione con l'Instituto Italiano per il Medio ed Estremo Oriente, Roma, 9–12 Novembre 1994* (Atti dei convcgni Lincei 127), Rome 1996, pp. 113–121; idem, "A Khotanese monastic account book", R. E. Emmerick et al. (eds.), *Turfan, Khotan und Dunhuang*, Berlin 1996a, pp. 51–65; M. I. Vorobyova-Desyatovskaya, "The Leningrad collection of the Sakish business documents and the problem of the investigation of Central Asian texts", A. Cadonna (ed.), *Turfan and Dunhuang. The texts*, Florence 1992, pp. 85–95; idem, "New manuscripts from the S. E. Malov collection", R. E. Emmerick et al. (eds.), *Turfan, Khotan und*

别经》[①]，1997 年的《Pelliot Chinois 2928：于阗语爱情故事》[②]、《于阗语词汇研究》第 3 卷[③]，此不赘述。这里主要谈谈进入 21 世纪以后的情况，并对研究前景略作展望。

一、俄藏和英藏于阗语和汉语文献的刊布及研究

2001 年，俄国科学院东方学研究所圣彼得堡分所、俄国科学出版社东方文学部、上海古籍出版社合作编纂的《俄藏敦煌文献》第 17 册出版[④]，正式公布了深藏多年的俄国彼得罗夫斯基、马洛夫、奥登堡等人从和田、敦煌收集的汉文文书以及少数汉语、于阗语双语文书，与恩默瑞克和沃罗比耶娃—捷夏托夫斯卡娅发表的于阗语文书正可以相互印证，推动了于阗语文书的解读和于阗语文书年代的判定。一直关注这批文书的熊本裕教授、张广达先生和笔者本人，在《俄藏》第 17 册出版以前已经分别从各种途径获得这些文书的照片并从事考释工作，熊本教授发表了《和田地区出土的于阗语文书》[⑤]，《圣彼得堡藏汉语于阗语文

（接上页）*Dunhuang*, Berlin 1996, pp. 379–384; idem, "The toponym 'Six Villages' according to Khotanese business documents", *Persia e l'Asie centrale da Alessandro al X secolo*, Rome 1996, pp. 171–178.

① Mauro Maggi, *The Khotanese Karmavibhanga* (Serie Orientale Roma LXXIV), Roma 1995.

② Mauro Maggi, *Pelliot Chinois 2928. A Khotanese Love Story* (Serie Orientale Roma LXXX), Roma 1997.

③ R. E. Emmerick and P. O. Skjærvø, *Studies in the Vocabulary of Khotanese III* (Osterreichische Akademie der Wissenschaften, philosophisch-historische Klasse, Sitzungsberichte, 651. Band. Veroffentlichungen der Kommission fur Iranistik Nr. 27), ed. by R. E. Emmerick, contributed by G. Canevascini, R. E. Emmerick, H. Kumamoto, M. Maggi, N. Sims-Williams, and P. O. Skjærvø, Wien: Verlag der osterreichischen Akademie der Wissenschaften, 1997.

④ 《俄藏敦煌文献》17，上海：上海古籍出版社，2001 年。

⑤ H. Kumamoto, "The Khotanese documents from the Khotan area" (with an appendix by T. Saito), *The memoirs of the Toyo Bunko*, 54, 1996, pp. 27–64.

书杂考》（一）[①]，后者之（二）虽然没有正式发表，当可以在他的个人网页上读到[②]。他的主要贡献是在于阗语和汉语的双语文书方面，因为有些文书分别由《塞语文书集》《塞语文书转写翻译卷》和《俄藏敦煌文献》发表，其实是一件文书的不同部分而已，或者有些文书在整理中成为两不顾的材料，为分别发表于阗语和汉语文书者所遗漏。我们也利用这批新材料，重新考证了和田地区出土的8—9世纪于阗语和汉语文献的年代[③]，并把过去悬而未决的10世纪"天寿"年号的确切年代判定出来[④]。

2002年，哈佛大学的施杰我（Prods Oktor Skjærvø）刊布了他的煌煌六百页的大著《英国图书馆藏新疆出土于阗语写本》[⑤]，这本几乎囊括了全部英图所藏和田、敦煌出土于阗语写本的目录书，不仅仅包括原始编号、现编号、写本简单描述等目录所需的项目，还给出了原文转写和英语译文。

至此为止，瑞典、俄国、英国所藏于阗语的世俗文书基本上都有了英文翻译[⑥]，这使得非于阗语的专家也能够利用这些于阗语资料来做历

---

① H. Kumamoto, "Sino-Hvatanica Petersburgensia (Part I)", *Manuscripta Orientalia*, vol. 7, no.1, 2001, pp. 3 9. 据熊本教授讲，这篇文章排印错误极多，所以最好用他个人网页上的文本，网址是 http://www.gengo.l.u-tokyo.ac.jp/hkum。

② H. Kumamoto, "Sino-Hvatanica Petersburgensia (Part II)"，见上注网址。

③ 张广达、荣新江《八世纪下半叶至九世纪初的于阗》，《唐研究》第3卷，北京：北京大学出版社，1997年，339-361页；收入同作者《于阗史丛考》（增订本），北京：中国人民大学出版社，2008年，240-266页。英译："On the Dating of Khotanese documents from Khotan Area", *Journal of Inner Asian Art and Archaeology*, III (special issue on Khotan), 2009, ed. by Ursula Sims-Williams, pp. 149-156.

④ 张广达、荣新江《十世纪于阗国的天寿年号及其相关问题》，《欧亚学刊》第1辑，1999年，181-192页；收入《于阗史丛考》（增订本），289-302页。

⑤ P. O. Skjærvø, *Khotanese Manuscripts from Chinese Turkestan in the British Library. A complete catalogue with texts and translations*, with contribution by U. Sims-Williams, British Library Publishing, 2002 (corrected repr. 2003). 对此书，吉田豊有详细的评述，见《神户外大论丛》第55卷7号，2004年，21-33页。

⑥ 瑞典所藏 Hedin 收集品的转写和英译，见 H. W. Bailey, *Khotanese texts* IV, Cambridge 1961.

史等方面的研究了。对此最快做出反应的是吉田豊教授，他已经对中古伊朗语的另一分支粟特语文献的研究做出过重要的贡献，2005 年，他又极富学术敏感力地发现于阗语世俗文书对于解决 8 世纪后半至 9 世纪初叶前后于阗国的赋税体制、文书运行、地方行政制度等历史方面的问题大有裨益，这或许是考察伊斯兰化以前中亚绿洲王国各种制度的基础。为此他用日语撰写了札记性质的一本小册子，名为《有关和田出土 8—9 世纪于阗语世俗文书的札记》[①]，随后又把其中部分内容改写成三篇英文论文[②]，有的有增补，有的有删节。这些论著当中，新意迭出，颇多创获，尤其对于阗王国地方行政体制和税收制度，以及 8 世纪末、9 世纪初叶的以于阗为中心的塔里木盆地的政治权力转移，都有细致入微的分析。

与此同时，英藏和田出土汉语文书的整理又有进步，此即 2005 年出版的沙知、吴芳思（F. Wood）合编的《斯坦因第三次中亚考古所获汉文文献（非佛经部分）》[③]。此书刊布了全部斯坦因所获文书，也包括英藏霍恩雷（A. F. R. Hoernle）收集品，其中包括此前没有公布过的图版，也附有所有文书的录文，为学界提供了一份完整的资料。

---

① 吉田豊《コータン出土 8—9 世纪のコータン语世俗文书に关する觉え书き》（神户市外国语大学研究丛书第 38 册（2005）），神户市外国语大学外国学研究所，2006 年。全书共三部分，其第一部分由广中智之汉译，荣新江校，刊《敦煌吐鲁番研究》第 3 辑，北京：科学出版社，2008 年，97-108 页。其他部分，亦将陆续翻译发表。

② Yoshida Yutaka, "On the Taxation System of Pre-Islamic Khotan", *Acta Asiatica*, 94, 2008, pp. 95-126; idem, "Notes on the Khotanese Secular Documents of the 8th-9th Centuries", 荒川正晴代表《东トルキスタン出土〈胡汉文书〉の总合调查》（科学研究費补助金（基盘研究（B））研究成果报告书 平成 15 年度-平成 17 年度），大阪大学，2006 年，31-38 頁; idem, "Karabalgasun Inscription and the Khotanese Documents", D. Durkin-Meisterernst, Ch. Reck and D. Weber (eds.), *Literarische Stoffe und ihre Gestaltung in mitteliranischer Zeit*, Wiesbaden 2009, pp. 349-360.

③ 两册，上海辞书出版社，2005 年。

另外，在德国柏林国家图书馆收藏的“吐鲁番收集品”中，也有少量和田出土文书，这些文书已经著录在西胁常记《柏林吐鲁番收集品中的汉文文献》[1] 和荣新江主编的《吐鲁番文书总目（欧美收藏卷）》中[2]，不过数量很少。最近，也有一些对于个别文书的专题研究。如Ch.3473是两面有字的文书，已经断为几片，但镶在一个厚玻璃板里面，原本的正背面已经错乱。西胁常记《目录》判定一面写的是《经典释文》，而另一面就是于阗人名簿，但有些属于于阗人名录的小残片现在倒过来和《经典释文》在一面上。小口雅史《柏林吐鲁番收集品中于阗人名录（Ch.3473）考释》及其《补订》[3]，对正背面的文书做了调整、拼接，还做了两面文书录文的摹本，使得这些文书可以为学界所用。他在《补订》中对比了英藏中的类似于阗文献，并给出Or.12637/56a-d于阗人名录的于阗语和汉语双语文书，因为这件文书的图版未见公布过，所以很有价值。

此外，陈国灿先生提交2007年龟兹学学术讨论会的论文《唐代的“神山路”与拨换城》，现已发表[4]。文章根据德国印度艺术博物馆藏MIK III-7587号馆驿文书，结合其他俄藏和李吟屏发表的文书，认为Дx.18917上提到的“神山路”，就是指从于阗城沿于阗河通往拨换城的道路，路上唐朝设有馆驿，因此是唐朝的官道。

---

① Tsuneki Nishiwaki, *Chinesische Texte vermischten Inhalts aus der Berliner Turfansammlung* (*Chinesesische und manjurische Handschriften und seltene Drucke* Teil 3), Stuttgart: Franz Steiner Verlag, 2001.

② 武昌：武汉大学出版社，2007年。

③ 小口雅史《ベルリン・吐鲁番コレクション中のコータン人名录（Ch三四七三）をめぐって》，《法政史学》第67号，2007年，16-29页；又《订正と追补：前号拙稿〈ベルリン・吐鲁番コレクション中のコータン人名录（Ch三四七三）をめぐって〉补订》，《法政史学》第68号，2007年，113-119页。

④ 收入新疆龟兹学会编《龟兹学研究》3，乌鲁木齐：新疆大学出版社，2008年，9-19页。

二、和田新出文献的收集与研究

过去几十年中，和田地区又陆续出土了不少于阗语和汉语文书，这些文书有的流入古董市场，有的进入私人藏家，有的被正规的博物馆或图书馆收藏，目前的状况非常混乱，现在把已知的一些情况介绍如下，有关未刊于阗语文书的内容主要来自段晴教授和我的研究生文欣。

1. 丹丹乌里克佛寺出土写卷和壁画题记

1998 年 10 月，瑞士人鲍默（Christoph Baumer）组成所谓“中瑞探险队”（Sino-Swiss Expedition 1998），率领 8 名队员[①]，深入塔克拉玛干，找到了丹丹乌里克遗址，据说他们比定出斯坦因发掘过的 15 个建筑遗址中的 13 个，还另外发现三处房址，因此将这些遗址做了重新的编号（D 1-18）。他们对其中三处遗址私自进行了发掘，发现石膏佛像、于阗语佛典、陶罐、石磨盘残片等[②]。鲍默把他所发现的于阗语佛典的照片，交给施杰我来进行研究。而原件则迫于中国方面的压力，送回给新疆文物考古研究所。新疆文物考古所副所长张玉忠先生通过笔者委托段晴教授解读。现在，施杰我和段晴两位教授不约而同地完成了他们的研究工作，前者的论文《一件于阗语护身符》现在已经出版[③]，后者的论文《于阗语〈明咒护身符〉》将发表在新疆考古所编的丹丹乌里克考古报告中[④]。

---

① 包括电视制片人 Jon Jerstad、新闻摄影者 Urs Mockli、制图员 Ernst Ruegg，以及他所说的“五个强壮的汉族和维吾尔族队员”。

② Ch. Baumer, “Dandan Oilik Revisited: New Findings a Century Later”, *Oriental Art*, XLV. 2, 1999, pp. 10-14.

③ P. Oktor Skjærvø, “A Khotanese Amulet”, *Iranian Languages and Texts from Iran and Turan, Ronald E. Emmerick Memorial Volume*, Wiesbaden: Harrassowitz Verlag 2007, pp. 387-401.

④ 新疆考古研究所、日本佛教大学尼雅遗迹学术研究机构编著《丹丹乌里克遗址——中日共同考察研究报告书》，北京：文物出版社，2009 年。

2002 年 10 月，新疆文物局、新疆文物考古研究所和日本佛教大学尼雅遗迹学术研究机构共同组织的考察队，在丹丹乌里克发现了一座佛寺的壁画被风吹得露出了地面，随即由新疆文物考古研究所在同年 11 月进行了抢救性的发掘，揭取了佛寺下层的千佛、籴神像以及一排骑马托钵的神像壁画，为丹丹乌里克考古带来了新的资料[①]。在该佛寺最下层的壁画一排骑马人物图的前面，有一则于阗文题记，我们受新疆文物考古研究所的委托，先由文欣在 2008 年 1 月在新疆考古所对照原物做了初步释读，然后段晴教授改订，最终完成他们合作的考释工作《丹丹乌里克佛寺壁画上的于阗文题记考释》[②]。

2. Sam Fogg 出售的文书

早在 2004 年 11 月，一件写在木板上的于阗语文书的彩色图版出现在英国伦敦 Sam Fogg 书店的展览目录上。同年 12 月，借伦敦大学亚非学院考古与艺术系邀请我去讲演的机会，我曾在汪涛博士的引导下，到该书店参观，但只看到一些尼雅出土的佉卢文木牍和敦煌的一些经卷，于阗文木板已经被人收购。这件文书随后由施杰我解读发表[③]，内容是按月交纳谷物的账目，木板上用画出的线来分栏书写，形式与俄藏 P 103. 52 非常相似，但内容上是区别，后者不按月记，且为寺院账目，两者涉及的物品种类也不相同。

3. 李吟屏所见汉文文书

在国内，和田当地也出现一些唐代汉文文书，引起了于阗研究专家

---

① 新疆文物考古研究所《2002 年丹丹乌里克遗址佛寺清理简报》，《新疆文物》2005 年 3 期，8-19 页及封 2、3 图版。参看张玉忠、屈涛、刘国瑞《丹丹乌里克新发现的佛寺壁画》，《日中共同ダンダンウイリク遗迹学术研究の成果をめぐって》，京都：佛教大学，2005 年 8 月，79-85 页；松元伸之监修《新シルクロード展》，东京：产经新闻社，2005 年，71-79 页。

② 《丹丹乌里克遗址——中日共同考察研究报告书》，261-266 页。

③ P. O. Skjærvø, "An Account Tablet from Eighth-century Khotan", *Bulletin of the Asia Institute*, new series, 15 (2001), 2005, pp. 1-8.

李吟屏先生的注意，他先后发表了《新发现于新疆洛普县的两件唐代文书残页考释》[①]《近年发现于新疆和田的四件唐代汉文文书残页考释》[②]《发现于新疆策勒县的四件唐代汉文文书残页考释》[③]《发现于新疆策勒县的C8号至C11号唐代汉文文书考释及研究》[④] 四篇文章，考释这些文书的内容，贡献颇多，只是因为其中部分文书作者只见到模糊不清或残缺不全的照片，所以无法看清楚全貌。2004—2005年，大阪大学荒川正晴先生为首的课题组曾两次前往和田地区调查新出文书的情况。2006年，荒川先生主编的项目报告书《新疆出土"胡汉文书"的总和调查》完稿，其中在《调查概略与和田新出汉文文书》一文中，荒川先生重新整理李吟屏2001、2004年发表的文书，并结合英藏、德藏于阗汉文文书，对唐代于阗的乡村、坊里体制和徭役负担做了探讨[⑤]。

4. 中国国家图书馆征集的各种语言文献

从2004年以来，北京大学东方文学中心于阗语专家段晴教授和笔者，与首都师范大学历史系郝春文教授及中国国家图书馆善本特藏部的专家一起，为国家图书馆善本部鉴定、收藏了一批和田出土的于阗语、汉语、波斯语，可能还有梵文、藏文的写本文书，数量之可观，质量之优异，或可与百年前彼得罗夫斯基和斯坦因的收集品相媲美。这批文书正在段晴教授、笔者和国图善本部主任张志清先生的共同主持下进行整理工作，有些文书还有待修复，所以一时还难以确定内涵。迄今为止，我们已经做的工作如下：

在于阗语文书方面，段晴教授有着丰富的处理写本的经验，1997年，她就和当时新疆文物考古研究所所长王炳华先生一起，解读了一件

① 《西域研究》2001年2期，57-61页。

② 《西域研究》2004年3期，83-90页。

③ 《西域研究》2007年4期，17-23页。

④ 《新疆师范大学学报》2007年4期，11-16页

⑤ 荒川正晴《调查の概略とコータン新出汉文文书》，荒川正晴（代表）《东トルキスタン出土〈胡汉文书〉の总合调查》，1-29页。

新出于阗语木牍文书[①]。她已经发表或已经撰写完成的有关国图新收于阗语文书的论文有如下几篇：

（1）段晴《新发现的于阗语〈金光明最胜王经〉》[②]，转写、翻译并考释了两叶正反四面于阗语《金光明最胜王经》。（2）随后，她在这篇文章的增订英译本《两叶新发现的于阗语〈金光明最胜王经〉》中[③]，改正了一些误读，做了更好的转写和译释。（3）在《一件汉语于阗语双语文书》一文中[④]，段晴发表了一件双语人名簿，利用汉语对应词汇，考释出一些于阗语词的含意，对个别于阗语疑难词语的解释颇有进步。其中汉语部分的释读是由荣新江完成的。（4）最近，段晴又在《于阗语〈对治十五鬼护身符〉》中[⑤]，转写、翻译、考释了长 96 行的一件于阗语护身符，这是和后面要提到的丹丹乌里克出土的护身符属于同类的于阗人自己编纂的文献，有于阗人自己的题记。（5）她还转写翻译了一件写在木函上的于阗语买卖契约[⑥]，这件文书除了社会史的意义外，还可以和其他已出的木函文书相对照。总之，这些于阗语文献中，既有正规的于阗文佛经《金光明最胜王经》，又有于阗人自己的著作《对治十五鬼护身符》，还有双语人名表和买卖契约。

除了段晴教授发表的双语人名表外，新收集品中还有 35 支汉语-于阗语双语木简，都是开元十年（722）于阗国税收的记录。与此同类的

---

① 段晴、王炳华《新疆出土于阗木牍文书研究》，《敦煌吐鲁番研究》第 2 卷，北京：北京大学出版社，1997 年，1-12 页。

② 《敦煌吐鲁番研究》第 9 卷，北京：中华书局，2006 年，7-22 页。

③ Duan Qing, "Two New Folios of Khotanese *Suvarṇabhāsottamasūtra*", *Annual Report of the International Research Institute for Advanced Buddhology at Soka University*（《创价大学国际佛教学高等研究所年报》）10 (2006), 2007, pp. 325-336+ pl.

④ Duan Qing, "Bisā-and Hālaa-in A Chinese-Khotanese Bilingual Document", *Journal of Inner Asian Art and Archaelology* vol. III (special issue on Khotan), ed. by Ursula Sims-Williams, Turnhout: Brepols 2008, pp. 65-74.

⑤ 《敦煌吐鲁番研究》第 11 卷，上海：上海古籍出版社，2009 年，101-120 页。

⑥ 段晴《于阗语高僧买人契约》，《敦煌吐鲁番研究》第 11 卷，11-28 页。

4 支汉语-于阗语双语木简的汉文部分，1998 年由艾再孜·阿布都热西提在《新疆文物》上刊布，年代是开元十五年[①]。笔者和文欣合作撰写《和田新出汉语-于阗语双语木简考释》一文，对这两组木简的文字做了释读，并就于阗王国的地方税收体制加以探讨[②]。

对于国图新入藏的汉语文书，整理工作也在进行当中，文欣在 2008 年 6 月完成了他的硕士论文《中古时期于阗国政治制度研究》（北京大学历史学系），其中就利用了新出文书。他在这篇硕士论文的基础上，改写成《于阗国官号考》[③]、《于阗国“六城”新考》[④] 两篇文章，其中也有整理新出文书的结果。另外，文欣还有一篇整理国图文书的新作《和田新出〈唐于阗镇守军勘印历〉考释》也即将发表[⑤]。

在国图新入藏的和田出土文书中，还有一件珍贵的希伯来文波斯语书信，和一百年前斯坦因在丹丹乌里克发掘的一件同样文字同样语言的文书所写的内容也大体相关，而这是一件几乎完整的纸叶，可谓价值连城。段晴教授的硕士生张湛接受了这件文书的考释工作，并把它作为自己的硕士论文。后来，他主要在北大波斯语专业青年教师时光帮助下，完成了这封希伯来文波斯语书信的释读，最终由张湛完稿的《一件新发现犹太波斯语信札的断代与释读》现在联名发表[⑥]。

---

① 艾再孜·阿布都热西提《和田发现汉文、于阗文双语木简》，《新疆文物》1998 年 3 期，104 页。对于这 4 支木简，我们从新疆考古研究所于志勇先生和和田博物馆艾力·阿不都拉先生那里得到比较清晰的照片，得以进行研究。

② Rong Xinjiang and Wen Xin, “Newly Discovered Chinese-Khotanese Bilingual Tallies”, *Journal of Inner Asian Art and Archaelology* vol. III (special issue on Khotan), ed. by Ursula Sims-Williams, Turnhout: Brepols 2009, pp. 99-118. 汉文本见《敦煌吐鲁番研究》第 11 卷，45-70 页。

③ 《敦煌吐鲁番研究》第 11 卷，121-146 页。

④ 朱玉麒主编《西域文史》第 3 辑，北京：科学出版社，2008 年，109-206 页。

⑤ 沈卫荣主编《西域历史语言研究集刊》第 2 辑，北京：科学出版社，2009 年，111-124 页。

⑥ 《敦煌吐鲁番研究》第 11 卷，71-100 页。

国图收藏的和田出土文书的整理工作，是既艰苦又充满乐趣的工作，我们将继续为学界奉献新的研究成果，并在适当的时候，在获得相关资金的支持下出版图文对照的文书合集。

除了国家图书馆的这批文书外，还有一些零星的汉语和于阗语文书为其他博物馆收藏。

5. 吐鲁番地区博物馆藏汉文文书

2006 年年初，新疆吐鲁番文物局从乌鲁木齐市征集到一批吐鲁番文书，其中有两张纸上所写的三件汉文文书，据内容判断，当属和田出土文书，即《唐于阗毗沙都督府案卷为家畜事》《唐开元十七年（729）于阗盖阿兴牒为奴送麦事》《唐某年某月二十六日于阗镇守军帖》[①]，其中最后一件帖文尾部钤有朱印一方，文曰“镇守军之印”，同样的印鉴也见于以往和田出土文书。另外，吐鲁番博物馆后来又征集到两件于阗语文书，其中一件正背书写，内容大概分别为粮食帐和赋役记录，另有一件是上给 hiyaude ā̧māci ṣṣau 官的状文。

6. 和田地区博物馆藏于阗语文书

2008 年 1 月，我带队前往和田地区考察，除了探访古迹遗址外，目的之一就是了解和田地区的文书发现和收藏情况。在和田地区文物局局长张化杰先生和博物馆哈斯木先生等人的帮助下，我们得以看到和田博物馆收藏的几件于阗语文书，也考察了策勒县达玛沟佛寺博物馆收藏的带有于阗文字的木板和壁画题记。在张化杰局长的委托下，我带回所有这些于阗文资料。现在，段晴教授已经把其中最完整的一件解读出来，与和田市博物馆联名撰写《和田博物馆藏于阗语租赁契约研究——重识于阗之“桑”》一文，公布了这件重要的桑树租赁契约文书[②]。其他三件未刊的于阗语文书，据文欣的初步考察，一件是 ṣau 官 Phvai-

① 荣新江、李肖、孟宪实主编《新获吐鲁番出土文书》，北京：中华书局，2008 年，359–361 页。

② 《敦煌吐鲁番研究》第 11 卷，29–44 页。

hvuhi 下给思略的令文，另外一件是涉及布匹的契约，还有一件小残片，也提到了布匹（thuana），但是过于残破，还需要进一步研究。

另外，新疆维吾尔自治区博物馆收藏有一件于阗语木板文书，北京一私家收藏有两件和田出土汉文文书，也都在整理考释当中。

大约三十年前，笔者和业师张广达先生一起，根据当时已刊的汉文文书和有限的于阗语文书译文来探讨于阗历史，由于材料的限制，所涉及的问题主要是与文书年代相关的问题，而作为历史学者的我们，固然非常希望在具有准确的年代的文书基础上，来讨论于阗国历史的各个方面。可是，这在很长一段时间里是无法做到的。如上所述，在瑞典、英国、俄国所藏于阗语文书大多数有了英文翻译，而汉文文书又基本刊布的情况下，学术界开始有机会深入到于阗历史的许多方面。而最近陆续显露真容的和田新出土的于阗语、汉语文书乃至新波斯语的文献，为今后我们对于于阗王国的整体研究，将会提供异常宝贵的文献基础，相信在不久的将来，于阗的历史将会翻开新的一页。

（原载《敦煌吐鲁番研究》第 11 卷，上海古籍出版社，2009 年 9 月，1–9 页。）

于阗佛教图像研究：新视角与新问题

最近二三十年来，敦煌研究日新月异，不论在文献的整理，还是在图像的研究方面，都取得了巨大的进步。于阗研究也不甘落后，考古新发现推进了图像和文献两方面的研究，产生不少优秀成果。本文仅就敦煌与于阗可资对比的图像和文献两个方面来谈谈新材料提供的研究新视角，以及提出的新问题。

过去对于于阗图像的研究，主要是依据斯坦因、斯文·赫定、大谷探险队等在和田地区所获壁画、木板画和雕像材料，主要来自哈达里克（Khadalik）、巴拉瓦斯特（Balawaste）、丹丹乌里克（Dandan-oilik）等地的古代佛寺遗址。百年来学者们对这些图像做了许多个案研究，逐渐丰富了我们对于于阗佛教图像的认识。1973 年，威廉斯夫人（J. Williams）发表《于阗绘画的图像学》，比较系统地分类研究了比卢遮那佛、瑞像、弥勒、观音、地藏、毗沙门天王、散脂大将、鬼子母、俄尼沙、丝绸传说、骑士、鼠王等等图像[①]，使得于阗佛教的万神殿更加清晰多彩。1974 年，格罗普（G. Gropp）在整理特灵克勒（E. Trinkler）探险队所获于阗文物的考古报告《中国新疆和田的考古出土文物》一书中，也分门别类地讨论了于阗的壁画和雕像中的佛教神祇[②]。1992 年，莫德（Markus

---

① Joanna Williams, "The Iconography of Khotanese Paintings", *East and West*, new series, 23, 1/2, 1973, pp. 109-154.

② Gerd Gropp, *Archaologische Funde aus Khotan Chinesisch-Ostturkestan*, *Die Trinkler-Sammlung im Übersee-Museum*, *Bremen*, Bremen: Röver, 1974.

Mode）发表《远离故土的粟特神祇——近年粟特地区考古发现所印证的一些和田出土的粟特图像》一文，指出和田出土的一些佛教木板画表现的粟特袄教特征[①]。这些论著为我们认识于阗佛教图像打下了坚实的基础，也提出许多新的问题。笔者也曾结合前人研究成果和 1998 年鲍默（Christoph Baumer）等人发掘的丹丹乌里克佛寺遗址的壁画，指出在一个佛寺的主尊像和主体的千佛图像下面，当地的民众或外来的粟特移民，有时会把地方神祇或袄教图像绘制到佛教的万神殿中，让观者看到一些即是佛像，又似袄神或其他地方神祇的东西，在寺院壁画的下层，保存着民众的地方信仰或外来文化[②]。

进入 21 世纪后，和田当地又进入一个“新发现”的时代。

2002 年 10 月，新疆文物局、新疆文物考古研究所和日本佛教大学尼雅遗迹学术研究机构共同组织的考察队，在丹丹乌里克发现了一座佛寺遗址，其中的壁画被风吹露出来。新疆文物考古研究所随即在同年 11 月进行了抢救性的发掘，揭取了佛寺下层的千佛、杂神以及骑马托钵神像壁画等考古资料，为于阗佛教图像研究提供了新的素材[③]。根据

---

① M. Mode, “Sogdian Gods in Exile-Some Iconographic Evidence from Khotan in the Light of Recently Excavated Material from Sogdiana”, *Silk Road Art and Archaeology*, 2, 1991/92, pp. 179-214.

② 荣新江《佛像还是袄神——从于阗看丝路宗教的混同形态》，原载《九州学林》1 卷 2 期，香港：城市大学中国文化研究中心、上海：复旦大学出版社，2003 冬季卷，93-115 页；收入荣新江《丝绸之路与东西文化交流》，北京：北京大学出版社，2015 年，313-329 页。

③ 新疆文物考古研究所《2002 年丹丹乌里克遗址佛寺清理简报》，《新疆文物》2005 年第 3 期，8-19 页及封 2、3 图版。参看张玉忠、屈涛、刘国瑞《丹丹乌里克新发现的佛寺壁画》，《日中共同ダンダンウイリク遗迹学术研究の成果をめぐって》，京都：佛教大学，2005 年，79-85 页；松元伸之监修《新シルクロード展》，东京：产经新闻社，2005 年，71-79 页；Zhang Yuzhong, Qu Tao & Liu Guorui, “A newly Discovered Buddhist Temple and Wall Paintings at Dandan-Uiliq in Xinjiang”, *Journal of Inner Asian Art and Archaeology*, III, ed. J. Lerner and L. Russel-Smith, 2009, pp. 157-170。

佛寺沙土下面发现的一叠德文报纸和中间所夹的一张 1928 年进入丹丹乌里克的博斯哈德（W. Bosshart）名片，笔者指出这里就是特灵克勒探险队曾经发掘过的 A. 4. 2 号佛寺遗址[①]。

2002 年，中国社会科学院考古所新疆队在和田策勒县达玛沟南部托普鲁克墩（Toplukdong）抢救性地发掘了一座佛寺遗址，为一平面长方形小型木构佛殿建筑，中间残存佛像，墙壁有壁画，考古编号为“托普鲁克墩 1 号佛寺遗址”。2006 年，新疆队又发掘了距离 1 号佛寺遗址西约 70 米处的“托普鲁克墩 2 号佛寺遗址”，是一座“回”字形的佛寺，出土有壁画和木板画、钱币等遗物。同时，在距达玛沟乡政府东北约 10 公里的喀拉墩（Khaladong），新疆队发掘了另一处佛寺遗址，出土壁画残块 20 多件，遗址命名为“喀拉墩 1 号佛寺遗址”。三处佛寺的始建年代被考订在公元 6 世纪中期至 7 世纪前期，但可能使用到 10 世纪末或 11 世纪初[②]。2010 年，新疆队又在托普鲁克墩毗邻 2 号佛寺遗址的地方发掘了“托普鲁克墩 3 号佛寺遗址”，同样出土了一批精美的壁画，其中还有粟特文题记[③]。遗憾的是，2010 年，一些不法分子猖狂挖掘了达玛沟一带的佛寺遗址，盗掘出一大批佛寺壁画和其他遗物。2011 年，和田公安部门追缴回来三千多件文物，其中包括精美的壁画，但不知道还有多少文物被倒卖走，这些追缴的壁画也失去了原来的位置信息，对学术研究是重大损失。中国社会科学院考古研究所新疆队把追

---

① 荣新江《丹丹乌里克的考古发现与研究》，中国新疆文物考古研究所、日本佛教大学尼雅遗址学术研究机构编《丹丹乌里克遗址——中日共同考察研究报告》，北京：文物出版社，2009 年，40–42 页。

② 中国社会科学院考古研究所新疆队《新疆和田地区策勒县达玛沟佛寺遗址发掘报告》，《考古学报》2007 年第 4 期，489–525 页。该文后以《新疆和田地区策勒县达玛沟佛寺遗址的发掘与研究》为题，附录于《丹丹乌里克遗址——中日共同考察研究报告》，293–333 页，图版及注释有所增补。又，参看巫新华《新疆和田达玛沟佛寺考古新发现与研究》，《文物》2009 年第 8 期，55–68 页。

③ 中国社会科学院考古研究所新疆队《新疆策勒县达玛沟 3 号佛寺建筑遗址发掘简报》，《考古》2012 年第 10 期，15–24 页，图版 1–5。

缴的文物和原始壁画照片汇集为《策勒达玛沟——佛法汇集之地》一书，为学界及时提供了最新资料[①]。

2014年，上海博物馆举办“丝路梵相——新疆和田达玛沟佛教遗址出土壁画艺术”展览，展出上述四所达玛沟佛寺遗址出土的部分壁画和雕塑，并出版了同名的展览图录，发表贾应逸《策勒县托普鲁克墩佛寺遗址的唐代于阗佛教艺术》、巫新华《于阗佛寺遗址考古研究新进展——从达玛沟佛寺遗址新发现谈于阗画派及其他》、李维琨《丝路梵相——达玛沟出土的于阗古寺壁画》三篇文章，从不同的角度讨论了新发现的于阗佛教图像[②]。

考古发现的新材料为今天的研究提供了许多新的图像素材，提供给我们观察于阗佛教图像的新视角，也为我们提出许多新问题。以下略谈笔者的几点思考。

一、新发现特别珍贵的一点是，这些壁画和雕像在佛寺中间的位置可以通过考古报告而确知，这是我们今后讨论图像的时候所需要考虑的问题。笔者曾经利用斯坦因对于丹丹乌里克遗址的详细考古报告，把整个遗址各个建筑物一一复原，根据后人研究的各个建筑物中发现的雕像、壁画、文书、佛典、钱币等等遗物，确定这些建筑物的佛寺、官衙、宅第、厨房等的性质，再来看不同大小建筑物表现的佛寺和兰若的关系，并把图像放到具体的寺院壁面上去考虑它们的功能和意义[③]。

达玛沟发现的佛教寺院布局十分清楚，壁画得自寺院哪个位置有的也可以确定，这对于考察一些图像的内容和它的功能提供了方便。其中托普鲁克墩1号佛寺遗址发掘较早，该佛寺内侧南壁门的西侧残壁上，留存了一幅武士装束的神像下半部，其上半部也从地上散落的壁画残片中

---

① 中共策勒县委、策勒县人民政府编《策勒达玛沟——佛法汇集之地》，沈桥、巫新华摄影，巫新华撰文，香港：大成图书有限公司，2012年。

② 上海博物馆编《丝路梵相——新疆和田达玛沟佛教遗址出土壁画艺术》，上海：上海书画出版社，2014年12-51页。

③ 上引荣新江《佛像还是祆神——从于阗看丝路宗教的混同形态》。

找到，并由考古工作者成功地复原起来。这幅貌似毗沙门天王的神像，现在由美术史研究者比定为散脂大将，而不是人们所熟知的于阗守护神毗沙门天王①。其实，散脂也是于阗重要的守护神，据汉译《日藏经·护塔品》，他是往昔迦叶佛在于阗牛角山圣人处安住时的主要守护神。又据《月藏经·分布阎浮提品》，他是被世尊付嘱守护于阗的八大神祇之一，位居第二，名大夜叉将。其名还见于多种于阗文、藏文文献，而且其图像还保存在敦煌莫高窟、榆林窟的于阗八大守护神图像中②。散脂在达玛沟佛寺正门守护神的位置，更加说明他在于阗佛教世界中的重要位置。

二、壁画图像旁边的题记对于理解该图像的意义是人所共知的，但由于语言文字和残缺保存状况的原因，一些壁画题记并不是非常容易释读。过去，恩默瑞克（R. E. Emmerick）曾汇集西方探险队所得于阗文壁画、木板画题记，做了英文翻译③；他也解读了特灵克勒探险队所获一幅毗沙门天王图像的供养人题记④，为艺术史的研究提供了文本依据。2002 年丹丹乌里克新发现的佛寺北壁下方一排骑马神像的最后一

---

① E. Forte, "On a Wall Painting from Toplukdong Site no.1 in Domoko: New Evidence of Vaiśravaṇa in Khotan?" in D. Klimburg-Salter and L. Lojda (eds.), *Changing Forms and Cultural Identity: Religious and Secular Iconographies. Papers from the 20th conference of the European Association for South Asian Archaeology and Art held in Vienna from 4th to 9th of July 2010, Vol. 1, South Asian Archaeology and Art*, Turnhout: Brepols, 2014, pp. 215–224；朱丽双汉译文《毗沙门还是散脂：和田达玛沟托普鲁克墩 1 号遗址的一幅壁画新说》，《艺术史研究》第 17 辑，广州：中山大学出版社，2015 年，167–182 页。关于此图像细节的详细论证，见张惠明《公元六至八世纪于阗佛教护法神系中的夜叉图像——以达玛沟佛寺遗址画迹为中心的讨论》，《艺术史研究》第 17 辑，205–244 页。

② 荣新江、朱丽双《图文互证——于阗八大守护神新探》，樊锦诗、荣新江、林世田主编《敦煌文献、考古、艺术综合研究：纪念向达先生诞辰 110 周年国际学术研讨会论文集》，北京：中华书局，2011 年，190–218 页。参看陈粟裕《敦煌石窟中的于阗守护神图像的研究》，《故宫博物院院刊》2012 年第 4 期，54–74 页。

③ R. E. Emmerick, "Some Khotanese Inscriptions on objets d'art", *JRAS* 1968, pp. 140–143+ pls. I–II.

④ R. E. Emmerick, "Note on a Khotanese Inscription in the Bremen Übersee-museum", *Archäologische Funde aus Khotan, Chinesisch-Ostturkestan*, by G. Gropp, pp. 362–364.

位，有5行题记，由段晴、文欣两位做了解读和翻译，是名为Budai的供养人绘制“八天神”的题记[①]，对于我们理解于阗佛教壁画上的“骑士”，富有参考价值[②]。托普鲁克墩3号佛寺遗址发现有于阗文、粟特文、藏文供养人题记[③]，对于我们理解佛寺的供养者以及寺院沿用到吐蕃统治时期的情况，都极有帮助。然而，还有一些于阗文题记有待解读，如丹丹乌里克新编CD10佛寺西回廊壁画下面的题记[④]，完整清晰，但似乎尚没有释读。还有据我们考察托普鲁克墩1号佛寺遗址博物馆陈列壁画残片时所见，至少有两幅佛像残片的上面，有于阗文题记。这些题记的解读，必将为于阗佛教图像以及寺院营建等等问题，提供更好的研究方向，最近我们在调查龟兹地区吐火罗语（龟兹语）及其他婆罗谜文所写语言题记的过程中，对此有深刻的体会[⑤]。

三、文献与图像是相辅相成的关系，对于于阗佛教图像的解读，汉译佛典如《日藏经》《月藏经》，以及法显、玄奘等人的记录，还有敦煌的瑞像记，都提供了重要的文献印证；于阗当地出土的梵文、于阗文佛典，以及藏文大藏经中保留的非常细致的于阗教法史类的著作，也是研究于阗佛教图像必不可少的参考资料。但是，还有不少于阗语佛教文献，特别是敦煌出土的于阗语文献还没有充分地运用到佛教图像的研究中去，有些还没有完满地解读。像于阗文《贤劫经》（*Bhadrakalpika-sūtra*）[⑥]、

① 文欣、段晴《丹丹乌里克佛寺壁画上的于阗文题记考释》，《丹丹乌里克遗址——中日共同考察研究报告》，261-265页。

② 张小刚最近对此做了深入的探讨，见所撰《天王与夜叉——试释于阗引雁骑行人物的身份》，《艺术史研究》第17辑，183-204页。

③ 《新疆策勒县达玛沟3号佛寺建筑遗址发掘简报》，18-19、21-22页。

④ 《丹丹乌里克遗址——中日共同考察研究报告》，彩版二〇/2。

⑤ 参看荣新江《近年对龟兹石窟题记的调查与相关研究》，《西域研究》2015年第3期，1-9页。

⑥ S. Konow, *Saka Versions of the Bhadrakalpikāsūtra* (Avhandlinger utgitt av Det Norske Videnskaps-Akademi i Oslo II. Hist. -Filos. Klasse. 1929, no.1), Oslo, 1929；田久保周誉《敦煌出土于阗语秘密经典集の研究——论说篇・贤劫佛名と毗卢遮那佛の研究》，东京：春秋社，1975年。

《右绕佛塔功德经》（Pradakṣiṇā-sūtra）[①]、《普贤行愿赞》（*Bhadracaryādeśanā*）[②]、《文殊师利无我化身经》（*Manjuśrī-nairātmyāvatāra-sūtra*）[③]，还有《佛本生赞》（*Jātakastava*）[④]、《阿育王譬喻经》（*Aśokāvadāna*）[⑤]、《难陀譬喻经》（*Nandavadana*）[⑥]、《善财譬喻经》（*Sudhanāvadāna*）[⑦]、

---

① H. W. Bailey, "The *Pradaksina-sūtra* of Chang Tsiang-kuin", *Buddhist Studies in Honour* of I. B. Horner, eds. L. Cousins et al., Dordrecht-Boston, pp. 15-18；橘堂晃一《敦煌出土コータン语〈右绕佛塔功德经〉》，《佛教史学研究》第45卷第2号，2002年，22-53页。

② J. P. Asmussen, *The Khotanese Bhadracaryādeśanā. Text, Translation and Glossary together with the Buddhist Sanskrit Original*, Copenhagen, 1961.

③ R. E. Emmerick, *The Book of Zambasta, a Khotanese Poem on Buddhism*, London 1968, pp. 437-453; idem, "Three Monsters in Khotan", *Studia Iranica*, VI. 1, 1977, pp. 65-74; idem, "The Concluding Verses of the Khotanese *Vajracchedikā*", *Prajnaparamitā and Related System. Studies in Honor of Edward Conze*, ed. L. Lancaster, Berkeley, 1977, pp. 83-92; A. Degener, "The four infintudes (*apramānas*) in Khotanese", *Studia Iranica* 15, 1986, pp. 259-264; R. E. Emmerick, "Some Verses from the *Lankāvatārasūtra* in Khotanese", *A Green Leaf. Papers in Honour of Professor Jes P. Asmussen* (Acta Iranica 28), Téhéran-Liège-Leiden, 1988, pp. 125-133; idem, "From the *Manjuśrīnairātmyāvatārasūtra*", *Bauddhavidyāsudhākaraḥ. Studies in Honour of Heinz Bechert on the Occasion of his 65th Birthday*, eds. P. Kieffer-Pültz & J.-U. Hartmann, Swisttal-Odendorf, 1997, pp. 81-90; idem, "More Verses from the *Manjuśrīnairātmyāvatārasūtra*", *Sūryacandrāya. Essays in Honour of Akira Yuyama on the Occasion of his 65th Birthday*, eds. P. Harrison & G. Schopen, Swisttal-Odendorf, 1998, pp. 33-42.

④ M. J. Dresden, "*Jātakastava* or 'Praise of the Buddha's Former Births'", pp. 397-508.

⑤ H. W. Bailey, "A Tale of Aśoka", *Bulletin of Tibetology* III. 3, 1966, pp. 5-11；莲池利隆《Khotan本アショーカ王传とカニシカ王传について》，《印度学佛教学研究》第50卷第2号，2002年，247-250页。

⑥ R. E. Emmerick, "Nanda the Merchant", *Bulletin of the School of Oriental and African Studies* XXXIII. 1, 1970, pp. 72-81. Cf. R. E. Emmerick, "Khotanese Glossary to Nanda the Merchant", *Acta Orientalia* XXXV, 1973, pp. 115-126

⑦ H. W. Bailey, "The Sudhana Poem of Ṛddhiprabhāva", *Bulletin of the School of Oriental and African Studies* XXIX. 3, 1966, pp. 506-532; R. E. Emmerick, "A Khotanese Fragment: P 5536 bis", *Hommage et opera minora, Monumentaum H. S. Nyberg I*

《迦腻色迦王造塔记》[①]、《礼忏文》（*Deśanā*）[②]等，都值得把文本和图像做对比研究。段晴教授近撰《飘带来自吉祥——反映在古代于阗画中的祆教信仰符号》，就利用印度、伊朗的文献，包括于阗文《造像功德经》，来解说达玛沟佛寺遗址出土的赤身裸体的邬罗形象[③]。

于阗语文献也在不断发现，如丹丹乌里克出土的《明咒护身符》[④]《对治十五鬼护身符》《菩萨入胎降生》[⑤]。姚崇新教授《和田达玛沟佛寺遗址出土千手千眼观音壁画的初步考察——兼与敦煌的比较》一文，即利用了新发现的于阗文《对治十五鬼护身符》来印证有关于阗的观音信仰受杂密影响的问题[⑥]。随着新发现的于阗语文献的进一步整理和研究，还会为于阗佛教图像的解读提供更多的帮助。

（接上页）（Acta Iranica 4），Téhéran-Liège-Leiden，1975，pp. 223–236；H. Kumamoto，“Some Problems of the Khotanese Documents”，*Studia Grammatica Iranica. Festschrift für Helmut Humbach*，eds. R. Schmitt & P. O. Skjærvø，München，1986，p. 242，n. 6；A. Degener，“Sudhanas Wanderung in khotanischer Fassung”，*Studien zur Indologie und Iranistik* 11–12，1986，pp. 21–32.

① H. W. Bailey，“Kanaiska”，*Journal of Royal Asiatic Society* 1942，pp. 14–28，250；莲池利隆《Khotan本アショーカ王传とカニシカ王传について》。

② H. W. Bailey，“The Profession of Prince Tcūṃ-ttehi”，*Indological Studies in Honor of W. Norman Brown*，ed. E. H. Schafer，New Haven，1962，pp. 18–22；R. E. Emmerick，“The Verses of Prince Tcūṃ-ttehi：”，*Studia Iranica* 9 · 2，1980，pp. 185–193. Cf. R. E. Emmerick，“A Stanza from the Verses of Prince Tcum-ttehi”，*Societies and Languages of the AncientNear East*，*Studies in Honour of I. M. Diakonoff*. ed. by M. A. Dandamayer et al.，Warminster，1982，pp. 62–63.

③《艺术史研究》第17辑，2015年，153–166页。关于《造像功德经》，参看段晴《〈造像功德经〉所体现的佛教神话模式》和《〈造像功德经〉于阗语、汉语今译及古译刊本》两文，均载段晴《于阗·佛教·古卷》，上海：中西书局，2013年，109–168页。

④ 段晴考释文章，载《丹丹乌里克遗址——中日共同考察研究报告》，267–280页。

⑤ 以上均见段晴《中国国家图书馆藏西域文书·于阗语卷》（一），上海：中西书局，2015年。

⑥《艺术史研究》第17辑，2015年，245–280页。

四、敦煌因为莫高窟、榆林窟保存了大量佛教图像，因此成为研究其他地区佛教图像时必须参考的对象，对于敦煌图像的细读，必定有助于我们理解于阗的佛像内涵。笔者曾和张广达先生合作研究敦煌瑞像记、瑞像图中的于阗佛像，但当时无法看到清晰的敦煌壁画和绢画资料，主要的工作是文献方面的整理[①]。今天，随着数码技术的进步，敦煌洞窟壁画的高清晰照片展现了许多壁画的细部情景；敦煌研究院对于学术研究的支持，为学者们提供了更加便利的考察洞窟壁画的条件。迄今为止，有关于阗的敦煌图像研究有了长足的进步，除了上面提到的有关于阗八大守护神的研究之外，最重要的贡献是孙修身《佛教东传故事画卷》[②]、陈粟裕《从于阗到敦煌——以唐宋时期图像的东传为中心》[③]、张小刚《敦煌佛教感通画研究》[④]。这些描绘于阗佛像、守护神、供养人的敦煌图像，对于相同类型的于阗绘画，是最直接的参考资料。

同时，敦煌石窟壁画、绢画中的其他各类图像，也是我们研究于阗图像的参考资料。如姚崇新对和田达玛沟佛寺出土千手千眼观音像的研究，就得益于敦煌的一幅绢画。因此，对于敦煌壁画各类图像的分析研究，或多或少都可以有助于对于阗佛教图像的探讨。反之，对于于阗图像、文献的解说，也可以帮助我们解读一些敦煌壁画的内涵。

以上从四个方面略谈于阗佛教图像研究及其与敦煌图像、文献的关系，许多问题还有待进一步研究。

（原载《艺术史研究》第 17 辑，中山大学出版社，2015 年 12 月，143-151 页。）

---

① 张广达、荣新江《敦煌“瑞像记”、瑞像图及其反映的于阗》，《敦煌吐鲁番文献研究论集》第 3 辑，北京：北京大学出版社，1983 年，69-147 页，图 20-34；收入作者《于阗史丛考》（增订本），北京：中国人民大学出版社，2008 年，166-223 页。

② 《敦煌石窟全集》第 12 卷，上海：上海人民出版社，2000 年。

③ 北京：方志出版社，2014 年。

④ 兰州：甘肃教育出版社，2015 年。

岑仲勉先生与丝绸之路研究

——以钢和泰藏敦煌写本于阗语行记为中心

岑仲勉先生（1886—1961）是20世纪的史学巨子，著述十分丰富，在隋唐史、文献学、金石学、塞外民族、历史地理、中外关系等方面都有所贡献，形成专著的有：《佛游天竺记考释》（1934年）、《两周文史论丛》（1956年）、《黄河变迁史》（1957年）、《府兵制度研究》（1957年）、《西周社会制度问题》（1958年）、《隋书求是》（1958年）、《突厥集史》（1958年）、《西突厥史料补阙及考证》（1958年）、《唐史余沈》（1960年）、《中外史地考证》（1962年）、《唐人行第录（外三种）》（1962年）、《通鉴隋唐纪比事质疑》（1964年）、《汉书西域传地里校释》（1981年）、《金石论丛》（1981年）、《隋唐史》（1982年）、《郎官石柱题名新考订（外三种）》（1984年）、《岑仲勉史学论文集》（1990年）、《岑仲勉史学论文续集》（2004年）。2004年中华书局编辑部编《岑仲勉著作集》，计有15种著作，除《隋唐史》一种因涉版权问题没有重印，其他全部整理重刊，颇便学人①。

一

岑先生早年即关注东西交通，不论海路还是陆路，都有论著探讨，

---

① 荣新江《书评：〈岑仲勉著作集〉》，拙编《唐研究》第10卷，北京：北京大学出版社，2004年，581-584页。

除了形成专著的《佛游天竺记考释》外，单篇论文集中收录在《中外史地考证》一书中。《考证》一书分上下册，收文六十余篇，大体按年代先后排序，涉及今天所说的丝绸之路的许多方面，现择要列出部分篇目，兼提示其学术价值。

（一）关于海上丝绸之路方面，岑先生为广东人，又长期执教于中山大学，所以对海路颇为关心，发表论著涉及海上丝路的许多方面。

《西汉对南洋的海道交通》一文（原载《中山大学学报》1959 年第 4 期），对于《汉书》卷二八下《地理志》所记从日南障塞徐闻、合浦出发的海上丝路，做了详细的考证，指出所经之地为："先经马来半岛东岸之 Htayan（都元国），次泊苏门答腊之 Yava Lamuri（邑卢没国），又次船抵缅甸南边的 Syriam（湛离国），始弃舟循陆路赴缅甸重镇或都城之 Pukam Tattadesa（夫甘都卢国）"，最后到印度东海岸之 Kanci（黄支国），再南至马达拉斯西南之 Chingleput（已程不国）。《汉书·地理志》这一段是中国海上丝绸之路开通时代的最基本史料，其所提到的地名之地理位置，众说纷纭，岑氏的考释可备一说。

《南海昆仑与昆仑山之最初译名及其附近诸国》一文（原载《圣心》第 2 期，1933 年），从《梁书》卷五四《扶南传》提到的金邻国（Kumrun），进而讨论魏晋南北朝时期南海一些地名，如都昆（Lacon）、边斗（Bandon）、拘利（Kra）、比嵩（Pakchan?）、顿逊（Tenasserim）、林阳（Htayan?）、盘盘（Bang-Tapan），特别指出金邻即"昆仑"旧称，三国时已见，其地在今暹罗西部迤西至下缅甸一带，为南海昆仑之来历，可补前人考证昆仑之说①。

《自波斯湾头至东非中部之唐人航线》（原载《东方杂志》第 41 卷第 18 期，1945 年），是对《新唐书》卷四三下《地理志》所录贾耽《广州通海夷道》大食以西道路的考证，也就是从波斯湾头的乌剌（Vbolla），

① 岑仲勉《续贞石证史》"金隣"条，对此有补说，文载作者《金石论丛》，北京：中华书局，1981 年，211-212 页。

到东非海岸的三兰国（在今 Dar es Salaam，达尔埃斯萨拉姆）一段。

《娑里三文行程之前段》一文（1949 年未刊稿），是考证《宋史》卷四八九所记大中祥符八年（1015）注辇国使臣娑里三文来华路程。注辇大致在今印度半岛东海岸之 Coromandel，使者经娑里西兰（锡兰），到恒河流域之占宾（法显之瞻波），从恒河口历缅甸西岸之伊麻罗里山，抵古罗海峡，历占不牢山、舟宝龙山，到苏门答腊东南之三佛齐。

对于波斯、阿拉伯文中指称中国的地名，也是海外交通史常常遇到的问题，岑先生也多有论说，如《唐代大商港 Al-Wakin》（原载《东方杂志》第 40 卷第 20 期，1944 年），《Zaitûn 非“刺桐”》（原载《圣心》第 1 期，1932 年），《Quinsai 乃杭州音译》（原载《圣心》第 1 期，1932 年）。以今日通行说法审视之，有得有失。

（二）关于陆上丝绸之路，岑先生也有不少论说。

《外语称中国的两个名词》附《格尔德齐由哈密至西安纪程考》（原载《新中华》复刊第 3 卷第 4 期，1945 年），讨论 Kumdan 和 Machin 两名，前者列举拉丁、叙利亚、阿拉伯、波斯文指称长安的 Kumdan 一名及诸家说法，认为此词来自汉语的“金殿”[①]。而 Machin，则指秦（Chin）东面广大地域，统称之为“大秦”[②]。又考订格尔德齐（Gardizi）所记行程中的几个地名[③]。

《唐代大食七属国考证》（原载《圣心》第 2 期，1932 年）一文，是对陀拔思单、罗利支、都盘、渤达、河没、沙兰、怛满的地理位置和交通道路的考订。此外，还有札记短文《苫国》、《朱禄国与末禄国》

① 高田时雄在岑仲勉基础上整理了 Khumdan 的研究史，并主张源自“咸阳”，见所撰《Khumdan 的对音》，朱凤玉、汪娟编《张广达先生八十华诞祝寿论文集》，台北：新文丰出版公司，2010 年，965–976 页。

② 对于 Machin 的解说，参考张广达《关于马合木·喀什噶里的〈突厥语词汇〉与见于此书的圆形地图》（上），《中央民族学院学报》1979 年第 2 期，29–42 页。

③ 参看王小甫译巴托尔德《加尔迪齐〈记述的装饰〉摘要》，收入作者《边塞内外》，北京：东方出版社，2016 年，587 页。

（原均载《圣心》第1期，1932年），考订大食西界的苫国，东部的朱禄与末禄国，都有所论说。

宋辽以降，有关西北丝路的记载显然不如唐朝那样系统、详细，材料十分零散，岑仲勉先生涉猎广阔，从中外文献中选择不少珍贵资料，加以考察。《读〈西辽史〉书所见》（原载《金陵学报》第4卷第2期，1934年）一文，对于耶律大石西征路线、八剌沙衮之今地、西辽疆域等，均有讨论。《〈耶律希亮神道碑〉之地理人事》（原载中山大学《史学专刊》第1卷第4期，1936年），从危素《危太朴文续集》卷二录出此碑，并详细考订耶律希亮经河西到天山北道再从天山南路、吐鲁番返回漠北的经行地理，发掘出这篇重要的元代西北交通文献，虽然是处于战争状态下的旅行路径，但也有极大的参考价值，并提供了许多地名的不同译音。《天山南路元代设驿之今地》（原载《历史语言研究所集刊》第10本第4分，1942年），则是对元朝至元二十三年所立罗不、怯台、阇鄽、斡端等驿站的考订，揭示了元初从敦煌到于阗丝路南道通行的状况。《从嘉峪关到南疆西部之明人纪程》（原载《东方杂志》第44卷第3、4期，1948年），整理顾炎武《天下郡国利病书》所引《西域土地人物略》及《秦边纪略》卷六所载，对明朝时期从嘉峪关，经哈密、吐鲁番、焉耆、库车、阿克苏，直到喀什噶尔的路程，做了一一对证，为明代的陆上丝绸之路，勾勒出一条清晰的路线。《吐鲁番一带汉回地名对证》（原载《历史语言研究所集刊》第12本，1948年），是对1890—1892年间俄国东方学者N. Th. Katanoy撰《东突厥斯坦民族记》所载吐鲁番地名的考订，对于俄文所记并经德文转写的地名，对照汉文典籍、出土文书，做了详细的比证，是研究吐鲁番地理以及经行盆地的交通路线的重要论著。

还应当提到岑氏《历代西疆路程简疏》（1948年）一文，在这篇总括式的文章中，指出了《汉书·西域传》未记天山北道路程，对《魏略》所记西域三道做了解说和考订，对魏晋南北朝时期没有专书记录的道路做了勾勒，指出《新唐书》所引贾耽道里记中的谬误，条列出入清以后西域道路各个分支。

（三）魏晋南北朝至隋唐，中印交往频繁，前往印度的求法僧络绎不绝，他们撰写了不少有关印度、中亚、南海的记录，但除了法显、玄奘、义净有整本著作传世外，大多数都散佚，因此，辑录工作是研究中印交通的一项重要工作。岑氏《晋宋间外国地理佚书辑略》一文（原载《圣心》第2期，1933年），根据《水经注》《艺文类聚》《太平御览》等，辑录晋支僧载《外国事》、东晋释道安《西域志》、东晋《佛图调传》、宋（?）竺法维《佛国记》、宋竺枝《扶南记》中有关记录，兼附考释，嘉惠学人。我们知道，辑录中西交通史料者，以张星烺的《中西交通史料汇编》为最有成就之书，但该书没有辑录包含大量中印关系史料的《水经注》，这大概是因为20世纪30年代前《水经注》版本较为复杂，经注难以区分。岑氏著有《〈水经注〉卷一笺校》，所以可以着手此事。《〈水经注〉卷一笺校》（原载《圣心》第2期，1933年）也收入本书，文中对《水经注》的误字做了校勘，并对涉及到的印度山川、国邑、佛教遗迹等，都做了详细的笺释，其中许多内容都是对求法僧所记印度材料的解说。后来意大利学者伯戴克（Luciano Petech）有专著《〈水经注〉记载的北印度》[①]，也可以说是岑氏此文的继续。

王玄策的印度行记是唐代中印交往的重要记载，可惜散佚。岑氏《王玄策〈中天竺国行记〉》一文（原载《圣心》第2期，1933年），考订王玄策此书成书年代，兼及前人所论未及之王玄策事迹。

《唐以前之西域及南蕃地理书》（未刊稿），列出52种相关地理著作，并提示依据，略考证作者、年代。

（四）此外，岑先生有关陆上丝绸之路的论著，还收录在《西突厥

① Luciano Petech, *Northern India according to the* Shui-ching-chu, Roma 1950.

史料补阙及考证》一书中，其中《西域十六国都督府州治地通考》，对于西域十六羁縻都督府及下属各州的地理位置及对应西文材料中的名称，做了一番考订工作。虽然这是迄今也没有完满解决的工作，但岑氏的推进是有贡献的。另外，《庭州至碎叶道里考》一文，对《新唐书》卷四〇所记天山北路的交通路线，在沙畹的基础上，做了详细考证。该书所收《弓月之今地及其语原》《处月处密所在部地考》《嚈哒国都考》《羯师与赊弥今地详考》《黎轩、大秦与拂壈之语义及范围》各篇文章，都与陆上丝绸之路密切相关。

二

本节旨在表彰岑仲勉先生所撰《敦煌于阗文件地理译考》一文的功绩，并详细整理有关钢和泰藏卷于阗文地理行记部分的研究史，在前人研究基础上，附以己见，以期推进这件文书的研究。

钢和泰（A. von Staël-Holstein，1877—1937）原为沙俄梵文佛教学者，十月革命后到北京，在北京大学国学门任导师，与陈寅恪等多有交往。他曾购得一件敦煌写本，一面为汉文佛经，一面写藏语和于阗语，最早由托玛斯（F. W. Thomas）和柯诺夫（Sten Know）合刊于《敦煌发现的两件中古时期的文书》中，有翻译和注释，附有图版[①]。以后学界一般因收藏者而命名为“钢和泰藏卷”；因为内容庞杂，也称之为“钢和泰杂纂卷”；惜此卷现在不知去向。写本背面前面写古藏文文书 41 行，内容为于阗王国的使臣上沙州归义军节度使太保曹议金的状文，其中前 23 行为草稿，第 23-36 行为抄清稿，第 37-41 行为韵文书简[②]。

① F. W. Thomas & S. Konow，“Two Medieval Documents from Tun-huang”，*Oslo Ethnografiske Museums*，Skrifter，vol. 3，Hefte 3，1929，pp. 1-40.

② 荣新江、朱丽双《一组反映 10 世纪于阗与敦煌关系的藏文文书研究》，沈卫荣主编《西域历史语言研究集刊》第 5 辑，北京：科学出版社，2012 年，90-98 页。

后面写于阗语文书 73 行，内容不一，其中第 1-6 行、第 7-24 行、第 32-51 行是三篇于阗使臣所写的文书，上有于阗王尉迟散跋婆（Vīśa' Saṃbhava）王第 14 年的纪年，据考此王即《新五代史》卷七四高居诲《使于阗记》中所记的于阗王李圣天，其在位第 14 年为公元 925 年[①]。在第二篇使臣文书中，第 10-24 行大概是于阗使者的旅行路线的记录，其中 10-17 行记于阗经沙州到朔方一路的地名，17-24 行记从沙州到焉耆、龟兹的西州回鹘王国所辖天山南北两路的城镇名。以下第 25-26 行记几个沙州汉人名字，第 27-31 行记突厥系各部族名，第 52-77 行则是一篇抒情诗。背面内容庞杂，但应当都是于阗使者东行过程中所写的各类文书或抄写的文学作品。

钢和泰藏卷中最引人注目的是其中的于阗使人行记，在托玛斯和柯诺夫初步研究的基础上，不少学者发表了对其中部分地名的考证，如克劳森（G. L. M. Clauson）有《钢和泰藏卷中的地名》[②]，伯希和（P. Pelliot）有评克劳森文章的书评文字，汉译本作《塞语中的几个西域地名》[③]；柯诺夫于 1948 年对此卷于阗语部分做了重新翻译[④]；另一位于阗语专家贝利（H. W. Bailey）在 1951 发表《钢和泰藏杂纂卷研究》，给出了于阗语部分更为可靠的译文，在地名比定上也略有进步[⑤]。但到此为止对于这件文书中地名的研究，人多数学者只是单个的推测，

① E. G. Pulleyblank, "The Date of the Staël-Holstein Roll", *Asia Major*, *new series*, IV. 1, 1954, pp. 90-97. 荣新江译载《新疆文物》1988 年第 2 期，125-131 页。

② G. L. M. Clauson, "The Geographical Names in the Staël-Holstein Scroll", *Journal of the American Oriental Society*, 1931, pp. 297-309.

③ P. Pelliot, "Review of G. L. M. Clausen, The Geographical Names in the Staël-Holstein Scroll", *T'oung Pao*, XXVIII, 1931, pp. 139-141；冯承钧译载《西域南海史地考证译丛二编》，北京：商务印书馆，1962 年，46-47 页。

④ S. Konow, "The Khotanese Text of the Staël-Holstein Scroll", *Acta Orientalia*, XX, 1948, pp. 133-160.

⑤ H. W. Bailey, "The Staël-Holstein Miscellany", *Asia Major*, *new series*, II. 1, 1951, pp. 1-45.

而没有系统的解说。1958 年，突厥学家哈密屯（J. Hamilton）发表《钢和泰藏卷研究》，结合汉文、突厥文材料，在地名的比定上进了一大步[①]。大概与此同时，中国学者岑仲勉撰《敦煌于阗文件地理译考》，和哈密屯一样发现了这个地名记录的内在理路，因此比定出来的地名超越前人，但他显然和哈密屯互不通气。这篇文章一直没有发表，虽然我们早就在他的《中外史地考证》一书中得知它的存在，但无缘见到，直到 2004 年中华书局出版《岑仲勉史学论文续集》，我们才首次得知岑先生的完整看法[②]。岑仲勉先生此文与哈密顿的文章可谓东西辉映，两人虽然没有通信联络，更不可能看到对方的文章，但都发现了这个地名表的记录的顺序，因此成绩显著，至于具体的一些考证，则各有千秋。1986—1987 年，历史地理专家黄盛璋先生在哈密屯比定的基础上，发表《于阗文〈使河西记〉的历史地理研究》上、下篇，取得更多的比定结果[③]。然而黄氏称行纪部分为“使河西记”，但实际上所记地名不限于河西，所以命名不够确切。此外，高田时雄教授在研究汉语西北方音时，也把钢和泰藏卷中的地名与汉语做了对证[④]，与黄氏的结果相伯仲。

虽然现在看来各家的结论有些是殊途同归，但从学术史上来讲，我们仍然应当给予岑先生的劳绩以很高的评介，而且他在本文中的有些研究成果，至今仍有参考价值。

钢和泰藏卷的于阗语行纪部分，开头第 7-10 行称：“尉迟散跋婆

---

① J. Hamilton, “Autour du manuscrit Staël-Holstein”, *T'oung Pao*, XLVI, 1958, pp. 115-153；耿昇译载《亚洲文明论丛》，成都：四川人民出版社，1986 年，247-259 页。

② 《岑仲勉史学论文续集》，北京：中华书局，2004 年，275-357 页。

③ 分载《敦煌学辑刊》1986 年第 2 期，1-18 页；1987 年第 1 期，1-13 页。

④ 高田时雄《コータン文書中の漢語語彙》，氏编《漢語史の諸問題》（京都大學人文科學研究所研究報告）别册，71-127 页；汉译本《于阗文书中的汉语语汇》，氏著《敦煌·民族·语言》，钟翀等译，北京：中华书局，2005 年，213-305 页。

(Vīśa' Saṃbhava) 狮子王统治第 14 年、鸡年（925 年）Kaja 月 12 日，此文书是因为此处在沙州有以下使人：论结心（rGyal sum）、出身吐蕃的 ṣau Ṣarrnädatta、于阗地区（?）的舍努（ṣau Ṣaṃdū）与出身 Naṃpa Jamna 的 ṣau Śvāṃnakai，他们皆熟知〔以下〕城镇。”下面罗列这些使者所知的城镇名称。我们先转写于阗文，然后括注译文，译文综合各家的比定意见，择善而从。再简要介绍前人的结论，并提示岑仲勉先生看法，个别附有 10 世纪前后有关地名的相关记载。现依原件记载顺序整理如下：

10.3 Phimāna kaṃtha “媲摩城”：“媲摩”规范的于阗语写法是 Phema，在唐代于阗国都东 300 里处，今克里雅河流域（于田县境内），斯坦因比定在乌宗塔提（Uzun-Tati）遗址①。唐朝曾在此设立坎城守捉，成为东部重镇。五代时成为于阗东部最主要的城镇，即高居诲《行记》的“绀州”，为且末、于阗间最重要的城镇。因此，到了马可·波罗《行记》中，媲摩（Pein）成为与于阗并列的大州②。岑仲勉先生同意前人比定，并指出此名即《汉书·西域传》所记戎卢国都卑品城。

11.1 Tsāḍikāṃ bisā kaṃtha “沙狄克地区中的城”：前人比定为精绝，佉卢文作 Caḍ'ota。岑氏赞同其说，并提供音韵学的解释。黄盛璋比定在尼雅南面的伊玛目·札法·沙狄克（Imam Ja'fa Sadik）遗址，今称大马札，唐代之兰城镇、兰城守捉所在地。按，据新出文书，“兰

① M. A. Stein, “Hsüan-tsang's Notice of P'i-mo and Marco Polo's Pein”, *T'oung Pao*, VII. 4, 1906, pp. 469-480. 修改后收入 M. A. Stein, *Ancient Khotan*, I, Oxford: Clarendon Press, 1907, pp. 452-457.

② 参看 Rong Xinjiang, “Reality or Tale? Marco Polo's Description of Khotan”, *Journal of Asian History*, 45.1-2, special issue on Chinese and Asian Geographical and Cartographical Views on Central Asia and its Adjacent Regions, 2015, pp. 161-174；荣新江《真实还是传说：马可·波罗笔下的于阗》，《西域研究》2016 年第 2 期，37-44 页。

城”当为“蔺城”之误，即唐代的尼壤城，位于于阗国都东部600里处，为于阗国边境[①]。

11.3 Paḍakä bisā kaṃtha“Paḍakä 地区中的城”：Paḍakä 一名，前人未得其解，当在且末与于阗之间。岑氏以为是《辛卯侍行记》卷五所记“敏托海”，地理位置在且末之东，聊备一说。林梅村考证古城在若羌北阿拉干以东沙漠之中，当古代鄯善到焉耆道路之上，斯坦因标作 Merdek Ruin（麦德克废墟），即于阗文 Paḍakä 之音转[②]。

11.4 Kadakä bisā kaṃtha“怯台地区中的城”：Kadakä 见于米兰出土的藏文文书，作 Kadag。10 世纪波斯文地理书《世界境域志》：“Kādhākh，位于中国内，但其统治者属吐蕃。”即元代文献中的“怯台”。岑氏亦独立取得“怯台”看法，并补《元史》相关记载。黄盛璋比定为且末东南哈迪勒克。

11.7 Ysabaḍä parrūṃ bisā kaṃtha“炎摩多地区中的城”：Ysabaḍä 敦煌文书 P.3016v《天兴七年（956）十一月于阗回礼使索子全状》有音译作“炎摩多”，哈密屯考证即指且末。岑氏当年看不到 P.3016 敦煌写本，以为其名与今称 Abdal 或 Abdel（阿不旦）极为相近。

11.5 Nākä chittä-pū“大罗布城”：以下三名写在行间，三名后有 draya kaṃtha“此三城”。按地理位置，应当是插入“炎摩多”之后。大罗布城即大鄯善，唐朝之石城镇，今若羌。

11.5 Nāhä：chū ṇū“小罗布城”：此即小鄯善，又称屯城，今米兰。

11.5 Ḍūrtcī“弩支城”：又称新城，“弩支”即粟特文“新”的音译，今瓦石峡。岑氏赞同大小罗卜城之说，但对于最后一词，因为当时

① 朱丽双《唐代于阗的羁縻州与地理区划研究》，《中国史研究》2012 年第 2 期，78-82 页。

② 林梅村《敦煌写本钢和泰藏卷所述帕德克城考》，原载《敦煌研究》1997 年第 1 期；收入作者《汉唐西域与中国文明》，北京：文物出版社，1998 年，265-278 页。

转写误作 Hūttarttī，故此未得其解。

12.1 Raurata kaṃtha “楼兰城”：前人比定为楼兰城，佉卢文作 Kroraina，玄奘称作“纳缚波”，岑氏赞同此说。此即罗布泊西北岸边的楼兰古城。

12.2 Sucanä kaṃtha “寿昌城”：托马斯以为寿昌，岑氏赞同。唐朝属于沙州下辖的县或乡，在沙州西南 120 里，为丝路南道进入敦煌地区的第一站。归义军时期曾设为镇[①]。

12.3 Ṣacū kaṃtha “沙州城”：即敦煌，旧址在今敦煌城西。为归义军首府。诸家无异议。

13.1 Śālahä: kaṃtha “常乐城”：岑氏考订为常乐。在瓜州城西 115 里处，即今安西县南岔乡六工破城，唐朝瓜州属县，后为归义军军镇之一。

13.2 Hvinä-tcvinä kaṃtha “悬泉城”：克劳森以为悬泉，岑氏肯定。在今安西县踏实乡西北之破城子，唐朝属瓜州，归义军军镇之一。

13.3 Kvacū kaṃtha “瓜州城”：沙州东三百里。诸家均以为瓜州。

13.4 Sīnäśe kaṃtha “新城城”：岑氏肯定托马斯之“新城”说。属瓜州，归义军时为军镇之一，位于瓜州东北 80 里处，即今安西县布隆吉乡旱湖脑古城。此地名下，文书注记 ttūsā “空”字，似表明此时该城空旷无人。

13.6 Tcīdyaimä kaṃtha “紫亭城”：沙州南 190 里有紫亭山，归义军于此立镇，今肃北蒙古族自治县城东南 4 里的党城遗址，即此地。岑氏以为汉敦煌郡冥安县南籍端水之“籍端”，似有未谛。

13.7 Ūnäkū kaṃtha “雍归城”：归义军六镇之一，在瓜州境内，其地在榆林窟南 70 里石包城。按，紫亭城和下面的雍归城，原写在行间，

① 以下有关归义军时期所辖诸军镇演变及地理位置，学者们多有讨论，冯培红做了综述和辨析，见所撰《归义军镇制考》，《敦煌吐鲁番研究》第 9 卷，上海：上海古籍出版社，2006 年，245-294 页，本文参考用之。

姑置于此。岑氏以为敦煌东北 30 里之效谷，似不确。

14.1 Kviyikye kaṃtha“会稽城”，此地名下注记 ttūśā“空”：属瓜州，位于瓜州城东北，亦即今安西县东 36 里处的小宛破城。岑氏用旧转写 Dviyikye，比定为“宁寇”，唐朝为军镇所在，在甘州东北千余里，视里数相去过远。

14.2 Gākä-maṃ'nä kaṃtha“玉门城”，此地名下注记 ttūśā“空”：岑氏赞同贝利“玉门”说。按，唐代玉门县、玉门军，归义军时六镇之一，后升格为军。其地在肃州西，即今酒泉市西 200 余里处，也即今玉门市赤金堡。

14.3 Hve'ḍū kaṃtha“横堆城”，此地名下注记 ttūśā“空”：此为哈密屯比定，在瓜州东。岑氏比定为“休屠”，在凉州姑臧县北 60 里。黄盛璋以为是合黎，在甘州张掖县西北 200 里。

14.4 Puṃkarä kaṃtha“伏谷城”，此地名下注记 ttūśā“空”：黄盛璋考为伏谷，在肃州北 300 里伏谷泉处。岑氏比定为凉州番禾。

15.1 Sauhä：cū kaṃtha“肃州”：今酒泉。自柯诺夫以下，没有异议。

15.2 Lāhä：puṃ kaṃtha“禄福城”：岑氏比定为“六盘”。黄氏比定为禄福，在肃州东 100 里。

15.3 Kyinäkaṃ kaṃtha“建康城”，此地名下注记 ttūśā“空”：岑氏比定为建康，在甘州西 200 里。。

15.4 Lvainä-tsvainä kaṃtha“蓼泉城”，此地名下注记 ttūśā“空”：在甘州西 120 里，唐朝时为守捉城。岑氏疑为原州之龙泉。

16.1 Kamacū ka(ṃ)tha“甘州城”：今张掖。诸家无异议。

16.2 Laicū kaṃtha“凉州城”：今武威。岑氏指凉州之外，临州也是一个备选之地。

16.3 Śāhvā kaṃtha“朔方城”：唐朔方节度使所在，即灵州。岑氏受柯诺夫称此地名表都是吐蕃统辖范围的影响，所以指为芳州常芬县。

第16行以下有一行的空白，表明下面是行记的另外一个部分，也就是西州回鹘所辖城镇[①]。

17.2 Tti burä Secū kaṃtha “这些是西州地区诸城镇”。

17.3 'Īcū kaṃtha “伊州城”：今哈密。伯希和考订，岑氏等均赞同。

17.4 Kau'yākä “鬼谷”：见于宋初王延德《西州使程记》，在伊州西300里。岑氏以为是吐鲁番与哈密间的苦峪，见《肃州新志》。黄盛璋认为应指伊州治下的柔远县，但对音不符。

17.5 Dapäcī ka(ṃ)tha “纳职城”：伊州属县，在伊州西120里。岑氏同意托马斯此说。

18.1 Phūcąnä kaṃtha “蒲昌城”：唐西州属县。王延德《西州使程记》作“宝庄”，清代作辟展（Pichan），今吐鲁番地区鄯善县，城址在东巴扎古城遗址。伯希和考订为蒲昌，岑氏表示赞同。

18.2 Śakāhä kaṃtha “萨捍城”：哈密屯、岑仲勉比定为赤谷，黄盛璋以为萨捍。

18.3 Tsīräkyepä kaṃtha “赤谷城”：诸家比定为今斯尔克普（Sirkip），在高昌城和蒲昌县之间。斯尔克普唐朝名称，岑氏以为是“茨萁”，但并非伊州纳职城西茨萁水之地。黄氏以为对应于“赤谷”。

18.4 'Īśumä kaṃtha “威神城”：诸家均认为此处 Yūśumä 与 'Īśumä

---

① 付马对此行记西州回鹘所辖城镇部分做过整理，见所撰《西州回鹘王国建立初期的对外扩张——中国文化遗产研究院藏 xj222-0661.09 号回鹘文书的历史学研究》，朱玉麒主编《西域文史》第8辑，北京：科学出版社，2013年，158-161页。有关以下西州地名的相关研究，参看荒川正晴《麹氏高昌国における郡县制の性格めぐって——主としてトゥルファン出土资料による》，《史学杂志》第95编第3号，1986年，37-74页；王素《高昌史稿·交通编》，北京：文物出版社，2000年；荣新江《吐鲁番新出送使文书与阚氏高昌王国的郡县城镇》，《敦煌吐鲁番研究》第10卷，上海：上海古籍出版社，2007年，21-41页；西村阳子、铃木桂、张永兵《吐鲁番地区古遗址分布考——以麹氏高昌国、唐西州时期的古遗址的空间把握为中心》，《吐鲁番学研究》2009年第2期，28-55页；Matsui Dai, “Old Uigur Toponyms of the Turfan Oases”, *Kutadgu Nom Bitig. Festschrift für Jens Peter Laut zum 60. Geburtstag*, ed. E. Ragagnin and J. Wilkens, Harrassowitz, 2014, pp. 265-293。

（18. 4）相同，似不确。岑氏以为此二名都是“柔远”，为伊州属县。荒川正晴认为此即高昌国的威神县所在，位于鲁克沁至斯尔克普之间[①]。松井太由此推测即高昌回鹘后期蒙文文书中的地名 Soim/Sium[②]。

19. 1 Ḍūkäcü kaṃtha “柳中城”：在西州城东南 30 里，唐朝立县，遗址今鲁克沁（Lükchüng）镇西 2 公里处的古城。

19. 2 Yūśumä kaṃtha “于湛城”：前者为威神，此为于湛，在柳中县城东 60 里。

19. 3 Hve'tsverä kaṃtha “横截城”：在高昌城东 60 里，回鹘文作 Qongsïr/Qongḍsïr，蒙文作 Qongsir[③]。岑氏以为指庭州东北 160 里郝遮城，黄盛璋亦同，但视前后均为西州地名，其说不可取。

19. 4 Ḍūkäcü “柳中”：不知何故重复，而且不带“城”字。岑氏称托马斯的“笃进”说也可以成立；又疑为独泉，伊州纳职县西，明代称托和齐。

19. 5 Ttiyākä kaṃtha “丁谷城”：在西州东 20 里，属柳中县界，有丁谷，谷中有丁谷窟，即今吐峪沟石窟。岑氏同意前人吐峪沟之说。黄盛璋认为应比定为庭州蒲类镇东北二百余里的特罗堡子。

20. 1 Tcyāṃ-tsvainä kaṃtha “长泉城”：庭州东。岑氏以为可以当轮台静塞军名，即在今济木萨。黄盛璋以为咸泉，在庭州蒲类镇东北 200 里。

20. 2 Kautaňai kaṃtha “古塔巴城”：哈密屯比定为元代的古塔巴，在乌鲁木齐西北之呼图壁，聊备一说。岑氏据柯诺夫将下文 Secū mistä kaṃtha Paṃjäkaṃtha 译作“此即你之大城：五城”，而从车师后王庭有五城来加以考订，指 Kautaňai 即“后庭”，唐朝庭州金满县改名。

20. 3 Secū mistä kaṃtha “西州首府”：既称“首府”，则指西州回

---

① 荒川正晴《麹氏高昌国における郡県制の性格をめぐって》，40、68 页。

② Matsui Dai, “Old Uigur Toponyms of the Turfan Oases”, pp. 278-280.

③ Matsui Dai, “Old Uigur Toponyms of the Turfan Oases”, pp. 278-279.

鹘都城，今吐鲁番盆地高昌古城。

20.4 Paṃjäkaṃtha “五城”：突厥、蒙古语作“别失八里”，也是“五城”之意，当来自伊朗语。即唐朝之北庭城，今吉木萨尔县北之北庭故城。

21.1 Hä:nä bihä:rakä nāma kaṃtha “凭洛镇城”：伯希和拟为凭洛，岑氏赞同。在庭州西370里。按，nāma不知何意，此词仅出现在此处凭洛与沙钵后面的张堡三城名中，而二者在唐朝都是镇或守捉，暂译作“镇”。

21.2 Śaparä nāma kaṃtha “沙钵镇城”：克劳森以下都订为沙钵。在庭州西50里。

22.1 Yirrūṃcinä kaṃtha “乌鲁木齐城”：克劳森、伯希和都指出此为唐之轮台，今乌鲁木齐。岑氏补充即汉代之“郁立师”。

22.2 Cąmaiḍä baḍaikä nāma kaḍtha “张堡镇城”：岑氏论此即唐朝张堡守捉城，在庭州轮台县西150里。《世界境域志》记为天山以北五城之一，《元史》作彰八里、昌八里。黄盛璋比定为昌吉古城。

22.3 Argīñvā bisā kaṃtha “在焉耆地区的城”：Argī即焉耆，岑氏亦赞同此说。今南疆喀喇沙尔。

23.1 'ermvā bise kaṃtha “在'ermvā地区的城”：哈密屯作“嗢末（凉州）”，不可取。岑氏疑为明代记录之“俺鼻”，在焉耆东。黄盛璋比定为龟兹，但尚不能自圆其说。林梅村认为此即王延德《西州使程记》所记宋初高昌回鹘所辖样磨部落，在龟兹、高昌之间[①]。

23.2 Phalayākä kaṃtha “蒲类城”：贝利、哈密屯指为吐鲁番布拉依克（Bulayïq，葡萄沟），岑氏赞同此说，并考证唐朝应名“白力”，即《慈恩传》所说高昌界白力城，非今鄯善。黄盛璋以为据对音当为唐之“蒲类”，在庭州北18里。

---

① 林梅村《中亚写本中的样磨与巴尔楚克》，《文史》第36辑，1993年，223-231页；收入作者《西域文明》，北京：东方出版社，1995年，371-384页。

23.3 Tturpa̯nä kaṃtha“吐鲁番城”：此为“吐鲁番”最早见于记录，唐朝此地为安乐城。岑氏考即汉代之“单桓”。

24.1 Bapa̯nä kaṃtha“无半城”：托马斯考订，岑氏意见相同。在高昌城西南，往天山县（托克逊，Toqsun）路上，今阔坦吐尔古城（又称布干土拉/Bögen-tura）遗址。

钢和泰藏卷的藏语、于阗语部分虽然是杂纂在一起的多种文献，但都和925年来敦煌的一组于阗使臣有关，这部分地名记录虽然简略，但却是非常珍贵，是同时代或10–13世纪之间最详细的有关同一地域范围内丝绸之路的记录。地名从于阗一路记到敦煌，然后向东直到灵州，再回过头来记西州回鹘范围内的地名，大体上从东面的伊州开始，包括西州、北庭范围内地许多城镇，直到焉耆，甚至龟兹。值得注意的是，这些地名大体上是按照一个从西到东，又从东到西的顺序记载的，但有些地名的先后也不完全是和真实的地理位置相符合，有的地名还写在行间，所以它不是一份严格意义上的地理行记，正像前面所说，这是来到沙州的于阗使臣所熟悉的城镇名录。然而从前后顺序来说，又好像这些地点是以这批使臣的旅行路线为序的，可能有些较少的城镇，或者比较偏远的地方他们没有到达，所以这些地方的地名就相对较少，或有不确切处，但从总体上说，还是可以看作一篇行记。大多数地名没有任何注记，只有六个地名下面注“空”字，但从同时代的敦煌文书来看，这些城镇也未必就是空无一人，这个“空”字还需要做进一步的分析。

此卷从内容来说，应当命名为“于阗使者行记”，是研究10世纪丝绸之路的重要资料，其中相当一段道路与后来马可·波罗一行所走的路线吻合，因此对于《马可·波罗行纪》的研究，也颇有参考价值。

无论如何，这个行记反映了925年于阗人对当时丝绸之路的认识程度。从历史背景来看，在9世纪中叶回鹘汗国和吐蕃王国两大势力崩溃后，河西、西域地区留下的政治真空经过半个世纪的争夺，到9世纪末，逐渐形成于阗王国、西州回鹘、沙州归义军、甘州回鹘等若干较大的政权，还有不少小的部族占据一方土地。所以，整个9世纪后半，河西、西域的交通状况比较困难。901年，于阗使者首次到达敦煌，归义军文人有《谒金门·开于阗》的曲子词来歌颂此事。914年曹议金取代金山国，开启了曹氏归义军时代，他在925—928年前后东征甘州回鹘，再次打通经过河西走廊前往中原王朝的“河西老道”。而当时的道路，往往经过灵州再到后唐都城。这也就是钢和泰藏卷所记于阗使臣能够熟悉从丝路南道经河西走廊到灵州的城镇道路的原因，这批使臣或许带着于阗王国打算直接与中原王朝联系的使命，所以一直深入到灵州地区。到了后晋天福三年（938）九月，于阗国王李圣天所遣使者终于到达晋廷，史籍记载：“于阗使马继荣来，回鹘使李万金来。”[①] 显然是和甘州回鹘的使者一起到达朝廷的。同年十二月戊寅，“制以大宝于阗国进奉使、检校太尉马继荣可镇国大将军，使副黄门将军、国子少监张再通可试卫尉卿，监使殿头承旨、通事舍人吴顺规可试将作少监。”[②]可见这个使团是由进奉使、副使、监使构成的完整使团。这次出使显然达到了目的，后晋朝廷不仅给使团首领授了官，还册封李圣天为大宝于阗国王[③]。这一切成果的取得，实际上和925年前后于阗使者的努力是分不开的，这篇行记其实给后来入朝的马继荣等一行铺平了道路。

天福三年十月，晋高祖石敬瑭册封李圣天为大宝于阗国王，以供奉官张匡邺假鸿胪卿为正使，彰武军节度判官高居诲为判官，前往册封。高居诲的《使于阗国行程记》部分保留下来，可以和钢和泰藏卷的于阗语行记相互印证，今摘引如下：

自灵州过黄河，行三十里，始涉沙入党项界，曰细腰沙、神树

① 《新五代史》卷八卷八《晋高祖纪》，北京：中华书局，1974年，83页。

② 《旧五代史》卷七八《晋高祖纪》，北京：中华书局，1976年，1022-1023页。

③ 以上有关于阗与敦煌、中原王朝的往来关系，详参荣新江、朱丽双《于阗与敦煌》第五章《于阗与沙州归义军的交往》，兰州：甘肃教育出版社，2013年，113-149页。

> 沙。至三公沙，宿月支都督帐。自此沙行四百余里，至黑堡沙，沙尤广，遂登沙岭。沙岭，党项牙也，其酋曰捻崖天子。渡白亭河，至凉州。自凉州西行五百里，至甘州。甘州，回鹘牙也。自甘州西，始涉碛，碛无水，载水以行。西北五百里至肃州，渡金河，西百里出天门关，又西百里出玉门关，经吐蕃界。西至瓜州、沙州，二州俱中国人，闻晋使者来，其刺史曹元深等郊迎，问使者天子起居。其西，渡都乡河曰阳关。沙州西曰仲云，其牙帐居胡卢碛。云仲云者，小月支之遗种也。其人勇而好战，瓜、沙之人皆惮之。匡邺等西行入仲云界，至大屯城。仲云遣宰相四人、都督三十七人候晋使者，匡邺等以诏书慰谕之，皆东向拜。自仲云界西，始涉醎碛，无水，掘地得湿沙，人置之胸以止渴。又西，渡陷河，伐柽置冰中乃渡，不然则陷。又西，至绀州。绀州，于阗所置也，在沙州西南，云去京师九千五百里矣。又行二日，至安军州，遂至于阗。[①]

此前后晋的使者也没有走过这样一条道路，他们以灵州为起点，经河西走廊，沿丝路南道，最终到达于阗，与925年于阗使者的行记基本一致。我们不得不认为，后晋的使臣是随着于阗入朝使一起去于阗的，而于阗使者手中应当有925年的这份行记抄本，所以张匡邺一行很可能是参考了于阗使者的行记，这为他们的顺利出使于阗，提供了指南。

有些学者认为，在唐朝安史之乱以后，吐蕃占领了河西和西域的广大土地，以后又有回鹘、党项等部族居住其间，陆上丝绸之路由此断绝。这种看法是非常狭隘的，完全忽视了敦煌、吐鲁番、黑城等地出土文献中有关丝绸之路的记载。事实上，晚唐、五代、宋初西北地区的丝绸之路不仅没有断绝，而且在许多地方王国、政权、部族的推动下，呈现出另一番景象，以中继贸易为基本特征的丝路贸易持续不断，以般次

① 《新五代史》七四《四夷附录》于阗条，917–919页。

为主要交通形式的官方使团也络绎不绝，不同地域的文化仍然得到广泛的传播，丝绸之路仍然展现出丰富多彩的景观。

岑仲勉先生学术视野广阔，因此很早就关注到中外交通，不论海路还是陆路丝绸之路，都在他的研究范围之内，对于沿途地理的考证，是其最有兴趣、也最有收获的方面，同时他也主要到交通道路的走向，以及不同时期的发展变化。他除了取材于中国传世史料外，还注意出土文献、域外史籍，利用钢和泰藏卷来研究西北交通道路和历史地理，就是最好的例证。今天我们许多人重新关注丝绸之路，应当首先继承前辈学者留给我们的文化遗产，岑仲勉先生的著作，就是这些珍贵遗产中的一份。

（2016 年 11 月 22 日完稿，原载《纪念岑仲勉先生诞辰 130 周年国际学术研讨会论文集》，广州：中山大学出版社，2019 年 2 月，574-584 页。）

段晴《于阗语无垢净光大陀罗尼经》评介

2009年，笔者曾撰《和田出土文献刊布与研究的新进展》，总括评述了从1999—2009年间出版的有关和田地区出土于阗语和汉语文献的研究成果[①]。最近十年来，于阗语文献层出不穷，段晴教授对于新出文献的解读贡献至多，摆在我们面前的这本《于阗语无垢净光大陀罗尼经》（中西书局，2019年4月）是又一本著作，而且就是单一一本佛经的整理研究著作。

这本佛经，就是标题所示的《无垢净光大陀罗尼经》（*Raśmivimalaviśuddhaprabhā nāma dhāraṇī*），首尾完整，计有539行，这在此前挖宝人和探险队从和田沙漠遗址所得于阗语残卷中是很少见到的完整文献，真是上天护佑，沙海遗珍。这本佛经的于阗语残片，此前已经由吉田豊比定出英藏Or.6402B/2.1+3、Or.6402B/ 2.4、IOL Khot 172/4和俄藏SI M 44.1.folio 26等号[②]，还有本书作者比定的法藏P 1311、英藏IOL Khot 174/12以及她本人所刊布的新出国图藏BH3-75/1与BH3-75/2等号残片[③]。这些写本大多数都比较残破，不能构成对这本佛经于

① 《敦煌吐鲁番研究》第11卷，上海古籍出版社，2009年，1-9页。

② 吉田豊《コータン出土8—9世紀のコータン語世俗文書に關する覺え書き》（神户市外国语大学研究丛书第38册），神户市外国语大学外国学研究所，2006年，15-16页。

③ 段晴《于阗语〈无垢净光大陀罗尼经〉之源与流》，荣新江、朱玉麒主编《西域考古·史地·语言研究新视野：黄文弼与中瑞西北科学考查团国际学术研

阗语本的整体认识，幸赖新发现的完本，我们可以全面了解这本佛经的内涵。

目前此经的梵文原本已经不存，但汉译佛典中保存有武周时吐火罗沙门弥陀山与法藏翻译的《无垢净光陀罗尼经》。藏文大藏经中也保存有明狮子（Vidyākarasiṃha）与 Dpal gyi lhun po'i sde 所译《光无垢净光的密咒》（*'Phags pa 'od zer dri ma med pa rnam par dag pa'i 'od ces bya ba'i gzungs*）。三者可以对比，为佛典的比勘研究提供一份难得的资料。段晴教授的这本著作，先刊布全部写卷的清晰照片（图版 1–19），然后是于阗语的拉丁文转写和汉文翻译（1–69 页），转写和翻译对照排版于一个折页中，让读者可以相互比对。又把于阗语其他编号写本的转写，用小字转写置于相对的新本于阗语的下面；而弥陀山的汉译，则用小字放在于阗语汉译本的下面；在本书的后面，单独刊出萨尔吉与段晴合作转写和汉译的藏文本《无垢净光大陀罗尼经》（113–147 页）。这些工作构成一个完整与规范的胡语文本整理结果，而且对照的安排十分便于读者覆按。

笔者对这样的转写和翻译的安排极为称赞，但也有个别疑问，即凡遇陀罗尼咒语的地方，作者一反惯用的做法，把弥陀山的汉译（音译）放在前面，而把作者从于阗语意译的汉文放在下面，与其他段落正好相反。这种情况见于 15、17、19、45、59、63 页，有违作者自己的体例。还有第一节第 35 小节的题记“施主 Maṃūsa 令书写。此功德善根……已入来世，我与夫人、女儿 Mudraka 分享”，其实来自 Or.6402B（可能来自丹丹乌里克），作者还特意注出，但正文字体与新本于阗文本完全相同，没有任何区别，容易让读者理解为是这个本子的题记，那就与新本最后的题记相矛盾了。因此，这里应当用小字，或括注的方式与正文

（接上页）讨会论文集》，北京：科学出版社，2014 年，330–332 页。国图藏两件，正式刊布在段晴《中国国家图书馆藏西域文书 · 于阗语卷》（一），上海：中西书局，2015 年，图版 19，转写翻译见 47–51 页。

区别开来，因为不属于本卷。

新出于阗语写卷现为私人收藏，据说是和田挖玉的人发现的，装在一个布袋子中，佛经卷成一卷，与碎骨样的东西装在一起。挖玉人扔掉碎骨，保留下经卷（71 页）。可惜这不是正规的考古发现，所以不清楚具体从何处而来，原本的样子是什么。但这些仅有的写卷来历的说法，还是能够透露若干信息。这本于阗语佛经最后的题记称："此《咒法王经》他们令为瞿摩帝寺法师 Jīyänanä 而书写"（69 页），另一处翻译为"此《咒法王经》众人令为瞿摩帝寺比丘 Jīyänanä 而书写"（76 页）。审视于阗语原文 āśa'rī，相当于汉译的"阿阇梨"，译作"法师"为佳。据此，可知去世的是一位名叫 Jīyänanä 的瞿摩帝寺的法师。一般来说，这位具有一定身份地位的法师，其舍利塔所在地应当就在瞿摩帝寺的寺内或旁边。段晴教授虽然讨论了瞿摩帝寺的悠久历史和在于阗佛教教团中的地位，但没有涉及它的所在。对于此寺，笔者与张广达先生合撰《于阗佛寺志》也略有阐述，"瞿摩帝"最早可能是于阗一条河的名字，《水经注》卷二记："〔河水〕南源导于阗南山，俗谓之仇摩置。自置北流，径于阗国西。"① "仇摩置"即"瞿摩帝"的同音异译。瞿摩帝寺当建于王城西南瞿摩河岸边，这里正好是牛角山或牛头山麓②。国内学术界一般认为，瞿摩帝寺的遗址，就是今天玉龙喀什河下游西岸的买力克阿瓦提遗址，此处距和田市西南 25 公里，旧称"库玛提"，与"瞿摩帝"的发音大体对应，遗址范围很大，约有 1.5 平方公里，可以与于阗国大寺瞿摩帝寺相当③。如果这一说法成立，那么这件写卷很可能来自买力克阿瓦提遗址一带。

---

① 《四部丛刊》本，叶五 A 面。

② 此文原载《世界宗教研究》1986 年第 3 期；此据张广达、荣新江《于阗史丛考》（增订本），北京：中国人民大学出版社，2008 年，228-230 页。

③ 参看李遇春《新疆和田县买力克阿瓦提遗址的调查和试掘》，《文物》1981 年第 1 期，33-37 页；收入新疆文物考古研究所编《新疆文物考古新收获（1979-1989）》，乌鲁木齐：新疆人民出版社，1995 年，506-509 页。

本书主旨在刊布这卷珍贵的于阗语佛经，但作者同时也在《解题与注疏》中研究了相关的一些重要问题，其中主要是语言和翻译方面的问题，比如关于于阗语的分期问题，用新的证据，对恩默瑞克（R. E. Emmerick）的早期、晚期于阗语的两段论给予支持[①]，而不同意施杰我（P. O. Skjærvø）的早、中、晚三期说[②]。这部分内容，作者曾以《早期/晚期于阗语与方言——〈无垢净光大陀罗尼〉所反映的语言问题》为题，发表在笔者与朱玉麒合编的《丝绸之路新探索：考古、文献与学术史》（凤凰出版社，2019 年）一书中。作者从语言学的角度，提出语言文字的不同特征有时代先后的关系，也有因为不同族群和居住地而产生不同的方言情形，这对于理解于阗语的分期问题十分重要，对于理解不同遗址出土的佛典和文书的语言现象也很有帮助。她特别强调《无垢净光大陀罗尼经》在正字、语法方面严格的一致性，就证明了这一点。

借助新发现的于阗语文本和汉译、藏译相对照，作者厘清了一些于阗语词汇的确切汉译，其中重要的一个，就是 khalavī 对译汉文的“纸”，发音却与汉代指称纸的“赫蹏”一词完全对应，两者应当有共同的语源。作者认为于阗文的 khalavī 来自祖先的语言，即塞种人的语言，但具体如何，没有深究。

作为历史学者，笔者更希望看到透过这部新发现的于阗文写经，来探讨《无垢净光大陀罗尼经》的传播问题，但书中说这是“未来将要关注的题目之一”。其实，作者早在 2013 年 10 月新疆师范大学举办了“黄文弼与中瑞西北科学考查团国际学术研讨会”上，就发表了《于阗

---

① 不知何故作者没有引用恩默瑞克关于此说最有代表性的文章：R. E. Emmerick, “The Transition from Old to Late Khotanese”, *Transition Periods in Iranian History* (*Studia Iranica. Cahier* 5), Leuven 1987, pp. 33–42.

② P. O. Skjærvø, *Khotanese Manuscripts from Chinese Turkestan in the British Library. A complete catalogue with texts and translations*, London: British Library Publishing, 2002, introduction.

语〈无垢净光大陀罗尼经〉之源与流》[1]，提示了武周时期于阗僧提云般若将此经梵本携至洛阳，以后于阗三藏法师实叉难陀将其译出，可惜译本在智昇编《开元释教录》的时代已经阙佚（CBETA，T55，no.2154，630c）。她还提到韩国庆州佛国寺石塔所出印本《无垢净光大陀罗尼经》和日本8世纪中期大规模印制此经的百万陀罗尼问题，但都没有展开。对此，我们只能拭目以待。

由此可见，《无垢净光大陀罗尼经》的传播、翻译、抄写、印刷的历史，其实是贯通陆上丝绸之路和海上丝绸之路的一个重要问题，这本书给我们提供了于阗语、汉语、藏语译本的完整资料，必将由此推动丝绸之路上文化交流问题的深入研究。

作为一篇书评，也要挑一些问题，虽然本书的撰写、编辑都可称作上流。但还是有些技术问题应当指出。

本书在简要的《前言》之后，就是《缩略语》和《转写凡例》，其实对于转写和翻译中的许多简称和排列并没有清楚的交代，比如代表弥陀山汉译本的小体字，只是在《前言》中提了一下，不仔细看很难发现，而“弥陀山”简称“弥”是不太规范的做法。在于阗文转写部分附有同一经本的其他残片的转写，“BH”读者可以从缩略语得知是国图藏本，但BH3发表在什么地方其实是没有说明的；“IOL Khot 174”如果不是于阗语学界的读者是很难知道是什么地方收藏，发表在什么地方；“SI M44”也是同样的情况；即使在解题中也没有交代，其实作者的《于阗语〈无垢净光大陀罗尼经〉之源与流》对这些残本的来历和刊布情况都有交代，但不知为何这些内容没有最后编入本书。

在参考文献方面，富路德的观点可以很容易地找到，即《中国印刷术的起源及其西传》一书的增订本（T. F. Carter, *The invention of printing*

---

① 《西域考古·史地·语言研究新视野：黄文弼与中瑞西北科学考查团国际学术研讨会论文集》，329–338页。

in China and its spread westward, New York：Columbia University Press，1925；revised by L. C. Goodrich，New York：The Ronald Press，1955），不烦转引（72 页，注 1）。如果说术业有专攻，那有关于阗语的论著则不应转引，如 104 页谈 P.5538 背梵语—于阗语双语文书中的 khaṃlavī 与梵语 bagaṃ pattrra 对译时，引贝利（H. W. Bailey）和熊本裕的说法，都是从 Emmerick 1985 文转引①，其实 H. W. Bailey，“Hvatanica III”，*BSOS*，IX. 3，1938，pp. 521–543 前面已经引用过；而熊本裕研究这件文书的文章②，也不是不能找到。

最后《参考文献》部分，Bailey 1939 条重复“Khotanese names”，1939；Emmerick 1987 条的书名 *Historical Development of Auxiliaries* 没有做斜体；Emmerick 1996 条的书名 *La Persia e l'Asia Centrale da Alessandro al X Secolo* 有误，而且后半没有斜体；Gharib，*Sogdian Dict.* 与西文部分最后一条 Sogdian Dict. 重复；von Hinüber 1989 条书名 *Dialectes dans les litteratures indo-aryennes* 没有斜体；Jiang Zhongxin 1988 条书名后半没有斜体，Jixianlin 应当作 Ji Xianlin；Krause & Thomas 1960 条漏出版地、出版社和年份 Heidelberg：Carl Winter Universitätsverlag，1960。对于这样一本各种语文混在一起的书，排印到这个水平已经很不容易了，上举这些都是小毛病，专业的人一望便知，所以也就没那么认真了。

（2020 年 5 月 11 日完稿，原载罗丰主编《丝绸之路考古》第 4 辑，科学出版社，2020 年 10 月，221–224 页。）

① R. E. Emmerick，“Tibetan Loanwords in Khotanese and Khotanese Loanwords in Tibetan”，*Orientalia Iosephi Tucci Memoriae Dicata*. Roma，1985，pp. 301–317.

② H. Kumamoto，“A Sanskrit-Khotanese Conversation Manual for Central Asian Travelers”，*Colloque franco-japonais de documents et archives provenant de l'Asie centrale*，*4–8 octobre 1988*，Kyoto International Conference Hall，pp. 29–59；《西域旅行者用サンスクリット=コータン語會話練習帳》，《西南アジア研究》第 28 号，1988 年，53–82 页。

书评：段晴等著《中国国家图书馆藏西域文书·梵文、佉卢文卷》，段晴、才洛太《青海藏医药文化博物馆藏佉卢文尺牍》

题为段晴、张志清主编，段晴等著《中国国家图书馆藏西域文书·梵文、佉卢文卷》，2013年4月上海中西书局出版。本书刊布了国图近年入藏的所有梵文和佉卢文写本，前面是写本的彩色图版，十分清晰，后面是整理研究篇；有关整理分工和文献价值，段晴教授在《前言》中有所概述，不必赘述。

占本书较多篇幅的是研究篇的《梵文残叶研究》，梵文均为写在纸本上的佛典，婆罗谜文为西域南道字体，所以应当来自和田地区。本书基本按照《大正藏》的佛典顺序排列，每件写本给出编号、尺寸、前期发表、平行文本等介绍，然后是黑白图版、拉丁转写、平行文本（如有）转写、汉译文，有些有校记。内容包括：

《撰集百缘经》，一叶，正背面书写。

《八千颂般若经》，一叶，正背面书写。

《二万五千颂般若经》，五叶，正背面书写。般若部类经典，三叶，正背面书写。

《妙法莲华经》，五叶，正背面书写，其中BH4－34一件背面无文字，墨绘一宝塔。以上五种由叶少勇博士整理，部分残片曾在所撰《新疆新发现的佛教梵文残卷》一文中发表①。

---

① Ye Shaoyong，" Buddhist Sanskrit Fragments Recently Found in Xinjiang Prov-

《宝星陀罗尼经》，共有16叶，缀合后计13叶，均正背书，其中一件非国图收藏，但也应当来自和田。该经由萨尔吉教授整理，给出梵文、藏文和两种汉译的平行文本，除三叶外，此前也由整理者先期发表在《一件新的〈宝星陀罗尼经〉残卷》[①]和《新获〈宝星陀罗尼经〉残卷》之一、之二[②]。

《贤劫经》，一叶，正背面书写，段晴教授整理，指出这是迄今发现的唯一一件婆罗谜文佛教梵语写本，此前只有阿富汗发现的佉卢文犍陀罗语残片，所以十分珍贵。整理也据藏文本做了构拟文本，并给出对应的竺法护汉译本，附有梵文与汉文词汇对照表。整理者的前期成果是《梵語〈贤劫经〉残卷——兼述〈贤劫经〉在古代于阗的传布及竺法护的译经风格》[③]，对应的英文本也已发表[④]。应当补充的是，后来李灿发现英藏 Or.8212/1695（Khad.042）可以和这件写本缀合[⑤]，这或许能够表明这件梵文本来自哈达力克（Khadaliq）。

《佛名经》，一叶，正背面书写。

《金光明经》，三叶，属于同一写本，正背面书写。

《智炬陀罗尼经》，一叶，两残片缀合，正背面书写。内容不明梵文残叶，前面6个编号，7件残叶属于同一写本，可能是阿毗达磨文

（接上页）ince", *Annual Report of the International Research Institute for Advanced Buddhology at Soka University*（*ARIRIAB*），13，2010，pp. 87–110.

① Saerji，"A New Fragment the *Ratnakepuparivarta*"，*ARIRIAB*，11，2008，pp. 95–103.

② Saerji，"More Fragments of the *Ratnaketuparivarta*（1）（2）"，*ARIRIAB*，13，2010，pp. 111–120；14，2011，pp. 35–57.

③ 载《西域历史语言研究集刊》第3辑，北京：科学出版社，2010年，201–232页。

④ Duan Qing，"A Fragment of the *Bhadrakalpa-sūtra* in Buddhist Sanskrit from Xinjiang"，*Sanskrit Manuscripts in China*，China Tibetology Publishing House，2009，pp. 15–39.

⑤ Li Can，"A Preliminary Report on Some New Sources of the *Bhadrakalpa-sūtra*（1）"，*ARIRIAB*，18，2015，pp. 236–245.

献；其余 7-26 号为小残片，尚未比定。以上由叶少勇整理，少数文本刊其上引文章。

本书研究篇的后半是篇幅稍小的《佉卢文文书研究》，主要内容是对五件佉卢文木牍文书的解读[①]，包括解题、黑白图版、拉丁转写、汉语译文、专有名词注释，除个别新词外，一般词汇在所有文书释读之后统一为《佉卢文文书词汇总表》。因为都是世俗文书，所以史料价值更高，具体内容如下。

《马伊利六年人命官司判决文书》（BH5-6）只存底牍内侧文字 11 行，是 Pulaṃdo 诉告 Saǵamovi 等四人从龟兹回精绝路上杀人，Saǵamovi 等声辩没有其事，有多为官员听证，但书写于封牍内侧的判决不存，所以不知结果。一般认为鄯善国王马伊利（Mairi）统治时期在 3 世纪末到 4 世纪初，所以是较早的佉卢文书。此件由张雪杉解读，其前期成果以中英文形式发表[②]。

《元孟四年楔印契约》（BH5-4），封牍、底牍各有 2 行、7 行文字，是鄯善王元孟（Vaṣmana）四年（约在 4 世纪初）Saǵamoya 买卖的契约文书。

《克罗那耶的信札》（BH5-5），存封牍外侧 2 行、内侧 5 行、底牍 8 行文字，底牍内容是名叫 Namsiṃta 的统治者写信给 Kranaya（克罗那耶）地方官，为偿还债务事；Kranaya 又用封牍内侧写给家人一信，交待如何安顿骆驼和人。从已出文书涉及的人名看，也是元孟王时期的文书。上述两件由皮建军解读考释，其前期成果也已发表[③]。

---

① 关于鄯善木牍制度来自中原的看法，参看 Duan Qing, "Deed, Coins and King's Title as Revealed in a Sanskrit Cloth Document from the 6 Century", *Eurasian Studies*, English Version IV, ed. Yu Taishan & Li Jinxiu, Asia Publishing Nexus, 2016, pp. 182-195；关迪《古鄯善国佉卢文简牍的形制、功用与辨伪》，《西域研究》2016 年第 3 期，84-93 页。

② 张雪杉《中国国家图书馆藏 BH5-6 佉卢木牍文书释读与翻译》，《西域文史》第 6 辑，北京：科学出版社，2012 年，27-33 页；Zhang Xueshan, "A Wooden Tablet in Kharoṣṭhī Script: National Library of China Collection, No. BH5-6", *ARIRIAB*, 15, 2012, pp. 71-76.

③ 皮建军《中国国家图书馆藏 BH5-4、5 佉卢文信件和买卖契约释读与翻译》，《西域文史》第 6 辑，2012 年，17-25 页。

《元孟八年土地买卖楔印契约》（BH5-3），底牍9行、封牍1行文字。是元孟王在位八年是一项土地买卖契约。此件由段晴解读，词汇考释略详于其他几篇，其前期成果已刊布[①]，收入本书时略有删节。

最后一件是内容不明的佉卢文木牍（BH5-7），长方形，正面分两栏书写，各10、9行，背面一栏，9行。由段晴考释，只读出“40年1月2天”，其他应当是人名。其文字与一般楼兰、尼雅出土佉卢文不同，而与斯坦因在安迪尔（Endere）发现的No.661号于阗王纪年文书一致，估计是古代于阗的佉卢文文书，所以更加珍贵。

在《佉卢文文书词汇总表》后，是解读者关于前面四件文书的英文考释文章，以及出现词汇的英语释文。后附佉卢文字符表。全书最后是国图编号与内容的双向对照索引表，很便于读者查找。最后是参考文献目录。应当提到的是，在段晴、张志清主编《中国国家图书馆藏西域文书——于阗语卷（一）》（中西书局，2015年）的最后，有本书的勘误两页，读者使用时应当参考。

作为本书的补充，应当提示以下论著：

一是萨尔吉《北京大学塞克勒考古与艺术博物馆藏梵文文书》（中西书局，2020年12月），比定出同样来自和田的梵文写本《二万五千颂般若波罗密多经》《妙法莲华经》《首楞严三昧经》《决定义经》《出生无边门陀罗尼经》《大寒林圣难拏陀罗尼经》等13叶写本，上有4叶未能比定。本书全部刊出彩色图片、拉丁转写、汉译、平行梵文和藏文本拉丁转写、对应的汉译佛典等。课题组成员关迪先期对其中三叶写本做过研究[②]。这项工作成果，可以视作是上述工作的一个补充。

① 段晴《中国国家图书馆藏BH5-3佉卢文买卖土地契约》，《西域文史》第6辑，2012年，1-16页。Duan Qing, “A Land Sale Contract in Kharoṣṭhī Script: National Library of China Collection, No. BH5-3.” *ARIRIAB*, 15, 2012, pp. 63-69.

② Guan Di, “Three Sanskrit Fragments Preserved in Arthur M. Seckler Museum of Peking University”, *ARIRIAB*, 17, 2014, pp. 109-118.

二是和田博物馆藏佉卢文书的整理成果。上面刊布的国图两件文书中的Saġamovi，段晴后来译作“萨迦牟云”，并指出和田博物馆藏有一组萨迦牟云的文书群，其中最早的一件，是他逃到龟兹时购买房屋的证据。这件文书由段晴指导的博士生王臣邑（Diego Loukota）在《和田博物馆藏源于龟兹国的一件佉卢文木牍》一文中发表[①]，其为鄯善人在龟兹所书，提到龟兹王的名字，十分难得。段晴则撰有《萨迦牟云的家园——以尼雅29号遗址出土佉卢文书观鄯善王国的家族与社会》[②]，指出斯坦因发掘的尼雅29号遗址就是当年萨迦牟云的家园，现已确证有22件佉卢文书出自这里。根据这些文书可以把萨迦牟云从逃婚到龟兹，再返回鄯善，转换身份，重新定居在耶婆聚落的过程勾勒出来。

段晴教授与青海藏医药文化博物馆副馆长才洛太合著《青海藏医药文化博物馆藏佉卢文尺牍》，2016年12月中西书局出版。这里刊布的四件佉卢文文书虽然是该博物馆购自拉萨，但段晴在前言中根据文书的内容，确凿无疑地指出这些文书是来自新疆民丰尼雅遗址斯坦因编N. XIII房屋，也就是鄯善王国精绝当地居民佛图军（Budhasena）的家园。斯坦因曾经在此发掘到佉卢文文书17件，结合新出4件，前言对于这处遗址做了详细的阐述。

本书主体在彩色图版之后，是对四件文书的整理，包括解题、黑白图版对应拉丁转写、汉译文、词汇注释，特别值得指出的是，有些图版是用红外线照片才显示出字迹的。从内容来说，尺牍（文中作文牒）一是鄯善王安归伽26年（公元272年）佛图军的证言，说自己把物品运送到指定地点，有多位证人作证，并得到认定。尺牍二也是一件证言，佛图军证明自己在家中放置的是神咒，不是做巫术，在多位证人的证明下，此事也得到认定[③]。尺牍三是有关佛图军家的酒事，作者根据

---

① 《西域研究》2016年第3期，65–74页。

② 《西域研究》2016年第3期，54–64页。

③ 尺牍一、二的考释，又见段晴、才洛太《佉卢文的证言——青海藏医药文化博物馆藏两件佉卢文尺牍研究》，孟宪实、朱玉麒主编《探索西域文明——王炳华先生八十华诞祝寿文集》，上海：中西书局，2017年，292–305页。

斯坦因所获 N.431/432 号文书中的相关内容，勾勒出佛图军所在的耶婆聚落居民先以酒交税，后以织物或马匹折纳，尺牍三就是佛图军声言自己家已经被征索走多匹马和织物，并被主簿索哲伽认定不需再交。后面附有 N.431 的转写和翻译，作为尺牍三前面相关文书之证。尺牍四有所破损，只余底牍部分文字，可以知道是有人欠佛图军及其弟斯坡伽（Śpaǵa）粮食，以马抵偿。

本书专题讨论篇包含段晴两篇长文，都是由尺牍三的话题引申出来的。第一篇是《公元三世纪末鄯善王国的职官变革——以大主簿索哲伽为个案》，结合新出尺牍和此前所获佉卢文书中有关索哲伽的记录，将其生平事迹按时间先后做了清理，并比定佉卢文 cozbo 为汉语的“主簿”，不是前人所以的“州长”，鄯善王国也没有州的建制①。第二篇是《佉卢文契约文书所见酒、氍毹、毾㲪与罽》，对于文书中出现的葡萄酒和各种纺织品做了详细的解说，并指出相应名词所对应的实物情形。

书后是人名、地名、官名索引和参考文献目录。

对此书的补充，是段晴《关于古代于阗“税”的辩考——基于策勒县文物保护管理所藏于阗语案牍所做观察》一文②，在一个注释中，她说道：“我在 2016 年发表《公元三世纪末鄯善王国的职官变革》一文时，分析了佉卢文木牍中 cozbo 一词应是汉语的‘主簿’，并论述了中原职官制度影响到鄯善国体制的改革（段晴、才洛太 2016，37-52）。但是，我并没有注意到，早在 1971 年榎一雄先生已经提出，cozbo 或许是‘主簿’，见《中央アジア・オアシス都市国家の性格》，《岩波讲座・世界歴史》6《古代》6，岩波书店，1971 年。该文收入榎一雄著

① 此文英译发表为 Duan Qing, “Transformation of the Administrative System in 3rd-Century Shanshan (Nuava): A Case Study of the Great Cozbo Soṃjaka” (tr. Chen Hao), *Eurasian Studies*, English Version V, ed. Yu Taishan & Li Jinxiu, Asia Publishing Nexus, 2017, pp. 86-109.

② 载荣新江主编《丝绸之路上的中华文明》，北京：商务印书馆，2022 年，254-276 页。

作集编集委员会编《中央アジア史》I，东京：汲古书院，1992 年，第 33 页。2001 年，市川良文发表《職掌からみたカローシュティー文書のCojhboと漢語の主簿》（《西南アジア研究》No. 54，第 23-53 页）。之后又有山本光朗的两篇文章，即《古代中央アジアの鄯善国の主簿ソーンジャカについて（1）》，《北海道教育大学纪要》（人文科学・社会科学编）64（1），2013 年，第 61-76 页；《古代中央アジアの鄯善国の主簿ソーンジャカについて（2）——鄯善国の官僚とその家族関係》（《北海道教育大学纪要》（人文科学・社会科学编）65（2），2015 年，第 1-12 页；详细论证了 cozbo 即‘主簿’的问题。这些文章，承蒙庆昭蓉博士寄给我，才令我读到日本学者对鄯善王国的一系列问题所做的研究。这里特别感谢庆昭蓉博士的帮助，并借发表本文之际，弥补之前未能述及上述著作的缺憾。”

和田此前已经出土了大量的梵文佛典写本，魏勒（Klaus Wille）在《英国图书馆藏霍恩雷、斯坦因、斯克莱因收集品中已得比定的梵语残片》附有详细的《业经比定的和田出土梵文写本目录》[①]，也包括中国近年发现的材料，但有些信息还不完备，后来进入国图等馆藏写本在本文中还记为私家收藏，但我们可以据这个目录知道段晴团队为于阗佛教宝藏添补了哪些新的文本，其中的《佛名经》《八千颂般若经》《撰集百缘经》还是前所未见的梵文写本，更加珍贵。

上面两本著作中整理的佉卢文犍陀罗语文书都来自尼雅遗址。1900—1915 年间斯坦因在三次中亚考察过程中，总共获得佉卢文文书近千件，其中已经发表的有 778 件，其中 721 件来自尼雅，48 件来自楼

---

① K. Wille, "Survey of the Identified Sanskrit Manuscripts in the Hoernle, Stein and Skrine Collections of The British Library", Paul Harrison and Jens-Uwe Hartmann, eds., *From Birch Bark to Digital Data: Recent Advances in Buddhist Manuscript Research. Papers Presented at the Conference Indic Buddhist Manuscripts: The State of the Field, Stanford, June 15-19 2009.* Vienna. Österreichische Akademie der Wissenschaften. 2014, pp. 223-246.

兰、6件安迪尔、3件敦煌汉代长城烽燧遗址[①]。1930年，斯坦因在尼雅又发掘18件佉卢文木牍，被中国政府扣留（原件不知所在），巴罗（T. Burrow）据照片做了研究[②]。另外，Sven Hedin、E. Huntington、大谷探险队、德国探险队等都发掘过少量佉卢文写本，特别是后者在龟兹等地也发现佉卢文变体的文书，具体情况不明。

1959年10月新疆博物馆考古队在尼雅发掘到66件佉卢文书。1980年12月新疆考古所与和田地区文物保管所，获得40件佉卢文简牍。1988—1997年，新疆考古所与日本佛教大学尼雅遗迹学术研究机构合作组成中日共同尼雅遗迹学术考察队，对尼雅遗址做了5次调查和4次发掘，发现佉卢文简牍50多件[③]。其他还有一些零散的发现。林梅村和莲池利隆曾分别考释过中日合作尼雅考古发现的文书，但工作后来没有持续下来。目前中国各家馆藏佉卢文资料基本上都交由段晴团队来处理，已经发表了若干成果[④]，我们期待更多的成果陆续发表。

（2022年3月2日完稿，原载《敦煌吐鲁番研究》第21卷，2022年，425–431页。）

---

① 转写见 M. A. Boyer, E. J. Rapson & M. É. Senart, *Kharoṣṭhī Inscriptions discovered by Sir Aurel Stein in Chinese Turkestan I–III*. Oxford, 1920, 1927, 1929. 英文翻译见 T. Burrow, *A Translation of the Kharosthī Documents from Chinese Turkestan* (= *James G. Forlong Fund XX*). London 1940.

② T. Burrow, "Further Kharosthi Documents from Niya", *BSOS*, IX. 1, 1937, pp. 111–123.

③ 见中日共同尼雅遗迹学术考察队编著《中日·日中共同尼雅遗迹学术调查报告书》第一卷，1996年；第二卷（3册），1999年，非卖品。

④ 除上文提到的外，还请参看吴赟培《和田博物馆藏佉卢文尺牍放妻书再释译》，《西域研究》2016年第3期，75–83页；范晶晶《新疆维吾尔自治区博物馆藏四件佉卢文木牍研究》，李肖主编《丝绸之路研究》第2辑，北京：三联书店，2021年，8–15页；姜一秀《新疆维吾尔自治区博物馆藏佉卢文书信释译》，同上，16–27页。

书评：段晴《中国国家图书馆藏西域文书——于阗语卷》（一）

题为段晴、张志清主编，段晴著《中国国家图书馆藏西域文书——于阗语卷》（一），2015 年 1 月由中西书局出版，刊布了国图所藏一批于阗语佛典和三件于阗语案牍文书，仍然是按照学术界整理西域语言文字文献的规范，包括图版、解说、拉丁转写、汉语译文、词汇注释等项，对于不同文献处理方法稍有差异。

于阗语佛典部分包括以下文献，基本上按编号顺序整理，因为国图各种语言文字写本按批次统一编号，所以于阗语文书编号并不连续：

《对治十五鬼护身符》（BH1-18），是一个狭长的写卷，长 174 公分，据说原本是卷成卷放在一个拳头大的泥罐子里的。但这种说法不知是否准确，从内容看是护身符，应当是随身带着的。写本尾部有原题：*paṃjveśa-nahya nāma rakṣa*，整理者译作“对治十五鬼护身符”，是保护受胎妇女和儿童的符咒。尾部还有题记，表明此卷是属于一个名叫 Säväkä 的女子。在和田沙漠遗址中发现的写本，大多残缺不全，像这样近两米长的写本，而且还有经题和题记，实在很少见，因而异常珍贵。段晴此前有专论《于阗语〈对治十五鬼护身符〉》发表[1]，与本书内容大体相同。还应提到丹丹乌里克也曾发现过一件于阗语《明咒护身

① 载《敦煌吐鲁番研究》第 11 卷，上海古籍出版社，2009 年，101-119 页。

符》，分别由段晴和施杰我（P. O. Skjærvø）解读发表[①]。

未知名梵文残经（BH2-20），此为梵文佛典残片一叶，正背书写，属于般若部，但不能具体比定。可以视为《中国国家图书馆藏西域文书——梵文、佉卢文卷》的补遗。

《智炬陀罗尼经》（BH2-21/1），一叶，正背书写。

未知名残经（BH2-21/2），一叶，正背书写，未比定。

《菩萨入胎降生》（BH2-22），一叶，正背书写，诗体，内容确定，但未比定为哪种经。

《金光明经》（BH2-23，24），有2残叶，正背书写，分别相当于义净汉译本的《散脂品》和《诸天药叉护持品》。此经于阗语写本发现较多[②]，但这件《散脂品》抄本与已知抄本均不同，而且内容多于梵文本，与义净汉译本接近，很富研究旨趣。因为其重要，段晴此前已用中英文发表了研究成果[③]。

未知名残经（BH3-58-65），9叶，均为正背书，但都是小残片，

---

① 段晴《明咒护身符》，中国新疆文物考古研究所、日本佛教大学尼雅遗址学术研究机构编著《丹丹乌里克遗址——中日共同考察研究报告》，北京：文物出版社，2009年，267-279页；P. O. Skjærvø，"A Khotanese Amulet"，M. Macuch，M. Maggi，and W. Sundermann (ed.)，*Iranian Languages and Texts from Iran and Turan，Ronald E. Emmerick Memorial Volume*，Wiesbaden：Harrassowitz Verlag 2007 [2008]，387-401。段晴对于施杰我上文的商榷文章，见 Duan Qing，"Misfortune Caused by Kings"，*Annual Report of the International Research Institute for Advanced Buddhology at Soka University* (*ARIRIAB*)，13，2010，pp. 173-183.

② P. O. Skjærvø 的刊本：*The Most Excellent Shine on Gold，King of Kings of Sutras. The Khotanese Suvarṇabhāsottamasūtra*. Vol. I：*The Khotanese text with English translation and the complete Sanskrit text*；Vol II：*Manuscripts，commentary，glossary，indexes* (Central Asian Sources V-VI)，Cambridge (Mass.)，Harvard University. The Department of Near Eastern Languages and Civilizations，2004.

③ 段晴《新发现的于阗语〈金光明最胜王经〉》，《敦煌吐鲁番研究》第9卷，北京：中华书局，2006年，7-22页；Duan Qing，"Two New Folios of Khotanese *Suvarṇabhāsottamasūtra*"，*ARIRIAB*，10，2007，pp. 325-336.

未比定。

《百五十般若波罗蜜多经》（BH3-66，BH3-67+74+76），即《理趣般若经》，2 叶，正背书。

《赞巴斯特之书》第二章（BH3-68），一叶，正背书。此为于阗人自己编纂的佛教诗体著作，又译作《赞巴斯塔书》，发现残片极多，段晴的于阗语导师恩默瑞克曾有刊本①。这次段晴又比定出一叶，而且原有页码“119”，比此前发现从 146 叶起始的要前面很多，是一重要发现，这可以说是学术接力的最好证明②。

未知名残经（BH3-69），一叶，正背书，只余残字，但有页码“59”。

《出生无边门陀罗尼经》（BH3-70），2 叶，正背书，有原页码“34”，是这部经的最后一叶，此前发现品中未见。此经过去段晴曾比定过旅顺博物馆收藏的残片③，这次又比定出一件。

未知名残经（BH3-71—73），3 叶，正背书，因为太小而未比定。

《无垢净光大陀罗尼经》（BH3-75/1-2），2 叶，正背书。除了这两个残片之外，整理者还从私人手中看到一件该经完整的长卷，计有 539 行，出版了一部专著《于阗语无垢净光大陀罗尼经》（中西书局，2019 年 4 月），笔者曾撰有书评发表④。有关这部经典与于阗的关系，

---

① R. E. Emmerick, *The Book of Zambasta. A Khotanese Poem on Buddhism* (London Oriental Series 21), London, 1968.

② 段晴有关这部经典的研究，还可见段晴《于阗文本〈修慈分〉》，《西域文史》第 3 辑，北京：科学出版社，2008 年，1-57 页；Duan Qing, “The ‘Maitrībhāvanā-prakaraṇa’. A Chinese Parellel to the Third Chapter of the Book of *Zambasta*”, in M. Macuch, M. Maggi, and W. Sundermann (eds.), *Iranian Languages and Texts from Iran and Turan. Ronald E. Emmerick Memorial Volume*, Wiesbaden: Harrassowitz, 2007 [2008], pp. 39-48。

③ 段晴《于阗语〈出生无边门陀罗尼经〉残片释读》，《西域研究》1993 年第 2 期，46-51 页；又《旅顺博物馆藏于阗语〈出生无边门陀罗尼经〉残片释读》，叶奕良编《伊朗学在中国论文集》第 1 集，北京大学出版社，1993 年，9-14 页。

④ 荣新江《段晴〈于阗语无垢净光大陀罗尼经〉评介》，罗丰主编《丝绸之路考古》第 4 辑，北京：科学出版社，2020 年，221-224 页。

可以参看陈怀宇《新比定的英国图书馆藏于阗语残卷及其汉语平行本》[①]。

未知名残经（BH3-77-79；BH4-35，39-41，153-155，157，160，232+225+231，228-230），16 页，正背书，未能比定，当有些写本外观像是《赞巴斯特之书》或《金光明最胜王经》，但不能确定。

于阗语案牍文书包括：

《高僧买奴契约》（BH4-66），这件案牍文字写在木匣盖子的正面、内侧及底托内侧，内容是于阗王 Väkrraṃ 统治第四年时，一位名叫伊斯呵李（Iskhäli）的杰谢人出卖自家生人可鲁萨（Kharsa），屋悉贵的法师起贤（Udayabhadra）购买，多人出为证人。其先期研究成果是《于阗语高僧买奴契约》[②]。作者认为此 Väkrraṃ 可以必定为《旧唐书》所记天授三年（692）即位的于阗王伏阇璥，故此文书年代在 695 年。

《伏阇达五年蠲除契约》（BH5-1），此案牍记录了杜弥萨劳（Dumesalāṃ）族落的贺悉具布（Haskabudä）典押其子亨举（Hankaṃ）给克舍罗（Khaṃśarāṃ）族落的怄悉具（Auśyakä），后亨举不幸身亡，典押金 2000 文钱成为问题。最后由于阗宰臣经调查后，判定两方平分此钱，不再争议。契约订立在于阗王 Viśya Dharma 治世第 5 年，作者将此王比定为唐史所记的伏阇达，约 728 年即位，则此文书成立于约 732 年。其先期成果是《〈伏阇达五年蠲除契约〉案牍》一文[③]。

《舅卖甥女契约》（BH5-2），这件木匣案牍上有两份契约，底牍内侧是 Viśya Sīhyä 王第 9 年保诺罗（Paunarāṃna）村人帕甘搦（Pakāṃdä）将自己的外甥女明艳（Vidyakāṃtta）卖给曼萨（Māṃsa）的契约；

---

① Chen Huaiyu, "Newly Identified Khotanese Fragments in the British Library and Their Chinese Parallels", *Journal of the Royal Asiatic Society*, 22/2, 2012, pp. 276-279.

② 载《敦煌吐鲁番研究》第 11 卷，上海古籍出版社，2009 年，11-27 页；收入作者《于阗·佛教·古卷》时增加了部分注释，并做了订正。

③ 载《敦煌吐鲁番研究》第 13 卷，上海古籍出版社，2013 年，291-304 页。

底牍外侧则是毗湿纳詹得利（Viṣṇa-caṃdrä）摄国第一年契约，同样是帕甘搦出卖明艳，买主的名字变成裴捺（Punadattä），整理者认为他就是曼萨。这位 Viśya Sīhyä 王被比定为 716 年即位的尉迟伏师。其先期成果是《〈舅卖甥女〉案牍所映射的于阗历史》[1]。

对于前面两件案牍考释的未尽之处，段晴又撰写了《于阗文书所见古代于阗的典押制度》一文，从新释读出的 draṃmāja-（典押物），对上述文书的释读做了补充改订。作为旁证，还转写翻译了 Or.9268a 于阗语案牍，内容是遥居力（Yagurä）以 2500 文典得水作为抵押的文书[2]。此文的英文本“Pledge, Collateral and Loan in Ancient Khotan”作为附录二收入本书[3]，而其中的《遥居力（Yagurä）以 2500 文典得水作为抵押》一节的中文本则作为本书的附录一。附录三是专属名词，附录四是案牍类文书词汇。最后是参考文献。

最近刊出的段晴《浸没的家产——中国国家图书馆藏于阗语案牍 BH4-68 研究》，又提供了一件因盗窃僧坊而被处罚的案牍文书[4]。

此类案牍文书，段晴还陆续发表了关于新疆博物馆所藏：《于阗语大案牍　　新疆维吾尔自治区博物馆藏初唐案牍研究》[5]《石汉那的婴儿——新疆博物馆藏一件新出于阗语案牍》[6]《于阗伏阇雄时代的两件契约》[7]。三篇文章都与新博的侯世新、李达联合署名，解读当然是段

---

① 载秦大树、袁旔主编《古丝绸之路：2011 亚洲跨文化交流与文化遗产国际学术研讨会论文集》，新加坡：八方文化创作室，2013 年，33 58 页。

② 载《敦煌吐鲁番研究》第 14 卷，上海古籍出版社，2014 年，113-125 页。

③ 原载 *Euroasian Studies* II，Sydney：Asia Publishing Nexus Australia，2014，pp. 249-268.

④ 载朱玉麒、李肖主编《坚固万岁人民喜——刘平国刻石与西域文明学术研讨会论文集》，南京：凤凰出版社，2022 年，362-372 页。

⑤ 载荣新江主编《唐研究》第 22 卷，2016 年，371-400 页。

⑥ 载《敦煌吐鲁番研究》第 18 卷，2018 年，265-278 页。

⑦ 载荣新江、朱玉麒主编《丝绸之路新探索：考古、文献与学术史》，南京：凤凰出版社，2019 年，131-142 页。

晴教授手笔。也发表了策勒县文管所收藏的案牍：《尉迟曜 11 年裴捺卖地案牍》[①]、《买卖僧房舍契约》一文的主题[②]、《关于古代于阗“税”的辩考——基于策勒县文物保护管理所藏于阗语案牍所做观察》一文[③]，成果丰富。

至于国图所藏其他文书，段晴也陆续有所整理和发表，这里列出篇目：关于 BH1-15 汉语于阗语双语名籍，先用英文写《新出汉语于阗语双语文书中的“Bisā-”和“Hālaa-”》[④]，随后有用中文发表了修订本《关于古代于阗的“村”》[⑤]；BH1-17 是一位唐军官健名吕珎者用胡语写给杰谢胡人首领的牒，《吕珎胡书——对中国国家图书馆藏西域文书 BH1-17 于阗语文书的释读》[⑥]；BH4-135 收支计帐文书，《粟特商队到于阗——BH4-135 之于阗文书的解读》[⑦]。

还应当提到的是，中国文化遗产研究院、新疆维吾尔自治区博物馆编《新疆博物馆新获文书研究》，2013 年 10 月北京中华书局出版，刊布 2009 年新疆博物馆新征集的一批文书，其中于阗、梵、粟特语文书识读与研究由段晴教授负责，其主要收获如下。

佛教文献方面有，段晴《于阗语〈僧伽吒经〉残叶》，前面介绍了

---

① 载朱玉麒主编《西域文史》第 7 辑，北京：科学出版社，2012 年，122-137 页。英文本：Duan Qing, “Punadatta's Contract of Sale of an Estate”, *ARIRIAB*, 17, 2014, pp. 349-363.

② 《敦煌学》第 36 期，嘉义：南华大学敦煌学研究中心，2020 年，315-328 页。

③ 载荣新江主编《丝绸之路上的中华文明》，北京：商务印书馆，2022 年，254-276 页。

④ Duan Qing, “Bisā-and Hālaa-in a New Chinese-Khotanese Bilingual Document”, *Journal of Inner Asian Art and Archaeology*, vol. 3, 2009, pp. 65-73.

⑤ 载朱凤玉、汪娟编《张广达先生八十华诞祝寿论文集》，台北：新文丰出版公司，2010 年，581-604 页。

⑥ 《西域研究》2022 年第 2 期，73-88 页。

⑦ 载荣新江、罗丰主编《粟特人在中国：考古发现与出土文献的新印证》上册，北京：科学出版社。2016 年，96-115 页。

这部佛经的流布情况，此前在和田已经发现过145写本，这次新比定出来的新博残片共4件，但内容都是此前残片所没有的，所以十分珍贵。本书刊布了彩色图版、拉丁转写、汉语译文、对应梵文本、两种佛典汉译本、词汇注释[①]。段晴《于阗语〈佛说一切功德庄严王经〉残叶》，5个残片，大概属于两个纸叶。这部经的梵本曾经在吉尔吉特发现，但于阗语是首次发现，因此极为重要。整理工作包括彩版、拉丁转写、汉语译文、对应梵文转写和汉译、藏译、义净汉译文、词汇注释。段晴、叶少勇《未知名于阗语、梵语佛经抄本残片》，都是一些文字很少的佛典残片，只作转写和汉译文，无法比定。

世俗文书方面，段晴《萨波Vaisa之牒所隐括的社会变迁》整理的09ZJ0032(a)纸本文书，是萨波Vaisa的一道指令，要求拔伽之地的人缴纳税钱。在拉丁转写和汉语译文之后，作者又结合已出文书，详细探讨了于阗文书的格式，所涉及的人名、地名，从“部人”的含义，讨论到于阗从唐朝治下到吐蕃统治的转变，而本文书则是吐蕃统治初期所写。段晴、郭金龙《于阗语世俗文书残片》刊布其他比较碎的世俗文书，整理方式相同。最后是张湛对一件《残余的粟特语书信》的转写和翻译。

虽然国家图书馆和中国人民大学博物馆新入藏的于阗语文书还有不少没有整理出版，但上述已经发表的资料已经相当可观。于阗语佛典补充了于阗佛教经典的内容，而世俗文书对于研究于阗历史的很多方面都提供了新的史料。

笔者对于本书略有不同看法的地方，是作者在于阗语案牍文书上于阗王的比定，基本上都是采用的施杰我的看法（87-88，104-107页），而这种看法是建立在相同人名认定为同一人的基础上的，相关的论证还不是特别清楚。但我们知道，于阗的同名人比例相当高，似乎在确定两

---

① 这部分的英文论文是Duan Qing, “Some Fragments of the *Saṅghāṭa-sūtra* from the Xinjiang Museum, Urumqi.” *ARIRIAB*, 14, 2011, pp. 127-134.

件文书是同一时间点的时候，还需要其他条件，因此这些王统年代，还有进一步研究的必要。

另外，作者在处理于阗人名的汉译时，如果有同时代的汉语文书上的人名可以比定，则用之。其他有的则构拟汉字来音译，有的则采用意译，如“明艳”，这样显得有点体例不统一。最好的方法应当是统一用音译，括注意译。

（2022 年 3 月 2 日完稿，原载《敦煌吐鲁番研究》第 21 卷，2022 年，431-438 页。）

附　录

于阗研究论著目录补编
（2008—2022 年）

荣新江　沈　琛　编

凡　例

一　收录范围、体例参照《于阗史丛考（增订本）》所收《研究论著目录》凡例（303 页），略有改变。原每条作者后即附年份，现将年份后移到出版社或书刊卷期后。

二　新增条目主要为《研究论著目录》所收目录之后新刊论著，但也有此前所遗漏者，今并补入。

三　目录按中文、日文、韩文、西文顺序排列。

四　本文所用缩略语与《研究论著目录》相同。

五　本文西文部分，西文人名用缩写，中日韩人名则用全称，以免重复。

中文：

阿丽娅・托拉哈孜《浅析新疆古代服饰中出现的一种高档毛纺织物——罽》，钱竹主编《服装历史文化技艺与发展——中国博物馆协会第六届会员代表大会暨服装博物馆专业委员会学术会议论文集》，《艺术与设计》杂志社，2014 年，94-99 页。

阿米娜・吾拉音《丹丹乌里克废弃原因初探》，《丝绸之路》2012

年第 2 期，30-31 页。

安北江《北宋朝贡贸易中的于阗社会经济》，《和田师范专科学校学报》2016 年第 2 期，69-73 页。

安藤佳香《关于新出土的丹丹乌里克壁画——对西域壁画于阗风格的思考》，中国新疆文物考古研究所、日本佛教大学尼雅遗址学术研究机构编著《丹丹乌里克遗址——中日共同考察研究报告》，文物出版社，2009 年，209-233 页。

安藤佳香《关于西域南道新出壁画的若干问题》，《新疆文物》2009 年第 3 期，59 页。

白玉冬《九姓达靼游牧王国史研究 8—11 世纪》，中国社会科学出版社，2017 年。

白玉冬、杨富学《新疆和田出土突厥卢尼文木牍初探——突厥语部族联手于阗对抗喀喇汗朝的新证据》，《西域研究》2016 年第 4 期，39-49 页。

白晓纬《汉唐间于阗与河洛地区关系的变迁》，《西部学刊》2021 年第 6 期，18-21 页。

毕波《西域出土唐代文书中的“贯”》，《北京大学学报》2012 年第 4 期，129-136 页。

毕波《和田新发现汉语、胡语文书所见“筋脚”考》，荣新江、朱玉麒主编《西域考古 · 史地 · 语言研究新视野——黄文弼与中瑞西北科学考查团国际学术研讨会论文集》，科学出版社，2014 年，339-347 页。

毕波《古代于阗的一种织物——白氎》，《中国经济史研究》2018 年第 3 期，162-170 页。

毕波《粟特人在于阗——以中国人民大学藏粟特语文书为中心》，《中国人民大学学报》2022 年第 1 期，28-36 页。

毕波、辛维廉《和田出土粟特语文献中的四件经济文书》，《西域文史》第 10 辑，科学出版社，2015 年，187-200 页。

毕波、辛维廉（Nicholas Sims-Williams）《中国人民大学博物馆藏和田出土粟特语文书》（中英对照），中国社会科学出版社，2018 年。

布阿衣夏木・阿吉、尼扎吉・喀迪尔《喀喇汗王朝和于阗国宗教冲突的开始时间》，《黑龙江史志》2010 年第 13 期，10-11 页。

陈春晓《中古于阗玉石的西传》，《西域研究》2020 年第 2 期，1-16 页。

陈国灿《唐代的“神山路”与拨换城》，《魏晋南北朝隋唐史资料》24，2008 年，196-205 页。

陈国灿《唐安西四镇中“镇”的变化》，《西域研究》2008 年第 4 期，16-22 页。

陈国灿《唐安西都护府驻军研究》，《新疆师范大学学报》2013 年第 3 期，55-61 页。

陈怀宇《英国图书馆藏三件于阗文文书的比定》，樊锦诗、荣新江、林世田主编《敦煌文献・考古・艺术综合研究——纪念向达先生诞辰 110 周年国际学术研讨会论文集》，中华书局，2009 年，330-338 页。

陈鍠《放射状千佛背屏式佛像“大光明神变”造像考——兼论托普鲁克墩 1 号小佛寺白衣立佛》，《新美术》2016 年第 9 期，34-58 页。

陈菊霞、李珊娜《敦煌莫高窟第 4 窟于阗供养人像研究》，《西域研究》2021 年第 2 期，80-86 页。

陈菊霞、李珊娜《于阗国王李圣天供养人像及其相关问题》，《文津学志》2021 年第 1 期，210-220 页。

陈菊霞、王祯《于阗国王李圣天供养人服饰研究》，《吐鲁番学研究》2020 年第 2 期，102-109 页。

陈丽芳《唐代于阗的童蒙教育——以中国人民大学博物馆藏和田习

字为中心》,《西域研究》2014 年第 1 期，39–45 页。

陈丽芳《唐代于阗汉人的文化生活》,《西域文史》第 11 辑，2017 年，213–224 页。

陈凌、马健《丝绸之路的宗教遗存》，三秦出版社，2015 年。

陈明《汉唐时期于阗的对外医药交流》,《历史研究》2008 年第 4 期，17–39 页。

陈瑞翾《于阗语〈赞巴斯塔之书〉研究札记一则》，陈瑞翾、吴天跃主编《讲艺集：瑞安中学一百二十周年校庆纪念论文集》，复旦大学出版社，2016 年，247–258 页。

陈晟、丁方《“于阗画派”探究》,《荣宝斋》2018 年第 11 期，124–137 页。

陈粟裕《唐宋时期敦煌石窟中的于阗因素研究》，中央美术学院博士学位论文，2012 年。

陈粟裕《敦煌石窟中的于阗守护神图像研究》,《故宫博物院院刊》2012 年第 4 期，54–74 页。

陈粟裕《五代宋初时期于阗王族的汉化研究——以敦煌石窟中的于阗王族供养像为中心》,《美术研究》2014 年第 3 期，21–28 页。

陈粟裕《于阗佛教图像的发现与研究》,《美术文献》2014 年第 1 期，125–128 页。

陈粟裕《“新样文殊”中的于阗王形象研究》,《艺术设计研究》2014 年第 2 期，16–23 页。

陈粟裕《新疆和田达玛沟壁画》,《世界宗教文化》2014 年第 4 期，2、127 页。

陈粟裕《从于阗到敦煌——以唐宋时期图像的东传为中心》，方志出版社，2014 年。

陈粟裕《新疆和田达玛沟托普鲁克墩 1 号佛寺图像研究》,《世界宗教文化》2015 年第 4 期，85–90 页。

陈粟裕《佛光重现——于阗佛教图像的发现与研究》，《文明》2015 年第 3 期，104-119 页。

陈粟裕《佛光何以重现于阗佛像》，《资本市场》2015 年第 4 期，126-128 页。

陈晓露《扜弥国都考》，《考古与文物》2016 年第 3 期，93-105 页。

陈晓露《西域回字形佛寺源流考》，《考古》2020 年第 11 期，79-90 页。

陈于柱《敦煌吐鲁番出土发病书整理研究》，科学出版社，2016 年。

陈志达《关于新疆和田玉东输内地的年代问题》，《考古》2009 年第 3 期，81-82 页。

崔岩、刘元风、郑嵘《敦煌莫高窟第 98 窟于阗国王李圣天供养像服饰图案研究》，《艺术设计研究》2017 年第 4 期，42-48 页。

戴建兵《略论和田马钱的希腊化背景》，张柱华主编《中外关系史论文集》第 17 辑《"草原丝绸之路"学术研讨会论文集》，甘肃人民出版社，2010 年，190-196 页。

戴建兵《和田马钱（汉佉二体钱）的文化谱系及新发现》，《丝绸之路》2015 年第 24 期，5-11 页。

丹尼尔、厄苏拉《和阗的老古玩店》，王冀青、蒋小莉译，《西域文史》第 6 辑，2011 年，325-362 页。

党小娟、郭金龙、柏柯、杨军昌《新疆山普拉墓地出土金线结构形貌与材质特征研究》，《文物保护与考古科学》2014 年第 3 期，13-18 页。

荻原裕敏《一件新出于阗语世俗文书》，《西域历史语言研究集刊》第 8 辑，2015 年，265-272 页。

刁淑琴、朱郑慧《北魏鄯乾、鄯月光、于仙姬墓志及其相关问题》,《河南科技大学学报（社会科学版）》2008 年第 6 期，13-16 页。

丁俊《中国人民大学博物馆藏和田出土契约文书及相关问题的讨论》,《新疆大学学报》2012 年第 5 期，61-68 页。

丁俊《有关和田出土的几件粮帐文书》,《西域研究》2014 年第 1 期，9-15 页。

丁俊《于阗镇守军征税系统初探》,《西域研究》2016 年第 3 期，13-23 页。

董知珍《7—18 世纪西域与西藏地区佛教交流史》，宗教文化出版社，2014 年。

杜海《敦煌“于阗太子”与“曹氏太子”》,《敦煌研究》2019 年第 6 期，58-64 页。

段晴《于阗文本〈修慈分〉》,《西域文史》第 3 辑，科学出版社，2008 年，1-57 页。

段晴《于阗语高僧买奴契约》,《敦煌吐鲁番研究》第 11 卷，上海古籍出版社，2009 年，11-27 页。

段晴《于阗语〈对治十五鬼护身符〉》,《敦煌吐鲁番研究》第 11 卷，上海古籍出版社，2009 年，101-119 页。

段晴《明咒护身符》，中国新疆文物考古研究所、日本佛教大学尼雅遗址学术研究机构编著《丹丹乌里克遗址——中日共同考察研究报告》，文物出版社，2009 年，267-279 页。

段晴《于阗僧提云般若与武则天——兼论〈造像功德经〉（上）》,《新疆文物》2009 年 3-4 期，114-128 页。

段晴《梵语〈贤劫经〉残卷——兼述〈贤劫经〉在古代于阗的传布及竺法护的译经风格》,《西域历史语言研究集刊》第 3 辑，科学出版社，2010 年，201-232 页。

段晴《关于古代于阗的“村”》，朱凤玉、汪娟编《张广达先生八十华诞祝寿论文集》，新文丰出版公司，2010 年，581-604 页。

段晴《宝藏遗踪——近年来和田地区新出非汉语类文书综述》，樊锦诗、荣新江、林世田编《敦煌文献·考古·艺术综合研究》，中华书局，2011 年，293-305 页。

段晴《中国国家图书馆藏 BH5-3 佉卢文买卖土地契约》，《西域文史》第 6 辑，科学出版社，2011 年，1-16 页。

段晴《Hedin 24 号文书释补》，新疆吐鲁番学研究院编《语言背后的历史——西域古典语言高峰论坛论文集》，上海古籍出版社，2012 年，74-78 页。

段晴《于阗语等文献释读及论述部分之引言及凡例》，刘绍刚、侯世新主编《新疆博物馆新获文书研究》，中华书局，2013 年，45-47 页。

段晴《于阗语〈僧伽吒经〉残叶》，《新疆博物馆新获文书研究》，中华书局，2013 年，48-59 页。

段晴《于阗语〈佛说一切功德庄严王经〉残叶》，《新疆博物馆新获文书研究》，中华书局，2013 年，60-72 页。

段晴《萨波 Vaisa 之牒所隐括的社会变迁》，《新疆博物馆新获文书研究》，中华书局，2013 年，78-91 页。

段晴《义净与实叉难陀》，中国人民大学国学院主编《国学的传承与创新——冯其庸先生从事教学与科研六十周年庆贺学术文集》下册，上海古籍出版社，2013 年，1109-1120 页。

段晴《〈造像功德经〉所体现的佛教神话模式》，王邦维等编《佛教神话研究：文本、图像、传说与历史》，中西书局，2013 年，83-102 页。

段晴《〈舅卖甥女〉案牍所映射的于阗历史》，秦大树、袁旔主编《古丝绸之路——2011 年亚洲跨文化交流与文化遗产国际学术研讨会论文集》，新加坡：八方文化创作室，2013 年，33-58 页。

段晴《〈伏阇达五年蠲除契约〉案牍》，《敦煌吐鲁番研究》第 13

卷，上海古籍出版社，2013 年，291-304 页。

段晴《于阗 · 佛教 · 古卷》，中西书局，2013 年。

段晴《于阗文书所见古代于阗的典押制度》，《敦煌吐鲁番研究》第 14 卷，上海古籍出版社，2014 年，113-125 页。

段晴《新疆洛浦县地名“山普鲁”的传说》，《西域研究》2014 年第 4 期，1-8 页。

段晴《于阗故地的诉说》，上海博物馆编《于阗六篇》，北京大学出版社，2014 年，97-121 页。

段晴《于阗语〈无垢净光大陀罗尼经〉之源与流》，荣新江、朱玉麒主编《西域考古 · 史地 · 语言研究新视野：黄文弼与中瑞西北科学考查团国际学术研讨会论文集》，科学出版社，2014 年，329-338 页。

段晴《一件来自公元 6 世纪的梵语世俗文书》，西藏社会科学院贝叶经研究所编《西藏贝叶经研究》，西藏藏文古籍出版社，2015 年，1-11 页。

段晴《裴捺的人生轨迹》，阿不都热西提 · 亚库甫主编《西域—中亚语文学研究：2012 年中央民族大学主办西域—中亚语文学国际学术研讨会论文集》，上海古籍出版社，2015 年，80-89 页。

段晴《新疆山普鲁古毛毯上的传说故事》，《西域研究》2015 年第 1 期，38-47 页。

段晴《天树下娜娜女神的宣言——新疆洛浦县山普鲁出土毛毯系列研究之一》，《西域研究》2015 年第 4 期，147-160 页。

段晴《飘带来自吉祥——反映在古代于阗画中的祆教信仰符号》，《艺术史研究》第 17 辑，中山大学出版社，2015 年，153-166 页。

段晴《中国国家图书馆藏西域文书——于阗语卷》（一），中西书局，2015 年。

段晴《粟特商队到于阗——BH4-135 之于阗文书的解读》，荣新江、罗丰主编《粟特人在中国——考古发现与出土文献的新印证》上册，科学出版社，2016 年，96-115 页。

段晴《木球之喻》，程彤主编《丝绸之路上的照世杯：中国与伊朗：丝绸之路上的文化交流国际研讨会论文集》，中西书局，2016 年，31-40 页。

段晴《神话的跨域性与地方性——以观察新疆洛浦博物馆氍毹为基础》，《民族艺术》2018 年第 4 期，13-22 页。

段晴《神话与仪式——以观察新疆洛浦博物馆氍毹为基础》，《民族艺术》2018 年第 5 期，31-44 页。

段晴《早期/晚期于阗语与方言——〈无垢净光大陀罗尼〉所反映的语言问题》，王振芬、荣新江主编《丝绸之路与新疆出土文献——旅顺博物馆百年纪念国际学术研讨会论文集》，中华书局，2019 年，497-511 页。

段晴《于阗语无垢净光大陀罗尼经》，中西书局，2019 年。

段晴《于阗王国之名新考》，《西域研究》2020 年第 1 期，79-89 页。

段晴《于阗语"四象"以及龙王"热舍"》，北京大学外国语学院及应用语言研究所编《语言学研究》第 28 辑，2020 年，6-14 页。

段晴《买卖僧房舍契约》，郑阿财、汪娟主编《敦煌学》第 36 期，南华大学敦煌学研究中心，2020 年，315-328 页；又收入郑阿财、汪娟主编《张广达先生九十华诞祝寿论文集》上册，新文丰出版公司，2021 年，451-465 页。

段晴《一篇于阗语祈祷文所映射的十世纪敦煌于阗人的宗教信仰》，《欧亚学刊》新 10 辑，商务印书馆，2020 年，150-161 页。

段晴《天灾人祸所生发的信仰与习俗——基于古代于阗文明的观察》，北京大学人文社会科学研究院，2020 年 4 月 20 日；《澎湃新闻》2020 年 5 月 14 日转载。

段晴《丝路之畔的赫尔墨斯》，《新丝路学刊》第 11 期，上海外国语大学，2021 年，1-14 页。

段晴《于阗绝䌷，于阗锦》，北京大学伊朗文化研究所编《伊朗学在中国》第 5 辑，中西书局，2021 年，50-64 页。

段晴《中国人民大学藏于阗语文书的学术价值》，《中国人民大学学报》2022 年第 1 期，12-19 页。

段晴《吕珎胡书——对中国国家图书馆藏西域文书 BH1-17 于阗语文书的释读》，《西域研究》2022 年第 2 期，73-88 页。

段晴《浸没的家产——中国国家图书馆藏于阗语案牍 BH4-68 研究》，朱玉麒、李肖主编《坚固万岁人民喜——刘平国刻石与西域文明学术研讨会论文集》，凤凰出版社，2022 年，362-372 页。

段晴《关于古代于阗“税”的辩考——基于策勒县文物保护管理所藏于阗语案牍所做观察》，荣新江主编《丝绸之路上的中华文明》，商务印书馆，2022 年，254-276 页。

段晴《神话与仪式：破解古代于阗氍毹上的文明密码》，三联书店，2022 年。

段晴、策勒县文管所《尉迟曜 11 年裴捺卖地案牍》，《西域文史》第 7 辑，科学出版社，2012 年，122-137 页。

段晴、郭金龙《于阗语世俗文书残片》，《新疆博物馆新获文书研究》，中华书局，2013 年，92-95 页。

段晴、和田地区博物馆《和田博物馆藏于阗语租赁契约研究——重识于阗之“桑”》，《敦煌吐鲁番研究》第 11 卷，上海古籍出版社，2009 年，29-44 页。

段晴、侯世新、李达《于阗语大案牍——新疆维吾尔自治区博物馆藏初唐案牍研究》，荣新江主编《唐研究》第 22 卷，2016 年，371-400 页。

段晴、侯世新、李达《石汗那的婴儿——新疆博物馆藏一件新出于阗语案牍》，《敦煌吐鲁番研究》第 18 卷，上海古籍出版社，2018 年，

265-278 页。

段晴、侯世新、李达《于阗伏阇雄时代的两件契约》，荣新江、朱玉麒主编《丝绸之路新探索：考古、文献与学术史》，凤凰出版社，2019 年，131-142 页。

段晴、李建强《钱与帛——中国人民大学博物馆藏三件于阗语-汉语双语文书解析》，《西域研究》2014 年第 1 期，29-38 页。

段晴、萨尔吉等《中国国家图书馆藏西域文书——梵文、佉卢文卷》，中西书局，2013 年。

段晴、叶少勇《未知名于阗语、梵语佛经抄本残片》，《新疆博物馆新获文书研究》，中华书局，2013 年，73-77 页。

段晴、郑亮《关于氍毹》，李肖主编《丝绸之路研究》第 2 辑，三联书店，2021 年，1-7 页。

段姗姗《塔里木盆地南缘古代地面佛寺布局演变研究》，中央民族大学博士学位论文，2022 年。

段玉明《于阗僧人法藏使宋补证》，《兰州学刊》2010 年第 10 期，160-163 页。

段真子《汉籍抄本在于阗——以中国人民大学藏西域汉文文书为中心》，《中国人民大学学报》2022 年第 1 期，37-44 页。

多杰扎西《于阗的佛教文化研究》，西北民族大学硕士学位论文，2019 年。

樊自立、张青青、徐海量《塔克拉玛干沙漠中的古代交通路线》，《中国沙漠》2009 年第 5 期，815-819 页。

樊再轩、薛止昆、唐伟、艾力·阿不都拉、殷煊《新疆和田达玛沟遗址出土壁画修复试验报告》，《敦煌研究》2013 年第 1 期，18-22 页。

范晶晶《梵语、于阗语及汉译贤劫千佛名研究——兼与敦煌写本做比较》，《敦煌吐鲁番研究》第 18 卷，上海古籍出版社，2019 年，483-581 页。

范晶晶《中国人民大学博物馆藏一件于阗语文书》，北京大学外国语学院编《语言学研究》第 28 辑，高等教育出版社，2020 年，15-20 页。

范晶晶《对一件于阗语税收文书的考释》，《西域研究》2022 年第 3 期，28-36 页。

肥田路美《西域瑞像流传到日本——日本 13 世纪画稿中的于阗瑞像》，卢超译，《丝绸之路研究集刊》第 1 辑，2016 年，200-214 页。

冯培红《敦煌的归义军时代》，甘肃教育出版社，2003 年。

富艾莉（Erika Forte）《毗沙门还是散脂：和田达玛沟托普鲁克墩 1 号遗址的一幅壁画新说》，朱丽双译，《艺术史研究》第 17 辑，中山大学出版社，2015 年，167-182 页。

富艾莉（Erika Forte）《“彼岸”之旅：佛教朝圣和于阗绿洲的旅行物》，朱丽双译，《敦煌吐鲁番研究》第 18 卷，上海古籍出版社，2018 年，331-356 页。

高海燕《于阗佛教背光化佛图像研究》，《敦煌吐鲁番研究》第 17 卷，上海古籍出版社，2017 年，263-289 页。

高诗珠、崔银秋等《新疆克里雅河下游圆沙古城古代居民线粒体 DNA 多态性研究》，《中国科学（C 辑：生命科学）》2008 年第 2 期，136-146 页。

高田时雄《敦煌·民族·语言》，钟翀译，中华书局，2005 年。

葛梦嘉、蒋玉秋、刘大玮、肖爱民、饶蕾《山普拉墓地出土绞编毛绦带编织技术考释》，《丝绸》2020 年第 8 期，83-87 页。

龚伊林、沈爱凤《山普拉墓地纺织品纹样中的东西方要素探析》，《丝绸》2020 年第 11 期，80-86 页。

古丽比亚《丹丹乌里克新发现佛寺壁画初探》，中国新疆文物考古研究所、日本佛教大学尼雅遗址学术研究机构编著《丹丹乌里克遗址——中日共同考察研究报告》，文物出版社，2009 年，235-250 页。

古丽比亚《丹丹乌里克新发现壁画中持宝瓶菩萨像的初步认识》，《新疆文物》2009 年第 3-4 期，62-63 页。

古丽比亚《和田地区新出佛寺壁画综论》，《中国美术研究》2014 年第 2 期，52-60 页。

顾颉刚《宋代之于阗玉及于阗国王》，《顾颉刚读书笔记》卷 3，中华书局，2011 年，542-547 页。

顾颉刚《于阗东之大夏》，《顾颉刚读书笔记》卷 5，中华书局，2011 年，314-399 页。

顾颉刚《印度谓于阗为屈丹》，《顾颉刚读书笔记》卷 5，中华书局，2011 年，400-404 页。

管俊玮《〈唐开元十七年（729）于阗盖阿兴牒为奴送麦事〉性质考释》，《敦煌吐鲁番研究》第 20 卷，上海古籍出版社，2021 年，183-192 页。

广中智之《和田约特干出土的猴弹乐器陶俑类型分析——以俄藏彼得罗夫斯基收集品为中心》，《新疆师范大学学报》2008 年 4 期，62-66 页。

广中智之《佛教传入于阗的传说与史实》，《西域文史》第 5 辑，2010 年，87-104 页。

广中智之《汉唐于阗佛教研究》，新疆人民出版社，2013 年。

郭俊叶《托塔天王与哪吒——兼谈敦煌毗沙门天王赴哪吒会图》，《敦煌研究》2008 年第 3 期，32-40 页。

郭俊叶《敦煌莫高窟第 454 窟研究》，甘肃教育出版社，2016 年。

郭俊叶《于阗皇室与敦煌涅槃寺》，《敦煌吐鲁番研究》第 18 卷，上海古籍出版社，2018 年，399-424 页。

郭声波、买买提祖农·阿布都克力木《毗沙都督府羁縻州之我见——兼评〈唐代于阗的羁縻州与地理区划研究〉》，《西域研究》2014 年第 2 期，37-48、143-144 页。

郭物《和田考古简史》，上海博物馆编《于阗六篇》，北京大学出版社，2014 年，37–62 页。

国家文物局主编《中国文物地图集 · 新疆维吾尔自治区分册》(上、下)，文物出版社，2012 年。

顾颖《古代于阗佛教绘画的风格考辨》，《新疆大学学报》2011 年第 5 期，67–70 页。

侯明明《于阗自造汉文钱币与汉佉二体钱的历史背景》，《丝绸之路》2016 年第 12 期，15–16 页。

郝树声、张德芳《悬泉汉简研究》，甘肃文化出版社，2009 年。

胡静、杨铭《英藏新疆麻札塔格、米兰出土藏文写本选介（四）——武内绍人〈英国图书馆藏斯坦因收集品中的新疆出土古藏文写本〉部分》，《敦煌学辑刊》2007 年第 3 期，43–51 页。

胡静、杨铭《新疆麻札塔格、米兰出土藏文写本选介（五）——武内绍人〈英国图书馆藏斯坦因收集品中的新疆出土古藏文写本〉部分》，《敦煌学辑刊》2009 年第 1 期，34–43 页。

胡兴军、阿里甫《新疆洛浦县比孜里墓地考古新收获》，《西域研究》2017 年第 1 期，144–146 页。

荒川正晴《英国图书馆藏和田出土木简的再研究——以木简内容及其性质为中心》，田卫卫译，《西域文史》第 6 辑，科学出版社，2011 年，35–48 页。

黄纯艳《于阗与北宋的关系》，上海市社会科学界联合会主编《生命、知识与文明：上海市社会科学界第七届学术年会文集（2009 年度）哲学 · 历史 · 文学学科卷》，上海人民出版社，2009 年，336–339 页。

黄纯艳《宋代朝贡体系研究》，商务印书馆，2014 年。

黄盛璋《汉于阗吐蕃文献所见“龙家”考》，郑炳林、樊锦诗、杨富学主编《丝绸之路民族古文字与文化学术讨论会文集》，三秦出版社，2007 年，225–258 页。

黄阳兴《咒语·图像·法术——密教与中晚唐文学研究》，海天出版社，2015 年。

黄蕴平《新疆于田县克里雅河圆沙古城遗址的兽骨分析》，北京大学考古文博学院编《考古学研究》第 7 卷，2008 年，532 540 页。

霍巍《从于阗到益州：唐宋时期毗沙门天王图像的流变》，《中国藏学》2016 年第 1 期，24-43 页。

吉田豊《有关和田出土 8—9 世纪于阗语世俗文书的札记》（二），荣新江、广中智之译，《西域文史》第 3 辑，科学出版社，2008 年，97-108 页。

吉田豊《有关和田出土 8—9 世纪于阗语世俗文书的札记》（一），广中智之译，荣新江校，《敦煌吐鲁番研究》第 11 卷，上海古籍出版社，2009 年，147-182 页。

吉田豊《有关和田出土 8—9 世纪于阗世俗文书的札记》（三上），田卫卫译，《敦煌学辑刊》2012 年第 1 期，143-158 页。

吉田豊《有关和田出土 8—9 世纪于阗世俗文书的札记》（三中），田卫卫译，《敦煌学辑刊》2012 年第 2 期，165-176 页。

吉田豊《有关和田出土 8—9 世纪于阗世俗文书的札记》（三下），田卫卫译，《敦煌学辑刊》2012 年第 3 期，148-161 页。

吉田豊《于阗的粟特人——对和田出土的两件犹太波斯语信札的一些新见解》，陈丽芳译，荣新江、罗丰主编《粟特人在中国：考古发现与出土文献的新印证》，科学出版社，2016 年，621-629 页。

纪赟《和田本犍陀罗语〈法句经〉的发现与研究情况简介》，《宗教研究》2015 年第 1 期，29-46 页。

贾应逸《山东兖州兴隆塔地宫出土遗物与新疆于阗佛教关系考》，《新疆师范大学学报》2010 年 1 期，105-114 页。

贾应逸《新疆佛教壁画的历史学研究》，中国人民大学出版社，2010 年。

贾应逸《于阗盛行密教考》，《西域文史》第 8 辑，2013 年，1-22 页。

贾应逸《古代于阗大乘佛教中心的形成与影响》，《吐鲁番学研究》2013 年第 1 期，32-41 页。

贾应逸《敦煌壁画中的于阗八大守护神研究》，敦煌研究院编《2014 年敦煌论坛：敦煌石窟研究国际学术研讨会论文集》，甘肃教育出版社，2016 年，41-48 页。

贾应逸《和田地区早期佛陀像样式研究》，《西域文史》第 14 辑，2020 年，95-107 页。

贾应逸、霍旭初《兖州兴隆塔地宫“安葬舍利”碑与于阗佛教辨析》，黄夏年主编《兖州佛教历史文化研讨会论文集》，科学出版社，2011 年，122-127 页。

贾应逸、陈元生、解玉林、熊樱菲、王秀兰《新疆扎滚鲁克、山普拉墓群出土（西周至东汉）毛织品的鉴定》，《文物保护与考古科学》2008 年第 1 期，18-23 页。

蒋建荣、尚玉平、胡兴军、余腾飞、魏书亚《新疆洛浦县比孜里墓地出土彩棺的科学研究》，《光谱学与光谱分析》2020 年第 7 期，2296-2300 页。

康马泰《于阗佛教壁画中的非佛教神祇及相关问题》，李思飞译，《丝绸之路研究》第 1 辑，2017 年，187-206 页。

劳心《敦煌出土于阗使者文书和尉迟僧伽罗摩年代考——张广达、荣新江〈于阗史丛考〉补正》，《科学大众（科学教育）》2017 年第 10 期，185-186 页。

李安宁《缂毛织品“武士像”研究》，《新疆艺术学院学报》2005 年第 3 期，35-38 页。

李并成《塔里木盆地克里雅河下游古绿洲沙漠化考》，《中国边疆史地研究》2020 年第 4 期，106-118 页。

李大伟《丹丹乌里克犹太—波斯文信件考释》，《敦煌研究》2016年第1期，102–110页。

李建强《伯希和2855号残卷于阗文咒语对音研究》，《语言研究》2008年第4期，25–31页。

李建强《两份于阗文写本无量门陀罗尼比较研究》，《敦煌研究》2009年第1期，102–109页。

李建强《从P.2855、2782于阗文咒语对音看于阗字母读音》，《华西语文学刊》第1辑，2009年，71–80页。

李建强《从于阗文对音材料看中古汉语西北音日母的发展——兼论于阗文献下加小勾的功能》，《汉语史学报》2018年第1期，31–43页。

李丹婕《和田地区新出郑玄〈孝经注〉残叶考释》，《敦煌学》第36期（张广达先生九秩华诞颂寿特刊），2020年，177–191页。

李丽娜《试析中原地区出土夏商周时期和田玉器及其相关问题》，《西域研究》2008年第4期，66–70页。

李翎《"八天神"图像之误读——关于丹丹乌里克壁画残片的释读》，《西域研究》2011年第2期，93–100页。

李翎《新疆的诃利帝信仰——以〈南海寄归内法传〉和丹丹乌里克相关绘画的释读为中心》，《新疆师范大学学报》2015年第3期，90–98页。

李翎《密教双身图像研究——以丹丹乌里克木板画为引子》，《中国国家博物馆馆刊》2013年第1期，92–107页。

李翎《鬼子母研究：经典、图像与历史》，上海书店，2018年。

李钦曾《汉至隋唐于阗的佛教绘画样式》，《科教导刊（中旬刊）》2013年第8期，145–174页。

李钦曾《汉唐于阗佛教美术研究》，学苑出版社，2016年。

李树辉《P. Ch.2998v回鹘文写卷研究——兼论回鹘进驻塔里木盆地南缘的时间和原因》，《新疆社会科学》2008年第6期，116–122页。

李树辉《乌古斯和回鹘研究》，民族出版社，2010 年。

李维琨《“于阗画派”与西域梵像——观和田达玛沟出土壁画札记》，上海博物馆编《于阗六篇》，北京大学出版社，2014 年，169-186 页。

李文娟《汉佉二体钱补议》，《甘肃金融》2015 年第 11 期，46-51 页。

李吟屏《黑汉王朝时期的两件铜器》，《考古与文物》1995 年第 5 期，95-96 页。

李吟屏《山东兖州兴隆塔地宫北宋纪事石碑碑文及于阗僧人法藏事迹初探》，《西域文史》第 5 辑，2010 年，105-117 页。

李永康《古代于阗佛教雕塑艺术》，《雕塑》2011 年第 4 期，32-33 页。

李永康《热瓦克佛寺遗址雕塑初论》，《收藏》2020 年第 1 期，94-103 页。

李永康《于阗佛教雕塑风格及其特征》，《美术研究》2021 年第 1 期，30-32 页。

梁加诚《浅议汉唐时期于阗佛教美术的演变》，《大众文艺》2015 年第 11 期，99 页。

梁加诚《历史的荣耀与辉煌——于阗画派考》，《齐鲁艺苑》2016 年第 6 期，68-71 页。

梁加诚、阿力木江·麦提喀斯木《新疆和田“丹丹乌里克”遗址木板画艺术赏析》，《和田师范专科学校学报》2017 年第 4 期，87-89 页。

梁涛、彭杰《于阗的地神图像及其流变》，《东南文化》2009 年第 2 期，115-120 页。

梁涛、彭杰、再帕尔·阿不都瓦依提《于阗地神图像流变相关问题再探》，《敦煌研究》2009 年第 5 期，68-73 页。

林梅村《于阗花马考——兼论北宋与于阗之间的绢马贸易》，《西域研究》2008 年第 2 期，44–54 页。

林梅村《大月氏人的原始故乡——兼论西域三十六国之形成》，《西域研究》2013 年第 2 期，90–104 页。

林世田、刘波《国图藏西域出土〈观世音菩萨劝攘灾经〉研究》，樊锦诗、荣新江、林世田主编《敦煌文献、考古、艺术综合研究——纪念向达教授诞辰 110 周年国际学术研讨会论文集》，中华书局，2011 年，306–318 页。

刘后滨、王湛《唐代于阗文书折冲府官印考释——兼论于阗设置折冲府的时间》，《西域研究》2013 年第 3 期，23–30 页。

刘绍刚、侯世新主编《新疆博物馆新获文书研究》，中华书局，2013 年。

刘文锁《于阗文占卜文书》，樊锦诗、荣新江、林世田主编《敦煌文献·考古·艺术综合研究——纪念向达先生诞辰 110 周年国际学术研讨会论文集》，中华书局，2009 年，319–319 页。

刘文锁《丝绸之路——内陆欧亚考古与历史》，兰州大学出版社，2010 年。

刘文锁《于阗文 Or.11252 号文书简注》，《西域文史》第 7 辑，科学出版社，2012 年，139–166 页。

刘文锁《葱岭古道考》，《欧亚学刊》新 7 辑，商务印书馆，2018 年，94–113 页。

刘炘主编《中国马文化·交流卷》，甘肃人民美术出版社，2019 年。

刘屹《敦煌十卷本〈老子化胡经〉残卷新探》，荣新江主编《唐研究》第 2 卷，1996 年，101–120 页。

刘屹《憍赏弥国法灭故事在于阗和吐蕃的传播（文献篇）》，《敦煌吐鲁番研究》第 18 卷，上海古籍出版社，2019 年，425–451 页。

刘屹《〈赞巴斯塔书〉第24章中的“法灭”故事》，《西域文史》第13辑，2019年，65–82页。

刘屹《憍赏弥国法灭故事在于阗和吐蕃的传播（研究篇）》，《华林国际佛学学刊》第2卷第2期，2019年，159–192页。

刘英华《蚌巴奇本吐蕃医书所载于阗泻药方源流考》，《中医药文化》2019年第6期，55–70页。

刘迎胜《错误地理知识构建背后的历史——以塔里木河为中心的亚洲水道地理》，《丝路文明》第6辑，2021年，67–82页。

刘再聪《唐四镇地区基层行政治理研究——以于阗、龟兹两地村坊制度为中心的考察》，《西域研究》2008年第3期，21–32页。

刘子凡《杰谢营田与水利——和田新出〈作状为床和田作等用水浇溉事〉研究》，《新疆大学学报》2012年第5期，70–76页。

刘子凡《于阗镇守军与当地社会》，《西域研究》2014年第1期，16–28页。

刘子凡《唐代书信缄封考——以中国人民大学藏和田出土书信文书为中心》，《文献》2015年第5期，48–68页。

卢湃沙《从巴比伦主神到于阗毗沙门：一个波斯神谱中的异类?》，毛铭译，《内蒙古大学艺术学院学报》2017年第3期，68–75页。

陆离《吐蕃统治河陇西域时期制度研究》，民族出版社，2011年。

陆离《关于吐蕃统治下于阗地区的tshan》，《西域研究》2015年第1期，5–12、138页。

陆离《再论吐蕃统治下于阗、敦煌等地的tshan》，《西藏大学学报》2021年第2期，48–56页。

陆离《吐蕃统治河陇西域与汉藏文化交流研究》，社会科学文献出版社，2018年。

栾睿《从授记到结构化：佛菩萨信仰的演化——以于阗佛菩萨信仰为例》，《西域研究》2016年第1期，79–86页。

罗帅《玄奘之媲摩与马可波罗之培因再研究》，《丝绸之路研究》第1辑，2017年，126-146页。

罗帅《10—14世纪塔里木盆地南道的村镇聚落与道路交通》，荣新江等主编《马可波罗与10—14世纪的丝绸之路》，北京大学出版社，2019年，186-203页。

罗帅《汉佉二体钱新论》，《考古学报》2021年第4期，501-520页。

洛克什·钱德拉《丹丹乌里克二号殿所见于阗诃利帝壁画》，杨富学译，《敦煌研究》2015年第5期，45-50页。

马勒著、王欣译《唐代塑像中的西域人》，商务印书馆，2012年。

梅林《莫高窟第244窟于阗太子题记再审查》，《敦煌研究》2009年第2期，4-7页。

梅林《天寿年号·佛现皇帝·宕泉造窟——俄藏敦煌文献Dx.6069+Dx1400+Dx2148号文书再研究》，《美术学报》2010年第4期，32-41页。

孟凡人《新疆考古论集》，兰州大学出版社，2010年。

孟凡人《尼雅遗址与于阗史研究》，商务印书馆，2017年。

孟嗣徽《西域“行像”与〈炽盛光佛与诸曜星神巡行图〉》，《艺术史研究》第17辑，中山大学出版社，2015年，281-308页。

孟嗣徽《〈护诸童子十六女神〉像叶与于阗敦煌地区的护童子信仰》，《艺术史研究》第23辑，2020年，183-234页。

孟宪实《于阗：从镇戍到军镇的演变》，《北京大学学报》2012年第4期，120-128页。

孟宪实《于阗镇守军及使府主要职官——以中国人民大学博物馆藏品为中心》，《西域研究》2014年第1期，1-8页。

孟宪实《中国人民大学藏西域汉文文书及其学术价值——以镇守军相关文书为中心》，《中国人民大学学报》2022年第1期，20-27页。

孟宪实《唐代于阗的四个历史时期》,《西域研究》2022 年第 3 期,1-11 页。

米德昉《敦煌曹氏归义军时期石窟四角天王图像研究》,《敦煌学辑刊》2012 年第 2 期,83-92 页。

苗平《丹丹乌里克遗址考古史研究》,兰州大学硕士学位论文,2017 年。

莫阳《从敦煌"天王决海"题材壁画看毗沙门信仰与于阗之关系》,《天津美术学院学报》2015 年第 3 期,96-101 页。

牟新慧《新疆出土针衣囊袋考述》,《丝绸》2021 年第 10 期,81-87 页。

乜小红《中国中古契券关系研究》,中华书局,2013 年。

牛功青《新疆山普拉墓地出土纺织品捻向及细度检测分析》,《吐鲁番学研究》2016 年第 1 期,118-121 页。

牛功青《新疆山普拉墓地出土毛织品纹饰论述》,《文物鉴定与鉴赏》2016 年第 7 期,44-47 页。

钮毅《以敦煌石窟图像再谈于阗与中原的佛教艺术交流》,《荆楚理工学院学报》2013 年第 1 期,89-93 页。

潘文、袁仁智主编《敦煌医学文献研究集成》,中医古籍出版社,2016 年。

彭杰《于阗的地神崇拜及其图像的流变》,中国新疆文物考古研究所、日本佛教大学尼雅遗址学术研究机构编著《丹丹乌里克遗址——中日共同考察研究报告》,文物出版社,2009 年,251-260 页。

彭无情《西域佛教演变研究》,巴蜀书社,2016 年。

祁小山《新疆洛浦县山普鲁乡出土的人物纹栽绒毯》,《西域研究》2010 年第 3 期,125 页。

祁小山、王博《丝绸之路·新疆古代文化》(续),新疆人民出版社,2016 年。

钱艾琳《于阗的黑貂皮：国图藏 BH2-28 阿拉伯语手稿解读》，《丝绸之路考古》第 5 辑，科学出版社，2022 年，153-159 页。

庆昭蓉《法献赍回佛牙事迹再考——兼论 5 世纪下半叶嚈哒在西域的扩张》，《西域文史》第 13 辑，科学出版社，2019 年，83-98 页。

庆昭蓉《融通文理，一以贯之：二十世纪初期魏思纳（Julius Wiesner）库车、和阗出土古纸研究撮述》，《敦煌学》第 36 期，2020 年，575-610 页。

庆昭蓉、荣新江《和田出土大历建中年间税粮相关文书考释》，《西域文史》第 16 辑，科学出版社，2022 年，125-155 页。

庆昭蓉、荣新江《和田出土唐贞元年间杰谢税粮及相关文书考释》，《敦煌吐鲁番研究》第 21 卷，上海古籍出版社，2022 年，165-209 页。

庆昭蓉、荣新江《唐代碛西“税粮”制度钩沉》，《西域研究》2022 年第 2 期，47-72 页。

屈涛《万神殿——新疆丹丹乌里克 2002 年新发现的佛寺壁画研究》，霍旭初主编《龟兹学研究》第 5 辑，新疆大学出版社，2012 年，430-442 页。

屈玉丽、王步云《论〈大唐西域记〉中于阗国的鼠与龙形象》，《石河子大学学报》2022 年第 6 期，97-101 页。

冉万里《丝路豹斑——不起眼的交流，不经意的发现》，科学出版社，2016 年。

任平山《重提吐火罗——尉迟乙僧原籍考注》，《敦煌研究》2011 年第 3 期，83-91 页。

任平山《“身若出壁”的吐火罗粟特壁画——以尉迟乙僧为线索》，《敦煌研究》2015 年第 1 期，46-58 页。

荣新江《和田出土文献刊布与研究的新进展》，《敦煌吐鲁番研究》第 11 卷，2009 年，上海古籍出版社，1-9 页。

荣新江《唐代于阗史概说》，中国新疆文物考古研究所、日本佛教大学尼雅遗址学术研究机构编著《丹丹乌里克遗址——中日共同考察研究报告》，文物出版社，2009 年，5-31 页。

荣新江《丹丹乌里克的考古发现与研究（1896—2002 年）》，中国新疆文物考古研究所、日本佛教大学尼雅遗址学术研究机构编著《丹丹乌里克遗址——中日共同考察研究报告》，文物出版社，2009 年，32-50 页。

荣新江《绵绫家家总满：谈十世纪敦煌于阗间的丝织品交流》，包铭新主编《丝绸之路：图像与历史》，东华大学出版社，2011 年，35-46 页。

荣新江《〈兰亭序〉在西域》，中国人民大学国学院编《国学学刊》2011 年第 1 期，65-71 页。

荣新江《唐代于阗史新探——和田新发现的汉文文书研究概说》，吕绍理、周惠民主编《中原与域外：庆祝张广达教授八十嵩寿研讨会论文集》，台湾政治大学历史学系，2011 年，43-55 页。

荣新江《唐代安西都护府与丝绸之路——以吐鲁番出土文书为中心》，《龟兹学研究》第 5 辑，新疆大学出版社，2012 年，154-166 页。

荣新江《汉语—于阗语双语文书的历史学考察》，新疆吐鲁番学研究院编《语言背后的历史——西域古典语言学高峰论坛论文集》，上海古籍出版社，2012 年，20-31 页。

荣新江《〈兰亭序〉在西域》，《国学的传承与创新——冯其庸先生从事教学与科研六十周年庆贺学术文集》，上海古籍出版社，2013 年，1099-1108 页。

荣新江《〈兰亭序〉与〈尚想黄绮帖〉在西域的流传》，故宫博物院编《2011 年兰亭国际学术研讨会论文集》，故宫出版社，2014 年，26-35 页。

荣新江《丝绸之路上的于阗》，上海博物馆编《于阗六篇——丝绸之路上的考古学案例》，北京大学出版社，2014 年，1-30 页。

荣新江《接受与排斥——唐朝时期汉籍的西域流布》，李奭学、胡晓真主编《图书、知识建构与文化传播》，台湾汉学研究中心，2015 年，1-23 页。

荣新江《于阗与敦煌：新视角与新问题》，《艺术史研究》第 17 辑，中山大学出版社，2015 年，143-151 页。

荣新江《真实还是传说：马可·波罗笔下的于阗》，《西域研究》2016 年第 2 期，37-44 页。

荣新江《敦煌文献所见公元 10 世纪的丝绸之路》，荣新江、党宝海编《马可·波罗与 10—14 世纪的丝绸之路》，北京大学出版社，2019 年，190-205 页。

荣新江《岑仲勉先生与丝绸之路研究——以钢和泰藏敦煌写本于阗语行记为中心》，同书编委会编《纪念岑仲勉先生诞辰 130 周年国际学术研讨会论文集》，中山大学出版社，2019 年，574-584 页。

荣新江《新见唐代于阗地方军镇的官文书》，北京大学历史学系、北京大学中国古代史研究中心编《祝总斌先生九十华诞颂寿论文集》，中华书局，2020 年，366-378 页。

荣新江《段晴〈于阗语无垢净光大陀罗尼经〉评介》，《丝绸之路考古》第 4 辑，科学出版社，2020 年，221-224 页。

荣新江、文欣《和田新出汉语—于阗语双语木简考释》，《敦煌吐鲁番研究》第 11 卷，上海古籍出版社，2009 年，45-69 页。

荣新江、文欣《“西域”概念的变化与唐朝“边境”的西移——兼谈安西都护府在唐政治体系中的地位》，《北京大学学报》2012 年第 4 期，113-119 页。

荣新江、朱丽双《图文互证——于阗八大守护神新探》，樊锦诗、荣新江、林世田主编《敦煌文献·考古·艺术综合研究——纪念向达先生诞辰 110 周年国际学术研讨会论文集》，中华书局，2011 年，190-

218 页。

荣新江、朱丽双《一组反映 10 世纪于阗与敦煌关系的藏文文书研究》,《西域历史语言研究集刊》第 5 辑,科学出版社,2012 年,87-111 页。

荣新江、朱丽双《于阗国王李圣天事迹新证》,《西域研究》2012 年第 2 期,1-13 页。

荣新江、朱丽双《11 世纪初于阗佛教王国灭亡新探——兼谈喀喇汗王朝的成立与发展》,《西域文史》第 6 辑,科学出版社,2011 年,191-203 页。

荣新江、朱丽双《于阗与敦煌》(敦煌讲座书系),甘肃教育出版社,2013 年。

荣新江、朱丽双《再论敦煌的于阗瑞像》,《田余庆先生九十华诞颂寿论文集》,中华书局,2014 年,586-596 页。

荣新江、朱丽双《从进贡到私易:10—11 世纪于阗玉的东渐敦煌与中原》,《敦煌研究》2014 年第 3 期(敦煌研究院成立七十周年纪念专号),190-200 页。

荣新江、朱丽双《佛典在于阗的早期传播——以传世文献为中心》,《敦煌学》第 36 期(张广达先生九十华诞颂寿特刊),2020 年,433-456 页。

荣新江、朱丽双《于阗建国传说的再检讨》,吾斯曼江·亚库甫编《丝绸之路文献与文化》,陕西师范大学出版总社,2021 年,26-55 页。

荣新江、朱丽双《两汉时期的于阗的发展及其与中原的关系》,《中国边疆史地研究》2021 年第 4 期,12-23 页。

荣新江、朱丽双《出土文献所见于阗的农业与种植》,《中国经济史研究》2022 年第 3 期,31-42 页。

萨尔吉《〈甘珠尔〉中保存的于阗僧人尸罗达摩译经》,四川大学中国藏学研究所编《藏学学刊》第 6 辑(2010),四川大学出版社,

2011 年，51–106 页。

沙武田《敦煌石窟于阗国王画像的几个问题》，郑炳林主编《丝绸之路民族古文字与文化学术讨论会文集》，三秦出版社，2007 年，535–556 页。

沙武田《吐蕃统治时期敦煌石窟研究》，中国社会科学院出版社，2013 年。

沙武田《丝路艺术的地方镜像——敦煌石窟于阗系绘画表达的区域历史与信仰需求》，《丝绸之路研究集刊》第 7 辑，2021 年，109–133 页。

沙武田《长安的影响与地方保护神的借用——敦煌石窟于阗瑞像史迹画选择的动机与思想再解读》，《西域研究》2021 年第 1 期，93–108 页。

上海博物馆编《于阗六篇：丝绸之路上的考古学案例》，北京大学出版社，2014 年。

上海博物馆编《丝路梵相：新疆和田达玛沟佛教遗址出土壁画艺术》，上海书画出版社，2014 年。

尚昌平《重现于风沙下的于阗壁画艺术》，《中国周刊》2017 年第 8 期，94–103 页。

尚永琪《优填王旃檀瑞像流布中国考》，《历史研究》2012 年第 2 期，163–173 页。

尚永琪《胡僧东来——汉唐时期的佛经翻译家和传播人》，兰州大学出版社，2012 年。

沈爱凤《从青金石之路到丝绸之路——西亚、中亚与亚欧草原古代艺术溯源》，山东美术出版社，2009 年。

沈琛《吐蕃统治时期的于阗》，北京大学硕士论文，2015 年。

沈琛《吐蕃统治时期于阗的职官》，《西域文史》第 10 辑，科学出版社，2016 年，215–231 页。

沈琛《吐蕃统治时期于阗的行政地理——兼论神山的地位》，荣新江主编《唐研究》第22卷，2016年，410-417页。

沈琛《吐蕃统治时期于阗的军事体制考论》，叶炜主编《唐研究》第24卷，2019年，87-120页。

沈琛《吐蕃与于阗佛教交流史事考述》，《西域研究》2020年第3期，133-148页。

沈琛《8世纪末吐蕃占领于阗史事钩沉》，《西域研究》2022年第3期，53-61页。

史金波、关志国《中国民族史学史纲要》，中国社会科学出版社，2018年。

释慧敏、Bhikkhunī Dhammadinnā《〈华严经〉修慈法门与于阗语〈赞巴斯特之书〉第三章之禅观分析》，陈一标主编《华严专宗国际学术研讨会论文集》，台北：华严莲社，2019年，74-114页。

斯坦因《沿着古代中亚的道路》，巫新华译，广西师范大学出版社，2008年。

斯坦因《古代和田——中国新疆考古发掘的详细报告》，巫新华等译，济南：山东人民出版社，2009年。

松井太《英国图书馆藏“蕃汉语词对译”残片（Or.12380/3948）再考》，白玉冬译，《敦煌研究》2017年第3期，60-65页。

孙炳晗《安史之乱后于阗地区征税体系研究》，《西域研究》2022年第3期，12-27页。

孙晓岗《文殊菩萨图像学研究》，甘肃人民美术出版社，2007年。

孙振民、刘玉芝《于阗画派的形成与传播探析》，《美与时代》2019年第5期，123-125页。

谭蝉雪《解读敦煌——中世纪服饰》，华东师范大学出版社，2016年。

田峰《〈大唐西域记〉中关于于阗的三则故事小考》，《西安文理学院学报（社会科学版）》2010 年第 5 期，30-34 页。

田峰《于阗毗沙门天王信仰研究》，《西北民族大学学报》，2013 年第 4 期，35-39 页。

田海峰《唐代于阗经略研究》，《唐史论丛》第 30 辑，2020 年，51-67 页。

田海峰《唐代于阗交通路线补考》，《丝绸之路研究集刊》第 7 辑，2021 年，95-108 页。

瓦尔德施密特（Ernst Waldtschmidt）《中国考古学家在新疆的调查》，庆昭蓉译，荣新江主编《黄文弼所获西域文献论集》，科学出版社，2013 年，277-289 页。

万亚玉《于阗国王李圣天事迹概述》，《长江丛刊》第 31 期，2018 年，102 页。

王邦维《鼠王传奇：古代和田的鼠神崇拜》，《文史知识》2015 年第 6 期，110-114 页。

王炳华《从孔雀河走向昆仑山——孔雀河青铜时代考古文化探讨之二》，《西域文史》第 15 辑，2021 年，77-92 页。

王晨悦《于阗地区佛教信仰转变过程中的影响因素探析》，《西部学刊》2021 年第 5 期，9-11 页。

王芳《喀什与和田人物纹三耳陶罐分析》，《艺术史研究》第 14 辑，中山大学出版社，2012 年，161-188 页。

王立波《新疆山普拉遗址人头马武士图像渊源研究》，《新疆艺术学院学报》2017 年第 3 期，15-22 页。

王敏《尉迟乙僧新考》，《艺术百家》2011 年第 3 期，204-209 页。

王睦等《新疆山普拉出土的带图案裤服：它的来源和传记》，贺婧婧译，《新疆文物》2013 年第 1 期，100-110 页。

王使臻《曹元忠、曹延禄父子两代与于阗政权的联姻》，《敦煌学辑刊》2015 年第 1 期，27-42 页。

王菽一《丹丹乌里克佛寺遗址壁画与于阗画派》，《书画世界》2021 年第 5 期，26-27 页。

王新青、郭卫东《中亚历史语言文化研究》，人民出版社，2013 年。

王兴伊《敦煌藏经洞出土于阗语残药方 P.2889v 探析》，《中华医史杂志》2016 年第 5 期，300-302 页。

王兴伊、段逸山《新疆出土涉医文书辑校》，上海科学技术出版社，2016 年。

王旭送《唐代于阗的农牧水利和特色产业》，《和田师范专科学校学报》2014 年第 1 期，1-6 页。

王樾《汉佉二体钱刍议》，上海博物馆编《丝绸之路古国钱币暨丝路文化国际学术研讨会论文集》，上海书画出版社，2011 年，347-353 页。

王征《古代和田佛教壁画风格与年代研究》，中央美术学院硕士学位论文，2014 年。

王志炜、王健《西域美术十五讲》，天津大学出版社，2012 年。

伟道儒、李利安《世界佛教通史》第 3 卷《中国汉传佛教：从佛教传入至公元 6 世纪》，中国社会科学出版社，2015 年。

温玉成《丹丹乌里克佛寺遗址中的“圣母子像”》，《龟兹学研究》第 5 辑，新疆大学出版社，2012 年，458-463 页。

温玉成《于阗僧人法藏与兖州宋代金棺刍议》，《世界宗教研究》2020 年第 2 期，40-44 页。

文欣《和田新出〈唐于阗镇守军勘印历〉考释》，《西域历史语言研究集刊》第 2 辑，科学出版社，2009 年，111-123 页。

文欣《于阗国官号考》，《敦煌吐鲁番研究》第 11 卷，上海古籍出版社，2009 年，121-146 页。

文欣《新疆博物馆藏木板于阗语粮食支出帐考释》，《西域文史》

第9辑，科学出版社，2014年，85-108页。

文欣、段晴《丹丹乌里克佛寺壁画上的于阗文题记考释》，中国新疆文物考古研究所、日本佛教大学尼雅遗址学术研究机构编著《丹丹乌里克遗址——中日共同考察研究报告》，文物出版社，2009年，261-265页。

乌布里·买买提艾力《丝绸之路新疆段建筑研究》，科学出版社，2015年。

巫新华《新疆和田达玛沟佛寺考古新发现与研究》，《文物》2009年第8期，55-68页。

巫新华《中国的早期"东亚佛教建筑"——达玛沟佛寺遗址研究与相关历史文化概说》，《科技导报》2012年第30（31）期，15-22页。

巫新华《简论早期绿洲于阗人的来源》，《新疆艺术》2018年第1期，4-13页。

巫新华《塔克拉玛干沙漠腹地南部区域新发现的斯皮尔古城情况综述》，《新疆艺术》2019年第2期，4-12页。

巫新华、覃大海、唐自华、马赛《新疆策勒县斯皮尔古城的考古调查与清理》，《考古》2015年第8期，63-74页。

吴正浩《于阗毗沙门天王信仰在内地的传播——以〈李锷墓志〉为中心的考察》，《石河子大学学报》2022年第1期，103-109页。

武内绍人《吐蕃在于阗与罗布泊的军事体系及其活动》，朱悦梅译，《吐鲁番学研究》2013年第1期，91-104页。

西村阳子等《和田古代遗址的重新定位——斯坦因地图与卫星图像的勘定与解读》，荣新江主编《唐研究》16卷，北京大学出版社，2021年，169-223页。

夏生平、卢秀文《敦煌石窟供养人研究述评》，浙江大学出版社，2016年。

夏时华、王春《于阗与北宋的乳香贸易探略》，《上饶师范学院学报》2020 年第 1 期，47-52 页。

向筱路《于阗国名对音补论》，《西域研究》2020 年第 1 期，90-95 页。

向筱路《于阗语〈无垢净光陀罗尼〉对音研究》，北京大学外国语学院编《语言学研究》第 28 辑，2020 年，36-47 页。

肖琪琪、胡兴军、阿里甫、饶慧芸、任萌、杨益民《新疆洛浦县比孜里墓地出土食物遗存的科技分析》，《第四纪研究》2020 年第 2 期，441-442、444-446、448-449 页。

谢承志、李春香、崔银秋、蔡大伟、王海晶《新疆山普拉古代居民线粒体 DNA 研究》，《自然科学进展》2007 年第 7 期，871-877 页。

谢继胜《吐蕃天王图像式样考——兼析于阗毗沙门或兜跋毗沙门天王渊源》，沈卫荣、谢继胜主编《贤者新宴——王尧先生八秩华诞藏学论文集》，中国藏学出版社，2010 年，177-195 页。

谢继胜、贾维维《温姜多无例吉祥兴善寺修建史实考述——兼论藏文史书记载的温姜多寺、昌珠寺与于阗工匠入藏的关系》，《故宫博物院院刊》2011 年第 6 期，14-41 页；收入谢继胜、罗文华、石岩刚主编《汉藏佛教美术研究：第四届西藏考古与艺术国际学术讨论会论文集》，上海古籍出版社，2014 年，43-68 页。

新疆维吾尔自治区文物局编《新疆维吾尔自治区第三次全国文物普查成果集成 · 新疆第三次全国文物普查重要新发现》，科学出版社，2011 年。

新疆维吾尔自治区文物局编《新疆维吾尔自治区第三次全国文物普查成果集成 · 和田地区卷》，科学出版社，2011 年。

新疆维吾尔自治区文物局编《新疆维吾尔自治区第三次全国文物普查成果集成 · 新疆古墓葬》，科学出版社，2011 年。

新疆维吾尔自治区文物局编《新疆维吾尔自治区第三次全国文物普

查成果集成·新疆佛教遗址》(上·下),科学出版社,2015 年。

新疆文物考古研究所《2006 年丹丹乌里克遗址发掘简报》,《新疆文物》2008 年第 1-2 期,22-28 页。

熊江宁《丝路佛风——西域佛教史》,中州古籍出版社,2016 年。

徐玉琼《新疆于阗早期佛教造像特征》,《昌吉学院学报》2013 年第 2 期,20-22 页。

薛止昆、赵阳、杨志杰《新疆和田策勒县达玛沟出土壁画保护修复研究》,《吐鲁番学研究》2013 年第 1 期,73-78 页。

薛宗正《隋唐时期塔里木城邦诸国的社会生活》,《中国边疆史地研究》1996 年第 2 期,5-14 页。

颜亮《哲学视域下于阗起源神话阐释——基于汉、藏、西域文献的叙事》,《集宁师范学院学报》2019 年第 2 期,1-9 页。

岩尾一史《吐蕃的茹与千户》,沈琛、陈丽芳译,《西域文史》第 8 辑,2013 年,39-64 页。

杨宝玉《达外国之梯航——曹氏归义军与五代时于阗首次入贡中原之关系再议》,《敦煌研究》2019 年第 1 期,1-6 页。

杨富学、刘源《佉卢文简牍所见汉晋时期鄯善国与于阗之关系》,《丝路文明》第 4 辑,2019 年,39-60 页。

杨瑾《于阗与北宋王朝的贸易路线初探》,《新疆师范大学学报》2008 年第 4 期,69-72 页。

杨瑾《于阗与北宋王朝的乳香贸易及其影响》,《新疆师范大学学报》2009 年第 1 期,88-92 页。

杨铭《唐代吐蕃与于阗的交通路线考》,《中国藏学》2012 年第 2 期,112-117 页。

杨铭《吐蕃统治敦煌西域研究》,商务印书馆,2012 年。

杨铭、李锋《丝绸之路与吐蕃文明》,商务印书馆,2017 年。

杨铭、索南才让《新疆米兰出土的一件古藏文告身考释》,《敦煌学辑刊》2012 年第 2 期，15-22 页。

杨铭、贡保扎西、索南才让《英国收藏新疆出土古藏文文书选译》，乌鲁木齐：新疆人民出版社，2014 年。

杨铭、胡静、奇珠《新疆安得悦出土古藏文写本研究》，《丝绸之路民族古文字与文化学术讨论会会议论文集》，三秦出版社，2005 年，29-40 页。

杨森、杨诚《敦煌文献所见于阗玉石之东输》，《唐史论丛》第 13 辑，2011 年，184-214 页。

杨晓歌《佛塔早期传入新疆后形制的演变——以桑奇大塔和热瓦克佛塔的对比为例》，《美术教育研究》2014 年第 22 期，43 页。

姚崇新《和田达玛沟佛寺遗址出土千手千眼观音壁画的初步考察——兼与敦煌的比较》，《艺术史研究》第 17 辑，中山大学出版社，2015 年，245-280 页。

殷晴《丝绸之路与西域经济——十二世纪前新疆开发史稿》，中华书局，2007 年。

殷晴《媲摩绿洲的历史命运——新疆环境演变史的典型例证》，《新疆大学学报》2010 第 3 期，66-71 页。

殷晴《历史时期新疆的自然灾害与环境演变研究》，新疆人民出版社，2011 年。

殷晴《汉代于阗的崛起与兴盛》，《西域文史》第 7 辑，科学出版社，2012 年，199-220 页。

殷晴《丝绸之路经济史研究》上下册，兰州大学出版社，2012 年。

殷晴《丝路重镇：唐宋之际的于阗坎城——媲摩绿洲演变并六城问题辨析》，《新疆师范大学学报》2015 年第 2 期，57-67 页。

殷晴《6 世纪前中印陆路交通与经贸往来——古代于阗的转口贸易与市场经济》，《中国经济史研究》2017 年第 3 期，82-95 页。

殷晴《探索与求真——西域史地论集》，新疆人民出版社，

2011 年。

殷晴《丝路南道演变与于阗“市城”的发展——10 世纪前于阗诸城镇的行政管理与社会特色》，《西域文史》第 13 辑，2019 年，99-122 页。

于明《新疆和田玉开采史》，科学出版社，2018 年。

于向东《中华图像文化史 · 佛教图像卷》，中国摄影出版社，2017 年。

于颖《山普拉墓地出土毛织服饰和织物研究》，东华大学博士学位论文，2010 年。

于颖《新疆出土斜纹晕繝缂毛》，《吐鲁番学研究》2013 年第 1 期，64-72 页。

袁梦雅《敦煌莫高窟壁画中女供养人的妆饰探究——以 61 窟于阗天公主为例》，《装饰》2014 年第 6 期，82-83 页。

袁炜《从汉佉二体钱上佉卢文铭文看于阗国与东汉、贵霜的关系》，《中国钱币》2016 年第 4 期，3-6 页。

袁勇《来自古代于阗的一叶梵文写本——〈诸法最上王经〉》，北京大学外国语学院编《语言学研究》第 28 辑，2020 年，26-35 页。

袁勇《公元 7—8 世纪于阗国的人口与社会——以杰谢和拔伽为例评议》，北京大学外国语学院硕士论文，2021 年。

扎西本《和田出土〈法华经〉古藏译本的初步研究报告（一）》，《西藏研究》2020 年第 6 期，91-111 页。

扎西本《和田出土〈法华经〉古藏译本的初步研究报告（二）》，《西藏研究》2021 年第 1 期，74-84 页。

张安福《塔里木历史文化资源调查与研究》（上、下），上海人民出版社，2018 年。

张安福、田海峰《环塔里木历史文化资源调研行纪》，中国社会科学出版社，2016 年。

张峰、王姣、王金花、黄晶晶、胡兴军《克里雅河尾闾遗址群序列：考察回顾与年代研究综述》，《新疆大学学报（自然科学版）》2020 年第 2 期，204–212 页。

张付新《从于阗佛国看佛教东传》，《前沿》2010 年第 5 期，187–190 页。

张广达、荣新江《于阗史丛考（增订本）》（西域历史语言研究丛书），中国人民大学出版社，2008 年。

张广达、荣新江《于阗史丛考》（增订新版），上海书店出版社，2021 年。

张禾《新疆洛浦山普拉出土人物纹栽绒毯内容初探》，《西域研究》2011 年第 1 期，72–82 页。

张禾《新疆洛浦山普拉出土人物栽绒毯内容再探——兼论印度教传入和田的年代及途径》，《西域研究》2011 年第 4 期，60–74 页。

张禾《新疆和田洛浦县山普拉人物栽绒毯艺术特征及风格研究》，《西域研究》2012 年第 4 期，105–116 页。

张禾《古代西域及中亚地毯名称术语考证》，《敦煌研究》2018 年第 4 期，7–18 页。

张惠明《公元六至八世纪于阗佛教护法神系中的夜叉图像——以达玛沟佛寺遗址画迹为中心的讨论》，《艺术史研究》第 17 辑，中山大学出版社，2015 年，205–244 页。

张惠明《公元 6 世纪末—8 世纪初于阗〈大品般若经〉图像考——和田达玛沟托普鲁克墩 2 号佛寺两块“千眼坐佛”木板画的重新比定与释读》，《敦煌吐鲁番研究》第 18 卷，上海古籍出版社，2018 年，279–330 页。

张惠明《从那竭到于阗的早期大乘佛教护法鬼神图像资料——哈达与和田出土的两件龙王塑像札记》，《西域研究》2021 年第 2 期，54–72 页。

张健波《“笈多式造像”与“于阗画派”艺术风格的内在渊源考析》，《云南艺术学院学报》2009 年第 3 期，64-66 页。

张健波《于阗桑株岩画的视觉图式及图像叙事》，《新疆艺术学院学报》2012 年第 4 期，4-7 页。

张健波《于阗文化圈的文化性质与艺术样式初探》，《艺术探索》2014 年第 1 期，26-27 页。

张健波《新疆和田阿以旺民居与中亚回字形佛寺源流考释》，《艺术教育》2015 年第 8 期，276-277 页。

张健波《于阗佛教艺术研究》，西安美术学院博士学位论文，2017 年。

张健波《达玛沟托普鲁克墩雕塑考析》，《新疆艺术学院学报》2018 年第 3 期，103-111 页。

张健波《丝绸之路南道古代造型艺术——以于阗壁画雕塑为中心》，中国建筑工业出版社，2018 年。

张健波《汉唐文脉中的于阗造型艺术诠索——以近年考古新材料壁画、雕塑为中心》，《新疆艺术学院学报》2019 年第 1 期，21-27 页。

张健波《热瓦克佛寺雕塑综考》，《艺术探索》2019 年第 6 期，71-84 页。

张健波、李钦曾《于阗木雕与中亚贵霜文化渊源考释》，《石河子大学学报》2015 年第 2 期，117-124 页。

张丽香《中国人民大学博物馆藏和田新出〈妙法莲华经〉梵文残片二叶》，《西域研究》2017 年第 3 期，49-59 页。

张丽香《中国人民大学博物馆藏于阗文书——婆罗谜字体佛经残片：梵语、于阗语》，中西书局，2020 年。

张铭心、陈浩《唐代乡里制在于阗的实施及相关问题研究——以新出贞元七年和田汉文文书为中心》，《西域研究》2010 年第 4 期，1-10 页。

张善庆《中晚唐五代时期敦煌降魔变地神图像研究》，《西域研究》2010 年第 1 期，69–75 页。

张少华《汉唐时期于阗地区的社会生活》，《和田师范专科学校学报》2014 年第 5 期，14–118 页。

张世奇《和田达玛沟出土棕地黄色莲花舞蹈狩猎图案锦时代考》，《丝绸之路研究集刊》第 1 辑，2017 年，310–317 页。

张小刚《敦煌壁画中的于阗装饰佛瑞像及其相关问题》，《敦煌研究》2009 年第 2 期，8–15 页。

张小刚《天王与夜叉——试释于阗引雁骑行人物的身份》，《艺术史研究》第 17 辑，中山大学出版社，2015 年，183–204 页。

张小刚《敦煌佛教感通画研究》，甘肃教育出版社，2015 年。

张小刚《再论敦煌石窟中的于阗国王与皇后及公主画像——从莫高窟第 4 窟于阗供养人像谈起》，《敦煌研究》2018 年第 1 期，48–61 页。

张小刚《敦煌壁画中于阗白衣立佛瑞像源流研究》，《创意设计源》2018 年第 1 期，21–30 页。

张小刚《在敦煌居留的于阗人的法华信仰》，《敦煌研究》2019 年第 2 期，27–31 页。

张小刚《敦煌新样文殊造像中的于阗国王像研究》，《敦煌吐鲁番研究》第 18 卷，上海古籍出版社，2018 年，357–397 页。

张小刚、郭俊叶《敦煌所见于阗公主画像及其相关问题》，《石河子大学学报》2016 年第 4 期，6–18 页。

张小刚、郭俊叶《敦煌壁画中两种于阗历史传说故事画新考》，《吐鲁番学研究》2019 年第 2 期，73–79 页。

张小刚、杨晓华、郭俊叶《于阗曹皇后画像及生平事迹考述》，《西域研究》2015 年第 1 期，59–68 页。

张雪雁、郭金龙、成倩、王博、雷勇《山普拉墓地出土眼珠的结构工艺研究》，《CT 理论与应用研究》2021 年第 2 期，161–169 页。

张延清《北京大学图书馆藏敦煌藏文〈牛角山授记〉译解》，《中国藏学》2020年第3期，199-204页。

张妍婕《优填王旃檀瑞像研究》，兰州大学硕士学位论文，2019年。

张寅《达玛沟三弦琵琶考略》，《音乐研究》2011年第6期，36-44页。

张寅《达玛沟三弦琵琶弦质研究》，《作家》2014年第6期，161-162页。

张寅《达玛沟三弦琵琶定弦研究》，《音乐研究》2013年第2期，73-84页。

张元林《敦煌、和阗所见摩醯首罗天图像及相关问题》，《敦煌研究》2013年第6期，1-12页。

张湛《粟特商人的接班人？——管窥丝路上的伊朗犹太商人》，荣新江、罗丰主编《粟特人在中国：考古发现与出土文献的新印证》（下），科学出版社，2016年，661-672页。

张湛《一件8世纪后半于阗语房产抵押契约释读》，《西域研究》2022年第3期，37-52页。

赵和平《尉迟氏族源考——中古尉迟氏研究之一》，《敦煌吐鲁番研究》第14卷，上海古籍出版社，2014年，245-260页。

赵和平《于阗尉迟氏源出鲜卑考——中古尉迟氏研究之二》，《敦煌研究》2014年第3期，201-212页。

赵晓星《吐蕃统治时期敦煌密教研究》，甘肃教育出版社，2017年。

郑燕燕《中国古代麻作物析论——以于阗、吐鲁番及敦煌文书记载为中心》，荣新江主编《唐研究》第20卷，2014年，439-468页。

中共策勒县委、策勒县人民政府著《策勒达玛沟——佛法汇集之地》，香港：大成图书有限公司，2012年。

中国社会科学院考古研究所新疆队《新疆策勒县达玛沟 3 号佛寺建筑遗址发掘简报》，《考古》2012 年第 10 期，15-24 页，图版 1-5。

中国新疆维吾尔自治区档案馆、日本佛教大学尼雅遗址学术研究机构《斯坦因第四次新疆探险档案史料》，新疆美术摄影出版社，2007 年。

仲嘉亮《瀚海拾墨——西域古代汉文字书法浅探》，光明日报出版社，2016 年。

周倜《汉佉二体钱（和田马钱）新探》，河北人民出版社，2018 年。

朱已祥《鄯善和于阗古国佛寺壁画花纲人物图像分析》，《敦煌研究》2018 年第 4 期，19-30 页。

周菁葆《丝绸之路佛教文化研究》，新疆人民出版社，2009 年。

周菁葆《丝绸之路南麓的佛寺壁画艺术研究》，《新疆师范大学学报》2011 年第 6 期，62-71 页。

周菁葆《丝绸之路与汉代西域的毛纺织技术》，《浙江纺织服装职业技术学院学报》2012 年第 3 期，50-54 页。

周菁葆《丝绸之路上的于阗雕塑艺术》，《新疆艺术》2019 年第 4 期，4-10 页。

周菁葆《丝绸之路上的于阗琵琶（上）》，《乐器》2021 年第 11 期，20-23 页。

周菁葆《丝绸之路上的于阗琵琶（下）》，《乐器》2021 年第 12 期，23-25 页。

周菁葆、孙大卫编著《西域绘画艺术》，新疆文化出版社，2016 年。

周珩帮《8 世纪初于阗地区工艺交融的模式与环境——〈唐于阗某寺支用簿〉的艺术考古学释读》，《民族艺术》2015 年第 5 期，76-81 页。

朱刚《于阗的毗沙门信仰及"托塔李天王"名号之成立》，陈允吉主编《佛经文学研究论集续编》，复旦大学出版社，2011 年，201-215 页。

朱丽双《〈于阗阿罗汉授记〉对勘与研究》，同书编辑委员会编《张广达先生八十华诞祝寿论文集》，新文丰出版公司，2010 年，605-676 页。

朱丽双《敦煌藏文文书所记于阗佛寺的创立——〈于阗教法史〉译注之一》，《敦煌研究》2011 年第 1 期，81-87 页。

朱丽双《敦煌藏文文书 P. t.960 所记于阗建国传说——〈于阗教法史〉译注之二》，《敦煌研究》2011 年第 2 期，113-118 页。

朱丽双《敦煌藏文文书 P. t.960 所记守护于阗之神灵——〈于阗教法史〉译注之三》，《敦煌研究》2011 年第 4 期，113-118 页。

朱丽双《敦煌藏文文书 P. t.960 所记佛法灭尽之情形——〈于阗教法史〉译注之四》，《敦煌吐鲁番研究》第 12 卷，上海古籍出版社，2011 年，123-135 页。

朱丽双《有关于阗的藏文文献：翻译与研究》，北京大学历史学系博士后出站报告，2011 年。

朱丽双《敦煌藏文文书 P. t.960 所记于阗的佛像、伽蓝与僧伽——〈于阗教法史〉译注之五》，新疆吐鲁番学研究院编《语言背后的历史——西域古典语言高峰论坛论文集》，上海古籍出版社，2012 年，204-214 页。

朱丽双《唐代于阗的羁縻州与地理区划研究》，《中国史研究》2012 年第 2 期，71-90 页。

朱丽双《〈于阗国授记〉译注（上）》，《中国藏学》2012 年第 S1 期，223-268 页。

朱丽双《敦煌藏文文书〈牛角山授记〉残片的初步研究》，《西域文史》第 8 辑，科学出版社，2013 年，23-38 页。

朱丽双《〈于阗国授记〉译注（下）》，《中国藏学》2014 年第 S1 期，121–131 页。

朱丽双《〈于阗国授记〉的成立年代研究》，《西域文史》第 9 辑，科学出版社，2014 年，109–119 页。

朱丽双《吐蕃统治时期于阗的行政区划》，《西域文史》第 10 辑，科学出版社，2015 年，201–213 页。

朱丽双《佛教初传于阗研究——以〈日藏经 · 护塔品〉为中心》，《文史》2016 年第 4 辑，229–252 页。

朱丽双《从印度到于阗——汉、藏文献记载的阿那婆答多龙王》，《敦煌吐鲁番研究》第 16 卷，上海古籍出版社，2016 年，89–102 页。

朱丽双《评段晴著〈于阗 · 佛教 · 古卷〉》，李四龙主编《人文宗教研究》2016 年第 2 辑，305–315 页。

朱丽双《〈于阗国授记〉所载早期于阗王统研究》，孟宪实、朱玉麒主编《探索西域文明：王炳华先生八十华诞祝寿论文集》，中西书局，2017 年，199–213 页。

朱丽双《〈阿罗汉僧伽伐弹那授记〉译注》，《敦煌吐鲁番研究》第 18 辑，上海古籍出版社，2018 年，453–482 页。

朱丽双《9 世纪于阗的法灭故事》，《中山大学学报》2019 年第 5 期，152–161 页。

朱丽双《〈牛角山授记〉译注》，《西域文史》第 14 辑，2019 年，科学出版社，195–242 页。

朱丽双《10 世纪于阗的对外物质交流》，《西域研究》2020 年第 1 期，96–107 页。

朱丽双《Pe'mīna thau：古代于阗的毛织布》，《西域研究》2021 年第 2 期，87–98 页。

朱丽双、荣新江《出土文书所见唐代于阗的农业与种植》，《中国经济史研究》2022 年第 3 期，31–42 页。

朱钇宣《于阗坚牢地神壁画残片的构图形象与内蕴理念》，《美与时代》2019 年第 8 期，52–54 页。

朱颖《6—10 世纪于阗服饰文化研究》，西安工程大学硕士学位论文，2016 年。

日文：

赤木崇敏《十世紀敦煌の王權と轉輪聖王觀》，《東洋史研究》第 69 卷第 2 号，2010 年，233–263 页。

赤木崇敏《ロシア蔵コータン出土唐代官文書 Dx.18921，18940，18942》，《西北出土文献研究》第 9 号，2011 年，87–100 页。

赤木崇敏《10 世紀コータンの王統・年号問題の新史料：敦煌秘笈羽 686 文書》，《内陸アジア言語の研究》第 28 号，2013 年，101–128 页。

赤木崇敏《敦煌三界寺僧道真とコータン王家》，《内陸アジア言語の研究》第 30 号，2015 年，199–222 页。

安藤佳香《西域南道の新出壁画をめぐ2、3の問題》，《新疆文物》2009 年第 3–4 期，60–61 页。

亚力坤・吐松尼牙孜《シルクロードにおけるオアシス文化：ホータン地区を中心に》，《文明》第 21 号（特集：広木詔三教授退職記念号），2015 年，177–194 页。

稲葉穣《8 世紀前半のカーブルと中央アジア》，《東洋史研究》第 69 卷第 1 号，2010 年，174–151 页。

岩尾一史《吐蕃のルと千戸》，《東洋史研究》第 59 卷第 3 号，2000 年，1–33 页。

大竹憲治《于闐国王・王妃供養像壁画に描かれた居香炉考：敦煌莫高窟第 98 窟の壁画事例を中心に》，《史峰》第 46 号，2018 年，29–35 页。

大島幸代《敦煌地域における騎獅文殊像の馭者像について：胡人馭者と于闐王》,《明大アジア史論集》第18号（氣賀澤保規先生退休記念号），2014年，360–380页。

荒川正晴《唐代中央アジアにおける帖式文書の性格をめぐって》，土肥義和编《敦煌・吐魯番出土漢文文書の新研究》（修订版），东洋文库，2013年，271–291页。

荒川正晴《大英図書館所蔵コータン出土木簡の再検討：木簡内容とその性格をめぐって》,《待兼山論叢》第48号，2014年，1–23页。

荻原裕敏《クチャ・クムトラ窟群區第50窟の千佛圖像について——敦煌出土コータン語〈賢劫經〉との比較》,《敦煌寫本研究年報》第11号，2017年，109–133页。

片山由美《コータン語〈法華経綱要〉の研究》,《法華文化研究》第40号，2014年，11–34页。

片山由美《コータン語〈法華経綱要〉の試訳》,《身延論叢》第19号，2014年，59–74页。

小口雅史《ベルリン・吐魯番コレクション中のコータン人名録（Ch 3473）をめぐって》,《法政史學》第67号，2007年，16–29页。

小口雅史《前號拙稿〈ベルリン・吐魯番コレクション中のコータン人名録（Ch 3473）をめぐって〉補訂》,《法政史學》第68号，2007年，113–119页。

許棟《敦煌新様文殊画像中の于闐王及びその相関問題についての研究》，田林啓、増記隆介譯，《美術史論集》第15号，2015年，41–59页。

張小剛《敦煌に居留した于闐（ホータン）人の法華信仰》，大江平和译，《東洋学術研究》第58卷第1号，2019年，53–64页。

荣新江《唐代于闐の歴史的環境》，日中共同ダンダンウイリク遺跡學術調査隊編《日中/中日共同丹丹烏里克遺跡學術調査報告書》，京都，2007 年，13-40 页。

荣新江《ダンダンウイリクの考古學的調査と研究（1896—2002）》，日中共同ダンダンウイリク遺跡學術調査隊編《日中/中日共同丹丹烏里克遺跡學術調査報告書》，京都，2007 年，41-60 页。

荣新江《〈蘭亭序〉および〈尚想黃綺〉帖の西域における流傳》，村井恭子译，东方学研究论集刊行会编《高田時雄教授退職記念東方学研究論集》（日英文分册），临川书店，2014 年，89-104 页。

荣新江《唐朝時期における漢籍の西域流布》，西村阳子译，《内陸アジア言語の研究》第 30 号（吉田豊教授・荒川正晴教授还暦記念特集号），2015 年，113-130 页。

荣新江《新發現の唐代コータン地方軍鎮關係官文書》，白玉冬译，《内陸アジア言語の研究》第 33 号（特集：ユーラシア東部地域における公文書の史的展開），2018 年，1-10 页。

荣新江《ソグドから中国へ——シルクロード史の研究》（汲古丛书 168），汲古书院，2021 年。

佐藤有希子《西域の守護神：中国・ホータン地区ダマゴウ遺跡トプルクドン一号仏寺址出土毘沙門天像壁画に関する一考察》，鹿島美術財団編《鹿島美術財団年報》第 30 号，2012 年，167-180 页。

齊藤達也《漢語文獻におけるコータン（于闐）王族の姓氏——出土文獻と編纂史料による再檢討》，《敦煌寫本研究年報》第 10 卷第 2 号，2016 年，357-370 页。

武内绍人《チベット語木簡概略》，《中央アジア出土文物論叢》，朋友书店，2004 年。

田林啓《中国新疆ウイグル自治区ホータン地域出土の仏教美術に関する調査研究：中国甘粛地域の仏教美術との関係を踏まえて》，鹿島美術財団編《鹿島美術財団年報》第 30 号，2012 年，513-524 页。

段晴《〈カルパラージャ・スートラ〉と仏塔信仰》，アップル荒井しのぶ訳，《東洋学術研究》第58卷第2号，2019年，65–85页。

田林啓《コータン絵画について：新出資料を交えて》，《美術史論集》第15号，2015年，79–93页。

栂尾祥雲、泉芳璟（共編）《般若理趣經：梵藏漢對照》（私立大學智山勸學院藏版），智山勸學院，1917年。

西村実則《ガンダーラ語佛教圈と漢譯佛典》，《三康文化研究所年報》第20号，1988年，49–125页。

西脇常記《もう一つのドイツ中央アジア將來文獻——フランケ・コレクションについて》，作者《中國古典社會における佛教の諸相》，知泉書館，2009年，233–246页。

幅田裕美《〈大般涅槃経〉文字品の梵文断片について》，《国際仏教学大学院大学研究紀要》第25号，2021年，210–194页。

Hinüber, Oskar von《ホータン出土・梵文法華経写本：ホータンの篤信一家からの贈り物》，《東洋学術研究》第52卷第2号 2013年，223–198页。

堀伸一郎《ロシア科学アカデミー東洋写本研究所所蔵中央アジア出土サンスクリット断片について》，《佛教學》第53号，2011年，1–24页。

藤田高夫《大英圖書館藏唐代木簡初探——スタイン・コレクション未公開資料覺書》，《關西大學東西學術研究所創立五十週年記念論文集》，關西大學東西學術研究所，2001年，363–376页。

藤田高夫《大英図書・中国国家図書館蔵のコータン近郊出土木簡——唐代木簡を考えるための覚書》，《東アジアの簡牘と社会—東アジア簡牘学の検討—シンポジウム報告集》，2012年，57–69页。

Forte, Erika《コータン地區ドモコ發見トプルクトン1號佛寺と瞿摩帝寺傳說》，西村阳子译，《高田時雄教授退職記念東方學研究論集》，临川书店，2017年，210–225页。

松井太《大英圖書館所藏對譯語彙斷片 Or.12380/3948 再考》,《東方學》第 132 号, 2016 年, 87-74 页。

山岸伸夫《法華経の旅: コータンから敦煌へ》,《東洋学術研究》第 59 卷第 2 号(特集 シルクロード: 仏教東漸の道(3)), 2020 年, 57-70 页。

姚崇新《コータン・ドモコ仏寺遺跡出土千手千眼観音壁画の初步的考察——敦煌との比較を兼ねて》, 濱田瑞美译,《美術研究》第 422 号, 2018 年, 1-28 页。

吉田豊《コータンのユダヤ・ソグド商人?》, 氣賀澤保規、土肥義和編《敦煌・吐魯番文書の世界とその時代》, 东洋文库, 2017 年, 263-285 页。

吉村誠《玄奘三蔵と〈西遊記〉——孫悟空・猪八戒・沙悟浄のルーツをめぐって》,《印度學佛教學研究》第 69 卷第 2 号, 2021 年, 686-692 页。

米泽雅美《ホータン出土彩色四神木棺にみる十世纪の中原と西域》, 冈内三真编《中国シルクロードの變遷》, 雄山阁, 2007 年, 99-128 页。

ロケッシュ・チャンドラ《"すべてを見通す"菩薩とコータン: 張小剛論文に対するコメント》, 山岸伸夫译,《東洋学術研究》第 59 卷第 2 号, 2020 年, 71-75 页。

若原雄昭《評價大谷收集品中的梵文写本》, 旅顺博物馆、龙谷大学共编《中亚出土的佛教写本》, 京都, 2012 年, 73-88 页。

渡邊章悟《未比定の般若經寫本研究 II——ペテロフスキー・コレクションNo. SI, P/19a(1)》,《印度學佛教學研究》第 41 卷第 2 号, 1993 年, 996-991 页。

渡邊章悟《中央アジア出土の般若經梵文斷簡 I——PV 第六現觀をめぐって》,《東洋學研究》第 30 号, 1993 年, 41-67 页。

韩文:

티벳문헌에 (Cha, Sangyeob), "기술된 호탄불교" (Khotanese Buddhism as described in Tibetan Literature), 《佛教学报》70, 2015, 123-141.

박대남 (Daenam Park), "시노－카로슈티 (Sino-Kharosthi) 동전의연구사와 실크로드에서우전국의 위상" (The Research of the Sino-Kharosti coin and the Status of the Khotan on the Silk Road), 인문과학연구 (*Humanities Research*) 31, 2020, 41-63.

한지연 (Han Jee Yeon), "호탄국의 불교전래와 발전 연구" (A Study on the Characteristics of Khotan Buddhism), 불교학연구 (*Buddhist Studies*) 20, 2008, 289-314.

강수현 (Kang Soo-hyun), "단단-윌릭 회화의 특색과 그 의미" (A Study on the Peculiarity of the Paintings in Dandan-Uiliq), 《中央아시아研究》(*Central Asian Studies*) vol. 16, 2011, 105-129.

임영애 (Lim Young-ae, 林玲爱), "호탄 (Khotan, 우전) 라와 (Rawak) 寺院址 塑佛像의 研究" (A Researvvh on the Clay Sculptures of the Rawak temple site, Khotan),《美術史學研究》198, 1993, 23-58.

임영애 (Lim Young-ae), "북방 다문천의 보탑 도상 해석- 도상 형성 원인과 원·고려이전의 양상" (Analysis of Stupa Icons of Vaiśravaṇa - The causes of icon development and patterns before the Yuan and Koryo Dynasties), 미술사와 시각문화 9, 2010, 86-115.

임영애 (Lim Young-ae), "優塡王式 불입상'의 형성·복제 그리고 확산",《美術史論壇》34, 2012, 7-34.

임영애 (Lim Young-ae), "둔황 석굴의 후원자 호탄국 [于闐國] 왕, 그의 다양한 시각화" (Dunhuang Mogao Cave's Supporter Khotanese King, and His Various Visualizations),《中央아시아研究》(*Central Asian*

Studies) 21 (2), 2016, 49-74.

석길암 (Seok Gil-am), " 화엄경의 편집은 호탄 (Khotan) 에서 이루어졌는가" (Was the Avataṃsaka Sutra Compiled in Khotan?), 불교학연구 (*Journal of Buddhist studies*) 42, 2015, 83-112.

염중섭 (Youm Jungseop), "毘沙門天의 塔持物과 몽구스지물의 성립배경과 의미분석" (Background of Pagoda and Mongoose held by Vaiśravaṇa and Analysis of their Significance), 온지논총 33, 2012, 215-248.

염중섭 (Youm Jungseop) , "불교미술의 天王 수용과 위치문제 고찰- 毘沙門天의 獨立신앙과 左·右의 位階분제를 동한 관점횐기" (A Consideration on Acceptance of Cheonwangs and their Position in Buddhist Art-Independent Faith in Vaiśravaṇa and View Shift in its Left/Right Status), 원불교사상과 종교문화 (*Buddhism and Religious Culture*) 62, 2014, 407-446.

西文：

Akagi Takatoshi, "Six 10th Century Royal Seals of the Khotan Kingdom", *New Studies of the Old Tibetan Documents: Philology, History and Religion (Old Tibetan Documents Online Monograph Series III)*, eds. Y. Imaeda, M. T. Kapstein and T. Takeuchi, Tokyo, 2011, 217-229.

Anderl, Ch., "Linking Khotan and Dūnhuáng: Buddhist Narratives in Text and Image", *Entangled Religions* 5, 2018, 250-311.

Asefi, N. & Ibrāhīm Ěafiī, "The Judeo-Persian Letter of Dandān-Uiliq II" (in Persian), *Persian Language and Iranian Dialects* 5 : 2, 2020, 169-196.

Belanger III, W. A., "Some Preliminary Remarks on 'State Protection' Buddhism in Khotan in the Late 8th-Early 9th Centuries", in J. M. Thompson (ed.), *Sacred Matters, Stately Concerns: Essays on Faith and*

Politics in Asia, *Past and Present*, New York, 2014, 145–167.

Bielmeier, R. , "Ginger: A Khotanese Loanword in Modern Purik-Tibetan", in *Old Tibetan Studies*: *Dedicated to the Memory of R. E. Emmerick*, *Proceedings of the Tenth Seminar of the IATS*, *2003*, ed. Cristina Scherrer-Schaub, Brill, 2012, 21–28.

Biswas, S. , "The Iconography of Buddha on a Wooden Panel from Khotan", *IDP News* 34, 2009–2010, 1–3.

BLSF I = *Buddhist Manuscripts from Central Asia. The British Library Sanskrit Fragments*, Vol. I: 1–2, eds-in-chief: S. Karashima & K. Wille, Tokyo, 2006.

BLSF II = *Buddhist Manuscripts from Central Asia. The British Library Sanskrit Fragments*, Vol. II: 1–2, eds-in-chief: S. Karashima & K. Wille, Tokyo, 2009.

BLSF III = *Buddhist Manuscripts from Central Asia. The British Library Sanskrit Fragments*, Vol. III: 1–2, eds-in-chief: S. Karashima, J. Nagashima & K. Wille, Tokyo, 2015.

Bongard-Levin, G. M. , "A Fragment of the *Vajracchedikā Prajnāpāramitā* from Central Asia", *Studies in Indology*: *Prof. Rasik Vihari Joshi Felicitation Volume*, ed. A. Kumar, New Delhi: Shree Publishing House, 1988–1989, 39–42.

Chandra, L. , "The Khotanese Mural of Hārītī from Dandan-Uiliq", in L. Chandra (ed.) *Buddhism*: *Art and Values*: *A Collection of Research Papers and Keynote Addresses on the Evolution of Buddhist Art And Thought Across the Lands of Asia*, New Delhi, 2007, 186–196.

Chandra, L. "Suvarna-bhasottama and the Security of Khotan", in L. Chandra (ed.) *Buddhism*: *Art and Values*: *A Collection of Research Papers and Keynote Addresses on the Evolution of Buddhist Art And Thought Across the*

Lands of Asia, New Delhi, 2007, 175–185.

Chandra, L., "Vajravārāhī as the protectress of Khotan", in L. Chandra (ed.) *Buddhism: Art and Values: A Collection of Research Papers and Keynote Addresses on the Evolution of Buddhist Art And Thought Across the Lands of Asia*, New Delhi, 2007, 197–205.

Chandra, L., "Aśoka and Khotan", in L. Chandra, *Embedded narratives of Buddhism*, New Delhi, 2019, 88–93.

Chen Huaiyu, "Newly Identified Khotanese Fragments in the British Library and Their Chinese Parallels", *JRAS*, 22: 2, 2012, 265–279.

Chen Ruixuan, "Review of Matteo De Chiara, The Khotanese *Sudhanāvadāna* (2 vols.)", *IIJ* 59: 2, 2016, 187–215.

Chen Ruixuan, "Lurching Towards a Canon: Mahāyāna Sūtras in Khotanese Garb", *Entangled Religions*, 11: 6, 2020, 1–24.

Chen Ruixuan, "Inside Out: The Social Life of a Pair of Inscribed Book Covers from Ancient Khotan", *BuddhistRoad Paper* 6: 3, 2022, 3–40.

Chen Ruixuan & D. Loukota, "Mahāyāna Sūtras in Khotan: Quotations in Chapter 6 of the *Book of Zambasta* (I)", *IIJ* 61: 2, 2018, 131–175.

Chen Ruixuan & D. L Loukota, "Mahāyāna Sūtras in Khotan: Quotations in Chapter 6 of the *Book of Zambasta* (II)", *IIJ* 63: 3, 2020, 201–261.

Compareti, M., "'The Eight Divinities' in Khotanese Paintings: Local Deities or Sogdian Importation", in P. Lurje (ed.), *Proceedings of the Eighth European Conference on Iranian Studies. Vol I. Studies on Pre-Islamic Iran and on Historical Linguistics*, Saint Petersburg, 2019, 117–132.

Compareti, M., "The Representation of Non-Buddhist Deities in Khotanese Paintings and Some Related Problems", in X. Li (ed.), *Studies on the History and Culture Along the Continental Silk Road. Silk Road Research*

Series, Springer and SDX Joint Publishing, 2020, 89–119.

de la Vaissière, E., "Silk, Buddhism and Khotanese Chronology: a note on the *Prophecy of the Li country*", *BAI ns*, 24, 2014, 85–87.

Dhammadinnā, S., "On a Quotation of the *Samantamukhaparivarta* in the *Book of Zambasta*", *ARIRIAB* 17, 2014, 337–348.

Duan Qing, "'Mulberry' in Khotanese: A New Khotanese Loan Deed in the Hetian Museum", *BAI ns*, 19 (Iranian and Zoroastrian Studies in Honor of Prods Oktor Skjaervø), 2005 (2009), 5–14.

Duan Qing, "Bisā-and Hālaa- in a New Chinese-Khotanese Bilingual Document", *Journal of Inner Asian Art and Archaeology*, III, ed. J. Lerner and L. Russel-Smith, 2009, 65–73.

Duan Qing, "A Fragment of the *Bhadrakalpa-sūtra* in Buddhist Sanskrit from Xinjiang", *Sanskrit Manuscripts in China*, Beijing: China Tibetology Publishing House, 2009, 15–39.

Duan Qing, "Misfortune Caused by Kings", *ARIRIAB* 13, 2010, 173–183.

Duan Qing, "Some Fragments of the *Saṅghāṭa-sūtra* from the Xinjiang Museum, Urumqi", *ARIRIAB* 14, 2011, 127–134.

Duan Qing, "Inscriptions on the Carpets Found at Shanpula, Luopu (Lop) County, Xinjiang", *Journal of Inner Asian Art and Archaeology*, 5, 2012, 95–99.

Duan Qing, "Punadatta's Life as Reflected in Khotanese Documents", in: S. Tokhtasev and P. Luria (eds.), *Commentationes Iranicae. Festschrift to Prof. Vladimiro f. Aron Livschits nonagenario donum natalicium*, St. Petersburg: Petropoli in ædibus Nestor-Historia, 2013, 435–445.

Duan Qing, "Indic and Khotanese Manuscripts: New Finds and Findings from Xinjiang", in: P. Harrison and J. -U. Hartmann (eds.), *From Birch*

Bark to Digital Data: Recent Advances in Buddhist Manuscript Research. Papers Presented at the Conference Indic Buddhist Manuscripts: The State of the Field, Stanford, June 15–19 2009, Vienna: Österreichische Akademie der Wissenschaften, 2014, 269–278.

Duan Qing, "Punadatta's Contract of Sale of an Estate". *ARIRIAB* 17, 2014, 349–363.

Duan Qing, "Pledge, Collateral and Loan in Ancient Khotan", *Eurasian Studies* II, ed. Yu Taishan & Li Jinxiu, Sydney: Asia Publishing Nexus Australia, 2014, 249–268.

Duan Qing, "A Sanskrit Buddhist Document on Cloth of the Earlier 7th Century", *Eurasian Studies* III, ed. Yu Taishan & Li Jinxiu, Sydney: Asia Publishing Nexus, 2015, 171–185.

Duan Qing, "Deed, Coins and King's Title as Revealed in a Sanskrit Cloth Document from the 6th Century", *Eurasian Studies* IV, ed. Yu Taishan & Li Jinxiu, Asia Publishing Nexus, 2016, 265–283.

Duan Qing, "Greek Gods and Traces of the Sumerian Mythology in Carpets from the 6th Century", 李肖主编《丝绸之路研究》第 1 辑，三联书店，2017 年，1–16 页。

Duan Qing, "Across-Regional and Local Characteristics of Mythologies: On the Basis of Observing the Lop Museum Carpets", Li Xiao (ed.), *Non-Han Literature along the Silk Road*, *Silk Road Research Series*, Springer and SDX Joint Publishing, 2020, 1–20.

Duan Qing, "Legends and Ceremonies: Based on the Observation of the Qu Shu Collection at Xinjiang Lop Museum", Li Xiao (ed.), *Non-Han Literature along the Silk Road*, *Silk Road Research Series*, Springer and SDX Joint Publishing, 2020, 21–45.

Duan Qing, "*Kalparāja-sūtra* and Pagoda Worship", *The Journal of Ori-*

ental Studies 30, 2020, 102–117.

Duan Qing and Helen Wang, "Were Textiles used as Money in Khotan in the 7–8th Centuries?" *JRAS*, Series 3, 23: 2, 2013, 307–325.

Duan Qing & Zheng Liang, "About *qushu*: Carpets or Rugs with Long Hair", Li Xiao (ed.), *Studies on the History and Culture along the Continental Silk Road*, *Silk Road Research Series*, Springer and SDX Joint Publishing, 2020, 21–30.

Elikhina, J., "Some Buddhist Finds from Khotan: Materials in the Collections of the State Hermitage Museum, St. Petersburg", *The Silk Road* 6: 1, 2008, 28–37.

Fan Jingjing, "Newly Identified Khotanese Fragments in the 'Bodhisattva Compendium' and Their Chinese, Pāli and Sanskrit Parallels", *ARIRIAB* 21 (2017), 2018, 323–334.

Filippone, E., "Is the Judge a Questioning Man? Notes in the Margin of Khotanese Pharṣavata–." In *Iranian Languages and Texts from Iran and Turan: Ronald E. Emmerick Memorial Volume*, ed. M. Macuch, M. Maggi, and W. Sundermann, Wiesbaden: Harrassowitz, 2007, 75–86.

Forte, E., "On a Wall Painting from Toplukdong Site no. I in Domoko: New Evidence of Vaisravana in Khotan?", *South Asian Archaeology and Art. Papers from the 20th conference of the European Association for South Asian Archaeology and Art held in Vienna from 4th to 9th of July 2010*, eds. D. Klimburg-Salter & L. Lojda, Brepols, 2014, 215–243.

Forte, E., "Khotan in the Last Quarter of the First Millennium: Is there Artistic Evidence of the Interrelations between Khotan and Tibet? A Preliminary Survey", *Coins, Art and Chronology II The First Millennium C. E. in the Indo-Iranian Borderlands*, eds. by M. D. Alram, etc., Vienna, 2010, 457–470.

Forte, E., "Centralità dell'oasi di Khotan nell'intercultura buddhista del I millennio lungo le vie della seta", in: B. Genito and L. Caterina (eds.), *Archeologia delle Vie della Seta: Percorsi, Immagini e Cultura Materiale*, Napoli, CISA, 2012, 97-121.

Forte, E., "A Journey to 'The Land of the Other Side'. Buddhist Prigrimage and Travelling Objects from the Oasis of Khotan", *Cultural Flows across the Western Himalaya*, eds. P. McAllister, C. Scherrer-Schaub & H. Krasser, Vienna, 2015, 151-185.

Forte, E., "Images of Patronage in Khotan", *Buddhism in Central Asia I: Patronage, Legitimation, Sacred Space, and Pilgrimage*, eds. C. Meinert & H. H. Sørensenpp, Brill, 2020, 40-60.

Forte, E., " 'Khotanese Themes' in Dunhuang: Visual and Ideological Transfer in the 9th-11th Centuries", in Y. Kasai & H. H. Sørensen (eds.), *Buddhism in Central Asia II: Practices and Rituals, Visual and Material Transfer*, Brill, 2022, 118-152.

Hamar, I., "The Manjuśrī Cult in Khotan", *Studies in Chinese Religions*, 5 : 3-4, 2019, 343-352.

Hamar, I., "Khotan and the *Buddhāvataṃsaka-sūtra*", in Takami Inoue & I. Hamar (eds.), *The Buddha's Words and Their Interpretations*, Kyoto, 2021, 29-138.

Hamar, I., "Khotan and Mount Wutai: The Significance of Central Asian Actors in the Making of the Mountain Cult", in S. Andrews, Jinhua Chen, and Guang Kuan (eds.), *The Transnational Cult of Mount Wutai: Historical and Comparative Perspectives*, Brill, 2021, 352-366.

Hansen, V., "The Tribute Trade with Khotan in Light of Materials found at the Dunhuang Library Cave", *BAI ns*, 19 (Iranian and Zoroastrian Studies in Honor of Prods Oktor Skjaervø), 2005 (2009), 37-46.

Hansen, V., "Entry into Xinjiang for Buddhism and Islam: Khotan", *Silk Road: A New History*, New York, 2012, 199-234.

Harrison, P., "Sanskrit Fragments of the *Vajracchedikā Prajnāpāramitā* in the British Library", *BLSF* II, 2009, 637-657.

Hartmann, J. -U. and C. Tudkeao, "Three Sanskrit Fragments of the *Ratnaketuparivarta*", *BLSF* II, 2009, 589-596.

Hartmann, J. -U. & Chen Ruixuan, "Eine khotanische Bilingue aus *Triratnadāsas Guṇāparyantastotra*", in *Zur lichten Heimat: Studien zu Manichäismus Iranistik und Zentralsienkunde in Gedenken an Werner Sundermann*, Wiesbaden: Harrassowitz, 2017, 211-220.

Hartmann, J. -U. & K. Wille, "Further Collections of Sanskrit Manuscripts from Central Asia", in *From Birch Bark to Digital Data: Recent Advances in Buddhist Manuscript Research*, edited by P. Harrison and J. -U. Hartmann, Vienna: Verlag der Österreichischen Akademie der Wissenschaften, 2014, 247-256.

He Letia etc., "Metastatic Cancer along Ancient Silk Road: A possible case from Xinjiang (China)", *International Journal of Paleopathology* 37, 2022, 23-29.

Hill, J. E., "Appendix A: Introduction of Silk Cultivation to Khotan in the 1st Century CE", in *Through the Jade Gate to Rome: A Study of the Silk Routes during the later Han Dynasty, 1st to 2nd Centuries CE*, Boston, Lexington, 2009, 466-467.

Hinüber, O. von, "A *Saddharmapuṇḍarīkasūtra* Manuscript from Khotan: The Gift of a Pious Khotanese Family", *Journal of Oriental Studies* 24, 2014, 134-156.

Hinüber, O. von, "Three *Saddharmapuṇḍarīkasūtra* Manuscripts from Khotan and Their Donors", *ARIRIAB* 18 (2014), 2015, 215-234.

Hinüber, O. von, *The Saṃghāṭasūtra: A Popular Devotional Buddhist Sanskrit Text editio maior*, *ARIRIAB* 24 *Supplement* (2020), 2021.

Hitch, D. A., "*tt* in Old Khotanese", *JAOS*, 135 : 4, 2015, 663-687.

Hitch, D. A., "Contracted Semivowels in Old Khotanese", *IIJ*, 59 : 3, 2016, 259-294.

Hori Shinichiro (堀伸一郎), "Notes on the Unidentified Sanskrit Fragments in the Otani Collection at Ryukoku University Library",《国際仏教学大学院大学研究紀要》6, 2003, 126-132.

Hori Shinichiro, "Additional Notes on the Unidentified Sanskrit Fragments in the Ōtani Collection at Ryūkoku University Library,"《国際仏教学大学院大学研究紀要》9, 2005, 91-97.

Hori Shinichiro, "Sanskrit Fragments of the *Buddhāvataṃsaka* from Central Asia", in R. Gimello, F. Girard and I. Hamar, eds. *Avataṃsaka Buddhism in East Asia: Origins and Adaptation of a Visual Culture* (Asiatische Forschungen 155), Wiesbaden: Harrassowitz Verlag, 2012, 15-35.

Hori Shinichiro, "From the Kathmandu Valley to the Tarim Basin", in *From Birch Bark to Digital Data: Recent Advances in Buddhist Manuscript Research*, ed. P. Harrison and J. -U. Hartmann, Vienna: Verlag der Österreichischen Akademie der Wissenschaften, 2014, 257-268.

Iwao Kazushi, "Preliminary Study on the Old Tibetan Land Registries from Central Asia", 新疆吐鲁番学研究院编《语言背后的历史：西域古典语言学高峰论坛论文集》, 上海古籍出版社, 2009, 175-182.

Jiang Hong-En, Wang Bo, Li Xiao, Lü En-Guo, Li Cheng-Sen, "A Consideration of the Involucre Remains of Coix Lacryma-jobi L. (Poaceae) in the Sampula Cemetery (2000 years BP), Xinjiang, China", *Journal of Archaeological Science*, 35: 5, 2008, 1311-1316.

Karashima Seishi, "Identification of Some Buddhist Sanskrit Fragments from Central Asia", *ARIRIAB* 3 (1999), 2000, 213-214.

Karashima Seishi, "A Sanskrit Fragment of the *Sūtrasamuccaya* from Central Asia", *Pāsādikadānaṃ: Festschrift für Bhikkhu Pāsādika*, ed. M. Straube et al., Marburg: Indica et Tibetica Verlag (Indica et Tibetica, 52), 2009, 263-273.

Karashima Seishi, "The Sanskrit Fragments Or.15010 in the Hoernle Collection," *BLSF* II, 2009, 335-550.

Karashima, S. & M. I. Vorobyova-Desyatovskaya, "Buddhist Sanskrit Fragments from the Collection of The Institute of Oriental Manuscripts (2)," *ARIRIAB* 11, 2008, 91-94.

Karashima, S., & Zhongxin Jiang, "Sanskrit Fragments of the *Sutra of Golden Light* from the Lüshun Museum Collection",《华林》第3卷, 2003, 331-381.

Katayama Yumi, "The Khotanese Summary of the *Saddharmapuṇḍarīkasūtra* and *the Saddharmapuṇḍarīkopadeśa*", *Acta Tibetica et Buddhica* 7, 2014, 83-102.

Kumamoto, H., "Paul Pelliot and the *Deśanā-parivarta* of the *Suvarṇabhāsa-sūtra*", *BAI*, *ns*, 19 (Iranian and Zoroastrian Studies in Honor of Prods Oktor Skjaervo), 2005 (2009), 77-82.

Kumamoto, H., "A St. Petersburg Bilingual Document and Problems of the Chronology of Khotan", *Journal of Inner Asian Art and Archaeology*, III (2008), ed. J. Lerner and L. Russel-Smith, 2009, 75-82.

Kumamoto, H., "The Injunctive in Khotanese", *East and West*, *Papers in Indo-European Studies*, ed. Kazuhiko Yoshida and B. Vine, 2009, 133-150.

Kumamoto, H., "More on the Injunctive in Khotanese", *QAZZU war-*

rai, *Anatolian and Indo-European Studies in Honor of Kazuhiko Yoshida*, ed. A. A. Catt, R. I. Kim, and B. Vine, Ann Arbor-New York: Beech Stave Press, 2019, 213–224.

Laurent, Y., "In the Bosom of Khotan? A Dialogue between Image and Text", *Revue d'Etudes Tibétaines* 36, 2016, 93–119.

Li Can, "A Preliminary Report on Some New Sources of the *Bhadrakalpika-sūtra* (1)", *ARIRIAB* 18, 2015, 275–83.

Lo Muzio, C., "Culti brahmanici a Khotan: note sulle pitture del tempio D13 a Dandan Oiliq", *Rivista degli Studi Orientali* 79, 2007, 185–201.

Lo Muzio, C., "Skanda and the Mothers in Khotanese Buddhist Painting", *Interaction in the Himalayas and Central Asia: Process of Transfer, Translation and Transformation in Art, Archaeology, Religion and Polity*, eds. E. Allinger, et al., Austrian Academy of Sciences Press, 2017, 71–90.

Lo Muzio, C., "Some Remarks on Rawak (Khotan Oasis, Xinjiang): The Stūpa, Clay Sculptures and Wall Paintings", *Connecting the Art, Literature, and Religion of South and Central Asia. Studies in Honour of Monika Zin*, eds. I. Konczak-Nagel, Satomi Hiyama & A. Klein, New Delhi: DEV Publishers & Distributors, 2022, 233–246.

Lo Muzio, C., "Buddhist Painting in the South of the Tarim Basin: A Chronological Conundrum", in Y. Kasai & H. H. Sørensen (eds.), *Buddhism in Central Asia II: Practices and Rituals, Visual and Material Transfer*, Brill, 2022, 91–117.

Loukota, D., "Made in China? Sourcing the Old Khotanese *Bhaiṣajyaguruvaiḍūryaprabhasūtra*", *JAOS* 139:1, 2019, 67–90.

Maggi, M., "L'importanza del manoscritto T III S 16 per la storia della letteratura cotanese", *Litterae caelestes* 1, 2005, 159–163.

Maggi, M., "*Vimalakīrtinirdeśasūtra* Quotations in the Khotanese *Book of Vimalakīrti*." In *Iranian Languages and Texts from Iran and Turan: Ronald E. Emmerick memorial volume*, ed. M. Macuch et al., Wiesbaden: Harrassowitz, 2007, 205–223.

Maggi, M., "Late Khotanese *avala dīmana*", in *One for the Earth: Prof. Dr. Y. Mahyar Nawabi memorial volume*, ed. M. Jaafari-Dehagh, Tehran: Centre for the Great Islamic Encyclopaedia, 2008, 95–103.

Maggi, M., "A Khotanese Medical Text on Poultices: Manuscripts P 2893 and IOL Khot S 9", in R. P. Das (ed.), *Traditional South Asian Medicine*, Wiesbaden: Dr. Ludwig Reichert Verlag, 2008, 77–85.

Maggi, M., "Annotations on the *Book of Zambasta*, I", in *Literarische Stoffe und ihre Gestaltung in mitteliranischer Zeit*, *Kolloquium anlässlich des 70. Geburtstages von Werner Sundermann*, ed. D. Durkin-Meisterernst, C. Reck and D. Weber. Wiesbaden: Reichert, 2009, 153–171.

Maggi, M., "Annotations on the *Book of Zambasta*, II: Khotanese *ma ṃkyā-*", *BAI*, *ns*, 19 (Iranian and Zoroastrian Studies in Honor of Prods Oktor Skjaervø), 2005 (2009), 103–109.

Maggi, M., "Khotanese *damänā-*", *SIr*, 38:1, 2009, 129–133.

Maggi, M., "Hindrances in the Khotanese *Book of Vimalakīrti*", in *Exegisti monumenta: Festschrift in honour of Nicholas Sims-Williams*, ed. W. Sundermann, A. Hintze and F. de Blois. Wiesbaden: Harrassowitz, 2009, 279–292.

Maggi, M., "Four More Questions and Answers from the Khotanese *Book of Vimalakīrti*", in *Buddhism among the Iranian Peoples of Central Asia*, ed. M. De Chiara, M. Maggi and G. Martini, Wien: Verlag der Österreichischen Akademie der Wissenschaften, 2013, 131–151.

Maggi, M., "Annotations on the *Book of Zambasta*, III: chapter 18 no more", *Scripta: An International Journal of Codicology and Palaeography* 7, 2014, 139–158.

Maggi, M., "Local literatures. Khotanese", in *Brill's Encyclopedia of Buddhism. 1: Literature and languages*, ed. J. Silk. Leiden: Brill, 2015, 860–870.

Maggi, M., "A Folio of the *Ratnakūṭa* (*Kāśyapaparivarta*) in Khotanese." *Dharma Drum Journal of Buddhist Studies* (法鼓佛學學報) 17, 2015, 101–143.

Maggi, M., "Khotanese aysmua-and other souls", *Faṣlnāme-ye taxaṣ-ṣoṣi-ye zabān va katibe* (= *Quarterly Journal of Language and Inscription*) 1.1, 2017, 1–24.

Maggi, M., "Two Fragments of the Khotanese *Saṅghāṭasūtra* in the Turfan Collection in Berlin", in *Zur lichten Heimat Studien zu Manichäismus, Iranistik und Zentralasienkunde im Gedenken an Werner Sundermann*, Wiesbaden: Harrassowitz Verlag, 2017, 371–379.

Maggi, M., "Khotanese *baṣṣä* and *bihaḍe*", in *Anantaratnaprabhava: studi in onore di Giuliano Boccali*, vol. 1, ed. A. Crisanti, C. Pieruccini, C. Policardi, P. M. Rossi, Milano: Ledizioni, 2017, 153–162.

Maggi, M., "Annotations on the *Book of Zambasta*, IV: Ronald E. Emmerick's notes", in *Studia Philologica Iranica: Gherardo Gnoli memorial volume*, ed. E. Morano, E. Provasi and A. V. Rossi, Roma: Scienze e lettere (Serie orientale Roma, n. s. 5), 2017, 273–291.

Maggi, M., "Khotanese *bijs*- and a quotation from the *Vīradattaparipṛcchā* in the *Book of Zambasta*", *SIr* 47.2, 2018, 201–214.

Maggi, M., "Bits and Bites: the Berlin fragment bi 43 and Khotanese * *druṣ*-", *ARIRIAB* 22 (2017), 2018, 247–260, plates 4–5.

Maggi, M., "A Late Khotanese Document on Wood: Or.8211/1475", in "*And I Knew Twelve Languages" A tribute to Massimo Poetto on the occasion of his* 70*th* *birthday*, ed. N. B. Guzzo and P. Taracha, Warsaw: University of Warsaw, Faculty of Oriental Studies, 2019, 327–331.

Maggi, M., "Morphology of the Khotanese Verbs in –*Vṣ*–", *Linguistica e Filologia* 39, 2019, 43–62.

Maggi, M., "Annotations on the *Book of Zambasta*, V: Indian parallels to 2.139 and the musk of Khotan", in *A Thousand Judgements: Festschrift for Maria Macuch*, ed. A. Hintze, D. Durkin-Meisterernst and C. Naumann. Wiesbaden: Harrassowitz, 2019, 291–309.

Maggi, M., "Annotations on the *Book of Zambasta*, VI: Ronald E. Emmerick's ∗*nvāta*-and Persian *navāxtan*", in *Iranian Studies in Honour of Adriano V. Rossi*, vol. 2, ed. S. Badalkhan, G. P. Basello and M. De Chiara, Napoli: Università degli studi di Napoli L'Orientale, 2019, 519–522.

Maggi, M., "*Suvarṇabhāsottamasūtra* 5.9 and its Khotanese Translation", in *Archaeologies of the Written: Indian, Tibetan, and Buddhist Studies in Honour of Cristina Scherrer-Schaub*, ed. V. Tournier, V. Eltschinger, and M. Sernesi, Napoli: Università degli studi di Napoli L'Orientale, 2020, 447–459.

Maggi, M., "Khotanese Sources", in *Hunnic Peoples in Central and South Asia: Sources of their origin and history*, ed. D. Balogh, Groningen: Barkhuis, 2020, 113–121.

Maggi, M., "Annotations on the *Book of Zambasta*, VIII", *Linguistica e Filologia* 40, 2020, 197–222.

Maggi, M., "Annotations on the *Book of Zambasta*, VII: chapter 14 revisited", *ARIRIAB* 24 (2020), 2021, 165–185.

Maggi, M., "Some Remarks on the History of the Khotanese Orthography and the Brāhmī Script in Khotan", *ARIRIAB* 25 (2021), 2022,

149–172.

Maggi, M., "Two Khotanese Etymologies: *parrama-* and *pūhei'tä*", in *The Reward of the Righteous: Festschrift in Honour of Almut Hintze*, ed. A. Cantera, M. Macuch, and N. Sims-Williams. Wiesbaden: Harrassowitz, 2022, 321–333.

Maggi, M., "The Khotanese Fragmentary Folio IOL Khot 7/7: verses 15.73–84 of the *Book of Zambasta* rediscovered?", *ARIRIAB* 25 (2021), 2022, 129–147, pl. 8.

Maggi, M. & A. D. Tomba, "A Central Asian Buddhist Term: remarks on Khotanese *saña* and Tocharian B *sān*, A *ṣān*", *IIJ* 64.3, 2021, 199–240.

Maggi, M. & A. Filigenzi, "*Pelliot tibétain 2222*: a Dunhuang Painting with a Khotanese Inscription", *Journal of Inner Asian Art and Archaeology*, III, ed. J. Lerner and L. Russel-Smith, 2009, 83–89.

Maggi, M. & G. Martini, "Annotations on the *Book of Zambasta*, III: Chapter 18 no More", *Scripta* 7, 2014, 139–158.

Mao Xiaojuan, "Study on Patterns of Woolen Costumes Unearthed from Sampula Tombs in Xinjiang-For Example Woolen Ribbon, Skirt Decorated with Plait", *Advanced Materials Research* 1048, 2014, 332–335.

Martini, G., "Tracing the Sources of the *Book of Zambasta*: the Case of the Yakṣa Painter Simile and the *Kaśyapaparivarta*", *Journal of Inner Asian Art and Archaeology*, III, ed. J. Lerner and L. Russel-Smith, 2009, 91–97.

Martini, G., "A Large Question in a Small Place: The transmission of the Ratnakūṭa (Kāśyapaparivarta) in Khotan", *ARIRIAB* 14, 2011, 135–183.

Martini, G. (释法乐), "Mahāmaitrī in a Mahāyāna Sūtra in Khotanese: Continuity and Innovation in Buddhist Meditation",《中华佛学学报》24, 2011, 121–194.

Martini, G., "Bodhisattva Texts, Ideologies and Rituals in Khotan in the Fifth and Sixth Centuries", *Buddhism among the Iranian Peoples of Central Asia*, eds. M. De Chiara, M. Maggi, and G. Martini, Vienna, 2013, 11–67.

Martini, G., "Transmission of the Dharma and Reception of the Text: Oral and Aural Features in the Fifth Chapter of the *Book of* Zambasta", in Tansen Sen (ed.), *Buddhism Across Asia*, *Networks of Material*, *Intellectual and Cultural Exchange*, Singapore, 2014, 131–172.

Matsui Dai, "Mazar Tagh Harabesi'nden getirilen Eski Türkçe-Çince bir lügatçe", in O. F. Sertkaya, S. Eker, H. Şirin and E. Uçar (eds.), *Prof. Dr. Talât Tekin hatlra kitabl II*, 2017, 679–696.

Mcgrath, W. A., "The Princess and the Plague: Explaining Epidemics in Imperial Tibet, Khotan, and Central Asia", *JAOS*, 141: 3, 2021, 637–660.

Mills, M., "Ritual as History in Tibetan Divine Kingship: Notes on the Myth of the Khotanese Monks", *History of Religions* 51: 3, 2012, 219–238.

Noriyuki Kudo & M. I. Vorobyova-Desyatovskaya, "A Newly Identified Fragment of the *Saddharmapuṇḍarīkasūtra* in the St. Petersburg Branch of the Institute of Oriental Studies", *ARIRIAB* 10, 2007, 57–66.

Palmeri, G., "Divine Disguises on the Crossroads of Khotan: The Iconographies from Dandan Oilik", *Journal of Asian Civilizations* 44: 2, 2021, 67–107.

Popova, I., "Remarks on the Documents SI O/32 [4112] and Дх.18923 of the IOM RAS Collection", 高田時雄編《涅瓦河邊談敦煌》(*Talking about Dunhuang on the Riverside of the Neva*), 京都大學人文科學

研究所，2012，21–38.

Rong Xinjiang, "Further Remarks on Sogdians in the Western Regions", *Exegisti monumenta. Festschrift in Honour of Nicholas Sims-Williams* (Iranica 17), eds. W. Sundermann, A. Hintze and F. de Blois, Wiesbaden: Harrassowitz Verlag, 2009, 399–416.

Rong Xinjiang, "The Name of So-called 'Tumshuqese' Language", *BAI*, *ns*, 19 (Iranian and Zoroastrian Studies in Honor of Prods Oktor Skjaervø), 2005 (2009), 119–127.

Rong Xinjiang, "The Network of Chinese Buddhist Monasteries in the Western Regions under Tang Control", "*The Way of Buddha" 2003*: *The 100th Anniversary of the Otani Mission and the 50th of the Research Society for Central Asian Cultures* (Cultures of the Silk Road and Modern Science, Vol. 1.), ed. Irisawa Takashi 入澤崇, Osaka: Toho Shuppan 東方出版, 2010, 215–220.

Rong Xinjiang, "Reality or Tale? Marco Polo's Description of Khotan", *Journal of Asian History*, 45: 1–2, special issue on Chinese and Asian Geographical and Cartographical Views on Central Asia and its Adjacent Regions, 2015, 161–174.

Rong Xinjiang, "Buddhist Images or Zoroastrian Deities? The Mixture of Religions on the Silk Road as Seen from Khotan" (tr. Fu Ma), *Commentationes Iranicae. Festschrift to Prof. Vladimiro f. Aron Livschits nonagenario donum natalicium*, ed. S. Tokhtasev and P. Luria, St. Petersburg, 2013, 423–434.

Rong Xinjiang, "Khotan under the Tang Dynasty according to Recently Found Chinese Documents" (tr. Fu Ma), *Sergey Fedorovich Oldenburg*: *Scholar and Academic Research Organizer - Proceeding of the International conference dedicated to the 150th anniversary of Sergey F. Oldenburg*, *Member of the Russian Academy of Sciences*, Moscow, 2016, 110-121.

Rong Xinjiang, "The Rouran Qaghanate and the Western Regions during the Second Half of the 5th Century based on a Chinese document newly found in Turfan" (tr. Wen Xin), *Great Journeys across the Pamir Mountains: A Festschrift in Honor of Zhang Guangda on his Eighty-fifth Birthday*, eds. Huaiyu Chen and Xinjiang Rong, Leiden: Brill, 2018, 59-82.

Rong Xinjiang and Wen Xin, "Newly Discovered Chinese-Khotanese Bilingual Tallies", *Journal of Inner Asian Art and Archaeology*, III, ed. J. Lerner and L. Russel-Smith, 2009, 99-118.

Rong Xinjiang and Wen Xin, "The Semantic Shift of 'Western Regions' and the Westward Extension of the 'Border' in the Tang Dynasty", *Eurasian Studies* III, ed. Yu Taishan and Li Jinxiu, 2015, 394-410.

Rong Xinjiang and Zhu Lishuang, "The Eight Guardians of Khotan Reconsidered: From Khotan to Dunhuang", *BuddhistRoad Paper 6. 1, special issue: Ancient Central Asian Networks. Rethinking the Interplay of Religions, Art and Politics across the Tarim Basin (5th-10th C.)*, ed. E. Forte, 2019, 44-84.

Rossi, A., "More Colours in Khotanese", in *Iranian Languages and Texts from Iran and Turan: Ronald E. Emmerick Memorial Volume*, ed. M. Macuch, M. Maggi, W. Sundermann, Wiesbaden, 2007, 343-354.

Saerji, "A New Fragment the *Ratnakepuparivarta*", *ARIRIAB* 11 (2007), 2008, 95-103.

Saerji, "More Fragments of the *Ratnaketuparivarta* (1) ", *ARIRIAB* 13 (2009), 2010, 111-120.

Saerji, "More Fragments of the *Ratnaketuparivarta* (2) ", *ARIRIAB* 14 (2010), 2011, 35-57.

Saerji, "The Translation of The Khotanese Monk Śīladharma Preserved in the Tibetan bka' 'gyur", *ARIRIAB* 14, 2011, 35–57.

Saerji, "Indic Buddhist Manuscripts in the People's Republic of China: The Peking University Project", in: P. Harrison and J. -U. Hartmann (eds.), *From Birch Bark to Digital Data: Recent Advances in Buddhist Manuscript Research. Papers Presented at the Conference Indic Buddhist Manuscripts: The State of the Field, Stanford, June 15 – 19 2009*, Vienna: Österreichische Akademie der Wissenschaften, 2014, 291–300.

Sheikh, H., "From Mesopotamia to Khotan: Payment clauses in Eastern Middle Iranian languages and their historical backgrounds", *Digital Archive of Brief Notes & Iran Review* 8, 2021, 118–136.

Silk, J. A., "A Brief Introduction to Recent Chinese Studies on Sanskrit and Khotanese (Chiefly Buddhist) Literature", *IIJ* 64, 2021, 51–64.

Sims-Williams, U., "The British Library Hoernle Collection, part 1," *BLSF* II, 2009, 1–24.

Sims-Williams, U., "Manuscript Collectors and Collections from the Southern Silk Road", *ARIRIAB* 21 (2017), 2018, 273–289.

Skjærvø, P. O., "A Khotanese Amulet", M. Macuch, M. Maggi, and W. Sundermann (ed.), *Iranian Languages and Texts from Iran and Turan, Ronald E. Emmerick Memorial Volume*, Wiesbaden: Harrassowitz Verlag, 2007 [2008], 387–401.

Skjærvø, P. O., "The End of Eighth-Century Khotan in Its Texts", *Journal of Inner Asian Art and Archaeology*, III, 2008, ed. J. Lerner and L. Russel-Smith, 2009, 119–144.

Skjærvø, P. O., "Fragments of the *Suvarṇabhāsottamasūtra* in Or.15009 and Or.15010," *BLSF* II, 2009, 597–635.

Skjærvø, P. O., "Justice in Khotan," *Sahasram Ati Srajas: Indo-Iranian and Indo-European Studies in Honor of Stephanie W. Jamison*, eds. D. Gunkel et al., Ann Arbor: Beech Stave Press, 2016, 406–419.

Skjærvø, P. O., "Khotanese Land Purchase Deeds", *Studia Philologica Iranica, Gherardo Gnoli Memorial Volume*, ed. E. Morano, E. Provasi and A. V. Rossi, Roma, 2017, 455–468.

StPSF I = *Buddhist Manuscripts from Central Asia. The St. Petersburg Sanskrit Fragments*, Vol. I: 1–2, eds-in-chief: S. Karashima & Margarita I. Vorobyova-Desyatovskaya, Tokyo, 2015.

Suzuki Kenta, "A Sanskrit Fragment of the *Prajnāpāramitāstotra* in the Stein Collection," *BLSF* I, 2006, 261–262.

Takeuchi Tsuguhito, "*Tshar*, *srang*, and *tshan*: Administrative Units in Tibetan-ruled Khotan", *Journal of Inner Asian Art and Archaeology*, III, eds. J. Lerner and L. Russel-Smith, 2009, 145–148.

Tame, M., "An Examination of Khotanese Numerals", *The Oriental Studies* 82, 2018, 85–98.

Tame, M., "Weights and Measurement Units in Khotanese Language", *Journal of Iranian Studies* 34, 2019, 138–143.

Tame, M., "Ayurvedic Texts in Khotanese Literature", *The Oriental Studies* 86, 2020, 99–118.

Tyomkin, E., "Unknown Sanskrit Fragments from Central Asia", *International Journnl for Oriental Mannuscript Research*, 2 : 4, 1996, 3–22.

van Schaick, S., "Red Faced Barbarians, Benign Despots and Drunken Masters: Khotan as a Mirror to Tibet", *Revue d'Etudes Tibétaines*, 36, 2016, 45–68.

van Schaick, S., "A Sanskrit-Khotanese Colloquy: Paris, Bibliothèque nationale de France, Pelliot chinois 5538", in *Medieval Multilingual Manuscripts, Case Studies from Ireland to Japan*, eds. M. Clarke and M. N. Mhaonaigh, De Gruyter, 2022, 67–80.

Wagner, M. , Wang Bo, etc. , "The Ornamental Trousers from Sampula (Xinjiang, China): Their Origins and Biography", *Antiquity* 83: 322, 2009, 1065-1075.

Wang Bo, "Glass Artifacts Unearthed from the Tombs at the Zhagunluke and Sampula Cemeteries in Xinjiang", in Gan Fuxi (ed.), *Ancient Glass Research along the Silk Road*, Singapore, 2009, 299-330.

Waugh, D. and U. Sims-Williams, "The Old Curiosity Shop in Khotan." *The Silk Road* 8, 2010, 69-96.

Wen Xin, "What's in a Surname? Central Asian Participation in the Culture of Naming of Medieval China", *Tang Studies*, 34: 1, 2016, 73-98.

Wen Xin, "Two Khotanese Account Tablets and Local Society in Pre-Islamic Khotan", *CAJ* 63: 1-2, 2021, 191-238.

Wille, K. , "Die Hoernle-Fragmente in der Turfan-Sammlung (Berlin)", in W. Sundermann et al. , eds. , *Turfan, Khotan, und Dunhuang*, Berlin, 1996, 385-408.

Wille K. , "Buddhist Sanskrit Sources from Khotan", in S. Karashima and K. Wille, eds. , *Buddhist Manuscripts from Central Asia: The British Library Sanskrit Fragments*, vol. II. Tokyo: Meiwa Printing Company, 2009, 25-72.

Wille, K. , "The Sanskrit Fragments Or.15004 in the Hoernle Collection," *BLSF* II, 2009, 73-104.

Wille, K. , "Survey of the Identified Sanskrit Manuscripts in the Hoernle, Stein, and Skrine Collections of the British Library (London)", in *From Birch Bark to Digital Data: Recent Advances in Buddhist Manuscript Research*, ed. P. Harrison and J. -U. Hartmann, Vienna: Verlag der Österreichischen Akademie der Wissenschaften, 2014, 223-247.

Wu Xinhua, "Archaeological Discoveries in Domoko", *IDP News* 41, 2013, 5.

Xie Chengzhi, Li Chunxiang, Cui Yinqiu, Cai Dawei, Wang Haijing, Zhu Hong & Zhou Hui, "Mitochondrial DNA Analysis of Ancient Sampula Population in Xinjiang", *Progress in Natural Science*, 17 : 8, 2007, 927–933.

Ye Shaoyong, "Buddhist Sanskrit Fragments Recently Found in Xinjiang Province", *ARIRIAB* 13, 2010, 87–110.

Yoshida Yutaka, "Notes on the Khotanese Secular Documents of the 8th–9th Centuries", in *Iranian Languages and Texts from Iran and Turan: Ronald E. Emmerick memorial volume*, ed. M. Macuch, M. Maggi and W. Sundermann, Wiesbaden: Harrassowitz Verlag, 2007, 463–472.

Yoshida Yutaka, "On the Taxation System of Pre-Islamic Khotan", *Acta Asiatica* 94, 2008, 95–126.

Yoshida Yutaka, "Viśa' Śūra's Corpse Discovered?", *BAI*, *ns*, 19 (Iranian and Zoroastrian Studies in Honor of Prods Oktor Skjaervo), 2005 (2009), 233–238.

Yoshida Yutaka, "The Karabalgasun Inscription and the Khotanese Documents", *Literarische Stoffe und ihre Gestaltung in mitteliranischer Zeit: Kolloquium anlässlich des 70. Geburtstages von Werner Sundermann*, eds. D. Durkin-Meisterernst, C. Reck and D. Weber, Wiesbaden, 2009, 349–362.

Yoshida Yutaka, "Some New Interpretations of the Two Judeo-Persian Letters from Khotan", in *A Thousand Judgements: Festschrift for Maria Macuch*, eds. A. Hintze, D. Durkin-Meisterernst and C. Neumann, Wiesbaden: Harrassowitz Verlag, 2019, 385–394.

Zhang Guangda and Rong Xinjiang, "On the Dating of the Khotanese Documents from the Area of Khotan", *Journal of Inner Asian Art and Archaeology*, III, ed. J. Lerner and L. Russel-Smith, 2009, 149–156.

Zhang Yuzhong, Qu Tao & Liu Guorui, "A newly Discovered Buddhist Temple and Wall Paintings at Dandan-Uiliq in Xinjiang", *Journal of Inner Asian Art and Archaeology*, III, ed. J. Lerner and L. Russel-Smith, 2009, 157–170.

Zhang Zhan, *Between China and Tibet: A Documentary History of Khotan in the Late Eighth and Early Ninth Century*, Dissertation of Harvard University, 2016.

Zhang Zhan, "Kings of Khotan during the Tang Dynasty", *BAI*, *ns*, 27, 2013, 149–160.

Zhang Zhan, "Secular Khotanese Documents and the Administrative System in Khotan", *BAI*, *ns*, 28, 2018, 57–98.

Zhang Zhan, "Sogdians in Khotan", *The Silk Road* 16, 2018, 30–43.

Zhao Feng & Wang Le, "Textiles and Clothing Excavated from the Tombs of Busak in Khotan", *Journal of Inner Asian Art and Archaeology*, III, ed. J. Lerner and L. Russel-Smith, 2009, 171–189.

Zhu Lishuang, "A Preliminary Survey of Administrative Divisions of Tibetan-Ruled Khotan," in B. Dotson, K. Iwao and T. Takeuchi eds., *Scribes, Texts, and Rituals in Early Tibet and Dunhuang*. Weisbaden: Reichert Verlag, 2013, 43–52.

Zhu Lishuang, " 'The Annals of the Noble Land Khotan' — A New Translation of a Chapter of *rGya bod yig tshang chen mo*", in Huaiyu Chen and Xinjiang Rong (ed.), *Great Journeys across the Pamir Mountains: A Festschrift in Honor of Zhang Guangda on his Eighty-fifth Birthday*, Leiden: Brill, 2018, 146–175.

Zhu Tianshu, "The Influence from Khotan: The Standing Buddha Images in Kucha", *Interaction in the Himalayas and Central Asia: Process of Transfer, Translation and Transformation in Art, Archaeology, Religion and*

Polity, eds. E. Allinger et al., Austrian Academy of Sciences Press, 2017, 127-144.

Zieme, P., "A Wooden Staff with a Runic Inscription from Khotan", 《西域历史语言研究集刊》第5辑, 科学出版社, 2012, 143-144.